于山志

增订本

谢其铨
郭　斌　主编

海峡出版发行集团
THE STRAITS PUBLISHING & DISTRIBUTING GROUP
福建人民出版社
FUJIAN PEOPLE'S PUBLISHING HOUSE

图书在版编目（CIP）数据

于山志 / 谢其铨，郭斌主编．-- 增订本．-- 福州：
福建人民出版社，2018.1
ISBN 978-7-211-07787-8

Ⅰ．①于… Ⅱ．①谢… ②郭… Ⅲ．①山－地方志－
福州 Ⅳ．① K928.3

中国版本图书馆 CIP 数据核字（2017）第 226368 号

于山志（增订本）

主　　编： 谢其铨　郭　斌
责任编辑： 宋一明
特约编辑： 连天雄
出版发行： 海峡出版发行集团
福建人民出版社　　**电　　话：** 0591-87533169
网　　址： http://www.fjpph.com　　**电子邮箱：** fjpph7211@126.com
地　　址： 福州市东水路 76 号　　**邮政编码：** 350001
经　　销： 福建新华发行（集团）有限责任公司
印　　刷： 福州力人彩印有限公司
地　　址： 福州市福飞路义井村古东工业区　　**邮政编码：** 350001
开　　本： 787 毫米 ×1092 毫米　1/16
印　　张： 29.5
插　　页： 16
字　　数： 480 千字
版　　次： 2018 年 1 月第 1 版　　2018 年 1 月第 1 次印刷
书　　号： ISBN 978-7-211-07787-8
定　　价： 150.00 元

本书如有印装质量问题，影响阅读，请直接向承印厂调换

《于山志》（增订本）编委会

《于山志》（2009年版）编委会

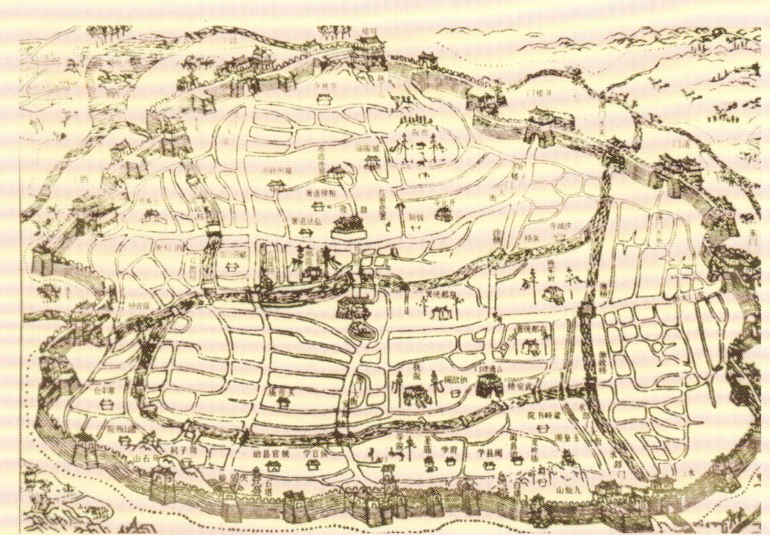

清代福州府城图

于山风景区保护规划

福州明代古城墙遗址

定光塔夜景

定光塔（俗称白塔）

武威塔

定光塔周边景观

吸翠亭

第一亭

揽鳌亭

醉石亭

天香亭

倚鳌轩

状元峰

九仙洞

舒啸台

廓然台

金粟台

狮子岩

平远台

戚公祠东侧醉石

九仙炼丹古井

榕寿岩

戚公祠厅

戚继光生平事迹展厅

平远台

补山精舍与“福建事变”会议旧址

补山精舍

大士殿（福州辛亥革命纪念馆）

定光寺（万岁寺）

白云寺（法云寺）旧址

法海寺

定光寺毗卢殿

定光寺法雨堂

定光寺天王殿

三清殿

玉皇阁

何氏九仙君殿

天君殿

兰花圃

兰花圃芝兰阁

状元峰摩崖石刻

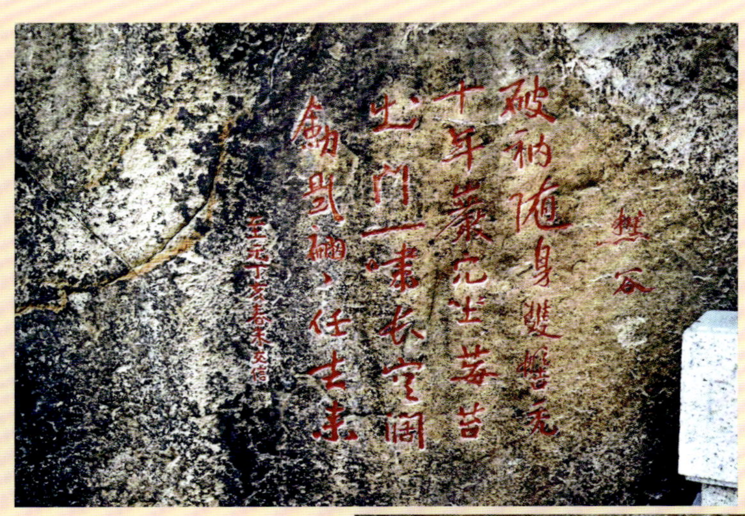

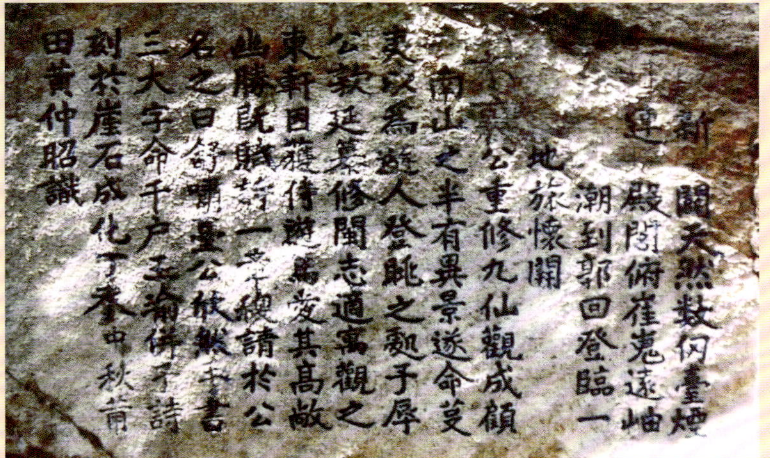

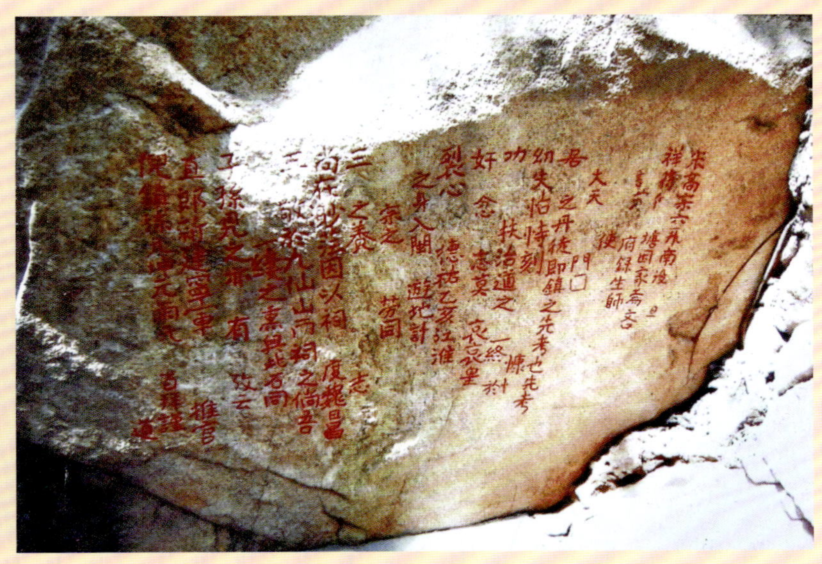

舒啸台摩崖石刻

平远台石刻

九仙洞石刻

平远台摩崖石刻

狮子岩及周边摩崖石刻

登云台石刻

李拔《南教场演武厅铭》石刻

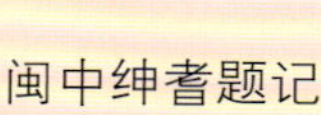

闽中绅耆题记

九仙胜迹

佚名石刻

郁达夫诗刻

戚公祠前摩崖石刻

金粟臺
經本委于一九六一年九月公
布為第一批市級文物保護單位
福州市人民委員會
福州市人民政府一九八七年三月
立

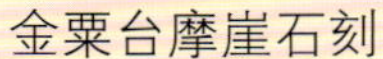
金粟台摩崖石刻

于山碑廊

清刘萃奎《九仙山赋》碑刻（谢其铨书，于山风景区管理处立）

戚公祠内戚继光塑像

戚继光来闽平倭历经地区沙盘示意图

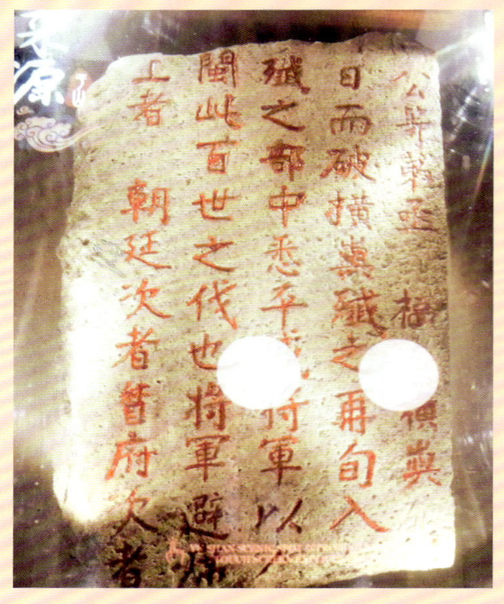
戚继光史迹残碑

戚公祠展厅

补山精舍内“福建事变纪念馆”

郁达夫史迹展

白云寺旧址今为『历代九仙诗词展厅』

于山『福建革命大学纪念碑』

前　言

于山，位于福州府城东南隅，海拔 58.6 米，乃福州“三山”之一。原系海岛，故民间目之为蓬莱仙岛，有“六鳌”胜迹。据史籍记载，古时于越族居此，故名。史又载，汉高祖五年（前 202），无诸复封闽越王，曾于九月九日宴集群僚于山巅，故名“九日山”。相传汉武帝时，江西临川何氏兄弟九人居此炼丹，后升仙，故又名“九仙山”。于山乃名胜之区、人文荟萃之地，历史文化积淀丰富，然无专志，是一憾事。我侪搜集史料有年，蒙方家指导，又得政府有关部门支持，2009 年 5 月初版面世，得方家读者肯定，甚受鼓舞。虑及初编成书仓促，兼之书海浩瀚，案头史料所限，难免挂一漏万之嫌，故而立意再修，以补错漏。近年政府重视名山生态保护，新建项目日增，如“戚公祠陈列展览馆”“戚继光生平展厅”“郁达夫史料展”“补山精舍福建事变展”“白云寺九仙山诗词展厅”及新立“福建人民革命大学于山旧址纪念碑”等，均因前志杀青时未臻完善而未入志。今补入新版《于山志》之中，庶免遗珠之憾。编者水平有限，闻见未广，疏漏在所难免，望方家读者不吝赐教。

编　者

2016 年 6 月

序

于山又名九仙山，为福州城内三山之一，秀美峻拔，史载久远，碑碣尤多。因向无专志，史乘所载又失之简略，洎宋迄于近代，登山览胜者众，题咏抒怀者夥，皆以无志而失传，殊有愧于前贤往哲之用心。清代学者郭柏苍纂修《乌石山志》后，曾经寄语：愿有好事者起志越王、九仙二山，以成其所欲为而未逮者。郭氏所著《竹间十日话》中，收录九仙山碑碣颇多，且明言“使他日志九仙者，有所据而不遗忘”。可见先贤属望之殷。

山灵有应，斯文不坠。留意于榕城文物与闽中文献者，代不乏人。谢其铨先生好古敏求，孜孜于乡邦文史之搜罗研究，近十余年来，尤倾心于《于山志》之编纂，发愿继踵先贤，代偿郭氏遗愿。遂遍访名山，考察文物碑碣；博稽典籍，广搜旧志遗文；爬罗剔抉，手抄笔记，而后审定义例，分门别类，以成一山未有之志，终完众人期盼之书。其劳甚艰，其功厥伟，吾人实当额手共庆。

《于山志》参考郭柏苍所修《乌石山志》，而内容更趋翔实，体例精当，篇幅、字数均过之。记述该山历史沿革、地理状况、园林建设、文物保护、综合管理、场所利用、大事记要等，皆详载备述，囊括无遗。不徒志在存史，亦可方便阅读。一卷在手，了然于心，涉览卧游，实属两便。其创制之功，固不可没；惠世之德，人共钦之。

诚然，一志之成，非一人之力；一书之传，端赖众手。谢老先生年逾古稀，犹力耕不辍；稿成之后，又校核至再至三，其精勤之至意，令人肃然起敬。管理处主任郭斌，忠于职守，热心名山事业，使山林风光之秀逾于昔时，古迹保护利用之盛擅于今日。此皆登山览胜者之所共睹也。不宁唯是，其于编修山志，亦且关心赞力，至于求助各方，协力共襄，终而玉成。修志实难，故人多不乐为，不敢为，为之者皆仁心义举，故当书之以志不忘。赘言弁书首，为彰德行而抒感慨，权以为序。

卢美松

凡　例

一、于山向无专志，本志主要收集前人有关记载及现代管理、建设工作的内容，辑为一书。

二、罗山为于山支脉，丁戊山为于山远支，依山诸胜迹，亦列入本志。

三、摩崖石刻，按镌刻年代为顺序列记。年代、作者无考者为“疑刻”；今已无存但有见于著录者为“佚刻”。缺字用“□”表示；“□”内有文字者，表示石刻字今已残泐，从方志文献中补录。干支纪年依石刻对应著录。

四、本志特详载艺文，不惮烦以求，旨在保存文献。艺文分文、诗词、楹联三部分。文又分为序、记、碑、铭、疏、跋、赋、议、其他等类，按年代先后胪载；诗词则分隶各景点，依次编排。

五、人物取与于山史迹有关联者及摩崖石刻、诗文题咏作者，撰作小传，以便阅者稽考。

六、本志编纂，参考旧志，并结合时代特点，按类分章记述。分为地理概况、风景名胜、文物古迹、寺庙宫观、坊巷名居、摩崖石刻、历史人物、管理与建设、保护与利用、艺文等十章，并附有大事记。

七、凡属引文，均注出处，以便稽核。

八、为了展现今貌，本志在古舆图、旧照片外，增摄新照片，图文并茂，以展现于山及其建筑的人文底蕴。

九、本志征引书籍皆列目于后，并识著者、版本，以供参考。

十、本次增订，原志编委会成员和体例不作改变，只增补新版编委会成员。

目　　录

第一章　地理概况 ……………………………………………… (1)
第二章　风景名胜 ……………………………………………… (16)
第三章　文物古迹 ……………………………………………… (49)
第四章　寺庙宫观 ……………………………………………… (61)
第五章　坊巷名居 ……………………………………………… (81)
第六章　摩崖题刻 ……………………………………………… (103)
第七章　历史人物 ……………………………………………… (132)
第八章　管理与建设 …………………………………………… (173)
第九章　保护与利用 …………………………………………… (179)
第十章　艺　文 ………………………………………………… (184)
艺文（一） ……………………………………………………… (184)
序 ………………………………………………………………… (184)
碑 ………………………………………………………………… (189)
记 ………………………………………………………………… (199)
铭 ………………………………………………………………… (223)
疏 ………………………………………………………………… (226)
跋 ………………………………………………………………… (237)
赋 ………………………………………………………………… (239)
文 ………………………………………………………………… (242)
考 ………………………………………………………………… (244)
其他 ……………………………………………………………… (249)
艺文（二） ……………………………………………………… (256)
风景名胜诗词 …………………………………………………… (256)
文物古迹诗词 …………………………………………………… (304)
寺庙宫观诗词 …………………………………………………… (340)
坊巷名居诗词 …………………………………………………… (375)

艺 文（三） …………………………………………………………（409）
楹联选 …………………………………………………………（409）
大事记 …………………………………………………………（420）
附录一 方志笔记 …………………………………………………（426）
附录二 故事传说 …………………………………………………（447）
参考文献 …………………………………………………………（456）
后 记 …………………………………………………………（463）

第一章　地理概况

于山是福州城内“三山”之一，占地总面积 11.9 公顷，海拔 58.6 米，位于榕城东南隅，山体东至五一路，西至新权路，南临古田路，北倚鳌峰坊、法海路。

于山，相传因古于越族人居此而得名。汉高祖五年（前 202），无诸复封为闽越王，据传曾于九月九日宴集群僚于此山，故名“九日山”。传说汉武帝时，江西临川何氏兄弟九人炼丹于此，后升仙，故又号“九仙山”。于山历史久远，植被繁茂，古木参天，风景秀丽，人文景观众多，有“二十四奇”诸胜，周围山麓多名人故居、书院、别墅。北麓有鳌峰精舍，为宋理学家黄榦设教处；红雨楼、绿玉斋、宛羽楼，皆明代学者徐熥、徐㶿兄弟居住和藏书之所；天开图画楼，明少参郑逑曾居此，传子孙三百载；补蕉山馆系清郭柏苍所居；赌棋山庄乃谢章铤故居；涵碧亭，又名南园，明正德时，福建按察使佥事章懋等常集诸生讲学于此；于山大书院，王审知任节度使时，曾于此设教并亲临评艺，论才授职；宋代闽县儒学，清代鳌峰书院、格致书院、现代福州师范学校等皆建于山北麓，诚为教育重地。历代文人学士畅游于山之暇，吟咏赋文，留下诸多名篇佳什，至今盛传不衰。

沧桑巨变，年久失修，旧时景观多已圮废。中华人民共和国成立后，于 1963 年修建登山路，于山风景区管理处着手修复摩崖石刻景观，创建兰花圃，宗教部门重修九仙观、天君殿、万岁寺，有关部门修复白云寺（法云寺）、大士殿、状元亭，又新建福州画院、于山宾馆等，为九仙山增添新景。近年来，福州市政府实施“显山露水”“还山于民”的整治工程，免费对外开放。省、市领导再次提出“显山露塔”指示，于山北坡改造正逐步付诸实施。

于山形似巨鳌，山上怪石嶙峋，林木参天，景色秀丽，历来为游览胜地。古时有揽鳌亭、倚鳌轩、应鳌石、接鳌门、步鳌坡、耸鳌峰“六鳌胜迹”，还有炼丹井、平远台、状元峰等“大鳌二十四奇景”，现在尚存大小景点三十多处。

一、“六鳌胜迹”与“二十四奇景”

“六鳌胜迹”景点

序号	名称	所在地点	备注
1	揽鳌亭	在鳌顶峰东面	1983年重建
2	倚鳌轩	在状元峰	2007年重建
3	应鳌石	在状元峰	已毁
4	接鳌门	在状元峰	已毁
5	步鳌坡	在状元峰	已毁
6	耸鳌峰	在状元峰	已毁

二十四奇景点

序号	名称	所在地点	备注
1	平远台	宋代在第一峰补山；明代在鳌顶峰，现为民国时所重建。	
2	野意亭	在白云寺西	已毁
3	鳌顶峰	在山顶，即明代平远台址	
4	玉蝉峰	在鳌顶峰东	乾隆间毁
5	炼丹井	大士殿西，九仙洞旁	
6	浴鸦池	不知其处	已毁
7	磊老岩	不知其处	已毁
8	跃马岩	不知其处	已毁
9	喜雨台	不知其处	已毁
10	仙人床	不知其处	已毁
11	金积园	法海寺内	已毁
12	杏坛	在野意亭旁	已毁
13	廓然台	在白云寺前东南	
14	琴台	不知其处	已毁
15	青牛洞	不知其处	已毁

续表

序　号	名　称	所在地点	备　注
16	醉乡石	不知其处	已毁
17	九日台	在山顶	已毁
18	龙舌泉	在九仙观西傍岩下	已毁
19	石龟池	不知其处	已毁
20	梅　岭	不知其处	已毁
21	狮子岩	在大士殿东侧	
22	集仙岩	在兰花圃内	
23	小华峰	在鳌顶峰	
24	金粟台	在万岁寺东北，今福州警备区内	

于山二十四奇，《闽书》作三十奇。《八闽通志》云："碧云轩、聚义轩，旧志并列二十四奇之中。"今从乾隆《福州府志》所引《名胜志》"二十四奇"，多为宋时程师孟所命名，与《闽都记》所载基本相同；《榕城考古略》所载与此有异。

二、古树名木

于山植被繁茂，林木参天。据初步调查统计，列入规划范围内的古树名木有17株；核心区范围内现存古树名木有小叶榕、黄连木、银杏、樟树4种13株，其中有生长在"榕寿岩""月朗风清"两景点的古榕树和金粟台景点的笔管榕；另外，于山北麓福州师范学校内有4种4株国家二级古树名木。

于山风景区内古树名木汇总表

序号	名　称	规　格			生长地点	保护级别	备　注
		株高(m)	树围(m)	冠幅直径(m)			
1	小叶榕	10	4.5	22	戚公祠榕寿岩	一级古树名木，福州十大名榕、奇榕	
2	小叶榕	10	3.6	16	月朗风清	二级古树名木，福州十大名榕	
3	小叶榕	25	6.1	29	于山办公楼边公厕旁	二级古树名木	

续表

序号	名　称	规　　格			生长地点	保护级别	备　　注
		株高（m）	树围（m）	冠幅直径（m）			
4	小叶榕	20		30	福州军分区于山北麓金粟台	二级古树名木，福州十大名榕	两棵百年小叶榕，一棵笔管榕
5	黄连木	4		8	兰花圃	二级古树名木	3个主干：$R_1=23cm$ $R_2=25cm$ $R_3=12cm$
6	银　杏	13	2.2	6	福州军分区内金粟台以东30米	二级古树名木	
7	樟　树	15	3.8	15	福州军分区内金粟台以北40米	二级古树名木	
8	樟　树	15	3.7	16	福州军分区内临五中车棚	二级古树名木	
9	小叶榕	13	3.6	8.5	福州军分区内温馨园后	二级古树名木	
10	小叶榕	12	3.2	11.7	福州军分区内温馨园后	二级古树名木	
11	树名待查	12	1.9	4	福州军分区内金粟台以北40米宿舍旁	二级古树名木	
12	无患子		1.8	10	福州师范学校内	二级古树名木	
13	苹　婆		2.4	12	福州师范学校内	二级古树名木	
14	朴　树		1.8	13	福州师范学校内	二级古树名木	
15	广玉兰		1.8	8	福州师范学校内	二级古树名木	
16	小叶榕	8		12	狮子岩	待审	7个主干
17	小叶榕	15		29	状元峰	待审	4个主干

三、植被现状

于山地处城市中心，山上林木参天，植物种类丰富。据初步统计，山上共有植物种类57科147种（未计蕨类植物和兰科植物）；具有观赏价值的野生植物15科20种（其中乔灌木6科9种，攀缘及地被9科11种）；园林观赏植物42科127种（其中常绿乔木21科46种，落叶乔木10科17种，竹类4种，灌木25科40种，地被7科19种）。另外，山上现有蕨类植物10种以上，科属待查；兰花圃现有地生兰、附生兰、腐生兰等品种两百多株。

于山风景区内植物名录

序号	植物名称	科属	序号	植物名称	科属
一、野生观赏植物					
（一）木本					
1	黄连木	漆树科	2	榆树	榆科
3	朴树	榆科	4	异叶紫弹	榆科
5	构树	桑科	6	豆梨	蔷薇科
7	银合欢	豆科	8	山黄麻	榆科
9	雀梅藤	鼠李科			
（二）草本					
1	臭牡丹	马鞭草科	2	芭蕉	芭蕉科
3	鸭跖草	鸭跖草科	4	弓果粟	禾本科
5	四季海棠	秋海棠科			
（三）攀缘植物					
1	何首乌	蓼科	2	薜荔	桑科
3	葎草		4	洛葵薯	落葵科
（四）蕨类植物					
1	井栏边草		2	肾蕨	
3	鳞毛蕨		4	阴石蕨	

续表

序号	植物名称	科属	序号	植物名称	科属
5	蜈蚣草		6	蕨	
7	其他另有4种以上未知的蕨类				
二、园林观赏植物					
（一）常绿乔木					
1	银桦	山龙眼科	2	木麻黄	木麻黄科
3	苏铁	苏铁科	4	罗汉松	罗汉松科
5	竹柏	罗汉松科	6	异叶南洋杉	南洋杉科
7	大叶南洋杉	南洋杉科	8	贝壳杉	南洋杉科
9	马尾松	松科	10	杉木	杉科
11	龙柏	柏科	12	侧柏	柏科
13	小叶榕	桑科	14	榕树	桑科
15	印度橡皮树	桑科	16	笔管榕	桑科
17	垂叶榕	桑科	18	白玉兰	木兰科
19	樟	樟科	20	天竺桂	樟科
21	台湾相思	豆科	22	羊蹄甲	豆科
23	洋紫荆	豆科	24	阳桃	阳桃科
25	芒果	漆树科	26	黄皮果	芸香科
27	麻楝	楝科	28	龙眼	无患子科
29	荔枝	无患子科	30	蒲桃	桃金娘科
31	柠檬桉	桃金娘科	32	四季桂	木樨科
33	丹桂	木樨科	34	流苏树	木樨科
35	黄花夹竹桃	夹竹桃科	36	夹竹桃	夹竹桃科
37	假槟榔	棕榈科	38	鱼尾葵	棕榈科
39	短穗鱼尾葵	棕榈科	40	棕榈	棕榈科
41	蒲葵	棕榈科	42	华盛顿蒲葵	棕榈科

续表

序号	植物名称	科属	序号	植物名称	科属
43	散尾葵	棕榈科	44	美丽针葵	棕榈科
45	南洋杉	南洋杉科			
（二）落叶乔木					
1	桑	桑科	2	白辛夷	木兰科
3	红叶李	蔷薇科	4	桃	蔷薇科
5	梅	蔷薇科	6	阔荚合欢	豆科
7	黄檀	豆科	8	刺桐	豆科
9	香椿	楝科	10	木棉	木棉科
11	大花紫薇	千屈菜科	12	无患子	无患子科
13	台湾泡桐	玄参科	14	泡桐	玄参科
15	蓝花楹	紫葳科	16	重阳木	大戟科
17	梧桐	梧桐科	18	苦楝	楝科
（三）竹类					
1	凤尾竹	竹亚科	2	佛肚竹	竹亚科
3	黄金间碧玉竹	竹亚科	4	麻竹	竹亚科
5	矢竹	竹亚科	6	青皮竹	竹亚科
7	唐竹	竹亚科			
（四）常绿灌木					
1	三角梅	紫茉莉科	2	十大功劳	小檗科
3	南天竹	小檗科	4	海桐	海桐科
5	红花檵木	金缕梅科	6	双荚槐	豆科
7	九里香	芸香科	8	米兰	楝科
9	红背桂	大戟科	10	雀舌黄杨	黄杨科
11	扶桑	锦葵科	12	悬铃花	锦葵科
13	吊灯花	锦葵科	14	山茶	山茶科
15	茶梅	山茶科	16	紫薇	千屈菜科

续表

序号	植物名称	科属	序号	植物名称	科属
17	鹅掌柴	五加科	18	花叶鹅掌柴	五加科
19	迎春花	木犀科	20	小蜡	木犀科
21	假连翘	马鞭草科	22	花叶假连翘	马鞭草科
23	黄金叶	马鞭草科	24	马缨丹	马鞭草科
25	栀子花	茜草科	26	龙船花	茜草科
27	雪里卡	茜草科	28	夜来香	茄科
29	福建茶	紫草科	30	杜鹃花	杜鹃花科
31	黄蝉	夹竹桃科	32	丝兰	百合科
33	朱蕉	龙舌兰科	34	山马茶	夹竹桃科
35	含笑	木兰科	36	红绒球	豆科
（五）落叶灌木					
1	紫薇	千屈菜科	2	紫木笔	木兰科
（六）地被					
1	花叶艳山姜	姜科	2	天门冬	百合科
3	沿阶草	百合科	4	蜘蛛抱蛋	百合科
5	吊兰	百合科	6	玉簪	百合科
7	君子兰	石蒜科	8	文殊兰	石蒜科
9	鸢尾	鸢尾科	10	吊竹梅	鸭跖草科
11	海芋	天南星科	12	合果芋	天南星科
13	春羽	天南星科	14	龟背竹	天南星科
15	小天使	天南星科	16	绿萝	天南星科
17	平托花生	天南星科	18	长春藤	五加科
19	紫背竹芋	天南星科			

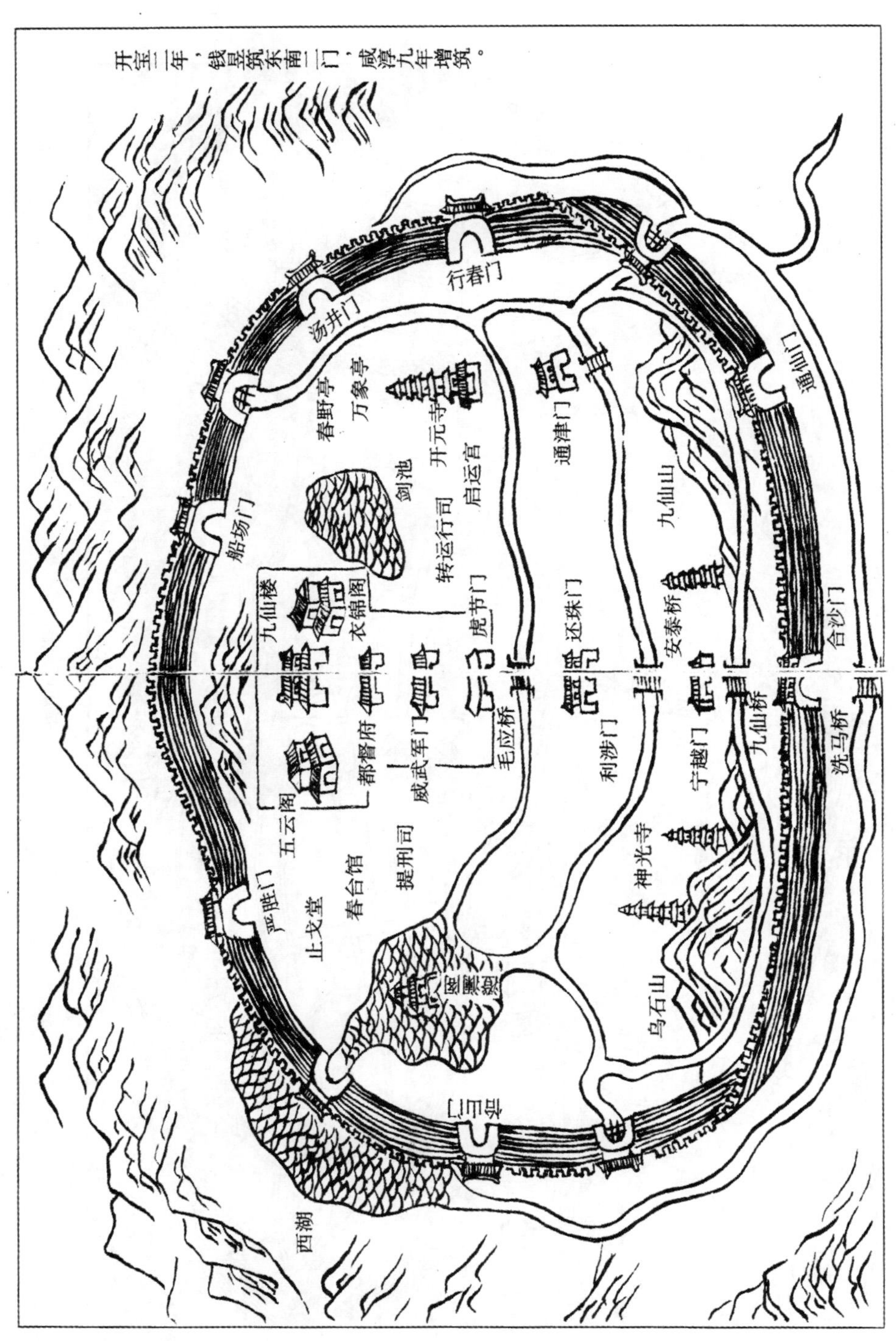

开宝二年，钱昱筑东南二门，咸淳九年增筑。
行春门
汤井门
通仙门
春野亭
万象亭
开元寺
启运宫
通津门
剑池
船场门
九仙山
转运行司
九仙楼
衣锦阁
虎节门
还珠门
安泰桥
合沙门
五云阁
都督府
威武军门
毛应桥
利涉门
宁越门
九仙桥
洗马桥
提刑司
春台馆
严胜门
止戈堂
神光寺
乌石山
西湖

宋外城图

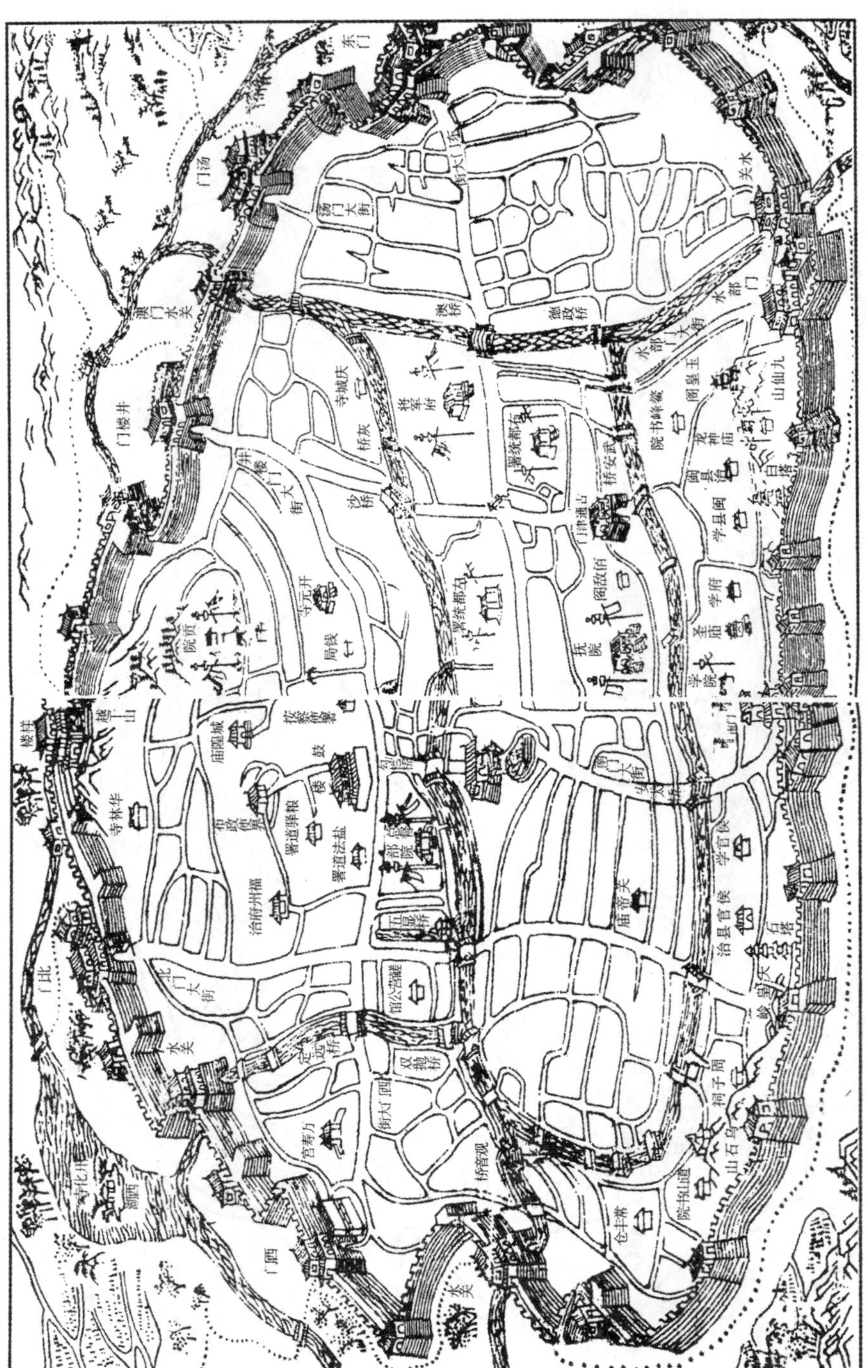

清代福州府城图

旧城内诸山位置形势图

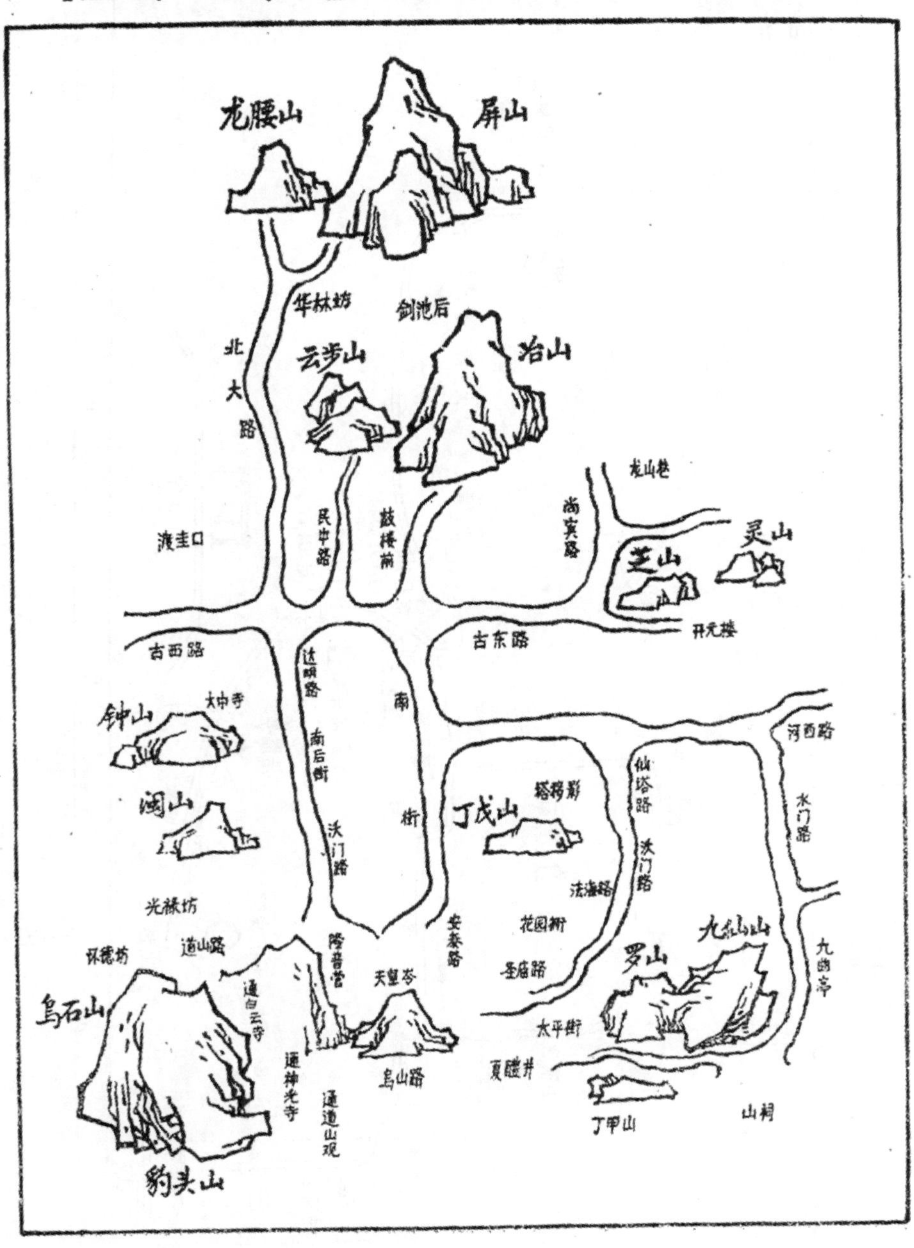

于山地理位置图

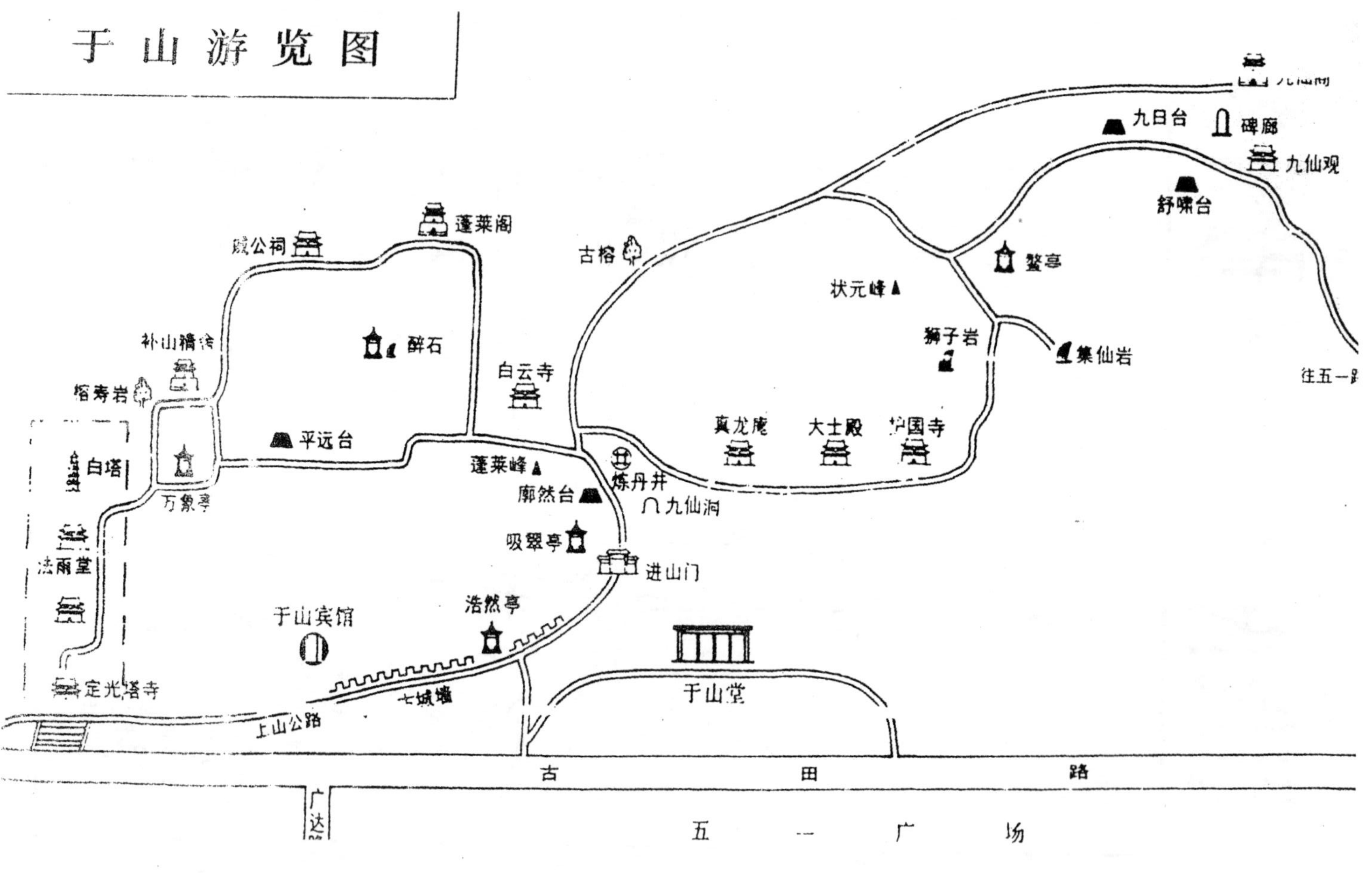
于山游览图
九日台
碑廊
九仙观
舒啸台
鳌亭
状元峰
狮子岩
集仙岩
往五一路
古榕
蓬莱阁
戚公祠
醉石
补山精舍
白云寺
榕寿岩
平远台
白塔
万象亭
真龙庵
大士殿
护国寺
蓬莱峰
炼丹井
廓然台
九仙洞
吸翠亭
进山门
法雨堂
于山宾馆
浩然亭
于山堂
定光塔寺
七城墙
上山公路
古田路
广达路
五一广场

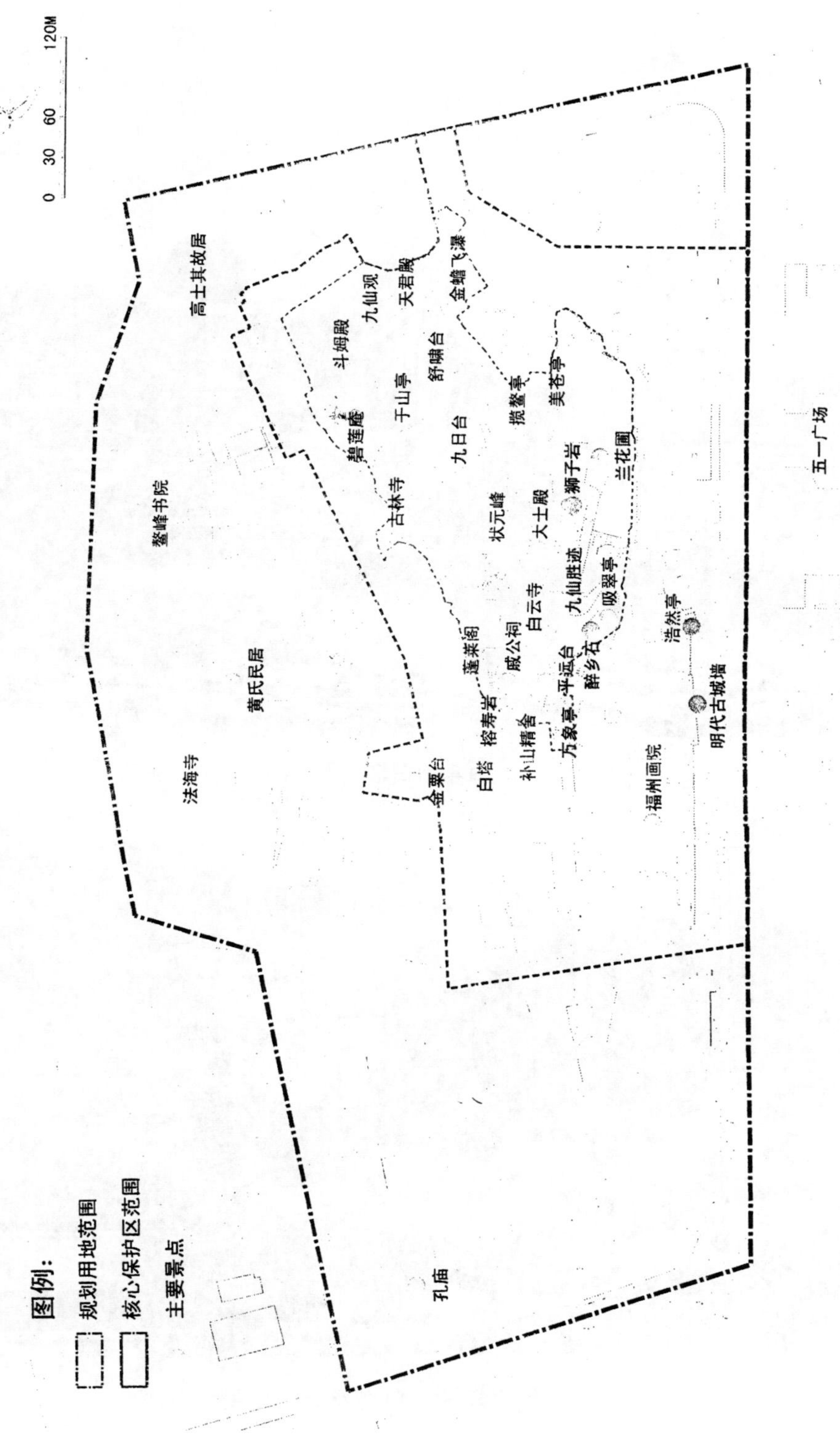
0 30 60 120M
图例:
规划用地范围
核心保护区范围
主要景点
高士其故居
九仙观
天君殿
金蟾飞瀑
斗姆殿
舒啸台
千山亭
碧莲庵
九日台
揽鳌亭
美老亭
狮子岩
兰花圃
吉林寺
鳌峰书院
状元峰
大士殿
九仙胜迹
吸翠亭
白云寺
浩然亭
蓬莱阁
戚公祠
平远台
醉乡石
黄氏民居
榕寿岩
方象亭
明代古城墙
补山精舍
白塔
金粟台
福州画院
法海寺
五一广场
孔庙

百年前白塔

百年前乌塔、白塔及寺庙山景

眺望于山

第二章　风景名胜

山川郁积宇宙磅礴之气，奇岩怪洞，崔嵬异景，即为名胜。于山，相传为闽越王宴集之所、九仙炼丹之地，地处会城东南，与越王、乌石二山鼎足而峙，有二十四奇诸胜，前贤游屐所至，品评点缀，令人神往，足为山灵增色。

一、于　山

于山，唐《闽中记》云：“越王无诸九日宴此，后人亦号九日山。”淳熙《三山志》云：“本名于山，高一百十五步，周回三百十五步。相传何氏兄弟九人，升仙于此，因号九仙山。”1966—1976年改名“红岩山”，1977年复今名。

［史料辑要］

明黄仲昭《八闽通志·山川》：九仙山，旧名于山。世传何氏兄弟九人仙于此，故号九仙山。《闽中记》云：“越王无诸，九日尝宴于此，大石樽尚存，亦号九日山。”曾巩《道山亭记》云：城之中有三山：西曰闽山，北曰越王山，其东即此山也。

明王应山《闽都记》卷四：九仙山，初名于山，高一百十五步，周回三百十一步，与乌石对峙，为一郡之胜。相传何氏兄弟九人修炼于此，因名九仙。《闽中记》云：“越王无诸，九日宴集兹山，有大石樽尚存，又名九日山。”山周遭有炼丹井、平远台、浴鸦池、四彻亭（唐元和中建；庆历中，沈邈更名，今废）、鳌顶峰（宋状元陈诚之读书处，旧为嘉福院。蹑数十级以登，千峰万井皆在履舄之下）、磊老岩、跃马岩、喜雨台（石上篆书三字，其下有楼，今废）、仙人床、金积园、杏坛、廓然台、棋盘石、玉蝉峰（与鳌顶峰相联，差小）、琴台、青牛洞、醉乡石、九日台、石

门、龙舌泉（今九仙观西傍石岩下有一穴，疑即其处）、石龟池、梅岭、狮子岩、集仙岩、小华峰（在山之南，有石刻三字）、仙羊石（在揽鳌亭之北。正德间，太监尚春于宋丞相陈自强宅假山取至。三石森立，中为仙羊，旁二石俱刻“景元”，春之字也）、揽鳌亭、倚鳌轩、应鳌石、接鳌门、步鳌坡、耸鳌峰（俱御史锡山王英创，有《六鳌说》刻于石。勒功碑亭，为参将戚继光建，今废）、荧星祠（在山巅，祀火星。旧为明离殿，万历初重建，更名；并作玉皇殿于中，祀玄冥于左，今徙荧星礼于华林）、碧霞洞天（万历间建，奉泰山顶上碧霞玄君）。

明何乔远《闽书·方域志》：九仙山，在城东南隅。城中有九山，谚曰：“三山藏，三山现，三山看不见。”是山与侯官之乌石、越王，其现者也。罗山，与侯官之冶山、闽山，其藏者也。又有隐隆磅礴于阛阓间者，曰灵、曰芝、曰钟，故曰不可见也。山旧名于山，高百十五步，周回三百十步，古时有碑，盖谶语也，其文曰：“我有一庄园，寄在于山边。于山九道士，呼名为九仙。辄然来相贺，磊老自相传。李公来战日，此处无一物。只有一积金，寄在于山庄。不是中山中，只是陇西郡。我住东北城，庄在于山下。有人有不信，但呼碑中话。只看于山松，于山金出现。不在路旁只在中，陇西拾得无分张。时人莫笑金泥师，拾得金泥也有富。太和二年，于山二断。吾年乙丑，金园一片。寄在山前，在前左臂。不归庚申，须归乙未。留传子孙，衣锦次第。时人见碑，吾今在世。”后以汉何仙兄弟九人得名，故名九仙。按：九仙不载传记，相传本临川人，九人皆瞽，惟长者一目上竖独明。后相率炼丹，以饲湖中鲤，鲤尽化龙，九人各乘一去，今仙游县之九鲤湖是也。九人始入闽时，盖居此山。又云：“汉武帝时，齐少翁以巫鬼事得幸。九仙之父诣阙直谏，九子力止之，其父不听。少翁事败被诛，武帝召官其父闽中，而九子因得至闽中炼气成道。”又云：“九仙父任侠好气，从淮南王安游。淮南王善之，谈议寖广。九人惧其及也，数谏父谢绝王。父不听，去而入闽，炼丹仙游县之湖上，丹成仙去。及王败，父南行求子不得，而死于岩山，今仙游之何岩是也。”然皆莫可考矣。此山又名九日。《闽中记》云：“越王无诸九日之所游也。”唐御使黄滔为王审知作《丈六金身碑记》又曰：“古仙徐登上升之地。”《后汉书》：“徐登，闽人，本女子，化为丈夫，善巫术。又赵昞，字公阿，东阳人，能为越方。时遭兵乱，疾疫大起，二人遇于乌伤溪之上，遂结言约，共以其术疗病。各相谓曰：‘今既同志，各试所能。’登迺禁溪，溪为不流。昞禁枯树，树即生荑。二人相视而笑。登年长，昞师事之。贵尚清俭，礼神惟酌东流水，脯削桑皮为之。但行禁架，所疗皆除。”顾《汉书》言登物故，不言仙也。唐天祐元年，审知即山西南建万岁寺。梁开平元年，请以其寺为梁太祖祝厘，表额寿山。三年，审知建定光多宝塔，为其父母荐福，亦在是山。黄滔记云：“塔之科也，恐山之偏，忧地之入，将堑平壤，五十尺之深，百有余尺之阔，杵土积石而上，逮二十八尺，忽得宝珠之现，侔于自地之涌。遂号之曰定光。”皇朝《闽中考》：相传宦闽中者，上官之日，必从城西门入。入南门，必火。嘉靖十三年，四明屠侨来为左伯，不之信，入南门。居一月，雷震，万岁寺塔火。侨诣寺拜火，天方雨。侨急以雨衣藉地，拜至三，塔鼎坠地。鼎有款识曰："诸天及人，无繇见鼎。地摇三日，天雨四花。土田三变，今古同时。屠人握闽，雨衣三拜。梁天监四年书。"盖是塔也。当审知建塔之年，复即塔右铸佛像一，高丈六；菩萨二，高丈三，铜为内肌，金为外肤。像未铸时，审知梦天西彩云燿裂，大佛中坐而启言曰："断予一臂，卫之一方。"及其铸也，工别铸臂，会而一之。审知喜如所梦，奉之寿山之塔院。亦黄滔作记云："尔也，山之峰，曰鳌顶，山巅直石壁立，可表里望闽城。"宋陈诚之读书于山之嘉福院，后状元及第，闽人又呼曰状元峰。旁有玉蝉峰，南有小华峰，势皆卑于鳌峰也。山有三十奇：曰集仙岩、曰磊老岩（磊老，谶文中语也）、曰跃马岩、曰狮子岩、曰梅岭、曰仙人座、曰祈雨僧真身（祈雨僧，名义收，后梁时人，贞明三年，春不雨，至五月，义收以膏爇指，不雨，积薪通衢，期七日自焚，炬举而雨。后游洪州将归，人共遮留，乃截左臂付之曰："吾去后，不雨，出祷必应。"）、曰杏坛、曰石门、曰青牛洞、曰棋盘石、曰醉乡石、曰仙羊石、曰平远台（有巨石，刻"平远峰"三字）、曰野意亭（有孟庾、韩世忠像。孟朝衣，韩戎服，建炎中塑）、曰金粟台（台，宋郡守程师孟取王氏塔中所塑金粟像名，后守元绛，篆"金粟台"三字于石，后绛侄积中为守，绘金粟画像侧）、曰喜雨台、曰九日台、曰琴台、曰廓然台、曰三山阁、曰揽鳌亭、曰一华亭（朱敏功、陈莹中有诗）、曰四御亭（庆历中令沈邈所名，蔡襄有诗）、曰龙舌泉、曰炼丹井、曰浴鸦池（古记云："雷震，穴成丈余，不知泉脉所出，夕时鸦群来浴。"）、曰石龟池、曰双石祠（石有二，青色，伪闽以为双龟，名为龟七郎，灵而封之，其始封光威振远将军。会同十年，以闽府承平，复封为安境侯。庙祝陈兴可至，加银青光禄大夫检校太子宾客兼监察御史上柱国，可谓僭诞也）、曰《政和万寿道藏》（宋政和四年间，尚书黄裳奏请建《飞天法藏》，藏天下道书，总五百四十函）。

《闽杂记补遗》：于山，闽县九仙山，今人皆称于山，但言本名于山，不详得名之故。或云昔有于姓道人始于此山辟精舍修真，何氏兄弟师事之，道人仙去，何氏兄弟道继居于此。此说不知所本，然何氏兄弟事，诸书亦详载者，惟《莆阳遗事》云，太平社仙水行宫，相传时有古庙，名"龙津"，其中井水灵异，胡道人修真于此，何氏兄弟往趋之，令饮此水，眼尽开，后皆乘鲤仙去。

二、罗　山

罗山为于山支脉，在今法海路南。清林枫《榕城考古略》云："在古罗城通津门外，九仙之支也。其下有法海寺。山今多凿铲，惟寺后及闽县署后山址仅存耳。"今法海寺后岩壁上尚镌有"罗山"二字。旧时罗山的范围应从新权路协和医院后山一带东北至观巷口，西至朱紫坊为止，今花园巷内尚有"罗山境古迹"，即是一证。

［史料辑要］

明何乔远《闽书·方域志》：九仙山之支也。在万岁寺南，闽县学之北。中有法海寺，梁孟司空舍地为之。伪闽徙之城西。晋开运二年复旧。宋始寺，曰法海。皇朝嘉靖中，蓝御史济卿有之。御史诸孙鬻其旁地于户部郎陈长勉。万历中，济卿孙圻复舍为寺，长勉归所鬻地，为全寺如故。旧有罗山堂、金积园、万绿堂、友石斋诸胜。金积园，盖取于山之谶。

清陈学夔《榕城景物录》：在会城东南，九仙山之支也。梁孟司空舍宅建法海寺于此。有罗山馆、万绿堂、拾香亭、青鳞坪诸胜。

“罗山”石刻

三、丁戊山

丁戊山，一名嵩山，又名中山，为于山别支。山的范围东至仙塔街，西临东泰路，南至津泰路，北至灯笼巷。唐咸通十三年（872），建安福院于山上；梁乾化二年（912），闽王王审知在山上建造七级木塔，俗呼新塔。宋元丰间，寺废塔圮，官府没收其地，售民营宅居住，于是整座山都淹没在民宅之中，属“三山看不见”之一。清末在原安福院旧址建大觉寺，今已修建一新。寺内古石碑上镌有隶书“丁戊山”三字。

［史料辑要］

明王应山《闽都记》：丁戊山，名嵩山，又名中山，在郡城之中，隐隆磅礴阛阓间。安福院在丁戊山上，唐咸通十三年建。梁乾化二年，王审知建木塔七级，俗呼新塔。元丰间，院废，官籍其地，售民以居。今称塔崎云。

明何乔远《闽书·方域志》：丁戊山，九仙之支也。以在郡城中，又曰中山。旧为嵩岳观，称中山嵩岳崇福行宫，盖闽王望祀之所。唐有释宣一者居之。宣一，仙游人。检身以律，中食不逾，一室晏如，惟清水杨枝，时皆曰希有人也。

清郑祖庚《闽县乡土志·地形略》：丁戊山，亦呼嵩山，又名中山。取中央而稍近南之义，盖亦九仙远支，逾河复出之一阜也（旧有嵩岳观，王闽古迹也。又有嵩山书院，久废。丁戊山房亦圮，抚署已改作陆军

“丁戊山”碑刻

学堂）

李江《登丁戊山奉呈丁戊兼忆厓甥》：昔年共忆子午谷，今日来登丁戊山。沧海星文摇斗宿，昆仑龙气度函关。庙堂料理青云上，豺虎风尘白昼间。天柱峰头倚石室，忘年诗卷几重删。

四、平远台

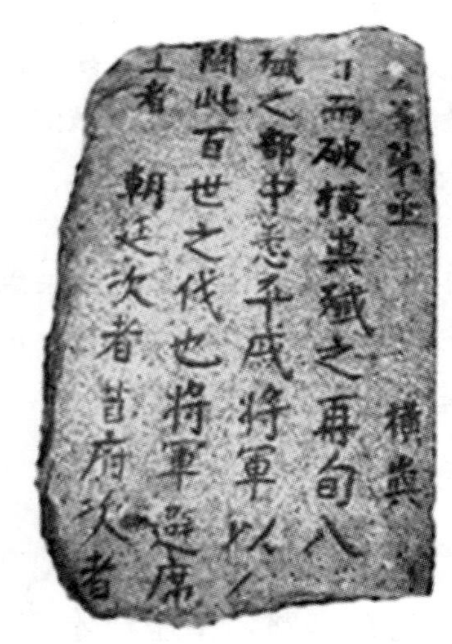

汪道昆《平远台勒功铭》残碑

于山二十四奇之一。创建于宋代，曾三易其址。宋时在第一峰补山，镌楷书“平远台”三字。明宣德间，镇守内使梁著建阁于台上，成化十五年（1479）毁，十六年雷复震其西垂，遂圮。明代，移建于鳌顶峰东。万历五年（1577），三山张炜镌楷书“平远台”三字。平远台为全山第一名胜，曹学佺曾发“台存则名山存，台废则名山废”之感慨。嘉靖四十二年（1563），戚继光平定倭寇，曾饮至勒石，汪道昆撰有《平远台勒功铭》，后人遂在此建戚公祠纪念。1933年，爱国将领蒋光鼐、蔡廷锴等捐资，在宋遗址上重建，为三层砖混结构。明郭汝霖《游平远台记》、宗臣《登平远台记》、曹学佺《兴建平远台记》、清陈庚焕《平远台不宜终毁议》等，都详记其历史沿革。历代诗人雅士，畅游之暇，留下许多脍炙人口的诗篇。

［史料辑要］

淳熙《三山志》：平远台，东有小桥，旁有巨石，刻“平远峰”三字。

明黄仲昭《八闽通志·宫室》：在法云寺西台之东。有石崖，上刻“平远台”三

明代平远台遗址

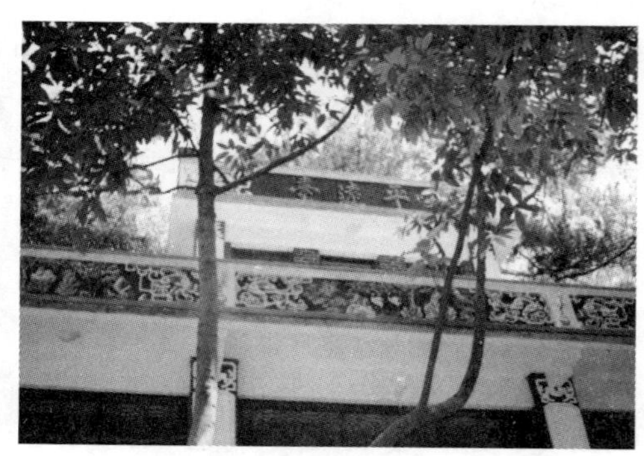

民国时在宋遗址新建平远台

大字。台上有阁，颇高爽雄丽。宣德间，镇守内使梁著建。成化十五年毁，十六年，雷复震其西垂。

清陈学夔《榕城景物录》：戚将军饮至勒石，在平远台上，为明总兵戚继光颂也。继光号南塘，山东登州人。累功至浙江参政。嘉靖四十一年，倭从福宁入寇，继光由浙督援师至，歼贼于福清之牛田江迳，并兴化、晋江诸贼悉平之。四十二年，迁福建总兵官，适倭复陷兴化、福清、福安各处，继光与战，大破之，追至海上，斩首无数，溺死者无数，全闽以安。于其饮至之日，勒石平远台，为序与铭，乃中丞汪道昆笔也。道昆，字伯玉，歙县人，向有文名，著《太涵集》。道昆闽藩臬进中丞，盖三历闽疆云。

王铁藩、郑丽生《福州定光塔志略》：此刻在山中至易见之处，顾不见于诸家金石著录（惟仅见乾隆《福州府志·碑谒》著录），亦失之眉睫也。而崖上此刻居中心位置，其上下四旁，皆宋元人题名，可见刊勒在前，其为宋刻无疑。

《福州园林绿化志》云：民国二十二年（1933），爱国将领蔡廷锴等捐资重建，砖混结构，三层。一层为三面红砖墙，宽 13 米，深 6 米，分 3 间，大厅面积宽 5 米，祀戚继光胸像；旁二厅各宽 4 米，悬挂戚公生平事迹图画 38 幅；厅正面 14 花格屏门。二层宽 15 米，深 8 米，水泥地面，三向水泥栏杆，台中央红砖砌构小屋，宽 4.5 米，深 4 米，三向开门。二层到三层，历阶 19 级，台方 5 米，水泥地面，造型古朴。

清林直《九仙山绝句二十四首·平远台》：平台屹峰巅，四山送遐瞩。万里海门深，天光浸寒玉。

清杨叔怿《闽中九仙山二十四胜·平远台》：白日照沧海，高台几千载。台下戚参军，留得残碑在。

五、野意亭

二十四奇之一。在白云寺西。淳熙《三山志》云：“有孟参政庾、韩少师世忠画像。建炎四年（1130），范汝为反。忠将宣抚使，自永嘉浮海至福州，不整阵，串巢穴而出，直抵建城，造楼车以登，俘其渠以献。乡人德之，立像于其亭。孟朝服，韩戎服。”民国时曾重建，为彩绘方亭，峙立于峭拔的悬岩上。今圮废。

[史料辑要]

明黄仲昭《八闽通志》：在九仙山之南圆明院。

清陈庚焕《九仙山古迹考》：寺西为古野意亭，及旧平远台废址。峰峦如故，而四隤人居，亏蔽山中。每有营造，辄从取土，侵削非复旧观矣。野意亭址西南，俯其下为万岁寺，定光塔峙其后。

清林直《九仙山绝句二十四首·野意亭》：欲揽全山胜，宜登最上亭。郊原生意满，四顾眼常青。

清杨叔怿《闽中九仙山二十四胜·野意亭》：到此倏萧爽，空山草木幽。举头韩孟在，图画足千秋。

六、鳌顶峰

二十四奇之一。明时建，在平远台东南。宋为嘉福院地，因宋状元陈诚之读书于此，俗称“状元峰”。镌有天游山人楷书“状元峰”三字，旁有玉蝉峰与之相联，岩壁历代名贤题刻殆遍。峰顶原建有状元亭，后圮废，1950年在其遗址上更建瞭望塔。近年，于山管理处复建新亭其上。

［**史料辑要**］

淳熙《三山志》：陈状元诚之肄业之所。

清林枫《榕城考古略》：自山坪蹑级以登，千峰万井皆在屐舄之下。

清陈庚焕《九仙山古迹考》：又西南上达鳌顶峰，峰为山极巅，旁镌“状元峰”，云宋陈诚之读书处。诚之阿和议，得元何足道？惟峰北鳌峰精舍址，为黄勉斋先生继紫阳设教处，及峰壁陈述古诸贤题名，耐人瞻仰耳。……鳌顶旧戴奇石，宛如鳌喙。少谷元夕偕傅木虚踞石折梅高咏处。玉蝉既颓，石亦寻陨，相传大士殿后亭中塑像旁一立石，即其故物。

清林直《九仙山绝句二十四首·鳌顶峰》：簸荡沧溟阔，希踪跨巨鳌。贪看朝日出，未觉置身高。

清杨叔怿《闽中九仙山二十四胜·鳌顶峰》：峰势耸巃嵸，渐与尘寰隔。我欲跨六鳌，眼底乾坤窄。

七、玉蝉峰

二十四奇之一。在鳌顶峰东。与鳌顶峰相联而差小，镌有楷书“鹏海天风”四字。乾隆间，道士颜一亮取峰下土修九仙观，峰遂颓圮。

［**史料辑要**］

清陈庚焕《九仙山古迹考》：鳌顶峰东旧有玉蝉峰，差肩并立，乾隆间，道士发峰下土，玉蝉遂仆。

清陈庚焕《平远台不宜终毁议》：峰东旧倚一石，镌“鹏海天风”四字，石高广与峰埒，有奇石横其上，远望如鳌啄。……乾隆间，道士颜一亮取峰下土以修九仙观，“鹏海天风”石因而颓坠，声闻数里。书院诸生将诉于当事，一亮惧，自请培土修台示罚，因禁盗取土者。

清林直《九仙山绝句二十四首·玉蝉峰》：一峰复一峰，峰峰争崒屼。高树绪云多，寒蝉鸣不歇。

清杨叔怿《闽中九仙山二十四胜·玉蝉峰》：玉蝉高不极，山翠净如拭。蝉蜕已千年，山古尚畴昔。

八、炼丹井

二十四奇之一。在大士殿西，九仙洞旁。相传，汉代何氏九兄弟炼丹于此。南向岩壁，镌有乾隆间郡守李拔榜书“丹井流香”四字。今井仍存，新立石碑一方，镌隶书“炼丹井”三字。

炼丹井

［史料辑要］

清李拔《福州府志·艺文志续篇》：九仙山山侧有丹井，泉水清冽，相传仙人炼丹于此。李拔刻其岩石曰“丹井流香”，风景之美，殆他处所未有也。

清林直《九仙山绝句二十四首·炼丹井》：炼丹始何时，时深失丹鼎。仙人去不还，遗此千年井。

清杨叔怿《闽中九仙山二十四胜·炼丹井》：神仙炼丹处，丹成神仙去。甘美井中泉，清可涤吾虑。

九、浴鸦池

二十四奇之一。明何乔远《闽书》：“古记云：雷震，穴成丈余，不知泉脉所出。夕时，鸦群来浴。”清郭柏苍有《九日同外孙叶在诚陈常铧游于山化城寺跃马岩平远台浴鸦池白云寺》诗，可知光绪年间尚存。今废，不知其址。

［史料辑要］

清林直《九仙山绝句二十四首·浴鸦池》：流水浸方池，潺湲蘸深绿。朝来风雨多，时有神鸦浴。

清杨叔怿《闽中九仙山二十四胜·浴鸦池》：山色淡将暝，空潭百丈深。寒鸦四五点，落日在疏林。

十、磊老岩

二十四奇之一。明何乔远《闽书》云：“曰磊老岩。磊老，谶文中语也。”盖取《九仙光孝观于山碑》中“辄然来相贺，磊老自相传”谶语。久废，不知其址。

［史料辑要］

清林直《九仙山绝句二十四首·磊老岩》：拾级陟层岩，岩高青岌岌。老松八九株，磊砢作人立。

清杨叔怿《闽中九仙山二十四胜·磊老岩》：积雾湿不开，岩谷青岌岌。寂寞四无声，怪石作人立。

十一、跃马岩

二十四奇之一。清郭柏苍有《九日同外孙叶在诚陈常铧游于山化城寺跃马岩平远台浴鸦池白云寺》诗，可知光绪年间尚存。今废，不知其址。

［史料辑要］

清林直《九仙山绝句二十四首·跃马岩》：断涧层冰合，危岩跃马过。曾思九折坂，为险定如何。

清杨叔怿《闽中九仙山二十四胜·跃马岩》：长啸山谷应，高冈一振衣。秋风回首望，何处不斜晖。

十二、喜雨台

二十四奇之一。镌有楷书“喜雨台”三字（《闽都记》作篆书）。久废，不知其址。

［史料辑要］

明王应山《闽都记》：喜雨台，石上篆书三字，其下有楼，今废。

乾隆《福州府志》：喜雨台，楷书，镌九仙山。

清林直《九仙山绝句二十四首·喜雨台》：志喜高台耸，为霖渥泽深。东坡不可作，作记倩何人。

清杨叔怿《闽中九仙山二十四胜·喜雨台》：石刻千年在，来寻喜雨台。摩挲苔藓迹，未许没蒿莱。

十三、仙人床

二十四奇之一。大石如床，有仙人迹。明徐𤊹有《暮春望后同张集虚张阳生陈叔度吴元化高景倩过九仙山憩石床小酌待月而归共用床字》诗云：“仙人化已久，片石尚名床。坐处鲜痕断，卧来云气凉。亭台思往昔，时事感沧桑。日落不归去，引杯邀月光。”今废，不知其址，或为醉石，未可考。

[史料辑要]

清林直《九仙山绝句二十四首·仙人床》：片石亦千年，光莹净如水。有时抱琴来，天风落松子。

清杨叔怿《闽中九仙山二十四胜·仙人床》：黄鹤去不归，山磬动林樾。寒抱白云眠，冷梦沁明月。

清郭柏苍《卧仙床》：神仙富贵两虚名，日见郊原邱陇平。万古苍天惟不语，石床卧看白云行。

十四、金积园

二十四奇之一。在罗山法海寺内。盖取《九仙光孝观于山碑》中“只有一积金，寄在于山庄”“吾年乙丑，金园一片”谶语。清嘉庆年间，刘萃奎游法海寺，有“祇园金散否，石笋亦萧疏”之句，诗注云：“寺有金积园诸胜，今惟石笋尚存。”是当时尚留有遗迹，今皆不存。

[史料辑要]

明何乔远《闽书》：金积园，盖取于山之谶。

清林直《九仙山绝句二十四首·金积园》：小具园亭胜，秋高桂子馨。金沙谁布地，一为问山灵。

清杨叔怿《闽中九仙山二十四胜·金积园》：昔有一庄园，今余一片石。片石不长留，积金复何益。

十五、杏 坛

二十四奇之一。在野意亭旁。有石耸立，二杏生其间，故借名曰“杏坛”。石上镌有楷书“杏坛”二字，明正德间尚存，今圮。

[史料辑要]

明林瀚《鳌峰胜观亭记》：亭左为状元峰，峰上为状元亭，下稍南有石屹然，二杏生其间，借曰“杏坛”；为亭以临之，曰“野意”，亦因旧址也。

乾隆《福州府志》：杏坛，楷书，镌九仙山。

清郭柏苍《竹间十日话》卷三：古杏坛边石，奇哉一画屏。昔人曾此醉，吾可独为醒。山阴何诏书正书，二寸。

清林直《九仙山绝句二十四首·杏坛》：曲径通幽竹，深林护石苔。东风无限好，春杏旧坛开。

清杨叔怿《闽中九仙山二十四胜·杏坛》：当年坛上花，今日坛边草。草绿不知春，花亦经年老。

十六、廓然台①

二十四奇之一。在古圆明院，今白云寺前东南。镌有楷书“廓然台”三字。宋政和年间，闽清陈旸游此，见风景佳妙，遂命名，和尚鸿份书丹。详见本书第六章“摩崖石刻”。

廓然台

[史料辑要]

清郭柏苍《竹间十日话》：此亦僧颂功德之类。

清林直《九仙山绝句二十四首·廓然台》：朝登廓然台，长歌意颇适。仰看天宇高，俯觉尘寰窄。

清杨叔怿《闽中九仙山二十四胜·廓然台》：高台峙翠微，莽莽云无际。一洗万古心，风尘开障翳。

十七、琴 台

二十四奇之一。久废，不知其址。

[史料辑要]

清林直《九仙山绝句二十四首·琴台》：矗矗凌烟起，登临思惘然。弹琴人不见，千古月空圆。

清杨叔怿《闽中九仙山二十四胜·琴台》：流水杳然去，空山自古今。只余一片月，凉意入琴心。

十八、青牛洞

二十四奇之一。久废，不知其址。

[史料辑要]

清林直《九仙山绝句二十四首·青牛洞》：洞口青牛卧，苍然隐暮烟。牧童强解事，吹笛晚风前。

清杨叔怿《闽中九仙山二十四胜·青牛洞》：古洞封白云，地僻鲜行迹。缘磴藤萝枝，夕阳挂石壁。

---

① 《闽都记》所载朱熹《寄题九日山廓然亭》诗，是为南安九日山所作，非于山廓然台。《闽都记》误，故不录。

十九、醉乡石

二十四奇之一。在今于山宾馆内，吸翠亭西侧。久废。

[史料辑要]

清林直《九仙山绝句二十四首·醉乡石》：三万六千场，日醉不愿醒。同游多酒人，此意颇能领。

清杨叔怿《闽中九仙山二十四胜·醉乡石》：席地坐落花，对此径须饮。兀然得所憩，醉抱孤石枕。

二十、九日台

二十四奇之一。在山顶，为旧日登高之地。久废。其址今为九日台音乐厅。

[史料辑要]

清林直《九仙山绝句二十四首·九日台》：旧日登高地，孤台落日昏。霸图何处是，空有石樽存。

清杨叔怿《闽中九仙山二十四胜·九日台》：乘此黄花节，来登九日台。孤鸿向何处，大地遍尘埃。

二十一、龙舌泉

二十四奇之一。明王应山《闽都记》云："今九仙观西傍石岩下有一穴，疑即其处。"久废。

[史料辑要]

清林直《九仙山绝句二十四首·龙舌泉》：急雨翻然过，清泉滴滴流。在山清可掬，终为出龙头。

清杨叔怿《闽中九仙山二十四胜·龙舌泉》：区区一水间，肯屈蛟龙住。平生霖雨心，风云会际遇。

二十二、石龟池

二十四奇之一。久废，不知其址。

[史料辑要]

清林直《九仙山绝句二十四首·石龟池》：修篁带流水，知是石龟池。荇藻千年绿，馨香当荐谁。

清杨叔怿《闽中九仙山二十四胜·石龟池》：崩剥多年石，潺湲一水流。池光自深浅，世事日悠悠。

二十三、梅　岭

二十四奇之一。久废，不知其址。

[史料辑要]

清林直《九仙山绝句二十四首·梅岭》：如入罗浮路，周遭万树梅。昨宵寒气重，先报一枝开。

清杨叔怿《闽中九仙山二十四胜·梅岭》：十里玉成林，霜月寒如雪。美人手芙蓉，缟素衣修洁。

二十四、狮子岩

二十四奇之一。在大士殿东侧，有石肖然似狮头。镌有楷书“狮子岩”，为朱棠溪1998年所书。岩顶有一古榕，盘根于岩，须垂入地。

狮子岩

[史料辑要]

清林直《九仙山绝句二十四首·狮子岩》：怪石踞巍峨，巉然肖狮口。回飚卷长林，疑听河东吼。

清杨叔怿《闽中九仙山二十四胜·狮子岩》：朝登狮子岩，远望狮子楼。榕阴城市暝，灯火万家稠。

二十五、集仙岩

二十四奇之一。今在兰花圃内，清郡守李拔题“登云台”左上方。有九石，形状各异，相传汉何氏兄弟九人炼丹于山，升天后仍怀念故地，仙集于此，故名。今胜迹尚存。

集仙岩

[史料辑要]

清林直《九仙山绝句二十四首·集仙岩》：云开露岩扉，中有仙人住。不闻空谷音，山花坠秋暮。

清杨叔怿《闽中九仙山二十四胜·集仙岩》：仙人留高岩，此是集仙处。无数野花开，独鸟入云去。

二十六、小华峰

二十四奇之一。在鳌顶峰西北，镌有行书“小华峰”三字。淳熙《三山志》作“小华山”。

［史料辑要］

淳熙《三山志》：小华山，旧石上镌三字。太守程师孟、运使刘彝、湛俞、侍郎陈旸、提刑陈建有《圆明小华峰》诗。熙宁后，通诸寺便门，由嘉福亦可到。

小华峰

明黄仲昭《八闽通志》：小华峰在山之南，石上旧刻此三字。

清林直《九仙山绝句二十四首·小华峰》：削出芙蓉势，屏风面面开。夜深明月到，可有鹤飞来。

清杨叔怿《闽中九仙山二十四胜·小华峰》：古涧郁孤松，来寻小华峰。青天澄夜碧，何处一声钟。

二十七、金粟台

二十四奇之一。在万岁寺西北，今福州警备区内。淳熙《三山志》云：“程师孟以塔中王氏时所塑金粟像名。石上‘金粟台’三字，元少卿篆。后侄积中为守，绘金粟像于台侧，作小堂安奉之。”明王应山《闽都记》云：“堂今废，台亦荒秽不可登。”

［史料辑要］

清郭柏苍《竹间十日话》卷三：按，元绛嘉祐七年知州事，程师孟熙宁元年知州事。师孟守福州后绛七年，则金粟台命名亦绛，非师孟矣。《八闽通志》袭《三山志》之误，《闽都记》《闽书》又袭《八闽通志》之误。

金粟台一角

清林直《九仙山绝句二十四首·金粟台》：题诗台畔石，会见谪仙人。示我如来旨，相从证后身。

清杨叔怿《闽中九仙山二十四胜·金粟台》：寥落荒台古，斜阳黯开门。诸天花雨暝，寂寂近黄昏。

二十八、碧云轩　聚义轩

明黄仲昭《八闽通志》："上二轩俱在九仙观，旧志并列二十四奇之中。"今圮。

二十九、祈雨僧真身

明何乔远《闽书》所云三十奇之一。在万岁寺法雨堂内。淳熙《三山志》云："僧义收，后梁时人。贞明三年春不雨，至五月。义收以膏爇指，不雨；积薪通衢，期七日自焚，炬举而后雨。后游洪州，将归。俗遮留，乃截左臂付之，曰：'吾去后，不雨，出以祷，必应。'众塑其像，以臂附之。今真身在寺。"明王应山《闽都记》云："众塑其像，以臂附之，宋时犹存。"今不存。

三十、石　门

三十奇之一。久废，不知其处。

三十一、棋盘石

三十奇之一。在鳌峰书院内。《鳌峰书院志》卷一云："东望望阁，祀文昌魁星。阁少西，仙井、棋盘石在焉。"有石形如棋盘，传为仙人下棋之处。乾隆三十年（1765），鳌峰书院山长严源焘命名"棋盘玩月"，为书院十景之一。今不存。

三十二、三山阁

三十奇之一。在平远台东，宋时建。绍兴二年（1132），齐安郑滋等尝登三山阁，观闽王所施织经及佛。后圮。明宣德间，太监梁著建楼阁于其上。成化十五年（1479）毁。

［史料辑要］

淳熙《三山志·寺观一》：在平远台东。许敦仁诗："蓬莱方丈与瀛洲，东引长江欲尽头。几处坛场浑得道，万家楼阁半封侯。名园荔子尝三熟，负郭湖田插两收。七百年来遗谶事，钓台沙合瑞烟浮。"

明黄仲昭《八闽通志·宫室》：平远台，台上有阁，颇高爽雄丽。宣德间，镇守内使梁著建。成化十五年毁，十六年，雷复震其西垂。

清林藩《三山阁晓望》：海天无际日轮高，濯足扶桑策六鳌。似立蓬莱峰顶望，仙风凉透曙霜袍。

清曾元澄《三山阁》：宝皇殿畔振衣豪，日影曈昽海气高。愿挽九仙朝玉仗，云霞曙色蹴金鳌。

三十三、揽鳌亭

三十奇之一。旧时在鳌顶峰平远台上，今在鳌顶峰东。清林枫《榕城考古略》云："揽鳌亭、倚鳌轩、应鳌石、接鳌门、步鳌坡、耸鳌峰，俱御史锡山王英创，有《六鳌说》刻于石。今亦废。"揽鳌亭，曹学佺谓在鳌顶峰峰顶，当有所本，今并存其说。亭久圮，1965 年重建，后被拆除，1983 年又在原址重建，改为钢筋混凝土仿木结构的重檐圆亭。

［史料辑要］

明郭汝霖《游平远台记》：北上揽鳌亭，亭不侧而眺远，故名平远台。

明曹学佺《兴建平远台记》：状元峰峰顶创有亭，名曰"揽鳌"，良是。今人又不之称，以平远台为揽鳌亭亭名耳，而式不与易也。

明陈椿《登揽鳌亭》：鳌顶峰头夜雨晴，峰前伐木响叮叮。游人坐惬乘春兴，鸣鸟偏多旧友情。梵界云来天欲暝，海门潮动月初生。不须秉烛缘归路，入夜灯光遍冶城。

清谢士骥《秋日登揽鳌亭》：地以高而胜，亭因小更幽。四山环几席，秋水抱村流。

三十四、倚鳌轩

在鳌顶峰。明御史王英创。久废。

三十五、应鳌石

在鳌顶峰。明御史王英创。久废。

三十六、接鳌门

在揽鳌亭南，明御史王英创。明郭汝霖《游平远台记》云："兴洽去台，登接鳌门，北上揽鳌亭，亭不侧而眺远……"久废。

三十七、步鳌坡

在鳌顶峰。明御史王英创。明郭汝霖《游平远台记》云："恍然旋而窥步鳌坡，坡之侧巨石巍峨，□树不土而根，亦一奇观也。"久废。

三十八、耸鳌峰

在鳌顶峰。明御史王英创，久废。

三十九、一华亭

三十奇之一。明黄仲昭《八闽通志》云："在九仙山东南。唐景福二年，王潮建。"久废。

［史料辑要］

淳熙《三山志》：一华亭。郡人朱敏功诗："闻达摩西来意，五叶敷荣只一华。从此祖风传不泯，灵枝到处有奇葩。"陈莹中亦有诗。

四十、四彻亭

三十奇之一。在九仙观内。淳熙《三山志》卷三十八云："在山上，旧名九仙。唐元和中，元锡造。庆历中，沈邈修，更名。蔡公襄有《登四彻亭》诗：'偶尔寻幽上翠微，游人啼鸟似前期。花间行印露沾纸，山下放衙云满旗。艳艳舞衣朝日处，飘飘商橹落潮时。传杯且与乘春醉，身世悠然两自遗。'后建观，亭始废。"明黄仲昭《八闽通志》云："故址浸不可寻。国朝成化二十三年，镇守太监陈道重建于威震殿之东。"今圮废。

［史料辑要］

清陈庚焕《九仙山古迹考》：（九仙观）旧有四彻亭，为蔡忠惠赋诗处，今莫详所在。

清莫友棠《屏麓草堂诗话》卷十二：宋蔡忠惠《登闽中平远台》云："花间行印露沾纸，山下放衙云满旗。"可谓遗貌取神。

四十一、双石祠

三十奇之一。在山北麓，今观巷内。祠有青白石二片，伪闽永隆元年，封光威振远将军，会同十年封安境侯。久废。详本书第四章"寺庙宫观"。

四十二、仙羊石

在揽鳌亭之北。正德间，督舶太监尚春立，今不存。

［史料辑要］

明王应山《闽都记》：在揽鳌亭之北。正德间，太监尚春于宋丞相陈自强宅假山取至。三石森立，中为仙羊，旁二石俱刻“景元”，春之字也。

明郭汝霖《游平远台记》：北上揽鳌亭，亭不侧而眺远，故名平远台。台后竖三诡石，问其陟而置者，尚监也。

四十三、舒啸台

在九仙观西侧。镌有楷书“舒啸台”三字。明成化二十一年(1485)，黄仲昭在九仙观东轩编纂《八闽通志》。成化二十三年（1487），黄仲昭与镇守太监陈道游此地，“爱其高敞幽胜”，遂开辟此台，赋诗一首，并请陈道命名，由千户王渝镌石，下侧为黄仲昭诗刻。

［史料辑要］

明黄仲昭诗刻跋：□□□公重修九仙观成，顾□南山之半有异景，遂命芟夷以为游人登眺之处。予辱公款延，纂修闽志，适寓观之东轩，因获侍游焉。爱其高敞幽胜，既赋诗一章，稷请于公，名之曰“舒啸台”。公欣然手书三大字，命千户王渝并予诗刻于崖石。成化丁未中秋，莆田黄仲昭识。

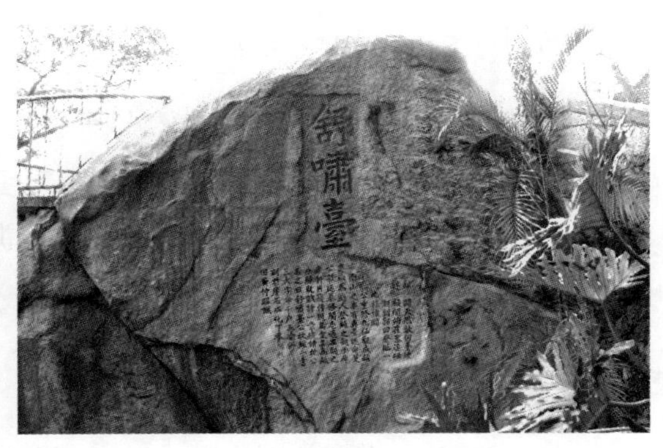

舒啸台

明黄仲昭《登九仙观舒啸台》：榛莽新芟辟，天然数仞台。烟云连睥睨，殿阁俯崔嵬。远岫横江断，寒潮到郭回。登临一舒啸，天地旅怀开。

四十四、峙　台

清林春溥《榕城要纂》著录三十二景之一。久废，不知其址。

四十五、香　坛

康熙《福建通志》云：“香坛，有石刻。”原在护国禅院文昌阁前镌有“香坛”二字，顺治年间，浙闽总督李率泰题，今不存。

四十六、闽县儒学

在山南麓花园巷口。清林枫《榕城考古略》云：“宋庆历中建，熙宁、崇宁间修。元至正戊寅毁。越五年，学官丁尧建礼殿及门堂斋庑。大德癸卯，县尹吴鼎创讲堂。后四年，教谕陈振创尊道堂。泰定三年，县尹张德、学官蒋景说拓礼殿。至元间，置斋二于讲堂之南，曰进德、修业。明洪武初，建明伦堂，以礼殿为大成殿。十五年，建馔堂于进德斋之东。正统十二年，御史陈永复、丁澄广其规制，三倍于旧。天顺间，御史顾俨市民地，拓学前路。成化间，御史尹仁等辟法海寺地，以益其址，重建大成殿东西庑，东南为学门，殿后为明伦堂，左右立两斋，徙旧崇文阁于堂后。十二年，知府唐珣重修。国朝顺治十八年，知县周雍时移县治于学宫，概行毁废。康熙二十年，知县祖寅亮合绅士修复文庙明伦堂，又建文昌阁。雍正、乾隆、嘉庆间，复相继修葺。”中华人民共和国成立后为中共福州市委礼堂及办公楼。二十世纪六七十年代被改建为商场、仓库、商店（今协和医院红砖楼北）。

四十七、鳌峰书堂

在鳌顶峰下。明黄仲昭《八闽通志·学校》云：“宋状元陈诚之读书处也。今废为民居，故址漫不可考。”王葆图《适园随笔》云：“王审知为节度使时，曾设大书院于此，聘吴勖为大教授，按期亲临评艺，论才授职，号称‘得士之多’。”今已不存。

四十八、正音书院

在法海寺。乾隆《福州府志·学校》云：“雍正七年，奉文设立。”今不存。

四十九、考志书院

在法海寺旁。乾隆《福州府志·学校》云：“国朝乾隆年，巡抚王恕建。今废。”

五十、鳌峰社学

乾隆《福州府志·学校》云：“在左三坊。”

五十一、鳌峰书院

在山北麓鳌峰坊中段北侧，今福州教育学院附属第二小学内。清康熙四十六年（1707），福建巡抚张伯行创设，作为讲学育才之所。

清林枫《榕城考古略》云：“明为郡人邵捷春宅，中有池馆。康熙四十七年，巡抚张伯行建为书院。前为正谊堂，中祀周、程、张、朱五子；

后为藏书楼，置经史子集若干橱。右祀宋、明闽中先儒游广平、胡五峰、黄勉斋、陈北溪、陈布衣、蔡虚斋，为六子祠。其左凿池，周数亩。构亭其上，曰鉴亭。稍进有堂曰‘名教乐地’。旧肖像祀张伯行于其内，今为山长所居，曰崇正讲堂。书舍共一百二十五楹，庖次井饮咸具。其初招延儒士，日给廪饩，以讲明正学为务。五十五年，巡抚陈瑸始集郡邑生徒肄业其中，聘耆儒主讲。是年，赐‘三山养秀’匾额，又赐经书八部。雍正十一年，赐帑金千两。乾隆三年，赐‘澜清学海’额，又赐帑金千两生息，为诸生膏火。十一年，赐《律书渊源》一部。十五年，巡抚潘思榘修葺讲堂，并颁书籍及黄道周《经解》刻板。十七年，巡抚陈宏谋修学舍，更六子祠为二十三子祠，增祀宋儒杨龟山、王信伯、林少颖、罗豫章、李延平、李西山、胡文定、胡籍溪、胡致堂、刘屏山、刘白水、李忠定、蔡西山、蔡九峰、廖槎溪、真西山，明黄石斋凡十七位；祀张伯行、陈瑸于藏书楼下。又建奎光阁于鉴亭前。道光间，改东偏学舍为课棚，山长陈寿祺所创也。今仍之。”

鳌峰书院历任山长有蔡璧、蔡世远、郑金章、靖道谟、傅玉露、林昂、鲁曾煜、范威、洪世泽、游绍安、林枝春、孙拱极、沈廷芳、严源焘、杨演时、朱仕琇、张甄陶、于雯峻、范栻、孟超然、陈化龙、郑光策、游光绎、陈寿祺、林春溥、曾光斗、郭柏荫、林士傅、陈宝琛、张元奇、郑锡光等。谢道承、叶观国、萨玉衡、陈若霖、谢震、梁章钜、赵在田、林则徐等均曾肄业于书院。光绪三十一年（1905）科举制度废除后，书院改为“校士馆”，后又改为福建法政学堂。辛亥光复时，学堂毁于火，书院原有设施，除一座假山外，荡然无存。1927年，美国美部会、美以美会和英国安日甘会（简称“三公会”）在原鳌峰书院旧址合办

鳌峰书院遗址

“福州协和幼稚师范学校”，专修女生毕业后充任幼儿教师，校长陈维华、王世明。

中华人民共和国成立后，于1960年在原鳌峰书院旧址创办福州师范二附小（今福州市教育学院附属第二小学），校园西南建“鳌峰亭”，立“鳌峰书院旧址”石碑。

［**史料辑要**］

《鳌峰书院志》卷十六：书院面九仙山，相传山有巨石，名状元峰者，为鳌头。尚有一石为鳌尾，在院讲堂后，对河民家，今已莫知其处，若求而拂拭之，使常在风日之中，闽中科名仕宦当更有加也。

林家溱《福州坊巷志》云：在坊北。清康熙四十六年，福建巡抚张伯行创立鳌峰书院，以讲学为倡，为清代福建最早、最大而名最著之书院。首任山长蔡璧。璧卒，其子世远继席。厥后林枝春、沈廷芳、朱仕琇、张甄陶、孟超然、郑光策、游光绎、陈寿祺、林春溥、郭柏荫、林士傅、陈宝琛、张元奇、郑锡光等相继主之，皆名师硕儒也。光绪三十一年科举废后，停办。院本明邵捷春故宅，复购民房及尼庵拓而广之。中有正谊堂、崇德斋、二十三子祠、鉴亭，饶园林水石之胜，荔支亦

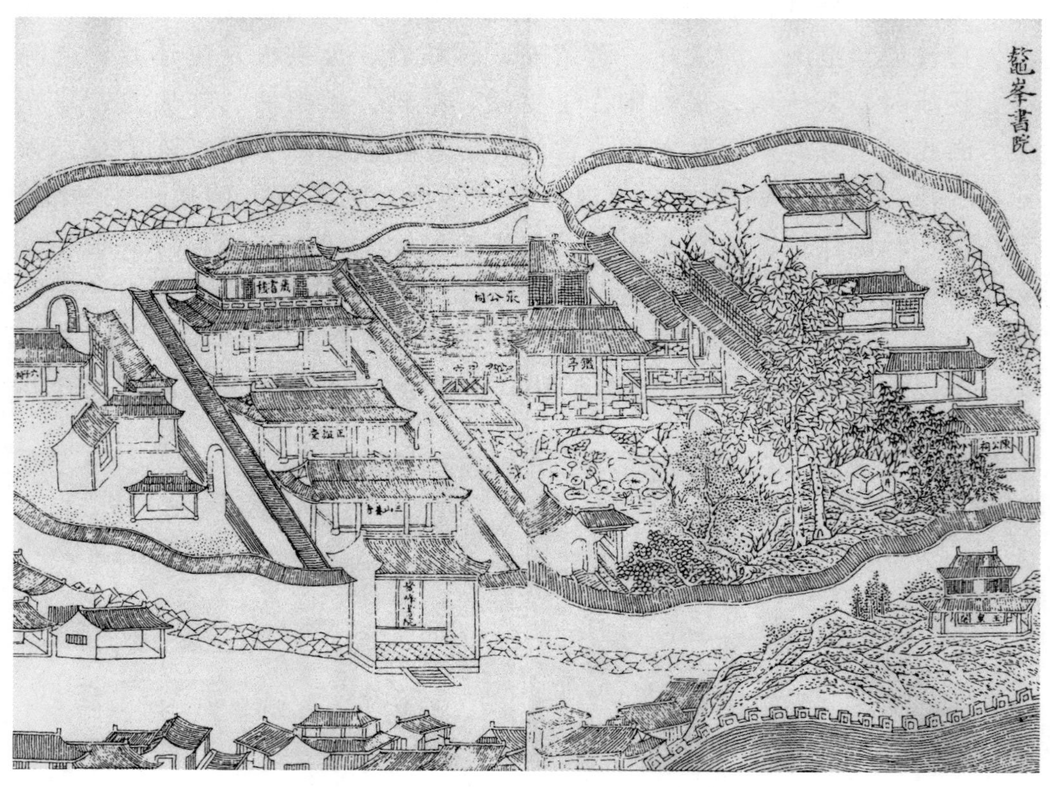

鳌峰书院图

颇有名。辛亥福州光复之役，革命军占于山高地攻旗界，旗兵有据鳌峰书院（时改为法政学堂）高楼顽抗者。于是，书院乃为炮火所毁。民国后，美以美教会购其空地，重建为协和幼稚师范学校。

附：鳌峰书院历任山长名录：

蔡璧，字君宏，漳浦人。以选贡授罗源教谕。系世远父，鳌峰书院教席。

蔡世远，字闻之，漳浦人。康熙己丑（1709）进士，官礼部侍郎。

郑金章，字若敏，闽县人。康熙丙戌（1706）进士，河内知县。主讲鳌峰书院六年。

靖道谟，字诚合，汉阳人。官至江西饶州府。乾隆癸亥（1743）主讲鳌峰书院。

傅玉露，字阆林，号玉笥，会稽人。康熙乙未（1715）科探花。乾隆己巳（1749）受聘为山长。

林昂，字嘉乐，号若亭，康熙壬辰（1712）进士，官编修，乾隆甲子（1744）聘主讲席。

鲁曾煜，字启人，号秋塍，会稽人。康熙辛丑（1721）进士，乾隆壬申（1752）主讲鳌峰书院。

范威，字九池，号浣浦，仁和人。雍正癸卯（1723）进士，以御史巡台湾。

洪世泽，字叔时，号艮堂，南安人。乾隆丙辰（1736）鸿博，官检讨。

游绍安，字鹤洲，号心水，福清人。雍正癸卯（1723）进士，官江西南安知府。

林枝春，字继仁，号青圃，闽县人。乾隆丁巳（1737）榜眼，授翰林院编修。督学江西、河南，终通政司副使。

孙拱极，号紫垣，连江人。乾隆己未（1739）进士，选庶吉士。

沈廷芳，号椒园，晚号隐拙斋学人，仁和人。乾隆丙辰（1736）鸿博授检讨，进编修，终山，东按察使。

严源焘，号桐峰，嘉善人。雍正甲辰（1724）进士，官刑科给事中。

杨演时，号平厓，大埔人。乾隆乙丑（1745）进士，官编修。

朱仕琇，字裴瞻，号梅崖，建宁人。乾隆戊辰（1748）进士，官至福宁府学教授。

张甄陶，号惕庵，侯官人。乾隆乙丑（1745）进士，选庶吉士，授编修，旋改知县。

于雯峻，号小涪，金坛人。乾隆辛未（1751）进士，官御史。

范栻，号朴亭，杭州人。乾隆丙戌（1766）进士，官广西学政。

孟超然，字朝举，号瓶庵，闽县人。乾隆庚辰（1760）进士，官至提督四川学政。

陈化龙，字剑城，长乐人。乾隆壬辰（1772）进士，官刑科给事中，掌教鳌峰书院七年。

郑光策，字苏年，闽县人。乾隆庚子（1780）进士。

游光绎，字彤卣，一字磻田，霞浦人。乾隆己酉（1789）进士，由编修改御史。主讲鳌峰书院。

陈寿祺，字恭甫，闽县人。嘉庆己未（1799）进士，官编修，国史馆总纂，任河南、广东主考。主讲鳌峰书院。

林春溥，字立源，号鉴塘，侯官人。嘉庆壬戌（1802）进士，官编修。顺天乡试、会试考官。主讲鳌峰书院。

曾光斗，字星斋，古田人。咸丰壬子（1852）进士，官湖北崇阳知县。

郭柏荫，字远堂，侯官人。道光壬辰（1832）进士，授翰林院庶吉士，擢编修，官湖广巡抚。

林士傅，字可舟，侯官人。道光癸未（1823）进士，翰林院检讨，以御史出知广西庆远府。擢桂平梧郁道办理军务。

陈宝琛，字伯潜，号弢庵，闽县人。同治戊辰（1868）进士，历翰林院侍讲学士、江西学政、礼部侍郎，官太保、太傅。

张元奇，字贞午，侯官人。光绪丙戌（1886）进士，历任翰林院编修、监察御史、湖南岳州知府、奉天锦州知府。

郑锡光，字友其，号澹庵，闽县人。光绪庚寅（1890）进士，官翰林院编修，先后监督法政、商业、师范学校，充教育会副会长、学务公所义绅、义长。

五十二、福州师范学校

在山北麓，鳌峰坊南侧，闽省华侨公学、福州三民中学旧址内。前身系全闽师范学堂，初创于清光绪二十九年（1903），原址在乌石山，几经更迭变迁。1952年10月，在福州女子师范、私立协和幼师和闽侯师范体、艺科等基础上，合并组建福州师范学校。其后始迁址鳌峰坊。百余年来，该校培养出大量人才，其中有文坛巨匠冰心、革命先驱翁良毓、杰出的新闻工作者邓拓、著名学者陈元晖、文艺理论家林默涵等。校园内紧靠于山北麓，建有“鳌峰苑”“福州师范校史馆”，今该校移至

原福州师范学校

金山，原校舍归格致中学。

新建鳌峰苑

［史料辑要］

福州市档案馆存《私立福州协和幼稚师范学校关于本校附设小学幼稚园概况表及教职员名册清查照备查由》：本校附设小学及幼稚园创于民国四年（1915），其教育方针原以普及小学与幼稚教育为宗旨，且为本校师生实习之园地，并依据小学课程标准办理以来垂三十二载矣，其成绩素为教育主管机关及社会人士所称许。惟溯自榕垣两度沦陷，一迁洋口，再迁闽清，在此播迁之间，本校仍属继续办理，未尝间断。迄今抗战胜利，本校奉令迁回原址以开学，徒以内迁日久，致失联络。窃以教学为不断事业，其教学应日益求精以合时代之需，尚赖教育主管机关加以指导而改进，除另行遵章呈请立案外，相应检同本概况表及教职员名册函请查照备查为荷。（榕）协教第二十九号，民国三十六年五月八日，校长陈维华。

王启炜《本校简史》手抄稿：本校历史悠久，人事历更，播迁散佚，漫无可稽。曾由陈前校长粤人，就仅存卷帙与校友口述编记大事，兹复加以整理，公诸社会，述中不详，知所难免，仍望校友责其所知，俾免遗珠之憾。一、全闽大学堂诞生。辛丑和议既定，清廷知非维新无以安内，乃采行张之洞兴学计划，定学校章程。光绪二十七年（1901）八月，诏命各省改省城书院为大学堂。二十八年春，闽浙总督许应骙奏设立闽省大学堂，由藩司周莲和监道鹿学良协同计划，侍御叶在琦应聘为总教习。商拨福州三牧坊正谊书院旧址三分之二，并收附近居民一部分改建学堂，仿山东学堂办法，设正斋、备斋，相当于中心学，延请中、西文教十八员分斋督课。开办之初，暂定正斋学额百二十人，另设附斋纳自费生40人，未收备斋生。此为本校诞生情形。是年二月，省城举行考试，甄录举贡生童之略有中、西文门径者，60名正斋生，40名为附生。并由各府、州、县考送正斋生60名，均于三月初一入堂肄业，办费定七千余元。常年费一万四千元，指定由省城各书院膏火费提三成，不足由藩、监两署筹补。次年二月，拓凤池书院旧址增建讲学堂，寄宿舍……六月，选学生廖福同等九人入京师大学堂肄业。二、规模粗备之高等大学堂。光绪二十九年（1903）十一月，管学大臣奏颁学务纲要，本学校遂改称‘福建高等学堂’，教授及管理亦遵照纲要规定改制。光绪三十年（1904）六月，遣派教习蒋仁、陈遵统赴日考求管教方法，以备采择仿行。光绪三十一年（1905）正月，总教习叶在琦辞职入都，陈宝琛继任，改称学堂监督。光绪三十二年（1906）正月，增设预科，招收80人。三十四年（1908）正月，招收预科生140人，编两级。五月，监督林炳章入都，陈宝琛再主学政。十二月，正科生纪寿图等二十人经考送京都大学及优级师范肄业。宣统元年（1909），招收预科80人。三、民国初年之高等学堂。中华民国成立后，重视教育。民国元年（1912）十一月，本校遵教育部颁普通教育暂行办法改称福建高等学校。监督亦改校长，曾由王修充任。民国二年（1913）二月，预科学生许绍珊等36名毕业。三年（1914）十二月，正科毕业，从此停办。五年（1916），第十期刘雄等毕业。六年（1917）一月，木构教室一座失火，二月改建砖房。九年（1920）七月，第十五期学生53人毕业。福州青年会人员被日侨无故殴打，在学青年对日仇恨益深。十年（1921）七月，十六期毕业。校舍为军队占驻，建筑设备颇有损失。十一年（1922）七月，十七期毕业。九月，校方依据第七次教育会议，改革学校系统，试办新学制高级及初级中学，校长王修去职，由张雨农继任。十二年（1923）春，校长张雨农辞去，经费困难，学生思想不安，当时公推曹廉箴继任。十三年（1924）二月，施冕南去职，张湛继任。十四年（1925）七月，第二十期毕业。十五年（1926）初，郭凤鸣军入校占用，校火，受损失。当局为维持毕业班毕业，把校舍充作教堂。本期自五四运动后新文化潮流不断激荡流入。十八年（1929）八月，福州初中改为“福州中学”，复办高中班。十九年（1930）七月，第二十五期初中一部分毕业。二十一年（1932）一月，庄观澜长龙溪中学，以陈震正等继任教务主任。二十二年（1933）七月，省府命福州将福州女子初中归并本校。二十三年（1934）三月复课，校长戴锡章去职，张湛继任。二十四年（1935），省令裁撤省立福州高级中学及省立福州初级中学，所有学生并入本校肄业，省校定高中六班、初中十五班。二十五年（1936），张湛调省，苏颖继任。二十六年（1937）“七七”“八一三”事变相继发生，暴日侵吞企图毕露，师生莫不怒愤，参加各项后方工作。二十七年（1938），为重现战时教育，迁高中一年级学生于沙县，假文庙上课，陈榆生任教务主任。二十八年（1939）八月，省府以学校高、初两班级过多，不易疏散，遂改本校省立初、高级中学，迁设初中部于洋溪，称省立福州初中，聘宋孝颖为校长。三十一年（1942）一月……省调教育厅督学王启炜继任，聘请张槐生、唐昌时、齐疏照、朱民生等先后兼任教务等职务。本校迄本年五月八日已满四十一年，计由光绪创办至今，名凡七易，毕业42期，共3590人。

福建体育师范学校：1943年，全闽师范学堂（当时称为福建省立师范学校）的体育师范科扩办为福建省立体育师范学校，万籁声首任校长。1945年由永安迁回福州，校址在福州南教场。1948年秋并入林森师范，为该校体育科。福建体师集西洋体育与国术之精粹，既教授现代体育技巧与教育理论，也传授中国武术。福建体师的校友曾是福建体坛的一支有生力量，对福建的体育事业和教育事业的发展有过卓越的贡献。

福州女子师范学校：福州女师的历史可追溯到1906年全闽师范学堂附设女子师范讲习所。1910年独立为女子师范学校，1927年又并入省立第一师范学校，为女子职业师范科，校址在白水井和光禄坊。1946年，由陈中英任校长，重建福州女子师范学校，校址在河西街和城守前。1951年接管私立福州协和幼稚师范学校，1952年并入福州师范。福州女师开设普通师范科和幼雅师范科。福州女师的校友在小学和幼儿教育界多有建树。

私立福州协和幼稚师范学校：私立协和幼师于1915年由美国教会出资创办，校址在鳌峰坊。1933年10月立案，1951年并入福州女师。协和幼师以“博爱服务之精神”为宗旨，以培养幼儿教师适应社会需要为目的，主要招收孤儿入学，毕业后由教会推荐，自谋职业。协和幼师的校友对于福州地区幼儿教育的发展起过促进作用。

林森师范学校：林森师范学校是1945年在福州重建的中等师范学校，薛克柽任校长，校址在东门外岳峰乡，1950年秋改称闽侯师范学校。1948年，福建体育师范学校并入该校，为其体育科。1952年秋，该校体育科和艺术科并入福州师范。林森师范开设普师科、艺师科、体师科和简师科。林森师范培养许多人才，校友在教育、艺术、工艺、文史界有较高的声誉。

五十三、福州格致中学

在山北麓。是西方教会在福建省开办最早的一所学校。清道光二十六年（1846），美国人约翰逊来福州，在南台中洲一带传教。咸丰三年（1853），美国牧师杨顺在南台保福山设圣经斋，称“福音精舍”，招收男女学生。同治三年（1864），迁至山北麓观巷，定名“福州书院”。后因规模不断扩大，设备日益充实，遂取《大学》中“格物致知”之意，于光绪十六年（1890）改称“格致书院”，设汉文、英语两班。最初主理书院者为约翰逊，继之者有弼履仁、裨益知、邢孟文、倪乐舒等。1918年仿效美国学制，改为6年初、高中三三制。1927年，国民政府收回教育权，不准洋人在中国担任公、私立学校校长。同年5月改称“私立格致中学”，公理会闽中协会派沈志中任校长。不久，沈辞职，教会改派薛廷模接任校长，倪耿光为教务主任。两人配合默契，坚持不传教、不崇洋

格致中学校门

媚外，还采取两大举措：一是向政府办理立案手续，各科课程和课时都按教育厅规定；二是禁止任何教师在课堂上宣讲《圣经》，打破外国教会在中国办学“独立一国”的做法，学校声名鹊起。

1952 年，福州市人民政府接办，与私立扬光中学、私立法海中学合并，易名为“福州第五中学”。1992 年经福州市人民政府批准，更名为“福州格致中学”。

学校占地面积三万三千多平方米，教学楼、体育馆、运动场、图书馆、实验室、多媒体教室、电脑室和语音室等教学设施一应俱全。学校为完全中学，现有学生近两千人，教职员 162 人。完善的教学设施和高素质的师资队伍为学生的全面发展提供了有力的保障。

［**史料辑要**］

林家溱《福州坊巷志》云：格致书院，在巷南。清咸丰二年，美国美以美教会在南台保福山开创格致小学堂，男女学生兼收。至同治三年移观巷，扩大为格致书院，为中等教育性质。光绪十六年，再事发展，购买附近太平街地，增建校舍。民国以后改为格致中学校。该校向由美国人操纵，教学侧重攻习英文，学生皆基督教徒，毕业后多参加邮政、海关工作，或由教会资助往美国留学。校之西侧有刘公纪念堂，为纪念创办人刘孟湜而建，作为传教之所。

郭毓麟《福州私立格致中学简介》：一、格致中学的创校与历任主持人。1846 年，美国人约翰逊来福州，在南台中洲一带传教，1853 年在南台保福山设圣经斋 Boarding School，称福音精舍。1890 年从保福山迁至于山麓观巷，号福州书院 Foochow College，后取古人“格物致知”之义，称格致书院。设备日见充实，学生人数不断增加，为教会在福州创立的第一个学堂，与后来的私立英华中学、私立三一中学鼎足而三，均负盛名。自约翰逊后，历任主持者有美国人弼履仁、禅益知、邢孟文、倪乐舒等均当过主理。1926 年，格致爱国学生掀起反帝反基运动，校舍被焚，赶走美籍主理。中国政府决定收回教育权，规

格致中学老校舍

定外国人不得在中国境内的公私立学校任校长，公理会闽中协会派沈志中任格致中学校长，不久沈辞职，教会改派薛廷模接任校长，直至中华人民共和国成立初期由人民政府接收（今为福州五中）为止。

二、格致中学的经费来源。私立格致中学的经费主要由美部会拨款。据闻，美部会基金充足，有动产与不动产，数额若干，外人不得而知。但另一方面也靠学费收入，学费很贵，然而家长不加计较，只以子弟能就学而心甘情愿。抗战后，除学费外，还要交150斤上等白米，曰"劳师米"，因那时发给教师的月薪是以白米计算的。教师待遇比一般公私立学校为高。

三、学生来源。格致学生各种家庭成分都有，上自官僚、资本家、名门贵族、职员、教师、医务人员、科技人员的子弟，下至工人、农民、贫民的子弟，不分贵贱应有尽有。教会学校男女分校，格致、英华、三一都只收男生；文山、陶淑、毓英、寻珍等校则专收女生。但薛廷模校长之女挺英、挺美却破例在格致中学附读，后姐妹二人都到美国留学。李心澄、郑德富之女亦在校肄业。由于牌子老、办学好、要求严、质量高，家长信赖。1948年，全校（高初中）学生数多达900人。

四、格致中学的办学精神与老师阵容。据说薛廷模所以接任校长，系出于霞师姑推荐之力，因薛廷模夫妇平时接近霞师姑，外传为霞师姑的干儿女，故得登上校长宝座并久于其位。薛校长本身无多大才干，但有被称为"五虎将"的林雪金（校长夫人）、倪耿光、柳挺波、李心澄、郑德富五人的全力赞助，使格致中学成绩蒸蒸日上，誉满全城。他们以身作则，视校如家，负责认真，全力以赴；严以治校，诚以待人；勤勤恳恳数十年如一日，其中以教务主任倪耿光（代过校长）威信为最高，贡献为最大。倪系浙江绍兴人，不仅精通英文，擅长翻译，且多才多艺，对文、史、地、数、理、化等科都有根底，汉字也写得好，国语也说得好。他在公共场合态度严肃，学生称他为Tiger（老虎），畏而敬之。他诚恳朴素、平易可亲、循循善诱、与人为善的精神，格致校友至今思念不绝。有人说"格致的校誉是和倪耿光的名字分不开的"，此语并不过分。格致中学既有"五虎将"管理行政，又能对待教师又能一视同仁，所以教师与教师、教师与学生之间也能团结友好，共同搞好教学，使校誉历久不衰，名闻遐迩。格致书院，原先学制为八年又四个月，与大专相等，设汉文、英文两种班级。汉文班侧重汉文，除汉文外有数、理、化、史、地等课程；英文班侧重英文，除英文采用英文课本外，其他课程与汉文班相同。收回教育权后，由中国人主校政，向政府立案，改称"私立格致中学"，设高中、初中两部，按照规定设置课程，成为普通的完全中学，学生数增加不少。由于格致中学前身是教会学校，有美国人任教，所以学习英文的积极性成为传统气氛而保留着；同时，宗教课程、宗教组织和宗教仪式也程度不同地长期流传下来，直至接收为止，体现了教会学校的特点。格致中学除抓紧课堂教学外，也很重视文娱体育活动。格致的铜乐队，据说有百年历史。美国钢琴家福路在校主持铜乐队，所用乐器都是向美国有名乐器公司购买的。每有游行等仪式，格致中学铜乐队服装整齐，乐器新巧，精神抖擞，演奏精妙；领队先行，观者动容，啧啧称赞。田径运动，排球也培养了一些人才，王守端、许天驷、陈永南、程乔生等是其中的佼佼者。

五、格致中学校友的成就。格致中学虽为列强对华文化侵略的产物，但其客观效果也为中国培养了很多科学技术的新人才。格致中学已毕业或未毕业的学生，多往投考当时的海关、邮政、盐务等部门而获得录取。有人说，格致校友遍布全球。不少单位反映，格致中学毕业生工作作风以勤恳踏实著称，深为领导所信任。这些话充分说明了格致中学在社会的深远影响。陈绍宽、丁超五、陈调农、林本铭都是格致校友，檀仁梅、甘景镐、倪松茂、郑庭椿等也都出身于格致中学。在各条战线上做出卓越贡献的大有人在，难以尽举。（《鼓楼文史》第一辑）

五十四、福建医科大学附属协和医院

协和医院红砖楼

在山西麓。创建于1860年，前身是福州基督教协和医院，由美国基督教会创办的福州圣教妇孺医院和福州仓山马高爱医院合并而成。1951年，医院收归国有，更名福州中国协和医院，1959年成为福建医学院附属协和医院。如今已发展成为集医疗、教学和科研为一体的大型综合性医院，技术力量雄厚，拥有众多省内著名的医学专家和大批中青年优秀人才，在国内外享有较高声誉。现占地面积3.67公顷，业务用房建筑总面积8.5万平方米；有开放床位1020张；年门诊病人逾80万人次，收治住院病人两万多人次；员工1400人，其中正、副主任医师和教授近200人，博士、硕士占医师总数近40%；有国家级专家4人、省级优秀专家9人、享受政府津贴32人、入选国家及省厅级“百千万”人才工程47人。

五十五、观巷基督教堂

在山北麓观巷9号。创建于清光绪七年（1881），系砖木结构。信徒刘谦安为纪念其父刘孟湜牧师，捐献巨款扩建新堂，1916年改名为“刘公纪念堂”。占地面积1888平方米，可容纳1500人。装有巨型管风琴。该堂为中华基督教闽中协会总堂，许多重要会议及节日大型音乐会均在此举行。1985年经整修，恢复宗教活动。

观巷基督教堂

五十六、兰花圃

在山南麓的疏林地。建于1979年，占地总面积0.71公顷，是我国十大兰花圃之一。花圃内悬崖壁立，古树参天，绿叶成荫，适宜兰花生长。依山势建“玉带涧”“天香亭”“美苍亭”“集仙岩”“幽兰谷”等景观，相得益彰。

兰花圃

兰花圃在原有基础上，与鼓山兰花圃整合，经2005年至2007年的三期重新改造后，形成今日规模。圃中培育品种现有三百多种、9600盆，包括从广东、台湾等地引进的新品种，集品种保护、观赏交流于一体。于山管理处为扩大交流，成立“于山兰艺交流活动中心”，以“植根于斯，服务于斯”为宗旨，弘扬兰花文化，营造四季幽香的园林景观，与天然幽雅的名胜古迹相结合，呈现独特的南国风光。1961年2月4日，朱德委员长来闽视察工作，游鼓山时发现千年大枫树寄生兰花，即兴书题“兰花圃”三字，遒劲有力，至今悬诸门额。

五十七、五一广场

在山南麓。前身为南校场，是明清时期官兵习武操练的场所，也是考选武举人的地方。清陈庚焕《九仙山古迹考》云：“南临教场，每霜降，讲武、武试、骑射，观者士女猬集，岩石皆满，而石鼓东矗，翠欲压人。”乾隆二十七年（1762），知府李拔撰《南教场演武厅铭》刻于九仙观西南岩壁。辛亥革命后，成为省、市民众集会中心。五四运动时，福州学生常在场中集会，曾焚烧日货。1933年11月，李济深、陈铭枢、蒋光鼐、蔡廷锴等在福州发动“闽变”，曾在场中召开大会，宣告成立“中华共和国人民革命政府”。同时也是福建省立福州公共体育场。民国时，郑式金作《南门兜体育场》诗“谁是立场驾着鞭，少年赛步快为先。锦标无一争将夺，落伍相惭愧不前。评判高台观比武，众声挝鼓动冲天。折挠个个都如此，对敌驰驱气万千，”就是对当时场内体育竞赛的真实写照。中华人民共和国成立后改称“福建人民体育场”，后改造为“五一广场”。1989年，广场公园化，种植树木、花草，开辟喷水池，成为群众娱乐休闲之所。

[史料辑要]

林国清《五一广场史话》：福州五一广场在于山南麓。五代王审知筑夹城的时候，依山为墙，以湖为壕。现在的五一广场当时是“以湖为壕”的一片城外湖泽之地。湖里多种莲藕，故称“莲池”，现在广场之东南的泮洋、荷宅、莲宅等地名便是由此而来的。宋之后，沧海桑田，莲池渐被淤塞，遂为稻田。宋许敦仁有诗“负郭湖田插两收”，就是指这个地方。在这一片湖田中，留了一块作为“校场”，供兵卒演习练武。清《榕城考古略》说“其广四里”。民国二十八年（1939）的《福建省立公共体育场工作报告》说：“为清练习操兵地，面积在三十亩以上。”可见这块地不会很小。《榕城考古略》还说：“嘉靖中，召客兵居此。万历初，东、西建兵房，其外有旧校场。”客兵指戚继光的山东子弟兵。当时戚继光自浙江率六千兵马来闽平倭，即在校场周围扎营结寨。校场之北的于山（又称九仙山），现在还留有醉石、戚公祠、平远台等许多戚继光旧迹。清初，旗兵南下入闽，与郑成功对垒，校场即成了他们进行军事训练的中心。又因福州另有其他地方的校场，遂以其在城之南，称“南校场”。在南校场里建有演武厅、堂室及长廊亭榭等，很有一些规模。乾隆二十七年（1762），福州郡守李拔还特别为之洋洋洒洒地写了二百一十九字的《南教场演武厅铭》，刻石立碑，以示郑重。清时，福州一年一度定期举行的军事演习都在南校场进行，届时总督、巡抚、将军以下军政要人都要在这里参加检阅，为一时之盛事。嘉庆十四年（1809），闽浙水师于墨水洋大败蔡牵，俘获三千人，也是在南校场举行

“献俘”礼的。因此留有一块纪念碑，碑文曰“嘉庆十四年中，绅耆颂归安张巡抚师诚歼海寇蔡牵事”。过去南校场也是福州最大的一个刑场，但凡在福州判处死刑的犯人多在这里执行。因此福州俗话说“南校场剑头”。辛亥革命后，南校场是省、市人民集会的中心。1919 年五四运动期间，福州学生经常在这里集会、游行和焚烧日货。在南校场不远的南门兜就竖有一块“请用国货”的大石碑。1933 年，蔡廷锴、蒋光鼐在福州发动“闽变”，也是在这里召开大会，宣告成立“中华共和国政府”的。南校场还是省、市人民的体育中心。民国四年（1915），省会中等以上学校联合运动会便是在这里召开，民国十年（1921）又在这里召开了全省学校联合运动会，福建督军李厚基任主任。运动会的会歌是：“天气新霜，丛菊放黄，国旗正飘扬。十郡才良，跄跻聚一堂。鼓声扬，可使有勇，且知方角技登场，相与较短长。驱瘠尪，谋健康，好儿郎，同勗勷。”一时歌声荡漾，热闹非凡。南校场的北面竖有一座混凝土牌坊，下书“省立福建公共体育场”。坊后有烈士纪念碑。但体育场的编制于民国十八年（1929）才正式成立，定名为“福建省立福州公共体育场”，场长林荫南。其时，由教育厅程时烽厅长拨款，建设一个 400 米的正规跑道，跑道内辟一个足球场。随后又添设篮球场、看台、办公室、围墙、围篱、栏杆等。民国二十年（1931）4 月 4 日儿童节，体育场举办儿童运动会，华侨巨子胡文虎莅临会场，当场捐资国币二万元，建设儿童游戏场及健身房、司令台等。梁新记公司以一万五千四百元承包工程，12 月 1 日开工。民国二十六年（1937）年底竣事。这一年要召开全省运动会，于是在大门的右边增设 2 个篮球场，并改建 2 个网球场。二十七年（1938）11 月，体育场机构奉令迁往沙县，原南校场改为福建省立公共体育场福州分场，抗战胜利后复原。1949 年福州解放，公共体育场改称为“福建人民体育场”，仍然是省、市重大集会和省、市人民举行运动会的所在。人民体育场继承公共体育场的格局，正门朝北，靠西；后门靠南，朝东。四周有矮墙围绕。场内有 400 米的跑道，有足球场、篮球场、健身房以及田径运动场等。主席台设在体育场的西侧，朝东。后作为省、市群众集会场所，改为五一广场。五一广场于 1968 年 11 月动工建设，1970 年 5 月竣工。广场撤去围墙，并以水泥方砖铺地，计 7 万平方米。如果每人占地一块方砖的话，可供 10 万人集会。当时的大型团体操和省市的重大庆祝会皆在这里举行。广场的北侧原为鼓楼第二中心学校，后被拆迁，依山势改建为东、西两组多阶梯的观礼台。观礼台的后面建展览馆，中间有毛泽东主席的巨大白石雕像。这是广场新的主席台，坐北朝南。广场的南侧建有体育馆。但新建成的五一广场没有树木，没有植被遮盖，每当夏天，广场酷热难当，周围的居民也难熬。1989 年，广场公园化，把铺地方砖全部掀起撤走，然后种植各种的树木、花草，开辟喷水池。原阶梯观礼台也被改为斜坡草坛，植马尼拉草，绿葱葱的一大片，遂为人民游览、休息的场所。广场北侧留有一条东西向的马路，称古田路。原主席台之下辟为地下商场，称商业城。广场的东、西是新建的福州商业大厦。西侧为广达公路，路之西有许多

的商店和工厂。五一广场成了福州市人民文化生活和经济生活的中心。(《鼓楼文史》第四辑)

五十八、福州画院

在山西南麓，今于山路2号。1979年10月建成，占地3.28亩，建筑面积4070平方米。具有池馆建筑风格，中有假山鱼池，四周建有双层、三层、四层楼阁，是富有地方特色的建筑。“福州画院”四字，为著名书画家刘海粟先生所书。内设展览、表演、聚会等厅，集书画创作、学术研究、书画展览和会议等诸多功能。首任院长郑乃珖，副院长吴其珌、沈觐寿、潘主兰、周哲文等，现有专职画师11名，特聘画师49名。福州画院已成为福建省负有盛名的画院，也是美术文化活动中心和社会主义精神文明建设的重要窗口。

福州画院

第三章　文物古迹

俯仰之间，尽为陈迹，此古迹之所由来。于山文物古迹众多，越王凿樽宴饮，九仙栖止炼丹，而亭池楼榭，又何可胜记？追慕古人者，凭眺兴怀，往往寻其遗迹而流连不已。迹有存者，不可不记；迹有耳闻而目亡者，尤不可不记。志之，庶几令人知其梗概而有所稽考焉。

一、大石樽

在九曲亭民居内。相传越王无诸九日曾宴于此，凿石樽，可盛酒三斗。清嘉庆八年（1803）重阳节，郑天祥、梁章钜等曾同寻石樽于此，并镌石篆“越王石尊”四字。今佚。

[史料辑要]

淳熙《三山志·土俗二》：《旧记》：九仙山，亦名九日山。无诸王是日于此凿石樽以泛菊。石樽可盛三斗，犹存。

明黄仲昭《八闽通志》：《闽中记》云：越王无诸九日尝宴于此，大石樽尚存。

二、九仙洞

在大士殿西侧炼丹井旁，有1块高10米的巨岩与2块高数米的岩石，构成长6米、宽5.5米、高1.5～2.6米的岩洞。相传西汉时，临川何氏九仙住于此洞，在洞外挖井炼丹。今洞额镌有隶书“九仙洞”三字。

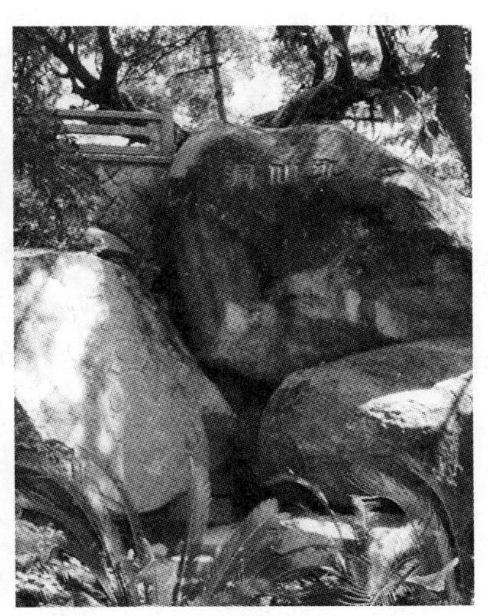

九仙洞

三、报恩定光多宝塔（白塔）

在山西麓万岁寺后。唐天祐元年（904），闽王王审知为已故的父母及两兄长超荐冥福而兴建。相传在挖地基时，发现一颗光芒四射的宝珠，所以取名“报恩定光多宝塔”。五代时黄滔作《大唐福州报恩定光多宝塔碑记》云："塔方七十七尺，高二百尺，相轮之四十尺。"塔南即万岁寺，明嘉靖十三年（1534）二月十九日，雷震万岁寺，塔身火起如巨烛，照城内外数十里。二十九年（1550）倭变，屯兵于此，撤毁殆尽，寺僧散去。万历间，僧碧云住山，募缘修葺。后年久失修，崇祯十六年（1643），住持静庵募缘重修，曹学佺撰铭文。清顺治十六年（1659），飓风大作，层级剥落。释静庵之孙一微，克承先志，捐金倡建，得诸宰官、善信乐助，于康熙二年（1663）费白金二百余两重修，释道霈为记。乾隆三十八年（1773）又重修。光绪二十四年（1898），鼓山涌泉寺住持妙莲募缘重修。中华人民共和国成立前夕，塔壁剥落，木柱云梯腐朽不堪。1958 年，福建省人民委员会拨款 2.3 万元重修一新，并装避雷针以保安全。1956 年，福建省人民委员会公布为第一批省级文物保护单位。1958 年 9 月，福州市人民委员会公布为市级文物保护单位。1963 年 12 月 5 日立碑。

重修报恩定光塔记碑

［史料辑要］

明王应山《闽都记》卷五：万岁寺，在法云寺之西。唐天祐元年，闽王审知建。梁开平中，表请祝万岁寿，故名。又创定光塔七层。宋熙宁八年建千秋堂。乾道九年，丞相史浩改为"华封"。又有三山阁、一华亭诸胜。后梁贞明元年，春夏不雨，僧义收积薪自焚，炬举而雨。后游洪州，众遮留之，乃截左臂："吾去，不雨，出此以祷，必应。"众塑其像，以臂附之，宋时犹存。嘉靖十三年二月十九日，雷震万岁寺，浮屠火起如巨烛，照城中外数十里，有铁鼎覆其巅，大书："诸天及人，无由见鼎。地扰三日，天雨四花。田土三变，今古同时。屠人握闽，雨衣三拜。"未火前一月，四明屠侨为藩左伯，从南门入，众谓城当回禄，至是乃应。屠诣寺拜祷，皇遽不及铺毡，只用雨衣。拜不及四，其鼎坠地，遂已。二十九年，又建华封堂。倭变，召兵屯此，撤毁殆尽，寺僧散去。万历间，僧碧云来住此山，募缘葺治，成功而卒。

杨秉纶《定光塔寺修复记》：定光塔至清代又多次修葺。清顺治十六年（1659），飓风刮坏了塔身，各层均有剥落，塔顶上还长一棵榕树。僧如南募化白金二百两，作了修缮，还请鼓山名僧住持道霈撰《重修万岁塔记》。四十年后，康熙四十一年（1702），塔因长期风雨侵袭，木构部分腐烂糟朽。这年三月十八日是康熙帝的生日，竟无法登塔燃灯祝寿，道霈和尚就具文请求官府准许劝募修塔。这次修塔还更换了塔刹的刹座，同时还发现明崇祯十六年（1643）曹学佺修塔的铭文。乾隆三十八年（1773），鼓山遍照禅师重修定光塔，且由四川学政孟超然撰《重修定光塔记》并刻碑立于第一层塔门西侧，碑高2.08米，宽0.87米，至今尚存。光绪二十四年（1898），鼓山涌泉寺住持妙莲募缘重修定光塔，在塔壁上重新绘画金刚等佛像，在护栏增加铁栏杆，在第七层还增立两条铁管到塔顶，并装上滑车，用作捐款施主点灯祈福之用。抗日战争期间，为了防空，把白塔刷成黑色。1949年福州解放时，塔身已长了很多杂树，加之以往修塔只注重外观表面的一新，将就涂抹，塔壁的泥灰竟有四重，厚有五寸之深，塔身内木柱、云梯也已腐朽不堪，游人只能望塔兴叹，无法登临。1956年，福建省人民委员会将定光塔列入第一批文物保护名单。1958年，拨出专款人民币2.3万元重修定光塔。这次重修更换了柱身内20根木柱和全部云梯，并在每层木柱接头部分加上混凝土的腰箍和挑梁，断落的檐石也更换一新；塔顶重新处理结顶，清除树根，补铸葫芦塔刹，记上修缮年月日，还安装了避雷针，以保安全。塔壁上的画像原已模糊不清且剥落不堪，这次加以清除，重新粉刷白色。又从文庙（南门兜孔庙）移来14口风铎，加上塔上原来保存的乾隆时铸的两口和光绪时铸的五口，一共21口，分别悬挂在第五、六、七层。同时还凿通一、二层之间的水泥层（原为设在塔内的防空指挥部掩体），铺设一层通往二层的台阶。1962年重修塔寺，在清理定光塔周边环境时，发现唐代定光塔的部分须弥座青石雕，其中八根短柱雕刻莲瓣纹饰，还有十五块青石高浮雕腰华版。浮雕内容，有四方为双狮戏彩球，两方为富贵牡丹，九方为海国神话题材，人物形象逼真，雕琢线条流畅，与现存龙瑞寺的唐代大殿基座雕刻对照，在题材和技法、风格上都相当一致。这些雕刻的发现，证实王审知所建定光塔的豪华瑰丽，同时也反映他治理福建时重视海上对外贸易。现在，这批珍贵石刻依照原来位置镶嵌，供人观赏。（《鼓楼文史》第七辑）

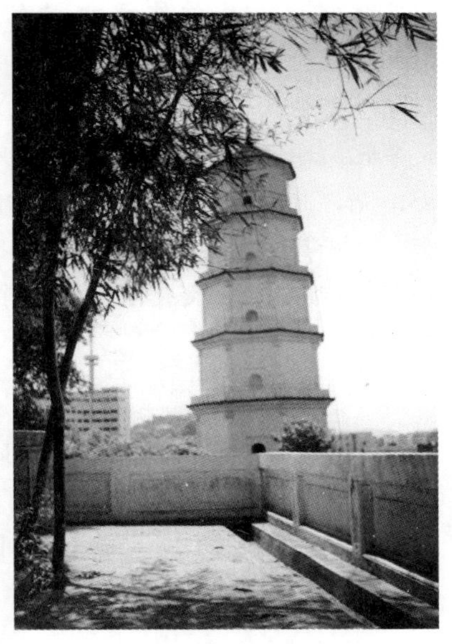
白塔

柏梅《严复读书白塔寺》：严复读书处，在于山白塔寺法雨堂。后梁贞明元年（915）干旱，寺僧义收积薪自焚，舍身祈雨。福州人为纪念他的功德而建此堂，中祀义收塑像，兼作演讲佛学的地方。清道光十七年（1837）重建。同治五年（1866），十四岁的严复考入福州船政学堂，因马尾校舍尚未建成，暂借白塔寺开学，此堂便是他们听课的地方。严复对这座古寺怀有深厚感情。五十年后，他在《海军大事记》中的一段回忆："晨夜伊毗（英语AB）之声与梵呗相答……回首前尘，塔影山光，时犹呈现于吾梦寐间也。"堂为翘角歇山顶，四架椽，三开间，四周有出檐廊。南廊青石雕龙柱，出自惠安石匠之手，气魄雄伟，被誉为福州最精美的一对龙柱。（《福州乡土文化汇编》）

四、补山精舍

在平远台西北侧，原为白塔寺僧接待达官贵人的场所。始建于宋代，清道光年间重建于榕寿岩上，面阔3间，进深5柱，穿斗式构架，单檐歇山顶，泥灰塑龙首脊，四周依地势高下建围墙。院墙内有宋代"平远台"等摩崖石刻。1933年6月，十九路军将领陈铭枢、蒋光鼐、蔡廷锴等在此召开秘密会议，于11月20日发动事变，在福州成立"中华共和国人民革命政府"，史称"福建事变"。1982年辟为明代古尸展览室，展出明户部尚书马森夫人陈氏的尸身。古尸现已移至福州市博物馆。1991年，被福建省人民政府公布为第三批省级文物保护单位。

五、醉石亭

在戚公祠东侧。亭为民国七年（1918）重建戚公祠时创建，原为木构。民国二十二年（1933），十九路军将领蒋光鼐、蔡廷锴等倡建平远台时，复将醉石亭改为石构，至今仍存。

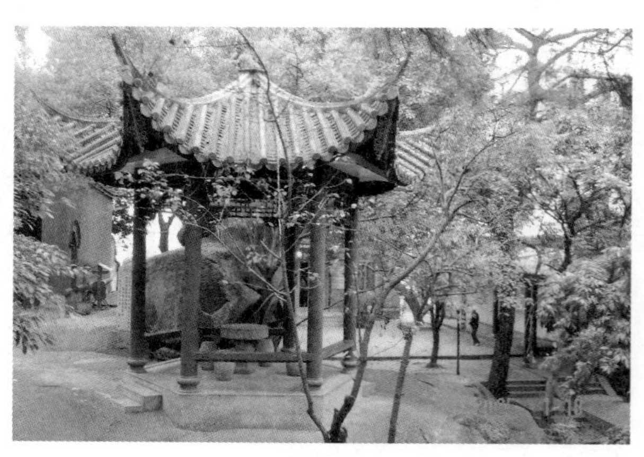

醉石亭

六、戚公祠

在山南麓白云寺西。为纪念明嘉靖四十一年（1562）戚继光率兵赴福建抗倭而建。原祠于民国元年（1912）圮废，地被奸民盗卖给外国教会，经多年诉讼方获判归回。六年（1918）前后重建，为砖木结构，三面复墙，外墙砖砌，内墙竹木混合，宽15.5米，共3间。中间5.5米，两侧间各5米。殿进深10米，单檐歇山顶，檐出挑 3 米为前廊，地面花格斗底砖。内祀戚公戎装像，陈列战袍铠甲、行军干粮（俗称“光饼”“征东饼”）等。

戚公祠

[史料辑要]

陈文涛《福州市上下古今谈》：戚公祠于民国元年（1912）已废成平地。民国四年（亦说五年或七年），奸民邹某盗卖外人，经十年之诉讼，始判归为戚公祠基址。闽侯县长王述曾，曾协助平远社同人新建一祠，并于戚公饮至石旁创“醉石亭”一座。民国十五年（1926），盐运使侯培荫请吴子玉将军由山东蓬莱赍送戚公画像一帧来榕。于是，于祠之左侧建一正殿，供祀戚公。原有祠址葺为花厅，子玉亲书一联云：“雪国耻在四百年前，公不愧曰武；绍兵法于十三篇后，我曾读其书。”并题“吾将私淑”一匾。

抄本《潘守正笔记》：1918 年前后，教会谋占戚公祠，先购邻居邹某屋，明伦学堂黄承潮先生等反对，恰值高审厅庭长徐炳成辞职，改任律师，由我托其通过诉讼得胜。随后，黄先生组织平远社，并经侯培荫盐运使等相继努力，修建成功。

七、郭氏支祠

在太平街古井之左，今太平街 6～11 号之间。坐南朝北，南邻戚公祠北墙。咸丰六年（1856），郭永成首倡建立宗祠，鸠赀购于麓太平街房屋一所，郭柏荫、郭柏苍等副之，于咸丰十年（1860）建成。郭柏苍《福州九仙山天房支祠记》云：“集十三房析于麓太平街依山小屋建祠。祠倚白云寺石壁，左右展如燕翼，宗祏安焉。得己亥、丙壬向，使西北诸峰环抱如堵。祠前一径，似直而纾，止于两旁，去来者略远，即不可迹，水达而神不泄也。”是黄巷郭氏支祠所在。详见郭柏荫《太平街支祠碑记》

历经百余年，郭氏支祠只剩下一些残垣断壁。2016 年，政府按照修旧如故的原则对郭氏支祠进行修缮，恢复一新，并拟作为于山历史文化展示区。

[史料辑要]

《福州太平街、黄巷郭氏入迁情况》：福州太平街、黄巷郭氏入迁始祖郭子旦、郭文晏父子（人房），自福清泽朗迁居福州城内河东居住，时明嘉靖十一年（1532）；入迁始祖郭子景“天房”，自福清泽朗首迁福州城昼锦而转迁河东居住，时明嘉靖三十六年（1557）。天、地、人三房先祖是长乐上店郭坑下郭郭贽次子郭绚的后裔。五代时，首迁徙居福清玉融山之南阳村。经三百多年繁衍，元初传至郭初（字元亘），再迁县西六里地曰马山之西。郭初生有二子，长耀（字衍生），卜迁泽朗；次华（字丽生），析居泉州土门。郭绚至郭初世系，因明成化年间家谱被焚失考。其后繁衍主系如下：

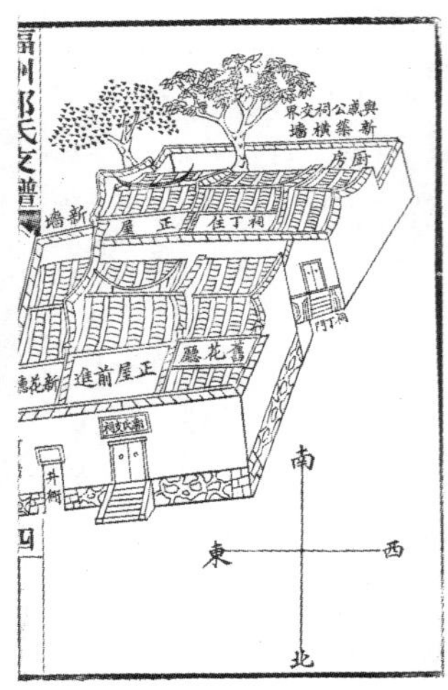

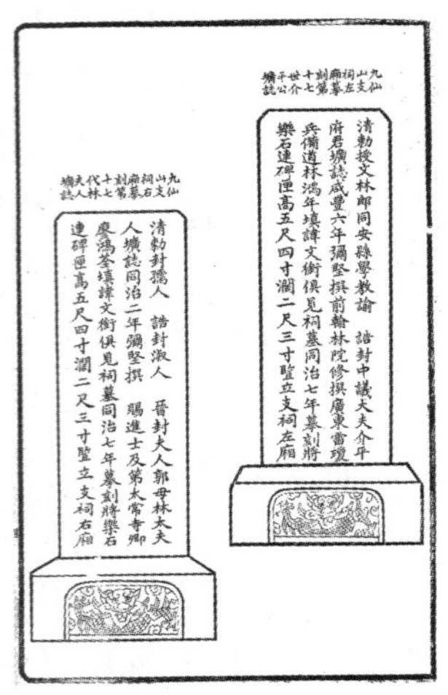

《福州郭氏支谱》

新建郭氏支祠

元代，郭耀传郭京，传郭显；明初，郭显生三子：贵卿、子贵、建郎（又名郭子建），分天、地、人三房。“天房”贵卿世居泽朗后洋中兴社下俐，即福州五子登科郭柏荫、柏苍、柏芗之祖。“地房”子贵生三子：郭师古、郭尾和郭贞；郭师古传郭诏，郭诏生二子：郭助和郭耿：郭助传郭胜，传郭文渊，传郭元箕（析居古田），郭耿传郭肱，传郭文海（嘉靖流寓京陵）。又，明天顺间，“地房”郭尾弟郭贞妻赵安人带孙郭彪、郭玉、郭英三兄弟，由西安后卫迁居汉中西乡避荒。后将郭尾孙郭昭与郭肃家眷自西安同迁汉中西乡聚居，以互相关照。明嘉靖初，郭肃的四位孙子郭大亨、大宁、大用、大朝回迁西安后卫屯地。“人房”郭子建明洪武二十八年（1395）充军甘州左卫军，改发西安后卫，永乐三年（1405）卒于配所；兄郭子贵，以侄师杰早卒、侄孙荧年幼，令次子郭尾赴西安充役。永乐十四年（1416），郭尾回闽，带弟郭贞赴陕。宣德五年（1430），郭尾卒于配所，由弟郭贞顶继军役。正统十一年（1446），郭贞年老乞休，由侄郭忠代伍。又“人房”郭荧（字孟莘、燮侯）孙郭絧传郭文涧，生二子：郭元璋、元璁。郭元璁析居莆田涵头；郭荧孙郭婴之子郭文婴传郭子旦，明嘉靖十六年迁省城河东街，郭子旦长子郭大韶（字秉和），次子郭立仁（字居卿号静斋）析居罗源。

清郭柏苍《于麓家庙成》：翠岩列屏障，群木冠其巅。可以开堂构，兼能接后先。山光千嶂日，树色七城烟。泽朗田庐在，渊源沧海边。

八、叶氏宗祠

在万岁寺东。建于清道光间，为闽县叶观国所建。后人编有《三山叶氏祠录》，所收联句云："律转青琱，平远台前荣草木；气迎紫极，定光塔上耀星辰。""群从咏歌，元夜羽觞金谷酒；九仙烟景，万家灯火锦堂春。""喜气入神灯，千树花迎元夜月；馂余酌春酒，一堂人坐九仙山。"今圮。

九、九曲亭

在水部门之西，鳌峰坊东南。林家溱《福州坊巷志》云："上斜坡为于山登山之孔道，以旧有九曲亭而名。九曲亭未见记载，待考。其地为于山东麓，山中胜迹，被拦入民居者。"

十、涵碧亭

在万岁寺东。明王应山《闽都记》卷五云："又名南园，河西王氏栖隐处。亭之北，岩洞幽胜。"清陈学夔《榕城景物录》云："在万岁寺东，即王氏南园也。明正德时，福建按察使佥事、金华章懋，尝集诸生讲学于此。懋，向以翰林编修偕同僚庄昶、黄仲昭，为元宵鳌山灯火事上《培养圣德疏》，忤旨，谪阳武知县，后历至是官。每诣名山胜景处，课士讲业，著《暗然子》等书。学者称枫山先生。"明末，曹学佺友人郑邦泰（汝交）购为别业。王应山、徐熥、曹学佺、陈仲溱等有诗赋之。今圮。

十一、万象亭

万象亭旧址位于大督府门燕堂北（今屏山以南，鼓屏路中段）。南宋绍兴间叶梦得建。绍兴十五年（1145），知州薛弼修。宋富直柔、李弥逊等都有诗赋赞。绍兴四年（1134），辛弃疾任福州知州兼福建安抚使时，于重阳节在亭中作《西江月》词，云："贪数明朝重九，不知过了中秋，人生能得几多愁，只有黄花依旧。 万象亭中殢酒，九仙阁上扶头。

城鸦唤我醉方休，细雨斜风时候。”1963 年，移建于山戚公祠西南。亭为方形结构，周边环境清幽雅静。亭北侧巨岩缝隙间生长一古榆树，衬托亭子，尤为稀奇。

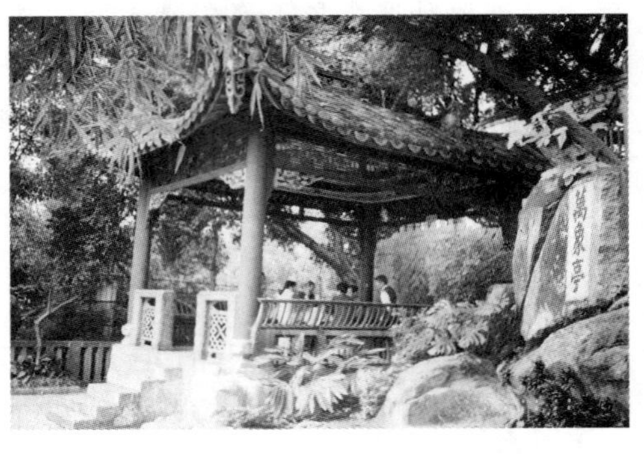

万象亭

十二、吸翠亭

在法云寺东南。明正德十四年(1519)，督舶太监尚春建，并邀按闽御史周鹓、周震、致仕尚书林瀚等题记刻石于野意亭下。亭匾为周鹓所书，久废。今亭为1936 年仲冬所重建。亭柱有陈仪、陈培锟、童杭时等题联。

吸翠亭

[史料辑要]

明林瀚《鳌峰胜观亭记》云：都知监太监尚公，奉玺书来督海舶，雅有山水吟咏之趣。公暇，偕按闽侍御华亭周公鹓、昆山周公震登眺于斯，徘徊瞻顾，有遗憾焉。尚公遂鼎建吸翠亭于平远台后……诸亭之匾，皆华亭周公大书之。

十三、榕寿岩

位于戚公祠西南侧，岩隙间生一古榕，根裹岩，岩固根，根岩相抱，十分奇特。岩石上镌高 2.6 米行草书“寿”字，款署“奎联”，相传乃清道光十六年（1836）为奇树祝寿而书。今为于山风景区著名景点。

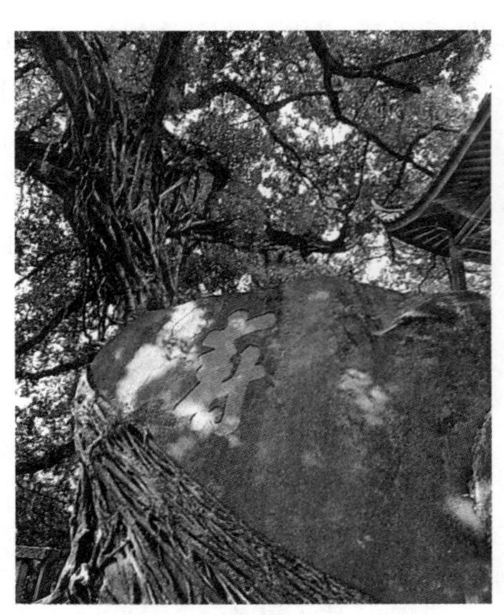

榕寿岩

十四、鳌峰胜观亭

在法云寺、鳌顶峰平远台侧。宋为嘉福院地，正德十四年（1519），督舶太监尚春建。林瀚《鳌峰胜观亭记》

云："都知监太监尚公，奉玺书来督海舶，雅有山水吟咏之趣。公暇，偕按闽侍御华亭周公鹓、昆山周公震登眺于斯，徘徊瞻顾，有遗憾焉。尚公遂鼎建吸翠亭于平远台后，即此处建鳌峰胜观亭。亭左为状元峰，峰上为状元亭。"亭匾为按闽御史周鹓书，今废。

［史料辑要］

正德《福州府志》云：法云寺，宋状元陈诚之读书处也。

明龚用卿《藩幕诸君招饮鳌峰胜观亭》：芒鞋随处访名山，山在城东咫尺间。扑地楼台初日上，无边波浪暮云还。地临碧汉鼋鳌窟，天设珠城虎豹关。喜有群公同杖履，浮生又得一朝闲。

明林燫《与宪长邹善同游鳌峰胜观亭》：载酒鳌亭四望开，居然城市绝氛埃。林间五月凉飔动，座上千峰翠色来。胜地东山元著屐，炎天河朔故衔杯。群君暇日追陪忝，欲赋登高愧不才。

明佘翔《饮鳌峰亭》：汗漫相逢秋色深，兴来高阁共登临。云开睥睨群峰出，日隐松杉独鸟吟。流水尊前调绿绮，寒花篱畔散黄金。娟娟一片城头月，相对狂歌思不禁。

民国《福建通志》云：顺治十六年七月三十日，福州大风，鳌峰亭亦遭风灾。

十五、拱极亭

明黄仲昭《八闽通志·宫室》云："在九仙观内玉皇阁之北。"成化二十三年（1487），镇守太监陈道建。今圮。

十六、碧云亭

明黄仲昭《八闽通志·宫室》云："在拱极亭之东北。"成化二十三年（1487），镇守太监陈道建。今圮。

十七、望潮阁

明黄仲昭《八闽通志·宫室》云："在九仙观内，久圮。成化二十二年（1486），镇守太监陈道重建，更名朝元。"今圮。

十八、清辉阁

明黄仲昭《八闽通志·宫室》云："在圆明院内。"今圮。

十九、临河务官廨

明黄仲昭《八闽通志·古迹》云："在法海寺北。"今圮。

二十、养济院

明黄仲昭《八闽通志·恤政》云：“在府治东南左一坊法海寺前。洪武间设，以处老弱废疾及鳏寡孤独不能自存者。月有米，冬夏有衣，病则给药以疗，死则斥官地以葬之。”今圮。

二十一、蓬莱阁

在戚公祠东北隅。建于抗日战争时期，取戚继光祖籍山东蓬莱之意为名。阁系中西合璧式灰砖二层楼房，上为飞檐翘角顶，周围四面开窗的砖墙，阁内三开间，阁前以凉台为雨盖。阁前身原名复亭，1916 年，美教会以小利勾引奸民“猪猪”伪造“戚林氏”卖契，企图侵占祠地。后为民众揭发，经省立第三小学校长黄承潮、教员石屏藩等组织带领群众游行、抗争，同时控告到国际法庭，迫使美教会不得不归还祠产。收复后，重建大殿及木构双层八角亭，取名“复亭”，意在纪念这次收复斗争的胜利。抗日战争期间，由蒋光鼐、蔡廷锴改建成今貌。2005 年辟为“郁达夫史迹馆”。

蓬莱阁

二十二、圣泉双塔

圣泉双塔，明万历十一年（1583）造，是一对七层实心石塔，高 53 米，每层镌有佛像，造型古朴，塔上有建造年份和捐资人、刻工姓名。原立于东山圣泉寺佛堂前，因佛堂已毁，其中一塔也将倾圮。1980 年，经福州市文物管理委员会修补复原，并移立于山九仙观碧霞宫前。据郭柏苍《竹间十日话》记载，是唐代律宗名僧怀道、怀一的藏骨塔，但从塔上残存文字考证，与律宗并无关系。今双塔移回东山圣泉寺，立于观音阁前。

二十三、文光宝塔

文光宝塔，系七层八角石构实心塔。第一层门额上题有“文光宝塔”

四字，每层八面均雕刻佛像，造型古拙。塔原立于市郊城门山鳌顶峰上，后被拆除。1985 年，福州市文物管理委员会将零散塔石运至于山，经过修补，立于戚公祠西侧。根据文光宝塔的形制，考古工作者认为是北宋时所造。塔高 5.2 米，宽 9 米，周长 6.6 米，规模虽小，却是福州仅存的文风塔。

二十四、于山石屋炮台

在山顶九日台南端岩石上。明代为防御倭寇骚扰，在岩顶修建石屋炮台。嘉靖三十七年（1558）四月，倭寇进犯榕城，石屋炮台以形势险要之故，歼敌最多。1945 年前后被拆除。

［史料辑要］

清陈庚焕《九仙山古迹考》：自恭敏祠下，沿雉堞东下路，左绝壁削成，直下数十仞。仰视其巅，石屋炮台如在天表。

二十五、古　井

在万岁寺隔垣，砖砌。林家溱《福州坊巷志》云：“口径几达一丈。郭柏苍云，为苏公井之一，可食数百人。或疑为建寺时所凿，为唐井，非宋井也。今架屋其上，不露天，寺荒僧少，无汲之者，水已恶浊，不堪饮用矣。”后湮没。2016 年在太平街郭氏支祠恢复建设中，古井被挖掘重现，为双井口，经清理井底填埋物，井深约十六米，并有泉水涌出。

二十六、九仙泉

位于山北麓，鳌峰坊 3 号。清郭柏苍《记七城水泉》云：“九仙山迟清亭泉，明郑善夫别业，今为邵氏祠，鳌峰坊九曲亭，依山各泉壑皆甘美。”2005 年重修高士其故居时，从池旁地基中发现井栏一块，高 80 厘米，宽 100 厘米，中镌楷书“九仙泉”三大字，两旁小字除“嘉定”二字，余均漫漶不可辨，可佐证此泉乃南宋嘉定年间所创，距今已七百余年。

“九仙泉”碑石

二十七、明府城遗址

明府城遗址

位于山南麓。明洪武四年(1371)，驸马都尉王恭奉命在五代梁夹城基础上重建，以石砌成，环绕屏山、乌石山、于山，周长3439丈，高2.1丈。辟七城门，东、西、南三面有堑壕，辛亥革命后，因拓展马路被拆除。今遗址系南门至水部门之一段，长173米。1986年重修。1992年11月公布为第三批市级文物保护单位。

[史料辑要]

清林枫《榕城考古略》：外城，《三山志》：宋开宝七年，刺史钱昱筑东南夹城，即外城也。南自光顺门而西（即合沙门)，城三百二十九丈，其门楼六间，敌楼三十间。东自东武门而北（即行春门也)，安边、临江二门，楼三间，敌楼皆五间；便门二（汤井、船场)，敌楼九间，城二百七十四丈，开沿城河二千九百尺。东武门而南，门楼三间，敌楼二十四间，城三百一十丈，开沿城河三千六百尺。城高丈有六尺，而厚半之，石其基，累甓而覆以屋。太平兴国三年堕之，因其址，茨小垣以周焉。今濠隍淹塞，半为民田矣。门凡六：合沙门（嘉祐二年，元绛作，名远南。政和二年，张励更今名，按今在南台小桥北)，东南通仙门（美化门之南，严辟疆名乐郊，后改今名。按今门废，而水部门外尚有通仙境之名)，东行春门（旧名东武，严辟疆改名，按即今东门)，东北汤井门（外汤路，即安边楼门也。郡志：即今汤门)，船场门（即临江楼门也。郡志：即今井楼门。按此疑即北夹城之门所改)，西怡山门（治平元年，元绛作。郡志：即今西门。按此，疑亦南夹城之旧门也)。此唐宋以来废城旧址可考者之大略也。宋时，自南台渡江十里，次合沙门，次宁越门，次利涉门，次还珠门，次虎节门，次威武军门（即今鼓楼)，次都督府门（即今藩署头门)，丽谯凡七，程太卿诗“七重楼向青霄动”，王尚书诗“七楼遥直钓龙台”是也。政和五年，利涉门灾，仅存六谯。盖其时诸城虽堕，而各门楼尚存也。元时复废堕，明初更筑今城，乃非复旧观矣。今惟还珠鼓楼尚存。都督府门，今为藩署头门；宁越门，传即今之南门。然还珠门自明中叶改用砖甃，鼓楼亦于国朝道光间改砌，如还珠门之制。都督府门，考《三山志》：唐上元二年创，钱氏归宋，凡伪世门额悉废，惟威武军大都督门仍旧。明万历间，成戬修旧额，蔡襄书后张致远重书。列戟十有四，谓之仪门，亦曰衙门。按今旧额亦废，惟重楼五间巍壮，视他署特异云。

第四章　寺庙宫观

浮屠之宫，闽省特盛。会城三山自晋至清，寺庙数以百计。宋谢泌《福州即景》诗云："湖田种稻重收谷，道路逢人半是僧。城里三山千簇寺，夜间七塔万枝灯。"足见其盛。榕城庙宇之众，以乌石、于山为最。据史料记载，九仙山寺观宫庙有三十处之多。今仍存者，仅万岁寺、法云寺（白云寺）、大士殿（护国寺内），其他由于年久失修，多已颓废。道观仅存九仙观，宋曰"光孝"，亦曰"崇宁"，清季民国初增祀王天君，俗称"天君殿"。现修葺一新，前为三清殿，后为玉皇阁，东为九仙殿，西为斗姥宫，前建天君殿。正如前人所云："寺之兴废无常，昔时，殿宇焜耀，佛像森严，暮鼓晨钟不绝。数传之后，渐即倾颓堙圮者有之，或历世之久违，屡遭兵燹，遂成基址，瓦砾无存者亦有之。欲求其千载如故者，寥寥也。"

一、万岁寺（定光寺）

在山西南麓。原名"报恩定光塔寺"，俗称"白塔寺"。唐天祐元年（904），闽王王审知创建。梁开平元年（907）为表祝天子寿，改名"万岁寺"。坐北向南，依中轴线建天王殿、大雄宝殿、法雨堂，顺山势递升。盛时，殿堂僧舍三百余间。明嘉靖二十九年（1550）又建华封堂，后逢倭变，召兵于此，撤毁殆尽，寺僧散去。万历间，僧碧云来住山，募缘修葺。1965年，再度修复后作为图书馆、文化部门办公场所，后又改作他用。1978年经福州市文管会修复，对外开放。2007年春，经鼓山涌泉寺募缘动工修建，修旧如旧，采用上乘花梨红木等优质材料建造，更显古朴典雅、雄伟壮观。

[史料辑要]

淳熙《三山志·寺观一》：九仙山西南，天祐元年（904），琅琊王审知所造。明年赐名。梁开平中，表请其寺祝天子寿，盖取其名也。至今诞节前一月，太守率僚属及倚郭令佐，若寓居文武官，下至军员父老等，班拜于庭，以佛法启祝。及是日，拜祝如初。熙宁八年（1075）始创千秋堂候班。乾道九年（1173），史丞相浩改为

"华封"。

明王应山《闽都记》：在法云寺之西。唐天祐元年，闽王审知建。梁开平中，表请祝万岁寿，故名。……嘉靖二十九年，又建华封堂。倭变，召兵屯此，撤毁殆尽，寺僧散去。万历间，僧碧云来住此山，募缘葺治，成功而卒。

万岁寺天王殿旧貌

清林枫《榕城考古略》：寺有独木鼓，大可五围，刻颂其上，传为北宋时物。今已亡。

杨秉纶《定光塔寺修复记》：寺在于山西南，坐北向南，中轴线为天王殿、大雄宝殿、法雨堂，三者前后依次顺地势递升兴建。天王殿前门埕宽广，前有沿城墙边小路，东通南校场，西向三甲尾往南门。埕左、右有八字屏墙分列；山门内即是天王殿，一间两厦，正中弥勒佛已毁，两厦各供奉一尊天王。天王身披甲胄，执剑列坐，头戴法冠，脚穿战靴，衣带飘举，容貌威严。殿后有庭院，中间有石铺甬道和石阶；两侧走廊有伽蓝殿，殿前走廊有石级通大雄宝殿。大雄宝殿，面阔五间，进深九柱，前有石砌月台，平面为副阶周匝（殿堂四向有廊环绕），穿斗式构架，重檐歇山顶。殿内供释迦牟尼佛。殿的地栿均为石制，殿庭前有石栏杆，均系五代旧物，庭院两侧为回廊，且有石阶通向法雨堂。法雨堂即是法堂，面阔五间，进深七柱，平面也呈副阶周匝，穿斗式构架，庑殿顶（四坡顶）。殿后即是定光塔。法堂东有小院，应是五代转轮经藏旧址，院内有一座三开间小殿堂，被占用，作为卫生局宿舍。法雨堂西侧有小庭院，也有一座三开间小殿堂，已无神像，被辟为图

万岁寺法雨堂旧貌

万岁寺大雄宝殿旧貌

书馆外借处书库。1963年，白塔寺修复后，辟为于山图书馆，由郭沫若题额。殿堂结构均未改变，大雄殿、法雨堂均用作书报阅览室。天王殿二天王塑像（称哼哈二将），形象威武逼真，塑工高超，福州市文物管理委员会坚持文物保护原则，作为雕塑艺术品保留……1966年拆毁了这两尊精美的天王塑像，是福州历史文物的重大损失。五代时期的报恩变相堂（位于塔北）旧址，早已被改建为居住楼房。塔西的塔殿，虽依然有殿，但已非五代时期旧物，由安泰街道办事处占用办厂。原有华封堂旧址在塔东南，也被用来建造机关宿舍，当时曾由军管委会接管，现已改建为于山宾馆。（《鼓楼文史》第七辑）

二、白云寺

白云寺

在山南麓。清林枫《榕城考古略》云："在山之麓。五代唐清泰元年（934）建。初名地藏通文寺，宋祥符间赐额'法云'，明宣德中重建。大雄殿之北为法堂，其西为千佛阁，东南为吸翠亭。山门之内砌石数十级以登，乃为二门，东南山川若俯而视焉。万历乙卯（1615），詹莱书'白玉仙人台'匾于阁上。国朝乾隆间，布政使陶士僙改名白云寺。"今于山平远诗书画院、福建省百姓书画院设其旧址，经常举办书画展。

［史料辑要］

淳熙《三山志》：闽县南法云院，州东南。清泰元年置，龙启二年也。初号地藏通文寺，大中祥符三年赐今额。旧产钱三贯七百一十文。

三、九仙天王院

在山东南麓。淳熙《三山志·寺观》云："州东南，天圣元年（1023）置。崇宁三年（1104）为崇宁观厨宫。建炎元年（1127）仍旧。无产钱。"说明寺规模不大。明王应山《闽都记》云："在九仙山之下，今废。"清康熙年间在其遗址上建化城寺。

［史料辑要］

林敏《天王院》：珠宫隐上方，载酒一乘兴。雨歇瀑水凉，云归古树暝。忘机野禽狎，发咏山鬼听。坐对月明时，空山响烟磬。

四、九仙文殊院

淳熙《三山志·寺观》：“州东南。景福二年（893），王潮建。旧产钱九百三十文。”《闽都记》云：“今废。”知在明万历时已圮废。

五、九仙育王院

淳熙《三山志·寺观》云：“州东南。嘉祐二年（1057）置。有海月堂，太守程师孟有诗。旧产钱四百二十七文。”明王应山《闽都记》云：“今废。”知在明万历时已圮废。

六、九仙资福尼院

淳熙《三山志·寺观一》：“州城南。元祐五年（1090）置。旧产钱五百三十一文。《曾记》：五百五十三文。”明王应山《闽都记》云：“今废。”知在明万历时已圮废。

七、凝翠所

在法云寺东偏。徐熥《重修凝翠所疏》云：“岁久，亭将就圮，居民不逞者，毁伤其薪木以当樵苏，其下则聚溷而已，过者伤之。值岭南观微上人来游吾乡，上人精于教典，严于戒律，又以其余发为诗歌，以自写其方外之志。吾乡缙绅学士皆与上人结支许交。二三同志以上人未有卓锡之所，遂谋以凝翠旧亭葺而新之，以奉世尊其中。因增数楹于后，上人居之。一以系直指公甘棠之思，一以为上人钵瓶之所，一以为吾党选胜之场，一举而三善备矣。”今废。

八、大士殿

在山顶。又名观音阁，原为宋嘉福院遗址，居全山最中心，东邻护国寺，西邻真龙庵。清康熙五十二年（1713）创建万寿亭，内供“万寿无疆”穹碑，原是闽省文武官员每逢节日遥拜皇帝之处。护国寺为保管万寿亭而设，真龙庵为祈求风调雨顺之所，三者实为一组整体建筑群。清乾隆二年（1737）改称大士殿。殿内有乾隆御题“大士出山图”碑刻。辛亥革命光复福州时，革命军前敌总指挥部就设在观音阁内。当时以于山作为总攻阵地，11 月 9 日拂晓，首先升火为号，第一炮射中将军署，接连开炮攻下旗下街。革命军奋勇作战，击退旗兵，擒获将军朴寿，一举光复福州。全省各地纷纷响应。大士殿因有此段革命历史，1992年被列为省级文物保护单位。于山大士殿系清代建筑，占地3000平方米。内有金刚力士殿、大士殿、男相观音阁、御题轩四进。全殿三进，朝南坐北，四面封火墙，单檐鸠脊顶，抬梁穿斗。1978年重修，为混合结构。1987年，曾设福州市博物馆于此，今馆已迁出，仍保留旧观。

大士殿

［史料辑要］

清陈庚焕《九仙山古迹考》：恭敏祠下西转为护国寺大士殿。殿东并无量寿佛殿，西并龙神庙，殿址为古众香院，亦曰“嘉福院”。

《闽侯县志·寺观》：在九仙山。清康熙四年建，有旃檀佛像，后毁于火。有大士殿。乾隆四十四年，总督三保塑大士出山像并镌于石。

九、法海寺

在山西北麓罗山下，今法海路1号。五代后晋开运二年（945），道闲禅师创建，初名兴福院，亦名罗山院。北宋大中祥符年间定名为法海寺，政和七年（1117）改作神霄宫，宣和元年（1119）又改作女真观，建炎元年（1127）复为法海寺。明正统二年（1437）重建。嘉靖元年（1522年），举人高叙废寺为宅，后为侍御蓝济卿宅。万历二十七年（1599），僧悟宗劝济卿之孙蓝圻舍宅为寺。寺有罗山堂、金积园、万绿堂诸胜。明季徐𤊹、谢肇淛、曹学佺等，经常在此吟诗唱和。清康熙年间，谢道承曾在寺内罗

法海寺大悲楼

法海寺大雄宝殿

法海寺天王殿

山堂编纂《福建通志》。同治年间，僧心法渡海到台湾劝募，寺又重修。1928 年，圆瑛法师主持雪峰崇圣寺时，莅临弘经，启建道场，整修佛像，一度为雪峰廨院。后因内战，沦为驻军之地。殿堂左、右两厢曾作为小学。1947 年，省佛教会创办的法海中学附设于寺内。中华人民共和国成立后，福建省、市佛教协会均设在寺内。二十世纪六七十年代被占为他用，文物损坏严重。改革开放后恢复省、市佛教协会。寺宇占地面积五千九百多平方米。寺中轴线上有四座大殿，一进天王殿；二进大雄宝殿，面阔五间，深七柱，祀释迦牟尼佛；三进法堂；其后是大悲楼，三间排，双层楼。寺内殿堂均为穿斗式构架。1985 年，经省、市政府拨款及海外侨僧资助，对天王殿、大雄宝殿、法堂、大悲楼及寮舍等进行修葺。修复后，于 1988 年 7 月被鼓楼区人民政府公布为区级文物保护单位，1992 年 11 月，福州市人民政府公布为第三批市级文物保护单位。

[史料辑要]

淳熙《三山志·寺观一》：州东南，旧名罗山，本司空孟公之第。初，寺在城南，伪闽徙之于城西钦德里。开运二年李仁达时，唐兵压境，遂迁居于此，为兴福院。皇朝祥符中改今名，政和七年改为神霄宫，宣和元年改为女真观，建炎元年仍为寺。有放生池。旧产钱十三贯九百八十五文。县申：一十三贯九百六十二文。

明黄仲昭《八闽通志·寺观》：在九仙山之西北罗山之下。五代晋开运二年建，名“兴福院”，亦名“罗山寺”，宋祥符中改今名。政和中改“神霄宫”。宣和初改为“女贞观”。建炎初复旧。内有放生池。我国朝初，有司以储军器。正统二年重建。

明王应山《闽都记》：在九仙山之阴。旧名罗山，本孟司空宅。初，寺在城南，间徙于城西。晋开运二年李仁达时，唐兵压境，遂迁今所，为兴福院。宋祥符中改今名。国朝嘉靖初，为举人高叙废为宅，后入蓝侍御济卿家。万历己亥，侍御孙圻复舍为寺。有罗山堂、金积园、万绿堂诸胜。

清郭柏苍《竹间十日话》卷五：法海寺，旧名罗山，本孟司空之第，舍宅为之。唐咸通中，有道闲、绍孜、义因、义聪诸禅师主是山，香火不绝。嘉靖壬午，举人高叙请于御史台，废其寺为宅。以汤沃金身，覆以湿纸，刮其金箔，烧炼成金。佛像高广，所获真金无算。不数年患恶疮，卧床第，遍体皮肤剥尽，仅余肉骨以死。人以为毁佛之报。后寺地入蓝侍御济卿家。万历己亥，侍御孙圻复舍为寺。当时有谶云："举人废寺，止一甲子。"果符旧谶。

郭白阳《竹间续话》卷二：法海寺旧有翁正春题门额，曰"清净慈门"。寺内有二碑：一为谢在杭撰，徐兴公书；一为曹能始撰，陈一元题字。在杭《过法海寺诗》："当年甲第倚云开，此日惊登般若台。金地已成新法界，罗山还属旧如来。春深别院无歌舞，水落寒池有劫灰。二十年前读书处，题名强半没苍苔。"盖明季诸公多集游其地也。寺后罗山，铲凿仅一丘矣。

重建罗山法海寺碑记

林家溱《福州坊巷志》卷二：其慈悲阁西，有宋隆兴元年南剑州知州永嘉吴松年摩崖题刻。

十、圆明院

在山南，今白云寺东。淳熙《三山志》云："在九仙山之南。显德五年（958），伪臣李廷谔所造，名观音。皇朝天禧三年（1019）改名圆通禅寺。天圣二年（1024），避彭城郡王名，改'通'为'明'。有邓甫雹诗墨迹。"明王应山《闽都记》云："今废。"可知万历间已废。明末，徐㶿、陈荐夫、曹学佺等又重修圆明院。徐㶿有《平远台修复圆明院募缘疏》，陈荐夫有《重兴圆明院疏》。清陈庚焕《九仙山古迹考》云："北下荔支园，园有古井，园西白云寺，盖即古圆明院。"可知在清嘉庆时，寺院早已不存。

十一、化城寺

在山麓东北。原为宋九仙天王院遗址，清康熙年间建寺，民国时改为尼庵。善社亦建祠其间，有斗姥宫、桂香宫、紫霞宫，祀道家之神。《福州九山纪要》云："化城禅寺，在山迤东，俗呼八十一阶，有'化城禅寺'石额。清乾隆壬寅（1782）重修。化城寺有《大藏法华经》及《大弥陀经》。寺为石鼓山僧明心受徒玉海住持。玉海还俗家，各优婆夷袭居之，已历多年，门额'化城禅寺'，石旁有康熙年月。寺后岩石'俨然化城'四字，许侗镌。民国六年（1917）、十四年（1925），县知事王述曾、王敏贤给示保护。"该寺于民国时期尚在，新中国成立之初被其他单位占用，今已不存。

［史料辑要］

清陈庚焕《九仙山古迹考》云：九仙观左转为正一坛，右上化城寺，殆即古九仙天王院也。寺有总持阁，高倚九仙观，亦先子七年下帷处。于麓先生亦尝读书是阁，自言每兴至，哦唐人"楼阁无人境，虚空不住天"之句，几不自知身滞人间世。先子亦言："山居久，偶至家，辄觉烟火气不可耐。"盖化城地奥以幽，正一坛眼界旷以静，亦山东一奇也。

十二、大觉寺

在丁戊山之西，今东泰路东。唐时称安福院，始建于唐咸通十三年（872）。梁乾化二年（912），王审知建木塔七层于其上，号新塔。元丰间院废，改为民居。今仙塔街至塔崎顶等地都属遗址。据台湾李淑平居士口述，"清咸丰间，珠亮贤者建大觉莲社于丁戊山之阳，同治丁卯（1867）奉宪重修，改大觉寺。戊辰（1868）又重兴。珠亮孙女法名法参，今旅居美国三藩市慈恩寺，仍有'大觉寺'之名"。法参归国时，曾献资重建圆通阁。寺因年久失修，1986 年，新加坡双林寺侨僧谈禅长老回福州修复西禅寺祖庭时，献资嘱徒修复大觉寺旧梵宇。在有关部门支持下，扩征土地，重建大雄宝殿、天王殿、僧寮等，殿宇

大觉寺圆通阁

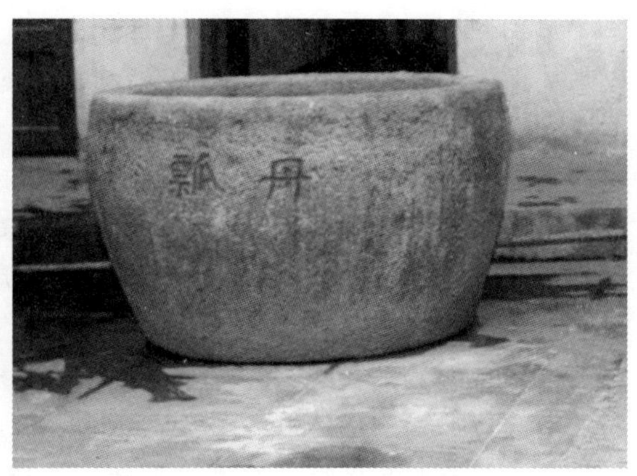

大觉寺内丹瓢

巍峨壮观。尤其大雄宝殿的结构为塔形，十分奇特，楹联匾额出自海内外书法名家之手，益臻光彩。今已对外开放。

［史料辑要］

淳熙《三山志·寺观一》：闽县安福院，州东南丁戊山，唐咸通十三年置。山居阛阓，磅礴隐隆，占形势之中。梁乾化二年，忠懿王始建木塔七层于其上，号新塔。元丰间，以主僧不谨废，田入学。后寺亦灾，官籍其地，售民以居。犹存上下庵。今州籍无。

明王应山《闽都记》卷三：安福院，在丁戊山上，唐咸通十三年建。梁乾化二年，王审知建木塔七级，俗呼新塔。元丰间院废，售民以居，今称塔崎云。

清林枫《榕城考古略》：今新塔街至塔崎顶等地，皆塔寺之故址。

林家溱《福州坊巷志》：在（登龙）巷南，与塔崎顶相接。清末建，规制甚小，今为尼庵。或云即唐安福院旧址一部分也。民国二十三年掘地得一碣，隶书“丁戊山”三字，字径逾尺，无款识，似为宋刻，今存。

十三、古林寺（古莲寺）

在山北麓仙迹坊，今观巷。寺前身为安境侯庙部分地，主要地乃是明末徐熥、徐𤊹故居和藏书楼遗址。1990 年，台胞在清代观音阁遗址上重建，易名古林寺。1998 年，福州信众捐资重修。2000 年 1 月，经福州市宗教管理局、市佛教协会批准，将东邻碧莲堂并入，易名“古莲寺”，含有古林寺、碧莲堂之意。

古林寺

［史料辑要］

王铁藩《于山宝地古林寺》：观巷古林寺地处于山北麓，它的名称是台胞徐登宝于 1990 年复建观音阁（古书称尼姑庵）时新命名的。此地堪称于山宝地，自五代闽开始，先后出现过安境侯庙、勉斋精舍、勉斋书院、仙迹境、二徐藏书楼、观音阁等，其中以二徐藏书楼在历史上影响最大。

道光六年示禁碑

观巷古属鳌峰坊，明代析出，称仙迹坊。清康熙年间在巷尾建一条登山石阶道，直通九仙观，才被称为观巷。

九仙安境侯庙，是座规模宏伟的大庙。地处于山北麓，东起今九仙观玉皇阁下，西迤至今太平街巷。创建于五代闽永隆初年（939）。南宋间，理学家朱熹的门人黄榦宅此。黄榦逝世后，门人赵忠恕将其扩充作为勉斋先生祠堂，称“勉斋精舍”。元至正十九年（1359）改建为勉斋书院，内有道源堂、云章阁、小鳌峰诸胜。明洪武八年（1375），勉斋书院迁往乌石山之西，此地改建为“左卫”，作为屯兵之所。后左卫他迁，其地被徐家所购，著名的红雨楼、绿玉斋、宛羽楼等藏书楼即建此地。据清郭柏苍引《八闽通志》说，勉斋精舍在仙迹坊，今观巷仙迹境旁，皆勉斋先生旧宅。二徐藏书楼亦在仙迹境旁。今古林寺的斋堂和厨房，即古仙迹境部分地。新近出土柱础一颗，经鉴定属于安境侯庙中的柱础。由此可知，五代安境侯庙、南宋勉斋精舍、元代勉斋书院、明季二徐（徐熥、徐𤊹）藏书楼，都是在同一块土地上。它的东邻仙迹境至建国后才被废掉。

据记载，仙迹境即从安境侯庙演变而来，安境侯庙衰微后，面积逐渐缩小，仅保留其仙迹石等古迹。至元代，庙改作里社。明代改称为仙迹境，并在巷口建有仙迹坊，才从鳌峰坊析出，自立为坊巷，称仙迹坊。境在巷尾，登九仙观的石阶旁，范围包括今古林寺的部分地。但古林寺的主要地仍是二徐的故居和藏书楼。

二徐藏书楼在清初战乱中被毁，所有藏书均流散民间，残存的房屋被改作尼庵。二徐藏书楼在文化史上影响很大，来到尼庵游览的名士，主要是来凭吊藏书楼的。藏书楼的恢复，将为于山文化中心增色不少。

十四、碧莲堂

在山北麓仙迹坊，今观巷31号。于山北麓旧有天君殿娘奶宫廨院，清中叶，三位女居士从原振兴堂分支于此，创建碧莲堂。与古林寺毗邻，2001年拆并入古林寺，更名古莲寺。

碧莲堂旧貌

十五、九仙安境侯庙

在山北麓，今观巷。创建于五代闽永隆元年（939），封龟七郎为光威振远将军，会同十年（年号史阙）封为安境侯。庙奉祀有青、白二石，为于山二十四奇之一。今废。万历间屡次重修，后为仙迹境。徐熥有《重修安境侯庙募缘疏》，徐𤊹有《重修七社安境侯庙疏》，陈庚焕有《重修鳌峰仙迹社祠记》。今圮废，一部分为古林寺所有。

［史料辑要］

淳熙《三山志·公廨二》：光孝观之北。伪闽永隆元年，封光威振远将军。是年十一月牒："九仙龟七郎可封上件。"或云本龟灵也。原有青、白石二片，盛贮木座，现在。会同十年，封安境侯。制词云："闽府苦于多难，近致承平。得非神福其善，而善者兴；祸其淫，而淫者败？九仙山光威振远将军，夙严祠宇，久尊是邦。幽赞伊人，炳然慕义。是致封疆大肃，黍稷长馨。苟虚褒美之恩，曷报感通之惠。"《告牒》今存。时庙祝皆命官。先是，龙启二年敕太祝院祝生陈兴可银青光禄大夫、检校太子宾客兼监察御史、上柱国。制词云："敕祝生陈仁遇等，每修祝典，常睹正辞，告天地以诚虔，致神祇之响应。宜行奖擢，岂吝官荣。可依前件。"至永隆元年牒："兼殿中侍御史，余如故。"三年牒："兼侍御史，余如故。"《告牒》今并存，可以见当时之政矣。

明王应山《闽都记》卷五：国朝废为里社。万历中，里人屡增修饰。旧有双石之奇，今亦不存。

陈庚焕《重修鳌峰仙迹社祠记》：九仙山阴社祠，曰鳌峰仙迹境，即《三山志》"九仙安境侯庙也"。

十六、九仙观与天君殿

在山巅。本为五代闽王氏的宝皇宫旧址，宋崇宁二年（1103）十月诏天下建崇宁观，翌年乃建，初名"天宁万寿观"。政和间下诏，在此刻《政和万寿道藏》。政和五年（1115）又经扩建，楼阁相望，雄镇一方。绍兴七年（1137）改名"报恩广孝观"，十三年（1143）改"报恩光孝观"，元至正元年（1341）

九仙观（今署会仙宫）

改九仙观，沿用至今。明永乐年间，太监郑和及正统年间内使柴山、布政司周颐等先后重建。成化十八年（1482），镇守太监陈道复重修。万历十九年（1591），布政使林懋和重建玉皇阁。清康熙年间又重修。大殿为木构，重檐九脊歇山顶，宽28米，深26米。殿前有月台，宽20米，深8米。台前侧有钟鼓楼，砖木结构，重檐翘角歇山顶。原有玉皇阁、天君殿、寥阳殿、娘娘宫、喜雨楼、拱极亭、望湖阁、碧云轩、聚义轩等。供奉三清尊神及玉皇上帝、何氏九仙、王天君、斗姥元君等。

天君殿

关于“天君殿”迁徙九仙观的时间，陈文涛《闽话》云：“乌山天君，自唐迄清，享受人间香火阅千余年。而旧院突于民国纪元前六十年（即清咸丰二年，1852年），不戒于火，乃迁徙于山，建造天君第二行院。不图复有民十（1921）之大火，天君丈六金像亦归灰烬。第一次乌山大火，当火光熊熊之际，幸有长乐人陈某奋不顾身直跃而上，将法身头颅取下。闻此头一幞珠缨宝饰，半赠自历朝封藩，半出自民间献纳，值在三万金以上。第二次于山大火，由三山布帮救火会取下，供诸会内有年，现塑新像，仍用旧头。”1921年天君殿大火后，由该观副总理出单，向各地信众及大商家、上山香客募缘，重新修建，恢复旧观。民国时期，由全真道士郑志辉主持；嗣由其女、道姑郑理真接任。当时，王天君信仰鼎盛，每逢朔、望、节日，远近信众徒步跪叩至观朝拜，至1964年初停止。二十世纪六十年代，王天君神像被毁。天君殿后复名九仙观。1998年8月，九仙观归还市道教协会，经募缘，耗资一百余万元修葺九仙观、天君殿，建筑面积约1500平方米；重铸青铜王天君神像，高5.86米，法相威严，经批准正式对外开放。

［史料辑要］

淳熙《三山志·寺观六》：闽县报恩光孝观，崇宁三年建。先是二年十月，诏天下建崇宁观。或谓州南东、西两山，左弱右强，乃建观九仙山之巅，号“天宁万寿”，楼阁岿然，遂与乌石相峙，为一州之胜。绍兴七年改为报恩广孝观，十三年改广为光。

万历《福州府志·寺观》：在九仙山之巅，国朝永乐间重修，有寥阳殿（今存）、喜雨楼（今圮）、玉皇阁（旧圮）。万历辛卯岁，郡人左布政使林懋和捐千金重建。

明王应山《闽都记》卷五：政和间，郡守黄裳创楼阁。元至正初，改今名。国朝因之。永乐、正统、成化间，太监屡修建。寥阳殿之南有喜雨楼，其北有玉皇阁，岁久颓圮。山之阴多为豪右所蚀。万历间，里耆募众修葺。

清林枫《榕城考古略》：本王氏宝皇宫故址。宋崇宁二年，郡人谓乌石、九仙右强左弱，乃建观于上，名天宁万寿观。绍兴间，改报恩广孝，寻更光孝。政和间，郡守黄裳创楼阁。元至正初，改今名。永乐、正统间，建寥阳殿，有喜雨楼。北有玉皇阁，岁久倾圮。山之阴，多为豪右所蚀。万历辛卯，郡人、布政使林懋和重建玉皇阁。相传汉何氏兄弟修炼于此，后解化于九鲤湖，有石刻古记一篇，文类谶纬。

陈文涛《闽话》卷三：一在乌山，一在于山，建于唐季。谓闽王攻上游，舟次瓯江遇险，祷神求救。神显灵异，水力顿杀，闽王舟乃得顺流直驶一昼夜而抵竹岐。显圣之地名楼梯口，滩石壁立，水高下铲十余级如楼梯然。舟稍不慎，便至倾覆。故过此滩后，一抵竹岐，舟人每各购酒肉遥祭天君。前此乌山旧院之天君，北立南朝，面适对海，故为渔民所崇奉。于山移驻后，像面乃向陆，于是沿海各县乡民遂群起反对，相持十年，终不得直。漳、泉人士大愤，乃献巨资，恢复乌山第一院，败瓦残垣，顿复旧观。年例六月十六日，凡在乌山拜香者，多属沿海居民。天君诞日，香火极盛，沿途五步或七步拜香者，不下千余人，炎威之下，汗出如浆，弗顾也。前数日，于山各殿宇均内外洁净。西河萨祖师，云乃天君之渡道祖师，金身亦由玉皇阁请出，位于天君正殿前，以受大众香火。祖师金面长髯，服八封宫袍，或误指吕纯阳。谈者多谓天君座前阶石中空，内有暗道可通山麓。附近有一井，内蓄一龟，可数百年，龟背系有长逾四丈之铁线，线上端连于法像眼内，龟在井中游泳，则天君之眼亦四向流览，见者辄为惊赫云。《青溪漫稿》：按道家之言，崇恩真君，姓萨氏，讳守坚，西蜀人。在宋徽宗时，尝从虚靖天师张继光及林灵素传学道法，而隆恩真君则玉枢火府天将王灵官也，尝从萨真君传授符法。永乐中，杭州道士周思得，以灵官之法显于京师，附体降神，祷之有庆，乃于禁城之西建天将庙。《西湖游览志》：永乐间，有周思得者，以王元帅法显京师，元帅世称灵官，天将二十六居第一位。文皇祷辄应，乃命祀神于宫城西。《帝京景物略》及《列朝诗集》均载文皇获灵官藤像于东海。

十七、寥阳殿

在九仙观内、玉皇阁前，即今三清殿。祀元始天尊、灵宝天尊、道德天尊。明永乐、正统间建，系琉球国王捐资所建。曹学佺《募缘重修九仙观疏文》云："因与符卿林公、侍御陈公商榷之，咸以为宜。林公谓寥阳殿乃中山国王捐资所造，越海岛外数千里，赍金钱以崇饰丹丘，信为奇事。”万历间重修，泰昌元年（1620）又重修，徐𤊹之孙徐钟震有《寥阳殿重修募缘疏》。清康熙十年（1671）重建，林之蕃有《重建九仙观三清殿碑记》。

［史料辑要］

明王应山《闽都记》：寥阳殿之南有喜雨楼，其北有玉皇阁，岁久颓圮。山之阴多为豪右所蚀。万历间，里耆募众修葺。

明徐𤊹《九仙观建阁风堂疏》：前为寥阳宝殿，后为玉皇高阁。泰昌初元，倡募修理，井然改观。

清林之蕃《重建九仙观三清殿碑记》：而同事诸大夫咸相率以助盛举，遂鸠工度材，重建寥阳殿，雄敞壮峙，辉煌耀日。中奉三清宝像，庄严端肃，瞻仰生敬，用表祝厘焉。

十八、玉皇阁

在九仙观内寥阳殿后。明永乐、正统间建。旧为荧星祠，万历十九年（1591），郡人布政使林懋和重建，徐熥撰有《九仙观重建玉皇阁募缘疏》。泰昌元年（1620）又修建一新，祀玉皇大帝。明季文人邓原岳、徐熥、徐𤊹、陈荐夫、曹学佺等时常于阁中宴集。阁为重檐歇山顶，木构双层建筑，宽 30 米，进深 20 米。大殿与阁之间由覆龟亭相接，不设美人靠。亭身方 6 米，与殿檐齐高，飞檐翘角歇山顶。阁距山巅，凭栏远眺，榕城景物尽收眼底。

［史料辑要］

清林枫《榕城考古略》：本王氏宝皇宫故址。宋崇宁二年，郡人谓乌石、九仙右强左弱，乃建观于上，名天宁万寿观。绍兴间，改报恩广孝，寻更光孝。政和间，郡守黄裳创楼阁。元至正初改今名。永乐、正统间，建寥阳殿，有喜雨楼。北有玉皇阁，岁久倾圮。山之阴，多为豪右所蚀。万历辛卯，郡人布政使林懋和重建玉皇阁。

玉皇阁

清陈学夔《榕城景物录》：宝皇宫，在会城内，未知何地，或曰即今九仙山玉皇阁故址也。王鏻为审知次子，既杀兄延翰自立，后唐明宗即拜鏻为节度使，累加检校太师、中书令，封闽王。长兴三年，鏻上书言，楚王马殷、吴越王钱镠皆为中书令，今皆薨，请授臣尚书令。不报，鏻遂绝朝贡。鏻好鬼神，建宝皇宫，居道士陈守元。守元请鏻曰："宝皇令王少避其位，后当为六十年天子。"鏻欣然逊位于其子继鹏，既又复位，遣守元问宝皇六十年天子后将安归。守元传宝皇语曰："六十年后，当为大罗仙人。"鏻遂僭号，即皇帝位，受册于宝皇，以黄龙见，改元龙启，国号闽，世谓之伪闽。追谥审知为孝武皇帝，庙号太祖。龙启三年改元永和。鏻妻早丧，继室金氏，贤而不见亲。审知婢金凤，姓陈氏，鏻嬖之，遂立为后。初，鏻有嬖吏归守明，以色见幸，号称归郎。鏻后得风疾，陈后与归郎奸。鏻命工作九龙帐，国人歌曰："谁谓九龙帐，惟贮一归郎。"鏻婢春燕有色，继鹏烝之。鏻病，继鹏因陈后以求春燕，鏻悒悒与之。鏻次子继韬谋杀继鹏，鹏乃与皇城使李仿，率卫士先杀韬及陈后、归郎。鏻被刺不殂，宫人不忍其苦，为绝之。

十九、社稷坛

明黄仲昭《八闽通志·坛壝》云："在府城北天王山下。旧在州南七里。唐观察使杨发迁于南涧寺之东。伪闽时，迁于乌石山之阴。元初，又迁于法海寺之北。国朝洪武六年，知府杨仕英移建今所。"

二十、祠山庙

在平远台下，法云寺东。祀西汉张渤。万历《福州府志·礼典三》云："神姓张名渤，吴兴人，或曰武陵龙阳人。生西汉末。游苕霅之间，卒而为神，显于广德州之横山。闽祠已久，颇著灵迹，郡人敬事之。岁大比，士子多谒梦于此。成化十八年，镇守太监陈道重修。"今圮。

二十一、文昌祠

明王应山《闽都记》卷五云："在定光塔后。万历年间建，祀梓潼帝君也。"今圮。

二十二、九星奶庙

在九曲亭边。陈文涛《闽话》："九星奶庙，传说神性暴如烈火，且有无边权力，专意驱除侵害儿童鬼怪。幼童若能受奶收为义儿，可保长生。惟每年义奶送饭三次与义儿，义儿按年节亦须回敬义奶费三千文以上，故比七星奶之少取多来，义儿人数尚不及十分之一。"今圮。

二十三、紫霞宫

在法云寺后。明王应山《闽都记》卷五："今圮。匡续先生匾曰'匡庐别峤'。万历间建。"《榕城九仙纪要》云："在八十一所，祀霞府诸神。"今圮。

二十四、龙神庙

在大士殿东。祀福闽济应龙王。民国《福建通志·坛庙》云："清雍正二年（1724）勅建，乾隆二十七年（1762）修。"为祈求风调雨顺之所。

二十五、斗姆宫

在化城寺。民国《福建通志·坛庙》云："在于山山坪顶，祀天上南斗。"《榕城九山纪要》云："在八十一所，祀斗姥。"今玉皇阁西侧仍有斗姆宫。

斗姆殿

二十六、罗计庙

在山巅。祀罗计星君。毁于抗战期间。

［史料辑要］

林家溱《福州坊巷志》卷二：而最诡异者，为罗计庙。祀九曜中之黄幡星睺，及豹尾星计都。殿中塑一裸体女像，俗谓为"桃花女"，黄幔羃之。无耻之徒，希图勾引妇女，每来此私祷，盖淫祀也。其庙于抗日战争时期颓毁。

总管前霞府祈仙宫

二十七、南离总管庙

在山西南麓新权弄 8 号。祀火神，俗呼总管庙。《榕城考古略》云："东城边巷，俗称'总管前'，以内有南离总管庙也。"总管前一度改为红焰巷，后又易为新权巷，今称新权弄。总管庙相传始建于北宋明道二年（1033），因年久失修，濒临圮废。石柱楹联云："帝正位乎离，长扶帝力；神盛德在火，广被神庥。"另有一联，因被围墙内，无法辨认。庙址曾为鼓楼塑料招待所，神龛尚存。庙前西北侧有"霞府祈仙宫"，相传建于明洪武四年（1371），今仍存。

二十八、曾公祠

民国《福建通志·坛庙》云："在九仙山麓，祀宋郡守曾巩。"今圮。

二十九、韩蕲王庙

民国《福建通志·坛庙》云："在九仙山野意亭相近。"庙祀宋名臣韩世忠。清刘永标《上九仙山野意亭寻韩蕲王遗庙》诗有"遗庙于山顶，萧然野意分"之句。今圮。

三十、萨祖庙

《榕城九山纪要》云："在九仙观之东，今改为太邱祠。"今圮。

三十一、九仙宫

《榕城九山纪要》云："在山北报功祠之后。民国十五年（1926），乡人得九仙丹炉址于丹井旁，因即其地重建。"今圮。

三十二、风云雷雨坛

《榕城九山纪要》云："在老子庙前。"今圮。

三十三、老子庙

《榕城九山纪要》云："在风云雷雨坛后，旧为罗计宫，殿中祀老子。"今圮。

三十四、龙王庙

《榕城九山纪要》云："在大士殿之西，祀豢龙氏。近为焚修女众居之，俗改称庵。"今圮。

三十五、仓圣庙

护国禅院东仓帝阁前石壁上碑刻云："民国辛未冬，黄寿冈、林永锵集赞善社同人募建制字始祖仓帝阁，重光古迹，崇祀先贤。谨泐于石，以垂久远。"《榕城九山纪要》云："在大士殿之北，祀仓颉。"今圮。

三十六、陈靖姑庙

《榕城九山纪要》云："一名血盅庙，在山巅。民国立案保存。"今圮。

三十七、武圣庙

《榕城九山纪要》云："在九仙观，祀关壮缪。"今圮。

三十八、轩皇阁

《榕城九山纪要》云："在九仙观，祀黄帝。"今圮。

三十九、老子宫

《榕城九山纪要》云："在九仙观内。民国十五年（1926）灾，十八年重建。"今圮。

四十、白马三郎庙

《榕城九山纪要》云："在老子宫。祀汉闽越王三子射鳝三郎。"今圮。

四十一、桂香宫

《榕城九山纪要》云："在八十一阶，祀张亚子。今改陈氏支祠。"今圮。

四十二、药王菩萨庙

清施鸿保《闽杂记》卷五云："福州于山有药王菩萨庙，或以为即扁鹊，故亦称卢医庙。予按，《天中记》引《唐本草序》：药王菩萨姓韦名古，字老师，疏勒国得道人也。常身被毳袍，腰悬数十葫芦，头戴纱巾，手持藜杖，往来城野，以一黑犬自随。开元中，疾沴盛行，医治辄效。

朝野崇敬，称为药王菩萨。或传其年已五百余矣。又引《神仙传》言，自尧、舜至唐，凡五度化身救世，其后黑犬化为黑龙，负以升天。今庙中像有二：在上者草衣卉服，跣足科头，腰间亦悬葫芦；在下者，巾服如汉、唐人。或谓在下者即扁鹊，在上者乃神农也，恐非。当时建庙，即称药王菩萨，当即前二书所云者，惟异其巾袍，故误耳。”

四十三、九天采访应玄翼运真君阁

明王应山《闽都记》卷五云：“在九仙殿南。政和六年（1116），尚书黄裳建，自为记。今废。”

四十四、荧星祠

在山颠。祀火星。明王应山《闽都记》卷四云：“旧为明离殿，万历初重建，更名；并作玉皇殿于中，祀玄冥于左。今徙荧星礼于华林。”

四十五、碧霞洞天

明王应山《闽都记》卷四云：“万历间建，奉泰山顶上碧霞玄君。”

四十六、报功祠

在九仙观东。万历九年（1581）建，祀户部尚书马森。王世懋有《马恭敏报功祠记》。明王应山《闽都记》云：“在祠山之北，祀户部尚书马森。嘉靖四十一年（1562），倭夷入寇，卫卒郭天养等寻衅鼓乱，尚书与陈参政元珂再出抚谕，乃定。万历初，父老请建祠，有司春、秋二祭。吴人皇甫汸、岭南欧大任有碑。”乾隆元年（1736）重修。嘉庆间，马森后人请官给帑予重修。今圮。

［史料辑要］

清陈庚焕《九仙山古迹考》：南下过马恭敏公祠，先子指云：府君下帷此中七年。堂后小榭环壁，嵌文衡山、王伯穀、周天球诸名公石刻，琳琊满目。今榭圮，惜无好事者为之更筑（祠亦将就颓）。

四十七、崇报祠

在法云寺西南。祀明都宪林廷玉、副使高文达。乾隆《福州府志·坛庙一》：“正德间，卫卒进贵倡乱，廷玉、文达有定乱功，里人请建祠，有司春、秋二祀。”乾隆元年（1736）重修。今圮。

四十八、道贤祠

在山巅。清陈庚焕《九仙山古迹考》云："鳌顶以东，为戚少保勒石纪功处。碑今已亡，其上坛庙三四，并南向山巅，居中为道贤祠，盖群巫醵祭其先师处。坐祠前南眺，群黛屏列，清江前萦，附城教场而外。"今圮。

四十九、南公祠

祀巡抚南居益，天启间立碑于平远台。乾隆《福州府志》云："在九仙山，祀明巡抚南居益，今废。"盖久已圮废。

[史料辑要]

乾隆《福州府志·名宦一》：南居益，字思受，渭南人。举万历二十九年进士。天启三年，擢右副都御史，巡抚福建。红毛夷者，海外杂种，绀眼，赤鬓发，所谓荷兰国也。自昔不通中土，由大泥、咬𠺕吧二国通闽商。万历中，奸民潘秀引其人据澎湖求市，巡抚徐学聚令转贩之二国。二国险远，商舍而之吕宋。夷人疑吕宋，邀商舶攻之，又寇广东香山澳，皆败，不敢归国，复入澎湖求市，且筑城焉。巡抚商国祚拒之，不能靖，会居益代国祚，贼方犯漳、泉，招日本、大泥、咬𠺕吧及海寇李旦等为助。居益使人招旦，说携大泥。咬𠺕吧贼帅高文律惧，遣使求款，斩之。筑城镇海港，逼贼风柜，贼穷蹙，泛舟去，遂禽文律，海患乃息。时闽提学钟惺，大通关节，丁父忧去职，尚挟姬妾游武夷山，而后即路。居益疏劾，有云："百度逾闲，五经扫地。化子衿为钱树，桃李堪羞；登驵侩为皋比，门墙成市。公然弃名教而不顾，甚至承亲讳而冶游。疑为病狂丧心，讵止文人无行。"惺坐是沉废。五年，迁工部右侍郎，总督河道，为给事中黄承昊所论，削籍，闽人诣阙讼之，不听，乃立祠以祀，勒碑于澎湖及平远台。

第五章　坊巷名居

坊巷为名贤求志之居、退闲之所，一亭一池，皆足以系人慕思。所谓地以人传，虽经沧桑变更，当年宅第多为陈迹，苟有所传，又何忍湮没？故曹学佺每过鳌峰坊必式之，而陈庚焕作《里门怀古》，亦缅思前哲、不泯其迹之意。

一、鳌峰坊

在山北麓，水部门之西，东西走向，以山之最高处曰鳌顶峰而名。唐时名九仙坊，宋时因陈诚之中状元，改称登瀛坊，元改今名。东口南侧为九曲亭，可通九仙山，西口接津门楼。坊内古迹甚多，更是人文荟萃之区，清代鳌峰书院就设在坊北（今为福州教育学院第二附属小学）。坊内有明郑善夫迟清亭（今为高士其故居），还有邵捷春之冶园、郑逑之天开图画楼、谢章铤赌棋山庄、李世甲故居等，可谓地灵人杰，代出贤哲。清陈寿祺《鳌峰里宅记》、陈庚焕《里门怀古》等都详尽叙述坊巷的历史变迁。2016 年福州市政府投入资金进行提升改造。

2008 年新扩建的鳌峰坊

［史料辑要］

清林枫《榕城考古略》卷中：鳌峰坊，唐名九仙坊，以通九仙山也。宋曰登瀛坊，以状元陈诚之名。旧有诚之祠堂，今废。中有九曲亭，南折达于九仙山。

清陈庚焕《里门怀古》：曹能始先生作郑圭甫父母墓志，历数里中人物之盛，其发端曰："予过鳌峰坊必式之。"每诵是语，辄用悚然。吾家于山阴，坊闾盛旧德。云自勉斋来，风流远未熄（亦能始先生语）。儿时出里门，华表跂斯翼。题名列昔贤，头衔黯遗墨。童稚寡见闻，仰视苦未识。一朝付煨烬，念之三叹息。每从故老询，十不一二得（坊旧有乡前辈题名，列棹楔间，今毁于火，无能记忆者矣）。少谷昔买山，十子日登陟。遂令大雅名，长属鳌峰北（朱竹垞《诗话》："少谷居鳌峰北，高、傅诸公从之，时人目为鳌峰十子。"按，吏部《少谷山杂咏》，今詹氏山亭，殆即其地）。危楼有二徐，宛羽富敌国（徐氏红雨楼，今为杨孝廉日光宅，其绿玉斋、宛羽楼今属观巷尼庵）。陋巷有二孺，共肆扶轮力（陈伯孺、幼孺二先生"著存堂"，国初高云客居之，今庚焕所居及祠，并许南乐鼎亨宅皆是。吴非熊诗"伯孺佳公子，箪瓢居陋巷"是也）。自时平远社，名与台无极（少谷、兴公两诗社后，国初有前、后平远台诗社。前则高云客、许瓯香诸公，先高祖叔举府君兄弟与焉。毛西河、朱竹垞入闽，尝与宴集。后则林松址、郭约园、药邨，何上林、北海，李鹿山诸公也。时三山诗人，有平远台派、光禄坊派之目）。又闻昔世家，衣冠多古则（傅丁戊集有《述里中陈氏世德》诗，未详谁某。伯孺祖中丞达，一门多闻人。郑少参逑，子孙居此坊三百年，多有闻者，所居山围堂，今属王进士有为，其东宅今属刘姓。又街南陈殿元谨宅，今属林姓矣）。诸陈既竞爽，诸郑亦修饬。鹭洲厄时屯（邵侍郎捷春宅，今为书院），忠愍死骂贼（郑少仆逢兰谥，少参曾孙）。身后孰求多，节义要天植（二公之死，论者有微词，然鹭洲尽瘁蜀中，忠愍致命遂志，要不可没）。自余乡先生，姓氏莫记忆。读书愧不多，未能遍物色。不知此中人，几许称杰特。而令石仓翁，高轩过必式。顾我独何为，藐然介其侧。彝训听不聪，艰难昧稼穑。闽山灵秀钟，昔丰今岂啬。慷慨思古人，仰屋发惭恧。

清王道徵《兰修庵避暑钞》：陈惕园籍长乐而居省垣鳌峰坊，《里门怀古》云（诗略）……尚有拟里门石匾字，坊中砌巷砖穹门四，各以五字镌于门上。"能始式闾处"砌于坊内数步；"勉斋设教处"砌于书院西偏，"二徐藏书处"砌于书院东偏，近红雨楼之西；"少谷迟清亭处"砌于井衕前；"二孺旧庐"嵌于所居衕门；"少谷柴门"砌于井上。少谷墨迹旧匾藏在高湖裔生郑郁敦家。《里门怀古》诗刻石立衕门内祠墙边。又拟镌图章云"家住九仙山下""少谷迟清亭北""二徐红雨楼东""伯孺幼孺陋巷"。

二、观 巷

在鳌峰坊之西南。旧名仙迹坊，后称观巷。观者，指九仙观。巷子曲折幽深，迤逦通往山上。明徐熥、徐𤊹兄弟故居红雨楼、绿玉斋、宛羽楼、于麓山馆、观巷教堂等皆在巷内。

［史料辑要］

清林枫《榕城考古略》云：旧名仙迹坊。有里社，中有双石奇迹，今名仙迹境。巷里有两歧，皆绕于山之阴。

观 巷

林家溱《福州坊巷志》：在津门路之南，有小径可通于山，本名仙迹坊，以其地有仙迹石古迹也。后称观巷。观者，指九仙观也。

三、宦贵巷

宦贵巷

在法海路。旧有至善坊，以宋代胡文炳、胡文炜兄弟登科，改建登云坊。清咸丰间，美国美以美教会在南台保福山创办格致书院，同治三年(1864)移观巷。当年，学校的美籍教员及其眷属有居于此巷者，俗呼“番鬼巷”，后以其称不雅，故取谐音曰“宦贵巷”。

四、山峡尾

在山南麓之西。林家溱《福州坊巷志》：“垣环其外，通往总管前。谓其地为于山山峡之尾，故名。犹乌石山西北麓有地名‘山兜尾’也。本名万岁铺，以万岁寺在焉。万岁寺俗呼白塔寺，亦作地名。”

五、祠山巷

在山南麓。清林枫《榕城考古略》云：“俗名草履营，今改为福履营。东直上即于山，中有横巷，北通闽县学前，南通总管前，达万岁寺。祠山者，以于山旧有祠山庙，在平远台下，祀西汉末年吴学、张渤也。

六、东城边巷

俗称总管前。二十世纪六七十年代曾改名“红焰巷”，后改为“新权巷”，今名“新权弄”。南达于山路，东折叶厝弄（今新权支弄），东北通太平街。清林枫《榕城考古略》云：“俗称总管前，以内有南离总管庙也。北通福履营，南折即万岁寺。”

七、太平街

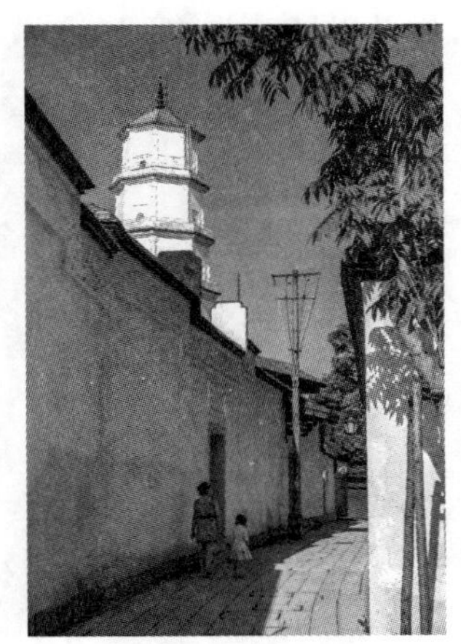
太平街今貌

林家溱《福州坊巷志》：“在总管前之东，通往观巷，有径登于山。”街南为郭氏宗祠旧址。

2016年福州市政府对太平街、观巷等进行大规模改造。

八、大雅里

在鳌峰坊之北。旧时可通秀冶里河墘，今鳌峰坊40—46号，福州教育学院二附小游泳池与鳌峰新村之间。林家溱《福州坊巷志》：“坊之北侧曰‘大雅里’，其支巷曰‘大雅衕’，以明郑善夫宅邻于此，有声坛坫，为大雅之扶轮而名。坊之左右又有许厝衕、酒库衕、井衕，皆小巷无通路。”今已拆建新村。

九、全胜坊

淳熙《三山志》卷四：“地名罗山寺角，今法海寺也，以旧营名。”今废。

十、解元坊

乾隆《福州府志》：“为解元傅鼎立，法海寺东。”傅鼎，字用养，闽县人。弘治二年（1489）己酉科解元，吉水知县。今废。

十一、勉斋精舍

在山北麓、观巷仙迹境旁，即古莲寺一带。黄榦（1152—1221），字直卿，号勉斋，长乐人。受业于朱熹之门，得其所传。卒谥文肃。著有《黄勉斋先生集》。黄榦《与郑成叔书》云：“投老来归，先庐无可栖宿，得法云寺僧寮数间，葺治居之。”郭柏苍云：“今观巷仙迹境旁，皆勉斋先生旧宅。”综上记载，观巷仙迹境址，今古莲寺西向为太平街，其南面即于山法云寺（白云寺），与太平街较近，较合志书所载勉斋精舍旧址。勉斋精舍于2016年太平街改造中重新恢复。

勉斋精舍

［史料辑要］

林家溱《福州坊巷志》：在仙迹境旁。《八闽通志》云：“勉斋先生祠，在府治东南仙迹坊内，以祀宋儒黄榦，今圮。”乾隆《福州府志·学校》云：“勉斋书院，在鳌峰麓，旧为勉斋先生黄榦宅。榦卒，门人赵师恕即其故居拓为精舍，后圮。元至正十九年建为书院，堂曰道源，阁曰云章。于阁之后，叠石为山，曰小鳌峰，后废。”郭柏苍云：“《府志》谓鳌峰麓，即《八闽通志》所谓仙迹坊，贡师泰《记》所谓太平公铺里，勉斋先生故宅也。今观巷仙迹境旁，皆勉斋先生旧宅。按，三牧坊里社称太平公铺境，祀宋平章朱倬，人因疑勉斋书院旧在今之三牧坊。”（见《乌石山小志》）是观巷宋、元间亦有太平公铺里之称也。按，明洪武八年，移勉斋书院于乌石山西，以原址改建左卫。隆庆间，又移建于府学射圃，今尚存。贡师泰《勉斋书院记》云“礼殿中崇，象圣人之燕居；祠宇旁峙，严先生之祀事。堂曰道源，著师友之授受也；阁曰云章，以郑君正字端本。时所得皇太子书‘麟凤龟龙’四大字，刻置于石也。堂后叠石为山，曰小鳌峰，不忘先生读书精舍之名也。斋左曰凝道，又曰尊德”云云。陈寿祺《鳌峰里宅记》，亦首述勉斋故居，惟不云在观巷。榦，字直卿，号勉斋，长乐人。受业于朱熹之门，得其宗传，卒谥文肃。著有经说多种，《宋史》入道学传。

十二、宋状元陈诚之宅址及明状元陈谨故第

清林枫《榕城考古略》云：“鳌峰坊……宋曰登瀛坊，以状元陈诚之名，旧有诚之祠堂，今废。”林家溱《福州坊巷志》卷二：“宋陈诚之宅，在坊南，其后改祠堂，早废。”陈庚焕撰《里门怀古》：“郑少参逑，子孙居此三百年，多有闻者，所居山围堂，今属王进士有为，其东宅今属姓刘。又街南陈殿元谨宅，今属林姓。”又《记所居宅》云：“少参东宅右吴氏祠，井东隔巷即郑继之吏部少谷柴门‘迟清亭’址在焉……又左隔巷大宅，面书院（鳌峰书院）鉴亭。南墙者，云是陈殿元谨故第。”陈寿祺《鳌峰里宅记》所云与陈庚焕一致。

据史籍记载，鳌峰坊南面、于山北麓自宋至明清的名人宅第有：明嘉靖间郑逑所居山围堂，子孙居此三百年，多有闻达，清道光间被叶观国孙叶修昌购为别业，改为“天开图画楼”；坊东南明郑善夫别业迟清亭，清同治间被高福康（高士其高祖父）购得，今为高士其故居；又有民国间海军将领李世甲故居等，皆列为保护单位。唯宋陈诚之宅、明陈谨故第因无详细记载，长期未得保护。据陈庚焕、陈寿祺所记，今鳌峰坊 13 号，在方位和现场挖掘石刻、文物等方面，均较为符合。

十三、塔影楼

在丁戊山。建于宋代。清林枫《榕城考古略》云：“塔影楼，今在廖

氏宗祠内。陆游《老学庵笔记》云：‘段成式《酉阳杂俎》言，扬州东市塔影忽倒。老人言，海影翻则倒。沈存中以为塔有影必倒。予在福州见万岁寺塔，成都见正法塔，蜀都见天目塔，皆有影，亦皆倒也。然塔之高如此，而影止二三尺，纤悉皆具。或自天窗中下，或在廊庑间，亦未易以理推也。’据陆氏此记可知，是楼自宋已有之，今尚存。楼左板扉间一窍，日中则有影倒立，目为神技鬼工。郑谕德开极曾居此。以上见郡志。又考《闽都记》：‘南楼，在嵩山之阳，朱普祖宅，元黎伯韶卜也。三峰环宇，双塔插空。两河九陌，虹流鳞次。普，字孔周，宋进士，儒林郎敏中之裔。’明王恭有《南楼奇观为朱孔周赋》诗，然不言塔影事，未知即此楼否？姑附录于此。”

［史料辑要］

明王偁《南楼》：何处登临景最幽，美君华构有层楼。筵开夏日留歌舞，门近长河宿斗牛。千里河山云外望，万家烟火树中浮。人间即此升天近，谁复乘槎赋远游。

清叶观国《榕城杂咏·塔影楼》：地称高情多胜概，生存华屋忆风流。月明好上天心阁，日午宜发塔影楼。

十四、鳌峰书室

在鳌峰坊北。明高昊宅。林家溱《福州坊巷志》卷二云：“明高昊宅。昊字汝大，侯官人。洪武末，以贡入太学，知常山县。林誌《鳌峰书室记》云：‘前右春坊、清纪郎、知常山县高君汝大，福唐三山人也。其冢子瑶，好学尤贤，早举三礼，癸卯浙闱。常山宦游也久，以官为家，尝曰：吾世居于山之鳌峰，先正勉斋黄公秉学考亭，倡道福唐，书院旧基在焉。吾儿生长江湖，礼宜知本，故匾其肄业之所曰‘鳌峰书室’。”今已不存。

十五、迟清亭（今高士其故居）

在鳌峰坊东南侧，今鳌峰坊3号。背靠于山，原为明郑善夫别业，后为詹氏宗祠。清同治间，为高士其高祖父高福康购置。清末，高氏后人曾请陈宝琛书匾张之，并系以长跋，记其沿革。今高士其故居坐南向北，四面风火墙，现存者皆为清代民国间建筑，占地面积一千多平方米。主体建筑共二进、一花厅，由石框门、回廊、天井、大厅、厢房、覆龟亭、后厅、披榭等组成，穿斗式木构架、双坡顶。花厅内有庭院、假山、水池、楼阁、书房等建筑。1992年公布为鼓楼区第二批文物保护单位，并被福州市人民政府列为挂牌保护的“名人故居”。2005 年初重修，同年 10 月正式对外开放。

［史料辑要］

清陈寿祺《鳌峰里宅记》：明郑少谷吏部徙居鳌峰北，筑迟清亭。《山居杂咏》云“买山水部巷”，又云“茅亭覆石上”。友人陈惕园以为，今街南井弄东，卢氏山亭殆其址，余以“水部巷”之言考之，迟清亭盖今坊尾，近水部门数十武詹氏园是也。

清陈庚焕《九仙山古迹考》：由鳌峰坊街半井上，一巷陟山陬，巷东詹氏园，林壑幽胜，盖即明郑继之先生所居，少谷山人筑迟清亭处也。

清谢章铤《课余偶录》云：明少谷迟清亭，盖在詹氏旧祠，所谓大观者，今为高菊屏大令宅。

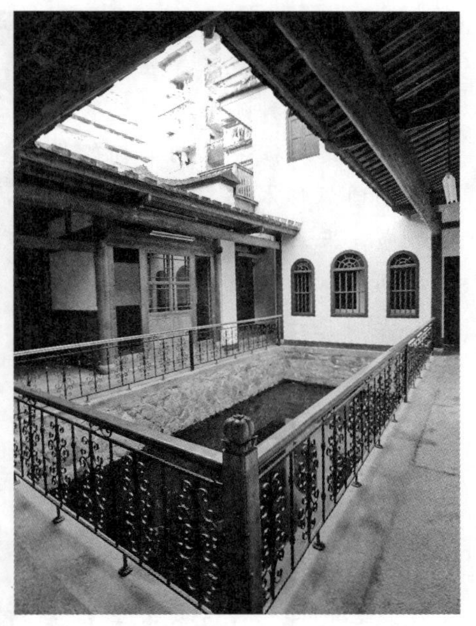
迟清亭遗址

林家溱《福州坊巷志》：迟清堂，在（鳌峰）坊南。明郑善夫别墅。善夫，字继之，自号少谷山人，闽县人。弘治十八年进士，以谏武宗南巡，受廷杖，归筑迟清堂于此，谓将以俟天下之清也。又有亭，曰迟清亭。善夫《亭子》诗云：“迟清亭子对群峰，地迥能招万里风。八月商声疏病叶，满城暝色起寒蛩。身孤旧国翻成客，世短长年是恼公。拟把衰容向山月，婵娟犹在乱云中。”又《林樗翁过余草堂以诗见贻次韵作答》云：“鳌顶峰回云雾光，少微成照浣花堂。十年城府新相避，三径松筠故自荒。闻道向迷衰野北，移家合在汉阴傍。方山耆旧偏怜我，只道相如病更狂。”

高学冠《高士其故居原貌杂忆》：现今福州鼓楼区鳌峰坊 1—3 号高士其故居本是高家八世福房，系先人及其后裔的故居。由于历史的原因，它的面积只剩下不到原有的 20%。完整的原貌已不复存在。笔者自幼在故居生活，目睹了故居的变迁。

故居位于福州市中心于山北麓，坐南朝北，正座五进透后；边座共三进，每进均有门道与正座相通。正、边座之间是一条弄堂，名曰“竹树弄”。当年，正座临街的大门上悬挂“进士第”匾额。五进从鳌峰坊一直延伸到于山麓。正座第一进正厅开间大，前庭宽敞，前庭下三级石阶即是大天井。天井东、西、北三面有回廊与正厅前庭相连。正厅的后板壁两边有门可通后厅，壁前放置长条几案，上有雕饰。几案前放一张八仙桌和两把太师椅，厅上有两排配茶几的雕花靠背椅。第一进与第二进之间有仆龟亭相连，亭子左右是东西两厢和两个小天井。

第二进厅堂也配有两排带茶几的雕花靠背椅，但花纹样式与第一进的不同。正中和两边墙上悬挂书画。每根柱子表面都挂有与柱子等长的弧形木制对联。这种弧形木制对联叫“仆竹”，是用板条像制木桶般拼接成半圆弧形木坯，外面裱上多层纱布，采用漆雕工艺将对联的文字刻上，朱底黑文，联文书写名人古训。大厅前庭的两根大木柱上的对联是黑地镏金“行仁义事”“存忠孝心”八个大字。第二进后厅有一线小天井，南面高而厚的围墙有扇大门，进门就是第三进天井。现在的高士其故居仅到此为止，门洞已用砖砌平，厚墙粉刷一新，这是修复工程设计上的一个瑕疵。窃以为门洞应当保留，安上假木门，既保留了故居的原貌，又可以给人“别有洞天”的联想。

高士其故居大厅

高士其居室

第三进天井东西两侧各有一口水井，井不深，井底有岩石，渗出山泉。第三进建筑共两层，厅堂太师壁前的方形几案供奉祖先牌位及香炉、烛台。逢年过节，长辈寿辰，儿孙婚庆，都在厅堂行拜。厅上也有一套雕花靠背椅，花纹样式也与前两进的不同。楼阁是堆放家族公产之所在，大到祖宗的‘寿身’画像、祭祀的用品，小到节庆灯笼、玩具高跷都放在楼上。上楼没有楼梯，取物要搬梯子从临后天井的一扇门上下。第三进建筑特点是表面看大厅及左右主室共三间，实际上左右还各有一间与天井东西两厢相通的房间，即所谓“明三暗五”。大厅两边的房间多为主人的寝室。

第四进无天井，却有个后花园。花园东厢以北有一个小天井和一座两层单间小楼，系民国初年所建。花园中有竹林、腊梅、杜鹃、昙花、夜来香等花木，立有几块刻着诗文、题字的碑石，其中一太湖石上刻有“玉台径”三字；还有一石形如手掌，上刻“仙掌”二字；另一块青石刻有八世祖菊屏公书写的诗文，诗曰：“天台一万八千丈，我昔登临绝顶来。归卧元龙楼百尺，眼看珠树接蓬莱。”款署“菊屏录归田浙中作”。

第五进有大厅，厅两边各有两间厢房。花园及第五进的西面围墙有一扇小门，出门是一片山地，这片山地面积约 2000 平方米，建有围墙。边座三进建筑位于正座东侧。两组建筑之间，是两道风火墙围成的“竹树弄”，弄中有一株高大的白玉兰，东面有两扇小门通向边座的雨盖大庭院。边座雨盖大庭院名“迟清亭”，约 500 平方米，三合土铺地。北门临鱼池，外门楣悬挂清末帝师陈宝琛题写的“迟清亭”匾额。现在的高士其故居鱼池南面的那扇通到一线小天井的门，就是迟清亭北门。而立着刻有诗文、题字碑石的小天井是原先占地 500 平方米的迟清亭残留的遗址。迟清亭内，东侧是一小厅，厅两边各有两间房，曾作为书房和书塾。里面放置许多古典书籍。出迟清亭北门，绕鱼池向北是花厅。鱼池边有棵榕树。

高福康诗刻

民国初年，鱼池东边建了间两层小楼，高士其少年时代就住在小楼上。那口鱼池近 200 年来不干涸，清澈见底。这次修缮池边小楼时，在地基中发现了一块刻有“九仙泉”字样的石碑，因此印证了鱼池中有一泉眼的传说。文物部门把这块石碑取出，立于那一线小天井东侧。遗憾的是，这次对地基的翻动，改变了池塘周边地下水排流的格局，周边污水渗入池塘，造成了严重的污染。几百年来清澈可鉴的池塘已风韵不再。花厅的东边有一排房子。花厅前有天井，出天井就是边座的门头厝，边座大门也临街。出迟清亭南门有一花园。花园里有棵高大的龙眼树，每年秋季，龙眼树硕果累累，夜间常有果子狸在树上出没。园中还有一口水井，四周种植梅花、茶花、兰花、秋海棠等。花园的南面有正厅和左右房共三间，东面有一排偏房。故居被福州市政府定为市级文物保护单位。

据《福州名人故居》记载，该房屋原为明朝户部主事、文学家郑善夫的“少谷草堂”。高氏八世祖高福康购得本宅，后裔便在此居住、生活、繁衍。如今，在福州市房产局档案馆仍可查阅到故居的原始房契和平面图。1995 年房地产开发公司征用了大片房地，并承诺出资将保留的房屋修复为高士其纪念馆。经市政府、市科协和文物主管部门的努力，历经十年的风风雨雨，高士其故居才修复竣工。现在仅存正座两进和边座的花厅、鱼池，总面积仅约 1000 平方米。2005 年 10 月在纪念高士其一百周年诞辰之际，高士其纪念馆在故居正式开馆。

十六、东　轩

东轩故址

在九仙观三清殿东侧。为明代建筑，坐南向北，穿斗式木构架，面阔三间，进深五柱，双坡顶。前后皆有庭院，用石板铺地。院内花木扶疏，幽静雅致。黄仲昭（1435－1508），号未轩，莆田人，于明成化二十一年（1485）至弘治二年（1489）曾寓东轩，潜心编修《八闽通志》，为福建现存第一部全省通志。今其址改为九仙观餐堂。

十七、冶　园

在鳌峰坊北，鳌峰书院遗址内。明邵捷春宅，人又称“邵园”。邵捷春，字肇复，侯官人，万历四十七年（1619）进士，官至四川巡抚。宅内有邵园井，其水甘美。清康熙间，张伯行创为鳌峰书院。

［史料辑要］

清陈寿祺《鳌峰里宅记》：邵巡抚鹭洲宅，即今书院地，所谓冶园、水心亭者，书院之鉴亭也。

十八、于山草堂

明万历诸生陈椿宅。明徐𤇆有《秋日同陈汝翔陈伯孺惟和兄集陈汝大于山草堂》诗：“蒋生三径荒，今日过求羊。一榻萝阴合，满阶梧叶凉。晚风当户赤，残菊映衣黄。客散紫门寂，鸟声喧夕阳。”久废，未详其所在。陈椿，字汝大，闽县人，明户部尚书马森之婿。著有《景于楼集》。

［史料辑要］

明徐熥《中秋同惟秦震卿集女大草堂看月因怀惟起客吴》：西风萧瑟叶初黄，入夜行歌过草堂。金粟散时天似水，玉绳低处月如霜。尊前竹色浮秋霭，槛外松阴度晚凉。遥望南飞有乌鹊，应怜游子滞他乡。

明徐熥《寒食日陈汝大园亭看海棠》：寒食东风到舞筵，海棠开遍艳阳天。银罂杏酪香同饱，画架榴裙血并鲜。带雨花神娇欲泣，怯寒妃子醉无眠。夜深莫更移灯看，今日山厨未有烟。

十九、磊老山房

在鳌峰坊北。明吴雨宅，与徐𤊹隔屋。吴雨，字元化，号磊老，闽县人。万历间诸生，著有《毛诗鸟兽草木虫鱼考》。郑邦祥《题吴元化磊老山房》诗云："磊老何年住此峰，茅房遥傍翠芙蓉。丹泉穿竹寒供茗，药灶支藤巧对松。篆按鸟文临石鼓，灯燃鱼碗听秋钟。闭门疏就毛诗考，不管阶前藓迹封。"

二十、著存堂

在鳌峰坊北。明陈价夫、陈荐夫兄弟宅。陈价夫，字伯孺，闽县人。万历间诸生，著有《异梦记》传奇。弟陈荐夫，字幼孺，万历二十二年(1594)举人，著有《水明楼集》。兄弟互相唱和。该宅后相继为高兆、陈庚焕、许鼎亨宅。

[**史料辑要**]

清陈庚焕《记所居宅》：明陈伯孺、幼孺两先生，初居鳌峰坊，后乃徙城南大义坊之水明楼，今其家"著存堂"匾，犹鳌峰旧宅所悬，题识甚悉。幼孺后人平叶上舍言，少从乃祖过鳌峰，犹指示其处云：宅枕通衢，与邵侍郎故第隔一巷。巷东宅数区，皆是所云"枕通衢"者。

清陈寿祺《鳌峰里宅记》：二孺"著存堂"，在街北委巷中。国初，高云客居之，今惕园及许氏宅是也。

清陈庚焕《里门怀古》诗注：陈伯孺、幼孺二先生"著存堂"，国初高云客居之，今庚焕所居及祠，并许南乐鼎亨宅皆是，吴非熊诗"伯孺佳公子，箪瓢居陋巷"是也。

明阮自华《赠伯孺》：伯孺佳公子，箪瓢居陋巷。短衣才及骭，吾视天梦梦。

明阮自华《赠幼孺》：孝廉宿愤世，遁景栖深宫。亲朋希得见，杯酒将谁同。

二十一、高兆宅

在鳌峰坊北。著存堂故址。林家溱《福州坊巷志》卷二云："高兆，字云客，号固斋，侯官人。崇祯间诸生，入清不仕。著有《观石录》《荔社纪事》《端溪砚石考》等书。"今圮废。

二十二、薛士玉宅

在鳌峰坊。清杭世骏《榕城诗话》云:"'雨歇街尘一哄清，偶逢佳处便闲行。野人入市惟看画，活水在瓶如沸笙。径可积苔客懒扫，窗须厚纸莫贪明。谢郎琐事君能说，桃叶图开笑靥生。'此予过薛士玉居作也。字瑞庭，福清人，居在鳌峰坊。潇洒绝尘俗，画槅东西，胪陈匼董，能作韵语，时有理解。颔联是其九日所题，稍足成之……谢在杭小影一帧，予得见于鳌峰坊薛士玉家，丰颐隆准，粹容充悦。姬人桃叶，就其所执之卷而舒之，流波眄睐，翩若燕翔。童子煮茶，石鼎沸声，与松籁互答，盖曾鲸所写也。"今圮废。

二十三、红雨楼

在山北麓观巷内，今古莲寺一带。乃徐熥、徐𤊹之父徐棉所建造，筑于起居室之后，楼共三楹，是兄弟二人少时读书、习字之所。此楼后传于徐𤊹，成为藏书之所。徐𤊹著有《红雨楼集》《鳌峰集》。后改为尼庵，清嘉庆间为贡士杨日光宅。今已不存。

［史料辑要］

明徐𤊹《红雨楼藏书目叙》：予少也贱，性喜博览，闲尝取父书读之，觉津津有味，然未知载籍无尽，而学者耳目难周也。既长，稍费编摩，始知访辑，然室如悬磬，又不能力举群有也。会壬辰、乙未、辛丑三为吴越之游，庚子又有书林之役，乃撮其要者购之，因其未备者补之，更有罕睹难得之书，或即类以求，或因人而乞，或有朋旧见贻，或借故家钞录。积之十年，合先君子、先伯兄所储，可盈五万三千余卷，存之小楼，堆床充栋，颇有甲乙次第。铅椠暇日，遂仿郑氏《艺文略》、马氏《经籍考》之例，分经、史、子、集四部，部分众类，著为书目七卷，以备稽览。客有讥予者曰："子之蓄书，拮据劳瘁，书愈富而囊愈空，不几于成癖成淫乎？好书而劳，不若不好之为逸也。"予曰："否否。昔宋尤延之积书数万卷，尝自谓饥读之以当肉，寒读之以当裘，孤寂读之以当友朋，幽忧读之

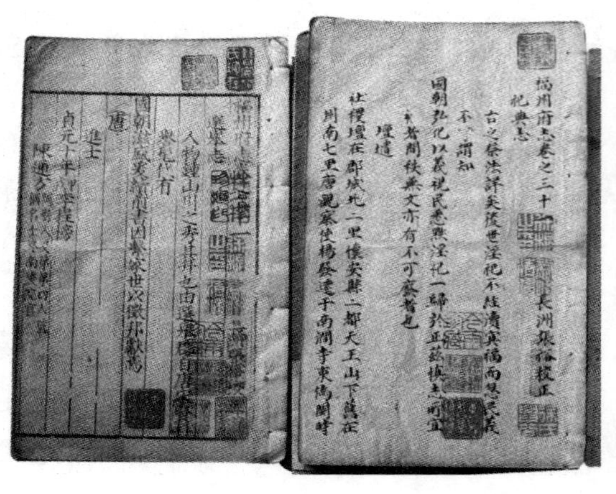

徐棉、徐𤊹收藏的《福州府志》

以当金石琴瑟。予生平无他嗜，所嗜惟书，虽未能效仿古人下帷穿榻、闭户杜门之苦，然四体不勤，此心难恕，岂敢安于逸豫、怠于钻研者耶！至于发书簏之诮，蒙武库之誉，非予之所可几也，亦非予之所敢望也。”客曰：“美哉，徐仲子之言。”唯唯而退。万历壬寅初秋，三山徐𤊹兴公书。

明徐𤊹《藏书屋铭》：少弄词章，遇书辄喜。家乏良田，但存经史。先人手泽，连篇累纸。珍惜装潢，不忍残毁。补缺拾遗，坊售肆市。五典三坟，六经诸子。诗词集说总兼，乐府稗官咸备。藏蓄匪称汗牛，考核颇精亥豕。虽破万卷之有余，不博人间之青紫。茗碗香炉，明窗净几。开卷朗吟，古人在此。名士见而叹嘉，俗夫闻而窃鄙。淫嗜生应不休，痴癖死而后已。此乐何假南面百城，岂曰夸多而斗靡者也。万历甲辰六月望日，徐兴公书。

清林枫《榕城考古略》：在鳌峰坊。明山人徐熥、徐𤊹所居。寝室后有楼三楹，颜曰“红雨”，为兄弟吟眺之所。易代之后，沦为尼庵。又有宛羽楼、清晖阁，亦二徐别业，今并失其址。

清陈庚焕《里门怀古》诗注：徐氏红雨楼，今为杨孝廉日光宅。其绿玉斋、宛羽楼，今属观巷尼庵。

二十四、绿玉斋

在红雨楼旁山坪上。万历十七年（1589）徐熥赴京应试下第回乡时建，以斋中多种植竹子，“清风时来，天籁自鸣”，故取名绿玉斋，即曹学佺所谓“竹林”者。详见徐熥《绿玉斋记》、徐𤊹《题绿玉斋》二文。二徐兄弟交游满天下，来访者多住宿于绿玉斋。徐熥英年早逝，绿玉斋后为徐𤊹所承，徐𤊹子延寿、孙钟震世守之。明清易代后，改为尼庵，今不存。徐氏后人徐才彭于二十世纪三十年代仍以“绿玉斋”之名开设私塾，教书育人。

［史料辑要］

明徐𤊹《题绿玉斋》：何仙效灵，占于山而托迹；野夫招隐，卜山下以栖幽。遂筑小斋，聊供偃卧。危峰对耸，旗峦石鼓争雄；秀色可餐，金粟莲花映发。残山剩水，每从天半献奇；返照归云，都是眼前幻景。万竿密篆，依曲径以凌霄；午夜疏枝，当虚窗而乱月。昼长门掩，真似小年；山静人稀，元同太古。科头兀坐，窥人学张廌之风；把臂入林，命驾动王猷之想。听处却疑舞凤，曳来矫若游龙。何可一日无君，不问林中是尹。四檐绿荫，一榻青来。兴至则恬泳南楼，醉后犹开樽北海。生平无长物，满壁琴书；半岭有余音，数部鼓吹。此正宜置丘壑之中，栖迟衡门之下者也。𤊹迹犹蓬累，

徐𤊹藏书印

逸在布衣。俗韵寡谐，丰草鹿麋为友；杜门自适，寒山片石堪言。量腹进芝苓，欣然一饱；度形扈荔薜，岂曰无衣。游目骋怀，天然图画；逃虚息景，痼疾烟霞。环四序而皆宜，协心神之俱畅。箸匕不堪以谢客，敢方叔夜之高标；赋五噫歌于关门，愿蹑伯鸾之逸轨。汉阴抱瓮，息彼机心；东海投竿，坚兹远志。苍梧翠柏，可指为盟；夜鹤晓猿，实闻斯语。万历己丑秋日，绿玉斋主人题。

清林枫《榕城考古略》：绿玉斋，亦徐𤊹别墅。徐熥自记云："红雨楼之南，有园半亩，中有小阜，乃构斋于山之坪。由园入斋，石磴数级，曲折逶迤，列种筠竹。斋旁灌木环匝，下置石几一，石榻二。夏月坐阴中，鸟语间关，蝉声上下。斋止三楹，余兄弟读书其中，无长物，但贮所蓄书数千卷。山中树木虽富，惟竹最繁。素笋彤竿，扶疏掩映，窗扉不扃，枕簟皆绿。清风时来，天籁自鸣，故名绿玉斋云。"南损斋云："徐兴公聚书万卷，居鳌峰麓。客从竹间入，环堵萧然，而牙签四围，缥缃之富，卿相不能敌也。"

《闽侯县志·园宅上》：绿玉斋，在鳌峰坊，徐山人𤊹所居，又有红雨楼、宛羽楼，子延寿、孙钟震世守之。易代后，沦为尼庵，楼尚存。

清陈寿祺《鳌峰里宅记》：今为观巷，有尼庵，兴公昆弟绿玉斋址也。幔亭自为记，言其家九仙山之麓，寝室后有楼三楹，颜曰"红雨楼"。之南有园半亩，中有小阜，构斋于山之坪。由园入斋，石磴数十级，列种筠竹……然则红雨楼在坊之街南，绿玉斋、宛羽楼又在其南，属观巷无疑也。近之志书院者，谓兴公斋、楼并在学舍中，盖缘鳌峰、仙迹二坊皆有尼庵，遂误以街南为街北。

清李家瑞《停云阁诗话》：明徐惟和、惟起兄弟读书处，在吾闽于山麓，今郭氏天开图画楼，疑即其故址。绿玉斋，在鳌峰坊，今砌入书院中。甲寅春，余由汀州旋里，移家城北，为郑苏年先生（光策）故宅。适尚书廖钰夫先生枉顾，谓此亦二徐读书处，古之眠雨亭也。

林家溱《福州坊巷志》：绿玉斋、宛羽楼、红雨楼，明徐熥、徐𤊹兄弟宅。熥，字惟和，闽县人，万历十六年举人，著有《幔亭集》；𤊹，字惟起，号兴公，布衣，著有《鳌峰集》《红雨楼题跋》《红雨楼书目》。二人皆博洽，工词章，𤊹尤精目录之学。子存永，亦有文名。清军入闽，其书楼经兵燹，破坏殆尽。

二十五、宛羽楼

在绿玉斋东。是徐𤊹65岁时，友人曹学佺斥资所建的藏书楼。落成时，曹学佺取"宛委羽陵"之意，命名为宛羽楼。曹学佺还特意撰《宛羽楼记》，在文中提出编纂《儒藏》的设想，略云："国初右文，征天下书于内库，又自南京而转输之北，虽百艘千牛，犹不能给。然以部分之未析，典守之不严，而年岁既久，散佚孔多。且如释老二氏，俱有藏板，而儒书独无，愚甚愤之，妄意欲辑为《儒藏》，经补厥典。但卷帙浩繁，固不胜收，而玉石丛混，观览亦难，乃复撷其精华，归诸部分，庶免挂漏之讥，与夫庞集之患。”“儒藏”之设想，因宛羽楼而发，斯楼亦可以不朽矣。这富有山野园林气息的藏书楼，最能吸引文人墨客，当时学人如曹学佺、谢肇淛、陈价夫、陈荐夫、屠本畯、翁正春等，常宴集于此，谈经论史。徐𤊹殁后，其后人世守之。清兵入闽，书楼经兵燹，破坏殆尽。今已不存。

徐𤊹藏书印

［史料辑要］

明徐𤊹《答陈宗九书》：不屑世居鳌峰之麓，积书颇多，无处堪藏。近能始捐资，为弟构一危楼，题曰“宛羽”，取“宛委羽陵”之义。漫成小诗答之，附呈请正，能为我抽毫而赋之乎？斯楼增而高矣。何如，何如？

清陈寿祺《鳌峰里宅记》：曹能始尚书捐赀为兴公构危楼藏书，题曰“宛羽”，取“宛委羽陵”之义。见兴公《答陈宗九书》及尚书诗集。

清陈庚焕《九仙山古迹考》：下达古仙迹坊（今观巷），有尼庵枕坡侧，即明二徐绿玉斋。斋东宛羽楼尚存。

陈文涛《闽话》卷三：徐兴公藏书七万余卷，曹学佺为构宛羽楼度之。

二十六、清晖阁

清林枫《榕城考古略》云：“又有宛羽楼、清晖阁，亦二徐别业，今并失其址。”清王紫华《榕郡名胜辑要》云：“清晖阁，明山人徐𤊹别墅，在于山之麓。今阁废，址尚存。”其址当在红雨楼、绿玉斋旁边。

二十七、汗竹巢

在于山北麓观巷内，今古莲寺一带。仅二楹，建于万历三十五年（1607）左右，是徐𤊹为长子徐陆构建的书斋。一名汗竹轩、汗竹斋，因建于荔枝树下，故又名荔轩、荔奴轩。徐陆，字存羽，诸生，27岁卒，故汗竹巢也是徐𤊹藏书之所。徐𤊹《题儿陆书轩》，其址也在红雨楼、绿玉斋附近。今不存。

［史料辑要］

明徐𤊹《题儿陆书轩》：菲饮食，恶衣服。减自奉，买书读。积二年，堆满屋。手有校，编有目。无牙签，无玉轴。置小斋，名汗竹。博非橱，记非簏。将老矣，竟不熟。青箱业，教儿陆。继书香，尔当勖。万历丁未秋日，徐兴公书。

王长英《明代藏书家文学家徐𤊹事略考证》云："汗竹巢"亦名"汗竹轩""汗竹斋"，也叫"荔轩"或"荔奴轩"，共二楹，是徐𤊹为其长子徐陆构建之书斋。徐陆自幼聪颖好学，甚有父风，徐𤊹对其颇抱希望，特为之置一书斋，名曰"汗竹"。汗竹之名的缘故，乃因书斋四周多植竹。徐𤊹还于万历丁未（1607）为徐陆作了一首《题儿陆书轩》，从其中的"置小斋，名汗竹"可知，汗竹巢建于1607年之前。那么，汗竹巢何以又叫"荔轩"或"荔奴轩"？徐𤊹在为徐陆作《亡儿行状》中的一句话可揭开谜底。这句话为："予构小轩于荔枝树下，儿闭户下键伊吾不辍，期一得当而后快。"徐𤊹极好荔枝，不仅著有《荔枝谱》，还常在荔红之时宴客作诗，真可称荔奴也。书房在荔树之下，自然可称"荔轩"了。徐陆因病早卒后，其好友作的挽诗中也谈到他的"荔奴轩书斋"。如陈仲溱的《挽徐存羽茂才》里有"荔奴轩里收书蠹，且待徐卿七岁儿"的诗句，郑邦祥的《吊徐存羽茂才》中有"荔奴轩里秩，那得到重拈"，均可佐证之。徐陆于27岁病卒，其子钟震年正7岁，已可以读书了，故有"且待徐卿七岁儿"之句。徐陆卒时，其弟延寿才3岁，年亦幼，故汗竹巢就成了徐𤊹的书斋之一。徐𤊹常在这里读书，写下不少题跋。从这些题跋里可看到徐𤊹自题的"书于荔轩中""书于荔奴轩""书于汗竹斋""书于汗竹巢"等记录。

明谢肇淛《雨后集徐兴公汗竹斋烹武夷太姥支提鼓山清源诸茗各赋二首》：疏篁过雨午阴浓，添得旗枪翠几重。稚子分番夸茗战，主人次第启囊封。五峰云向杯中湿，百和香应舌上逢。毕竟品题谁第一，喊泉亭畔绿芙蓉。

候汤初沸泻兰芬，先试清源一片云。石鼓水帘香不定，龙墩鹤岭色难分。春雷声动同时采，晴雪涛飞几处闻。佳味闽南收拾尽，松萝顾渚总输君。

二十八、偃曝轩

在宛羽楼右侧，又名偃曝堂、偃曝楼。是徐𤊹晚年所建，楼未落成而逝，后由其次子徐延寿续建而成。徐延寿在其所著《尺木堂集》中有《宛羽楼右偏先人新筑小堂命名偃曝未落成见背寿葺旧茅用续先志适曹能始先生枉过贻诗依韵答之》诗。此轩不见志书记载。轩有十楹，规模甚大，庭前植竹。曹学佺有《过兴公偃曝轩与陈次韦作》诗，又顾景星《闻徐存永携家游楚》诗注云："存永之考𤊹，以布衣致书数万卷，建偃曝楼十楹以贮之。"顺治初，清军入闽，书楼经兵燹，破坏殆尽，今已不存。

二十九、陈庚焕宅

在鳌峰坊北，著存堂故址。系陈庚焕由高兆后人处购置。林家溱

《福州坊巷志》卷二云：“陈庚焕，字道由，号惕园，长乐人。嘉庆间贡生。留心闽中文献，尝倡修唐陈岩、宋李纲、元许天锡诸乡先进墓。所著《惕园初稿》有《里门怀古》诗，即纪鳌峰坊故实也。”陈庚焕撰有《记所居宅》，特详其沿革。详见本书第十章“艺文”。

陈庚焕画像

三十、初阳书屋

在山北麓。为清陈庚焕之甥高氏宅。屋东向，庭袤二十余步，庭右遥倚状元峰，嘉庆间陈庚焕曾教授其间。今不存。详见陈庚焕《初阳书屋记》。

三十一、万虞臣宅

在九曲亭民居内。万虞臣，名世美，瓯宁人，嘉庆六年（1801）进士，官中书舍人。自题楹联曰：“屋小如舟，学海文澜供啸傲；家贫似罄，笔歌墨舞和铿锵。”宅后背山，有“越王石尊”石刻。今圮废。

［史料辑要］

清莫友棠《屏麓草堂诗话》卷十一：瓯宁万虞臣先生，以名进士授中书舍人，讲学榕垣。伟躯干，腰腹十围，学问过之，而犹好学不倦……移居于山之九曲亭，自书楹帖。

三十二、天开图画楼

在鳌峰坊南，迟清亭西，为明郑逑故居。郑逑，字世美，闽县人。嘉靖二十九年（1550）进士，官至江西参议。陈寿祺《鳌峰里宅记》云：“郑少参逑子孙居是坊三百年。其曾孙太仆逢兰，抗贼死，谥忠愍。其家东、西二宅，有天开图画楼，故址在坊南。”楼前有老梅两本，传为明郑逑手植，空嵌伛偻于岩石之上。又植有二古松、老柏、老竹等。楼之山围堂后，属进士王有为，东宅属刘姓。道光间为叶观国之孙叶修昌（旬卿）别业，当时诗人张际亮、何冠英、刘萃奎、刘建庚等常宴饮于此。道光十八年（1838），楼为郭柏荫、郭柏苍兄弟所有。

［史料辑要］

清陈庚焕《九仙山古迹考》：由鳌峰坊街半井上，一巷陟山椒，巷东詹氏园，林壑幽胜，盖即明郑继之先生所居，少谷山人筑迟清亭处也。巷尽径西一园，为明郑少参逑家，天开图画楼故址。

清陈庚焕《里门怀古》诗注：郑少参逑，子孙居此坊三百年，多有闻者。所居山围堂，今属王进士有为，其东宅今属刘姓。

清李家瑞《停云阁诗话》：明徐惟和、惟起兄弟读书处，在吾闽于山麓，今郭氏天开图画楼，疑即其故址。

《福州古园林·私家园林》下册稿本：民国初，萨君陆创闽省华侨公学于其址。民国十年（1921），王述等设省立华侨中学，以天开图画楼为办公室。民国十五年（1926），高文振办三民中学，直至民国二十二年（1933）。抗日战争胜利后，三民中学复办，至福州解放。解放初，与杨光中学合为福建革命大学二部。20世纪五六十年代，为福州师范学校校址。巷西一废园，原为教授王阳开宅，后属贡士陈日光。旁有榕，径达古仙迹境，即今观巷。上有尼庵，即二徐绿玉斋旧址。其南为红雨楼、宛羽楼。

三十三、补蕉山馆

在鳌峰坊天开图画楼故址。郭柏苍《记七城水泉》云："井衕古井，在鳌峰坊东、补蕉山馆石径之下，九仙山脉也。"道光十八年（1838），郭柏荫、郭柏苍兄弟与友人醵赀购置，依山二屋为书舍，修葺一新，祀唐处士周太朴，并附祀郑逑、徐熥于攸摄堂。故址原有老梅、古松、老柏、老竹。郭柏苍又在堂前空地补之以芭蕉，故又名补蕉山馆。山馆落成后，郭柏苍作《种蕉山馆落成记》，详其经过。郭氏兄弟时常与友人在山馆结社吟唱，馆右岩壁上镌有题刻"黄肖岩、郭蒹秋四更坐月"。今皆不存。

三十四、赌棋山庄

在山东麓，鳌峰坊东南。清谢章铤宅。谢章铤（1820－1903），字枚如，长乐人。光绪二年（1876）进士，官中书舍人。晚为福州致用书院山长，博洽多闻，著有《赌棋山庄全集》。山庄是光绪间（1873年左右）由谢氏女婿陈培仁（莲溆）经手购置的。其地与郑少谷迟清亭相近，面石鼓，背接化城寺。山庄占地约三亩，门有匾题"赌棋山庄"隶书四字。庄内有亭、池、石、树，又筑置小楼三间以藏书，还有一株二百余年

谢章铤画像

的十围老银杏。山庄的著名联语“青山本是吾家物，老树不忘天下春”，为谢氏自撰自书，笔法古劲。1903 年正月，谢章铤去世，后嗣孤寒，不久山庄易主。今已不存。山庄情形详见谢章铤所撰《赌棋山庄记》及林纾《谢枚如先生赌棋山庄记》、何振岱《赌棋山庄记》等。

［史料辑要］

清谢章铤《课余续录》卷三：予所著书名“赌棋山庄”，实无山庄。五年四徙，突不黔，席不暖。前十数年，以馆谷余金买屋于鳌峰坊九曲亭于山之麓，后有小山，予欣然曰：“吾乃有吾山庄矣。”有记载文集。小山与郑少谷之迟清亭相近，面石鼓，背接化城寺。予有句云：“相逢石鼓山头月，共听化城寺外钟。”地小而颇幽折，其中有巨石，有老树，有小池，有亭，有榭，予作楹帖云：“山不在高，居然好丘壑；天怜此老，贶以古烟霞。”又云：“青山本是吾家物，老树不忘天下春。”前年，予又改置小楼三间，以藏吾书。予之书亦屡聚屡散矣，今所藏者，大抵饥驱奔走，提携数万里，或得于山陕，或得于江浙，或传抄，或旧刻，多经目点校之本。欲取台江李星村（应庚）上舍题书橱句“此世真堪为性命，他生能否得聪明”以为楹联帖，名之曰“鳌顶书库”。鳌顶峰者，于山之最高处，去予小楼不远。嗟呼，既为山中人，不负山先当不负人，山固以人重也，予兢兢焉。先是，予方定居，高茶盦（望曾）、周季贶数君，闻之来访，予留而觞之。翼日，茶盦以五律八首寄我，朱樱船（宝善）为作《赌棋山庄图》。朱工书善画，有《红粟山房诗》，时方需次闽中，而萧然若在物外，勒少仲见而题之其后。予游豫章，张公束（鸣珂）亦为之题，两君皆词家也，备录之，以为山庄谈助焉（附题词，见本书第十章“艺文”）。

三十五、于麓山馆

在山北麓，今观巷 33 号。传为 1924 年杨在纲、杨愚谷兄弟所建。山馆中式双层，砖木结构，有小花厅，又有假山盆景点缀，工艺精巧。右侧空地有良种荔枝、龙眼、枇杷、秋桂、冬梅以及各类花卉。有小楼曰“受山迟月之楼”，亭曰“拜月亭”，堂曰“遂真堂”。大门对联曰：“颇思剥啄来知己，自署流庸作愚公。”传为杨愚谷所撰。山馆落成未久，杨愚谷即为十九路军将领蔡廷锴所杀，其家人尚居住于此。抗战后，

于麓山馆正门

山馆易主。今虽破旧，仍可居住。

[史料辑要]

于麓山馆楼阁

任仲泉《于麓山馆与原主人杨愚谷》：1946年，我迁入于麓山馆居住。当时福州人口尚稀，这区属于偏僻地段，乏人问津。于麓山馆构造颇见幽雅，中式双层砖木结构，并有小花厅。右边空地种有良种荔枝、龙眼、枇杷，秋桂、冬梅及各类花卉。一年四季，满园红紫，吐艳争芬。原本尚有许多人工盆景分布庭中，我迁入时，盆景已不见，只余水泥托盘与红砖底架而已。睹此残迹，可见主人之风雅。后于麓山馆换了主人，为陈文渊之侧室某女士。文渊时任基督教四川会督，居家时少。她是基督教徒，不惯山上山下庵堂林立，梵音吵嚷，又转售与我姐氏，但所有盆景均已拆光，送给外国人。这批珍品可能尚流亡海外。想不到此屋沧桑历史亦与宦海浮沉有着微妙的关系。此屋有楼名"受山迟月之楼"，有亭曰"拜月亭"。大门两处镌有对联，后均被凿去。我记得一副："颇思剥琢来知己，自署流庸作愚公。"大有隐者之风。

杨鹤书《于麓山馆记》：于麓山馆位于福州观巷33号（原观巷仙迹境3号），建于1924年间，是杨在纲精心筹资、选址、策划，一切按本人思路进行设计、监督、建筑及绿化的。家父杨在纲生于1882年，毕业于法政学堂文科，是个文人、书法家。早年以开设私塾、买卖字画起家，抗日战争后期，曾在福州私立青年会商业职业学校担任国文教师，校方评价为精通古典文学的名老师。育有五男两女，现有子孙后代近百人，五男均出生于于麓山馆，子女均健在。杨在纲酷爱石头和花草，除培选良种名果树花卉外，特亲临苏州考察园林，雇名匠传授两女，制造假山盆景上百盆，排列于上下花园供欣赏，并亲自养护。长女今已90岁，次女80岁。由于工艺精巧，景意别具一格，知名度不断提升。为满足市场需求，杨氏开始制作并部分销售，并在右大门上部刻有"杨氏供石所"，左大门仍有于麓山馆之称。为告诫子孙建成之艰辛，杨在纲曾在进门大厅两旁立柱上悬挂对联"辛勤乃得此，歌泣行于斯"。后来由于子女多，生活日渐困难，加上银行催还贷款，不得已才将该屋卖给长乐人陈起通居住。以后陈再转卖给谁则不得而知。1936年，我生于该屋，因"行四"（上有两姐及三个哥哥，下有一个弟弟）。在该屋生活时年幼，依稀记得两扇拱形铁门因年代久远，已被砖头垒起，中间留一小门进出。走进门，楼上是大花厅，楼下会客室。天井一株大龙眼树，夏末初秋可采摘百余斤"红核仔"享用。花园种有荔枝、枇杷、黄弹、桃、柚子、柿，还有杨梅、桂花、白玉兰以及各种花卉。后花园有鱼池、葡萄棚，一年四季满园红紫。童年时，姐弟数人都在这里嬉戏。二层楼上有卧房，下有厢房多间，两厨房，两浴室，两客房……但对我来说好景不长。抗战胜利后不久，由于家庭经济拮据，不得已之下家父将该屋卖给长乐人陈起通居住。我们一家人九口迁往鸭㳇洲，从此离开了于麓山馆。

三十六、宦贵巷黄宅

宦贵巷黄宅内景

在山北麓宦贵巷东侧。建于清代道光间，是名中医黄庭翼住宅。大门坐东向西，门后有小庭院。院东三间小屋。主建筑前后二进，坐南向北，四面围墙，双坡顶。第一进石框大门，三面环廊，两廊旁有披榭，中为整齐石条天井。厅堂面阔三间，进深五柱，穿斗式木构架，所有驼峰、斗、拱、托等，都精雕细刻。大厅中间是六扇推光漆、红地、贴金插屏门，窗槛漏花采用镂空精雕博古图案。八扇门扇，皆用红柴精制，门上花槛用黄杨木树根相形雕刻。第二进前有天井，后有披榭。中间为深五柱三间排厅堂。首进、二进左侧有小门通往东边小花厅，花厅由花园、客厅、假山、鱼池等组成。进入花厅，北面有直径 2 米的圆月门，门外两侧有一座六角半亭、一座四角半亭。园边三面长廊，上有雨盖，旁有美人靠。园中种黄皮果、龟背竹、仙人掌、腊梅、桂花。园南为三开间客厅，中为厅，旁为房。房前面上方各有三扇支摘窗，中为装玻璃的大横窗，窗框下为楠木壁板。厢房两壁有十二扇壁扇和八扇门扇，所有门扇、壁扇、门、窗、漏花全是楠木制作，壁扇上各有一幅画并配以诗词。额厅后庭有假山、洞府、鱼池，面积虽不足 20 平方米，但布置井然，颇具福州庭园特色。全院有 7 口水井，位如北斗星座，称“七星伴月”。1992 年列为市级文物保护单位。

三十七、李世甲故居

在鳌峰坊 39 号。该处是李世甲离开国民党海军之后的住所。李世甲，字凯涛，长乐人。1911 年毕业于山东烟台海军学校，曾任海军部总务司长、代理海军部常务次长、马尾要港司令等职。其故居背靠于山，坐南朝北，四面封火，有前后两进。第一进廊下为方形天井，进深七柱，穿斗式木结构，双泻水屋面。厅面阔三间，用插屏隔离前后。两侧厢房共八面楠木房门，花格窗扇衔接工整，梁、桁、挂落、悬钟等刻工精细。第二进依山势略升高，厅比一进略小些。二进之后增建小洋楼，为李世甲常住居所。已列为福州市级文物保护单位。

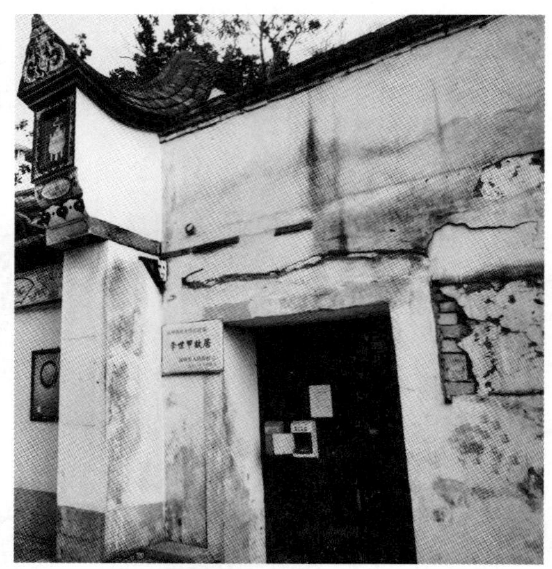

李世甲故居

第六章　摩崖题刻

前人泐石题名，历年已久，或漫漶剥落，或湮没于荒烟蔓草中。饱经岁月沧桑，而一段真精神犹如神灵护持，长存于天地间，与石同寿，此摩崖石刻之尤为可珍。于山摩崖石刻众多，本志收入石刻计189段，其中宋28段，存24段；元2段，存2段；明19段，存16段；清22段，存12段；民国9段，存5段；现代9段，均存。疑刻57段，存37段；佚刻25段；碑刻11段。另于山碑廊存20段。按年代依次排列，并参考《福建金石志》，王铁藩、郑丽生《于山摩崖石刻录》、黄荣春《福州摩崖石刻》等书，再经实地核对，其中差错和佚失情况间作说明。

宋

1. 淳化元年五月，同游五人，吕文仲、卫克明、李昭瑀、元仁浦、王之问记。

淳化元年（990），镌鳌顶峰巅，坐东北朝西南。摩崖高60厘米，宽52厘米。楷书，字径60厘米，纵5行。

2. □□□□□书九仙山□□□□本院□□□。越王□里九仙山，每访僧居石径间。□□风□□云雾，劳生何得此□闲。宋大中祥符己酉春二月二十七日，□□□令史温题。

大中祥符己酉（1009），镌狮子岩高崖上，东南向。摩崖高130厘米，宽120厘米。楷书，字径12厘米，纵8行。

3. 三峰数外小奇峰，滴翠凝烟倚半空。疑是巨灵分擘日，五丁偷得寄闽中。赞皇李上交，辛卯人日游于是。

皇祐辛卯（1051），镌鳌顶峰，坐东北向西南。摩崖高180厘米，宽104厘米。楷书，字径23厘米，款字20厘米，纵5行。

4. 光禄卿、直昭文馆、知军州程师孟公辟，同刑部郎中、充秘阁校理陈襄述古，提点刑狱、都官郎中沈绅公仪，转运判官、屯田郎中湛俞仲谟，新湖北转运判官、都官员外郎刘彝执中，同提点刑狱、内殿承制制杜该伯通，通判军州、都官员外郎马益损之游。熙宁元年冬题。

熙宁元年（1068），镌鳌顶峰，坐西北朝东南。摩崖高190厘米，宽130厘米。楷书，字径11厘米，纵7行。

5. 金粟台。

镌金粟台，坐南朝北。摩崖高170厘米，宽60厘米。篆书，字径55×35厘米，纵1行。

按《八闽通志·山川》："金粟台，在山之西麓，郡守程师孟以塔中王氏时金粟像名，石上刻'金粟台'三字，郡守元绛篆。后绛之侄积中为守，绘金粟像于台侧。"清郭柏苍《竹间十日话》卷三："元绛嘉祐七年（1062）知福州事，程师孟熙宁元年（1068）知州事。师孟守福州后绛七年，则金粟台命名亦绛，非师孟矣。《八闽通志》袭《三山志》之误。"

6. 权转运使张徽、知军州事程师孟、权转运判官湛俞，熙宁二年七月游于九仙丹台胜迹。

熙宁二年（1069），镌鳌顶峰、坐东南朝西北。摩崖高90厘米，宽120厘米；楷书，字径12厘米，纵5行。

7. 提举常平江公著、转运判官檀宗旦、通判军州事吴亮、提点刑狱程遵彦。元符庚辰十月十八日，同游九仙万岁寺，登金粟台。

元符庚辰（1100），镌金粟台，坐东朝西。摩崖高136厘米，宽110厘米；楷书，字径15×16厘米，纵6行。

8. 叶彦成、乔叔彦、章叔虎、朱知卞同游。崇宁五年人日。

崇宁五年（1106），镌金粟台。坐东朝西。摩崖高60厘米，宽74厘米。行书，字径14×12厘米，纵5行。

9. 张公常平等翁，长沙何谊直浩然，走马承受公事、大梁张珪君瑞，知州事、郡人张劢深道同登金粟台。政和壬辰冬至后一日。

政和壬辰（1112），镌金粟台，坐西南朝东北。摩崖高120厘米，宽90厘米。行书，字径10×11厘米，纵5行。

10. 政和三年闰四月初十日，闽清陈晋之、温陵李子中、林宪叔昭远、临漳吴可权、三衢祝达权，会饮高明轩。

政和三年（1113），镌金粟台，坐西北朝东南。摩崖高120厘米，宽65厘米。楷书，字径8×10厘米，纵4行。

11. 廓然台。梅川陈旸命名，赐紫释鸿份书。政和四年仲春，住圆明释宝一上石。

政和四年（1114），镌野意亭侧，坐西南朝东北。摩崖高100厘米，宽64厘米。

行书，正文径 30 厘米，款字径 7 厘米。

12. 政和五年二月□□□□登廓然台。□□□□□多情，□□□□待我行。□□□□□上石，□□□□□□□耕。

政和五年（1115），镌廓然台南侧，坐西朝东。摩崖高 54 厘米，宽 60 厘米。行书，字径 5 厘米，6 行。

13. 俞师直邀杨达夫、刘应叔瞻礼佛会，早膳平远台。宣和壬寅四月初八日。

宣和壬寅（1122），镌平远台侧，坐东北朝西南。摩崖高 128 厘米，宽 86 厘米。楷书，字径 18 厘米，纵 4 行。

14. 黄处中会予弟武子、邓纯彦、谢成彦于野意亭，刘德夫先归。宣和乙巳初春九日，郑尚明题。

宣和乙巳（1125），镌野意亭东廓然台石背上，坐西北朝东南。摩崖高 217 厘米，宽 138 厘米。楷书，字径 24 厘米，纵 4 行。

15. 永嘉吴正仲、新定陆尧夫、郡人郑尚明，靖康元年清明集于此。

靖康元年（1126），镌金粟台，坐西南朝东北。摩崖高 140 厘米，宽 70 厘米。行书，字径 10 厘米，纵 3 行。

16. 靖康丁未四月乙巳八日丁卯，东都张用彦、仙源陈容德、永嘉吴正仲同游是山记。

靖康丁未（1127），镌金粟台侧，坐南朝北。摩崖高 108 厘米，宽 85 厘米。楷书，字径 10 厘米，纵 4 行，已漫漶不清。

17. 李似表、范景汉、苏粹中，建炎四年十月初五日同游。

建炎四年（1130），镌九仙洞顶。摩崖高 110 厘米，宽 80 厘米。楷书，字径 10 厘米，纵 4 行。

18. 程迈晋道、李易顺之、邓肃志宏、张宇泰定、胡世将承公同来。绍兴二年正月三十日题。

绍兴二年（1132），镌“金粟台”榜书左，坐西南朝东北。摩崖高 100 厘米，宽 60 厘米。楷书，字径 7 厘米，纵 4 行。

19. 程晋道解帅事、将造行阙前一日，拉徐持志、刘仲高同访小华峰，登廓然台，憩野意亭。超然遐瞩，危岑列岫，尽落樽俎间。晋道此行，若登仙而居者无路挽留，不得从容物外之乐，殊为大恨。绍兴壬子季秋十一日，时侯仲勉以疾不至。

绍兴壬子（113），镌野意亭侧，坐东北朝西南。摩崖高 250 厘米，宽 140 厘米。楷书，字径 16 厘米，纵 7 行。

20. 齐安郑滋德象、吴兴刘峤仲高、颍川范正国子仪同饭素于万岁寺，烹茶金粟台，登三山阁，观闽王所施织经及佛。时雪初霁，江山明润，顾望久之，遂过野意亭。绍兴二年季冬朔，辛炳如晦，以幹不至。

绍兴二年（1132），镌平远台侧，坐东北朝西南。摩崖高130厘米，宽89厘米。篆书，字径10×11厘米，纵7行。

21. 杨维申、黄成莆绍兴乙丑闰月中浣后五日游。

绍兴乙丑（1145），镌九仙洞上。摩崖高80厘米，宽50厘米。楷书，字径9厘米，纵3行。

22. 闽帅薛直老具饭于补山精舍，招赵表之。表之初自三衢来游三山。补山在城之东南隅，即九仙第一峰也。寺有高塔、杰阁，金粟、平远二台，皆甲于南闽。登台纵目，领览海□之胜，虽李太白骑鲸探禹穴，跨□登天门，其玩奇纳爽，无以异此。□才源吕希祖，山老何晋之同集。绍兴十八年十月十三日。

绍兴十八年（1148），镌平远台侧，坐东南朝西北。摩崖高163厘米，宽135厘米。楷书，字径11厘米，纵9行。

23. 平远台。郡丞黄轺题。选胜仙山到处行，崇台远目倍增明。两潮涨雪连空阔，万顷堆云接畛平。风起土囊衣袂爽，月浮海角酒杯清。悠然遐想尘埃表，欲去徘徊奈此情。

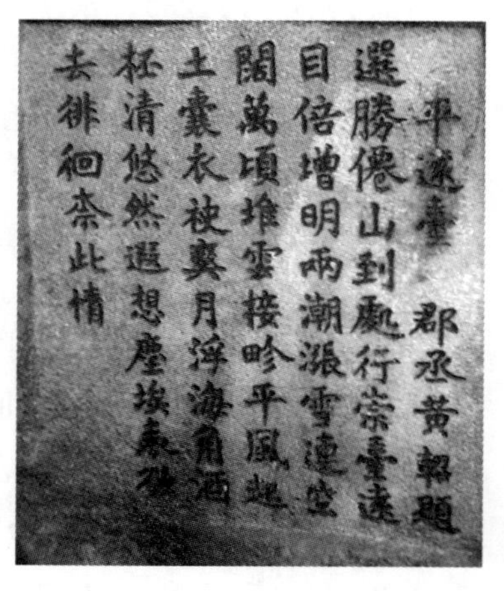

黄轺诗刻

约绍兴二十八年（1158），镌平远台，坐北朝南。摩崖高86厘米，宽70厘米。楷书，字径7厘米，纵7行。

24. 舍别峰无争席者，暇脱尘缨裹八手一室，咀□籍之腴有味哉。自春徂冬，乃返故庐。永嘉吴公卞，隆兴元年。

隆兴元年（1163），镌罗山法海寺慈悲阁西，坐南朝北。摩崖高75厘米，宽62厘米。字径7厘米，纵5行。是刻未见著录。

25. 高元节、洪端卿、黄泰之、俞昌老凤池题名后五日集于此，时乾道壬辰良月也。住山□□上石。

乾道壬辰（1172），镌九仙洞顶。摩崖高110厘米，宽120厘米。楷书，字径14厘米，纵6行。

26. 陈休斋曾来。淳熙丙申中秋。

淳熙丙申（1176），镌平远台侧，坐东北朝西南。摩崖高78厘米，宽50厘米。

隶书，字径16×22厘米，款字12×13厘米。

27. 休斋曾来。

淳熙二年（1175），镌存山顶（于麓南校场附近）神龛后石岩上，坐北朝南。摩崖高80厘米，宽18厘米。隶书，纵1行。是刻不见著录。

28. 嘉定甲戌孟春壬辰，罗川黄子有□□□□侍行，卓士□周□□赵叔□、林仲山□于□□命□敬书。

嘉定甲戌（1214），镌狮子岩上，坐东向西。楷书，字径6厘米，纵13行。

29. 嘉定甲戌五月十日，包经父、罗端夫、强希晁、吴光明、赵宗强、叔旦、潘牧之、蒋伯见，载酒来谒啸隐赵叔思，遂登鳌顶。

嘉定甲戌（1214），镌鳌顶峰北侧，坐东南朝西北。摩崖高180厘米，宽90厘米。楷书，字径10厘米，纵4行。

30. 嘉定庚辰书云后三日，闽令赵希章率怀安簿赵汝夤会三山，同年序拜于补山，遂登平远台。至者邓夔、王万、郑清卿、赵与玖、林观过、赵与琳、潘继伯、赵汝佩。

嘉定庚辰（1220），镌平远台，坐东北朝西南。摩崖高55厘米，宽132厘米。楷书，字径9×10厘米，纵12行。

31. 盱江邓汉卿、四明丰象之、昭武吴伯正。绍定改元三月十三日记。

绍定元年（1228），镌廓然台，坐西南朝东北。摩崖高80厘米，宽30厘米。行书，字径5厘米，纵3行。

32. 宋高宗六□南□□□□□□□□□祥符□□塘因家□吝□□□□□□□□府录生师□□□□□□□□□□使□□□□□□□□□□□大天□□门□□□□□□□□□□居□之丹徒即镇之，先考也。先考幼失怙恃，刻□□□□慷□□功□□扶治道元□一终□于□奸□忿□志莫□哀哀皇□□裂心□。德祐乙亥江淮□□□□之身入闽，□游地计□□□□□□宗之□□劳同□□□□□三□之养□□□□志□□尚在渺茫因经祠□度。魏日昌五□敬于九仙山□洞之倘吾□□□一缕之熏与此石同□，子孙见之，亦□有考云。□直郎、新建宁军□□推官倪镇、孙元坤、元雨、元□百拜谨志，□□□□□□□□□□□□□□□□□道士□□□□□□。

镌九仙观西侧舒啸台，向东。摩崖高82厘米，宽140厘米。楷书，字径5厘米，纵21行。未见时间，唯文中有“德祐乙亥”之句，当在公元1275年之后。

元

1. 樵谷。破衲随身双鬓秃，十年岩穴坐莓苔。出门一啸长空阔，剑影翩翩任去来。至元丁亥春，朱交信。

至元丁亥（1287），镌九仙观舒啸台，坐西南朝东北。摩崖高 90 厘米，宽 80 厘米。草书，字径 8 厘米，纵 6 行。

2. 至正丙申仲冬朔日，同□人杨希伊、台史夷希圣□□宿平远台，□古律录呈云屋春□□□□志□□□□有客晚相□□南平□□□□□照□塔□□□□山僧如定 □□言心□□□□□□□□无……

至正丙申（1356），镌平远台，坐东北朝西南。摩崖高 110 厘米，宽 50 厘米。隶书，字径 7 厘米，纵 6 行。

明

1. 榛莽新芟辟，天然数仞台。烟云连睥睨，殿阁俯崔嵬。远岫横江断，寒潮到郭回。登临一舒啸，天地旅怀开。□□□公重修九仙观成，顾□南山之半有异景，遂命芟夷以为游人登眺之处。予辱公款延纂修《闽志》，适寓观之东轩，因获侍游焉。爱其高敞幽胜，既赋诗一章，稷请于公，名之曰“舒啸台”。公欣然手书三大字，命千户王渝并予诗刻于崖石。成化丁未中秋，莆田黄仲昭识。

成化丁未（1487），镌九仙观西南舒啸台，坐西南朝东北。摩崖高 95 厘米，宽 135 厘米。楷书，字径 6.5 厘米，纵 14 行。按：方格内字系据黄仲昭《未轩公文集》补入。

2. 正德己卯正月十有七日饮平远台，许天祐、李祐、谢蕡三庠友唱韵漫兴。风软香阶不动尘，阑干花影月侵人。星移霄汉年华换，草上帘钩物色新。一榻乾坤容强项，扁舟江海载闲身。金罍酌尽元宵酒，歌舞翻腾满座春。心到休时自出尘，世间利欲最迷人。我如太白朝朝醉，谁似成汤日日新。花鸟也知千古梦，风埃空老百年身。闲将绿酒同君酌，为喜闾阎共得春。烟霞病叟侯官林廷玉书。

明正德己卯（1519），镌野意亭西北悬崖下，坐东南朝西北。摩崖高 114 厘米，宽 210 厘米。楷书，字径 7 厘米，纵 14 行。

3. 游九仙观酒半，庠友林焯、谢蒉，乡进士许绎出韵偶题。正德己卯正月十有九日也。

马踏香尘晓气清，闲寻羽客共青精。湖边细柳迎春媚，山上晴云阁树轻。村酿新蒭眠草醉，野歌无调傍花行。留连且尽今宵乐，漫道长庚又启明。鹤鹤飞飞薄太清，仙童□□采黄精。沿阶新草□□嫩，落地闲花片片轻。山鸟树头呼我醉，野猿岩上学人行。水晶盘□琅玕起，却笑痴翁喜决明。

林廷玉诗刻

南涧翁侯官林廷玉书。

正德己卯（1519），镌于九仙观西，坐西北朝东南。摩崖高100厘米，宽230厘米。楷书，字径9厘米，纵19行。文中方格内文字录自清郭柏苍《竹间十日话》。

4. 予致事六载矣，杜门以诗书自娱。正德己卯春，偶出一游佳地，因造万岁寺看塔，聊尔寄兴。

塔上云容晃水光，塔前花雨入禅堂。可人新鸟清还巧，拂面东风暖更香。酒盏殷勤春正好，炉烟缥缈昼初长。康强暮景应难得，莫怪山翁特地狂。

蓬莱晓出探金光，步入招提演法堂。时雨几番湖水漫，春山到处野花香。丹心老去千秋壮，白发年来万丈长。却感乾坤还念我，每将风月伴清狂。

烟霞病叟林廷玉书识。

正德己卯（1519），镌金粟台，坐西北朝东南。摩崖高105厘米，宽170厘米。楷书，字径7厘米，纵14行。

5. 大明正德己卯夏，督舶太监尚春建吸翠亭，邀按闽御史周鹓、周震，督赋主事李阶同，致仕尚书八十六翁林瀚落之。翁二子参政庭㭿、右府都事庭杓暨孙主事炫，俱以谒告归省，侍翁杖屦，命炫纪于石。

正德己卯（1519），镌于野意亭北西下，坐东北朝西南。摩崖高180厘米，宽104厘米。楷书，字径9厘米，纵9行。

6. 皇明正德己卯夏四月望日，督舶太监尚公春邀云省参政林庭㭿、右府都事林庭杓同登平远台，联句二首：

平远登登尘不侵（尚），鹤巢松老碧苔深（㭿）。江山满目无穷趣（杓），一榻清风醉后吟（尚）。

远山分翠绕平台（棉），江海涛声浪自催（尚）。醉倚楼阑频北望（杓），五云遥护六龙回（棉）。

又明日，方伯席公书，华公昶、廉宪卢公宅仁、大参陈公策、少参陈公炫、佥宪秦公礼，都阃张公奎、刘公镇、王公辅同观刻石，庭棉书。

正德己卯（1519），镌野意亭下，坐东南朝西北。摩崖高 150 厘米，宽 222 厘米。楷书，字径 11 厘米，纵 16 行。

7. 叨镇将三载，层台始一临。石蹬苍苔合，松阴僧径深。海天舒望眼，烟景动离心。明向南都去，无由再盍簪。皇明正德己卯仲夏吉旦，镇守福建、湖南希贤子罗籥识。

正德己卯（1519），镌野意亭西，坐南朝北。摩崖高 97 厘米，宽 184 厘米。楷书，字径 9 厘米，纵 10 行。

8. 大明正德己卯中秋日，致仕兵部尚书林瀚，工部尚书林廷选，都御史林廷玉，苑马寺卿林璿，布政司参政何昱、王士昭，参议倪珏、姚昊，按察司副使高文达，佥事谢廷柱，知府郑炤、黄澍同登督舶太监尚公春鼎建鳌峰胜观亭，题名于石。

正德己卯（1519），镌文昌阁左侧狮子岩，坐东南朝西北。摩崖高 155 厘米，宽 175 厘米。楷书，字径 13 厘米，纵 10 行。

9. 山屏耸翠法云宫，峭石高岩造化工。多少英贤题咏遍，大明文物宋朝同。正德十有四年己卯夏□□，钦差督舶太监古燕尚春题。

正德己卯（1519），镌于护国寺文昌阁，坐东朝西。摩崖高 100 厘米，宽 130 厘米。楷书，字径 15 厘米，款字 8 厘米，纵 8 行。

尚春等诗刻

10. 登平远台用杜老韵。三山中有平远台，台高千尺凌虚碧。老松偃蹇走□蛟，枯藤束缚盘陀石。此处神工□□□，执□□何□□□。南海西江□大观，欲结茆茨傍玉壁。正德己卯冬仲，锡山陈策书。

正德己卯（1519），镌玉蝉峰下，坐东南朝西北。摩崖高 150 厘米，宽 103 厘米。草书，字径 9 厘米，纵 7 行。是刻仅见《竹间十日话》著录。

11. 饮鳌峰亭联句。正德己卯八月。杰构翚飞耸碧空（林璿），状元遗墨法云东（尚春）。烟霞深锁鳌峰石（高文达），文物重开凤阁风（姚昊）。千古芳名垂竹帛（林庭棉），三秋佳景蔼崆峒（林庭灼）。主宾已尽东南美（璿），醉后豪唫兴不穷（春）。

正德己卯（1519），镌鳌顶峰下，坐北向南。摩崖高117厘米，宽115厘米。草书，字径10厘米，款字6厘米，纵8行。

林瀚等题名

12. 鳌峰次韵。海日浓熏紫翠峰，上有台殿郁玲珑。草生南浦仙踪远，云接西堂老纳□。驯□何如天上□，憩棠非是□中松。内家十载经营计，报称应□玉□□。正德己卯岁秋九月庚子，右布政使华昶，参政陈策、陈锡，副使胡□、黄□、陈□□，佥事潘鉴、叶廷会、秦□，都指挥王□、崔□、王□、西宽、张汆振、沈□、耿琪同登高于平远□，游鳌峰亭。是日昶题石。

正德己卯（1519），镌鳌顶峰西侧，坐东向西。摩崖高207厘米，宽251厘米。楷书，字径13厘米，纵13行。

13. 九仙之巅有亭焉，宋状元陈诚之读书处也。时正德己卯秋。龙头人去几经秋，炯炯文光射斗牛。千古鳌峰频仰止，书声一派水东流。云南参政、闽人林庭棉书。

按：因石刻年久，且被榕树根包围，字迹无法辨认，开头之“九仙之巅有亭焉，状元……”，黄荣春《福州摩崖石刻》云：“状元陈公诚之读书处也。”清郭柏苍《竹间十日话》把文中的“状元陈公”误作“乃宋状元”。镌平远台西，坐南朝北。高150厘米，宽105厘米。楷书，纵6行。

14. 鳌峰顶上构新亭，四望云山列画屏。景况无边吟不尽，衔杯得趣醉还醒。大明正德己卯孟秋之望，古燕尚春识。

正德己卯（1519），镌鳌顶峰平远台西，坐南朝北。摩崖高145厘米，宽95厘米。楷书，字径15厘米，纵5行。

15. 鳌峰孤起湛高秋，览胜来登最上头（徐问）。草树萋迷天北极，鱼龙回薄海南陬（□□□）。悬崖有石开新制，病骨何人续倦游（□□□）。廊庙□期公□远，□将尊俎寄先忧（徐问）。嘉靖戊子秋九月十有三日，总镇敬斋赵公宴集诸宾从于鳌峰□□联句纪游。时日向晡，草□□□□□二首而□□周子春斋，徐子为订□□□□□□□志。

嘉靖戊子（1528），镌鳌顶峰，坐东北朝西南。摩崖高145厘米，宽128厘米。楷书，字径6厘米，纵13行。前5行已漫漶，无从稽考。

16. 嘉靖七年十二月二十七日，福建按察司副使万安郭持平，开化方豪、萧山知县闽郭波冒雨来登，由九仙观而下，意兴甚适。

嘉靖七年（1528），镌狮子岩护国禅院文昌阁庭前石壁下，坐东朝西。摩崖高50厘米，宽90厘米。楷书，字径约7厘米，纵8行。

17. 嘉靖十年李……

嘉靖十年（1531），镌鳌顶峰，坐西北朝东南。摩崖高75厘米，宽65厘米。楷书，字径8厘米，纵5行。未见著录，字迹多漫漶。

18. 丹台胜迹。嘉靖三十三年四月初二日，巡抚福建监察御史、邢台玉泉赵孔昭到此。闽、候、怀三县知县秦淦、尹士龙、经彦寅同记。

嘉靖三十三年（1554），镌鳌顶峰下，坐东朝西。摩崖高265厘米，宽80厘米。楷书，字径9厘米，纵5行。

19. 平远台。万历丁丑夏，三山张炜书。

万历丁丑（1577），镌鳌顶峰下，坐西南朝东北。摩崖高280厘米，宽108厘米。楷书，字径90×65厘米，款18厘米。

清

1. 月朗风清。乾隆辛巳，郡守李拔题。

乾隆辛巳（1761），镌大士殿西，坐西朝东。摩崖高85厘米，宽165厘米。行书，字径62×48厘米，款字径10厘米。

2. 丹井流香。乾隆辛巳，剑南李拔题。

乾隆辛巳（1761），镌炼丹井北上，坐东北朝西南。摩崖高75厘米，宽297厘米。榜书，字径52×43厘米，款字径10厘米，纵2行。

李拔“月朗风清”榜书

3. 登云台。乾隆壬午，郡守李拔题。

乾隆壬午（1762），镌马恭敏祠旧址左，今兰花圃内，坐东朝西。摩崖高160厘米，宽90厘米。楷书，字径40×35厘米，款字径10厘米，纵3行。

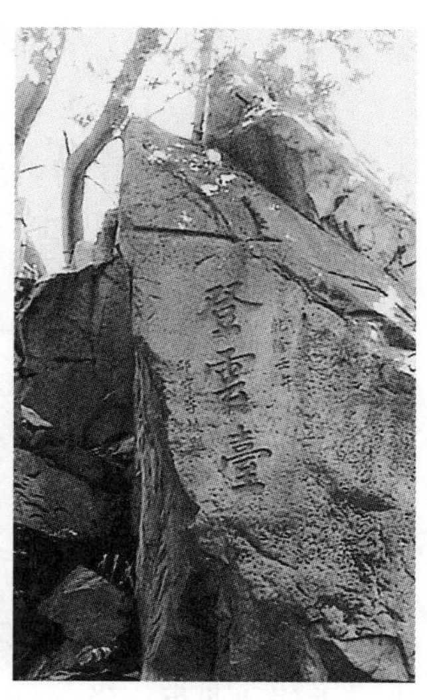

李拔“登云台”榜书

4. 题登云台。海国仙岩拱帝京，郁葱佳气接云平。年年兆起登龙彦，骧首天衢翊圣明。乾隆壬午，郡守剑南李拔书。

乾隆壬午（1762），镌护国禅院之南，坐北朝南。摩崖高130厘米、宽157厘米。楷书，字径15×5厘米，纵10行。

5. 南教场演武厅铭。闽省滨海，用武之地，[为]东南半壁保障。水陆旗营，貔貅数万，[练][习][无][虚]日。教场在九仙山之南，负城面[江]，[广]袤共二千丈有奇。堂室各五间，廊倍之，亭台俱备。阅武者咸于此焉。乾[隆][庚]辰，予典郡事，以[其][圮]也，饬所司[葺][之]，[縻][帑]金如干数。[弥][月]功成，[矞]皇壮丽。每[大]阅，凭轼观之，[止][齐][步]伐，如火如荼，诚海表之雄风也。[因][为][之][铭]，[其][词][曰]：[帝][德][崇][兮]，[景][运][隆][兮]。闽海之士，如虎熊兮。[师][啴][啴][兮]，[气][桓]桓兮。绵绵翼翼，无敢奸兮。静如坻兮，动如水兮。不测不克，叹观[止][兮]。敛甲兵兮，息鼓钲兮。海波镇静，泰阶平兮。乾隆壬午中秋，郡守剑南李拔峨峰题书。

李拔“南教场演武厅铭”（局部）

乾隆壬午（1762），镌九仙观西南，今兰花圃内，坐西北朝东南。摩崖高330厘米，宽430厘米。楷书，字径20×17厘米，纵17行。方格内补字，录自李拔《福州府志·艺文志补》。

6. 乾隆己亥祈晴于护国寺，并游鳌顶峰九仙丹台古迹。闽浙总督三宝题。

乾隆己亥（1779），镌鳌顶峰，坐东南朝西北。摩崖高115厘米，宽86厘米。楷书，字径12厘米，纵5行。

7. 越王石尊。嘉庆癸亥重阳，郑天祥、郭仁图、叶申万、林永健、梁章钜、冯光祚、叶申芗、廖鸿藻同寻。

嘉庆癸亥（1803），镌九曲亭民居内，坐西朝东。摩崖高 250 厘米，宽 255 厘米。正文篆书，款字楷书，字径 22 厘米，纵 5 行。

8. 福。清嘉庆十二年秋旱，蒙诸大宪到大士殿□雨，有应，谨书福字以……闽清……

嘉庆十二年（1807），镌大士殿之南石阶旁，坐西南朝东北。摩崖下段因埋入土中，无法辨认。宽 150 厘米，“福”字榜书径 100 厘米，款 9 厘米，纵 5 行。是刻未见著录，1959 年崖毁。

9. 清嘉庆己巳年冬□十五日，□□□湘李大瑞、梁□□、赵在翰同游。

嘉庆己巳（1809），镌兰花圃内，坐东向西。摩崖高 118 厘米，宽 73 厘米。楷书，字径 9 厘米，纵 3 行。

10. 嘉庆十四年己巳秋七月，张中丞权总督。八月，歼蔡牵黑水洋。九月，朱渥率其党三千余人乞降，公受以闻计。公权印□逾月，威震氛消，邦人不忘，遂敬书奏功年月于于山平远台侧，事始末别具记铭。公系张名师诚，浙江归安人。是年季冬，闽中绅耆恭纪。

闽中绅耆题记

嘉庆十四年（1809），镌九仙观西南，今兰花圃内。摩崖高 150 厘米，宽 175 厘米。楷书，字径 9 厘米，纵 12 行。

11. 一丘一壑得初心，小住何妨遁迹深。无数点头窗外石，梵香相对话知音。道光壬午，石颠汪廉生题。

道光壬午（1822），镌罗山法海寺西，坐东南朝西北。摩崖高 45 厘米，宽 126 厘米。行书，字径 7 厘米，纵 10 行。

12. 寿。道光乙未秋日，奎联。

道光乙未（1835），镌戚公祠左侧，坐北朝南。摩崖高 260 厘米，宽 175 厘米。草书，寿字径 222×125 厘米，款字 180×12 厘米，纵 3 行。

13. 咸丰九年岁次己未葭月，信士翁贤谟、刘□登、孙□沧、林清□同重建修。

咸丰九年（1859），镌大士殿南侧登山石阶路边，坐东朝西。摩崖高 65 厘米，宽 20 厘米。楷书，字径 5 厘米，纵 3 行。

14. 咸丰辛酉重四，荠雪、铁傭、复堂、冷樵、勤耔偕来，德忻、谦立悳侍。

荠雪等题名

咸丰辛酉（1861），镌护国禅院文昌阁前，坐东朝西。摩崖高107厘米，宽140厘米。行书，字径17厘米，纵6行。

15. 同治壬戌腊日，过于山，次朱竹君先生石刻原韵而去。盱江饶一夔记。

同治壬戌（1862），镌护国禅院文昌阁庭前。摩崖高88厘米，宽59厘米。楷书，字径10厘米，纵4行。

16. 仰圣。同治十年，弟子林世信叩。

林世信“仰圣”榜书

同治十年（1871），镌九仙观山门东，坐北朝南。摩崖高58厘米，宽46厘米。楷书，字径12厘米，款字径5厘米。

17. 万象朝宗。同治十年，林世信题。

同治十年（1871），镌九仙观西崖下。坐西北朝东南。摩崖高95厘米，宽47厘米。楷书，字径19×15厘米，款字径9厘米。

18. 慈悲。同治十年，林世信题。

同治十年（1871），镌大士殿左，坐北朝南。摩刻59厘米，宽57厘米。楷书，字径14×11厘米，款字径6×5厘米。

19. 重濬三元沟记。三元沟始于宋皇祐筑城时，相传潮汐由河入濠，穿城根，注泮池，鼓荡地脉，通达文运，迨国朝凡数浚矣。同治丙寅，南门火，司马彭公光藻、部郎郭公柏苍修浚旧址，城外沿沟竖七碑焉。居民跨沟而屋，既浚复壅。春夏积潦，人病涉之。本年，观察杨公汝翼商于方伯刘公树堂、廉访龙公锡庆，筹款重浚。董其事者司马柴公棠、部郎郭公兆昌。以绅士鳌江林运琛，榕峤方仲恒、方新、刘崇光、倪家斌分督工程，其璜同瑞图亦忝与厥事。是役也，断者续，缺者补，而塞者通，计沟百有八丈，糜金钱三百贯有奇，越五旬工竣。郭公约文庙在事者望日一巡，界址载县册，始末藏郡府，碑记在泮宫左。时代迭更，沧桑易改，志之以贻来者。光绪庚寅冬，吴航陈其璜撰，古闽黄瑞图书，古闽林树棠督刊。石匠陈利旺、林发旺，土匠薛衣起。

光绪庚寅（1890），镌九仙观西南“福”字石背，坐北朝南。摩崖高84厘米，宽148厘米。楷书，字径5厘米，纵22行。

20. 九仙胜迹。光绪庚子二月，郡守江都徐兆丰偕大兴程祖福、傅栻，钱唐张景祁，会稽陶濬宣、孙星华，归安宋尊望，鄞赵时桐，金华章景枫同登九仙山。濬宣题篆并记。

光绪庚子（1900），镌大士殿左石崖上，坐东朝西。摩崖高270厘米，宽280厘米。篆书，字径88×60厘米；款字楷书，字径20×24厘米。纵10行。

陶濬宣“九仙胜迹”榜书

21. 长乐永康。宣统庚戌，邵锡恩。

宣统庚戌（1910），镌鳌峰坊东邵氏园，坐西朝东。摩崖95厘米，宽68厘米。隶书，字径15×19厘米；款字行书，字径6厘米；纵3行。

现　代

1. 民国辛未冬，黄寿冈、林永锵集赞善社同人募建制字始祖仓帝阁，重光古迹，崇祀先贤，谨泐于石，以垂久远。

民国辛未（1931），镌护国禅院东仓帝阁前石壁上。坐东朝西。摩崖高120厘米，宽115厘米。楷书，字径15厘米，纵6行。

2. 壬申二月，平远台社饮。春寒偶与酒为缘，闻道桃花胜去年。蜡屐拖来乌石雨，柴门遮断马江烟。军威早已惊三岛，庙貌何当让九仙。若使中原能底定，毋忘社祭告先贤。长乐施景琛题。

民国壬申（1932），镌戚公祠飨堂前，坐南朝北。摩崖高110厘米，宽50厘米。行书，字径5厘米，纵6行。

3. 民国二十一年五月九日，陈衍、董藻翔、石屏藩、马天翮、施景琛、吴孝惔、黄承潮、沈觐冕、王怀晋、王聘、林道于、欧阳英、郑元鼎同集于此。王琬书。

民国二十一年（1932），镌戚公祠飨堂前西南侧，坐西朝南。摩崖高 190 厘米，宽 146 厘米。楷书，字径 10 厘米，纵 6 行。

4. 九仙山石殊嵚奇，左寺右塔戚公祠。戚公威名震寰宇，位此血食佥曰宜。乃闻盗卖又图占，奋袂而起责安辞。祠成且喜台重建，铭功饮至踵者谁。癸酉秋，平远台成，偕友石屏藩、林道于登眺。二君皆终始祠事者，追昔抚今，感赋书石。永泰黄承潮识。

民国二十二年（1933），镌平远台天桥下，坐东北朝西南。摩崖高 116 厘米，宽 121 厘米。楷书，字径 110 厘米，纵 9 行。

5. 民族之光。民国二十二年八月，永定林鸿辉题。

民国二十二年（1933），镌戚公祠飨堂前。坐南朝北。摩崖高 118 厘米，宽 55 厘米。楷书，字径 26×23 厘米，纵 3 行。

6. 于山。天君殿后门阶座至吕祖宫口止。民国甲戌年，善长清河张重修，道衲郑至辉敬颂。

民国甲戌（1934），镌观巷登山之石级旁，坐东南朝西北。摩崖高 180 厘米，宽 85 厘米；楷书，字径 10 厘米，款字径 8 厘米。

7. 誓雪国耻。中华民国二十五年，古越童杭时。

民国二十五年（1936），镌戚公祠醉石亭下，坐西朝东。摩崖高 170 厘米，宽 600 厘米。楷书，字径 98 厘米，款字径 20 厘米。

8. 江国大野郁雄图，平远台荒豹气粗。逋客南来犹净土，将军老去尚威弧。激山急水风声壮，落照春城塔势孤。四百年前今日事，高原释甲又提壶。（沈桢）

台榭梯云气自豪，暮分竞病罢弓弢。劈开重雾仍驯豹，踏遍三山偶驾鳌。脚底烟轻生野意，寰中风大唱葡萄。江城落日衔孤塔，一柱雄擎宇宙高。（吴春晴）丙戌春，战胜勒石，上海沈桢、丰州吴春晴。

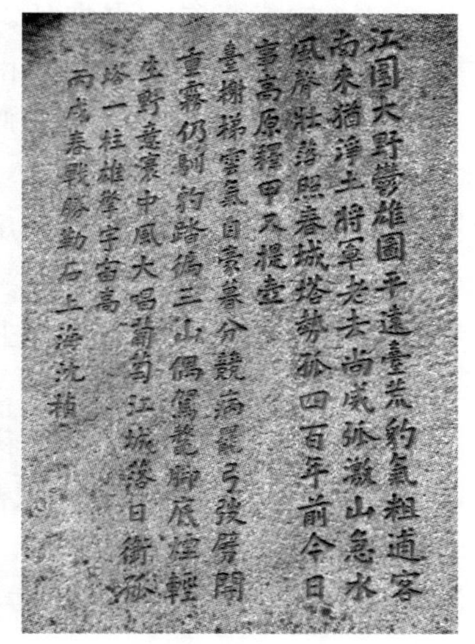
沈桢、吴春晴诗刻

民国丙戌（1946），镌戚公祠醉石南侧，坐西南朝东北。摩崖高 120 厘米，宽 70 厘米。楷书，字径 5 厘米，纵 9 行。

9. 同文同种应相维，何苦瞵瞵伺隙窥。武毅昔曾严戒备，汉威今复摄蛟螭。徽猷炳炳垂青史，风雨凄凄拜戚祠。东望苍茫空隐处，樱花寥落草离离。丁亥冬日谒戚公祠，荣州徐思平。

民国丁亥（1947），镌戚公祠飨堂庭前，坐西朝东，仰天。摩崖高110厘米，宽65厘米。行书，字径7厘米，纵6行。

当代

1. 一九六二年十二月重修戚公祠、万岁寺、定光塔。施工：台江建筑公司。福州市文物管理委员会。

镌万象亭右侧，坐西朝东。碑刻高88厘米，宽59厘米。楷书，字径8厘米。

2. 于山摩崖刻石，经本委于一九六一年九月公布为第一批市级文物保护单位。福州市人民委员会，公元一九六三年十二月立。

镌大士殿右“九仙胜迹”石刻下，坐东朝西。碑刻高130厘米，宽90厘米。楷书，字径16厘米，款字径10厘米，纵6行。

3. 三百年来，我华夏威风久歇。有几个如公成就，丰功伟烈。拔剑光寒倭寇胆，拨云手指天心月。至于今，遗饼纪征东，民怀切。　会稽耻，终当雪。楚三户，教秦灭。愿英灵永保，金瓯无缺。台畔班师酣醉石，亭边思子悲啼血。向长空洒泪酹千杯，蓬莱阙。调寄满江红。公元一九三六年郁达夫题。公元一九七八年冬补镌，沈觐寿书。

镌戚公祠醉石亭侧，坐西向东。摩崖高205厘米，宽103厘米。楷书，字径9厘米，款字径7厘米，纵7行。

4. 吉祥如意。于右任。

镌九仙观东南侧，坐北朝南。摩崖高390厘米，宽170厘米。行草书，字径83×87厘米，2行。未署年月，似新仿刻。

5. 狮子岩。朱棠溪。

镌狮子岩，坐北朝南。摩崖高170厘米，宽60厘米。楷书，字径45厘米。

6. 幽兰谷。沈觐寿书。

镌兰花圃内悬岩上，坐东北向西南。楷书，字径50厘米，款字径13厘米。横纵各1行。

7. 还山于民，福泽千秋。喜看于山展新姿，袁启彤题，一九九九年。

镌狮子岩。坐西北，朝东南。摩崖高170厘米，宽110厘米。行书，字径25厘米。

疑　刻

1. 平远台。

镌戚公祠西南，坐东北朝西南。摩崖高128厘米，宽60厘米。行书，字径23×26厘米。疑宋刻。

2. □□□□□疏雨桂殿秋三五□□□□□高寒补山深处□□□□□王□□□□□□□□□月冰妃不是太□无情，留□□年今夜十分明。癸丑中秋□□邀□□□心舒□□行客□□□□□□□□□□方大年□□□□□□□□□奏雅□□□□□□□□崖□□心□□□□山郑应明宁廷瑞。

镌平远台侧，坐东北朝西南。摩崖高100厘米，宽90厘米。楷书，字径8厘米。清郭柏苍《竹间十日话》卷三云："李公绶、方大年、郑应明等补山题词一百二十二字。正书二寸半。词称"补山深处"，称"癸丑中秋"，不署年号，疑绍兴三年也。"

3. 小华峰。

镌鳌顶峰，坐东北朝西南。摩崖高115厘米，宽34厘米。行书，字径30厘米。

4. 辛巳□□□□□□□□□□巨灵……

镌鳌顶峰"小华峰"左侧，坐东北朝西南。摩崖高100厘米，宽60厘米。楷书，字径约5厘米。是刻除了"辛巳"和"巨灵"4字尚存外，其余已漫漶，不可辨。疑为宋刻。

5. 德瑞。

镌鳌顶峰"小华峰"上正中。摩崖高24厘米，宽18厘米。隶书，字径10×15厘米。是刻不见著录，疑为宋刻。

6. □□□□□□□□□□□□山势不同分□□□□□□□□□□□塔僧□□□□□□

镌鳌顶峰右侧，坐东南朝西北。摩崖高88厘米，宽67厘米。楷书，字径5厘米。是刻未见著录，字多漫漶。疑为宋刻。

7. □□□□□□□□□□□□□□□□□□□□□□□□□□□□□□□□□□□□□□□里九仙山□访□□□□□□□□□□□□书九仙山□□

镌护国院东玉蝉峰，摩崖甚高，无法辨认，且未见著录。

8. 一山平地涌楼观□嵯峨城郭人□□□□□□水多石□□□□金□谶□□□□九仙起□□□歌□□□□□□□□□□□□□□□

镌九仙观山门西崖，坐西南朝东北。摩崖高124厘米，宽124厘米。草书，字径12厘米。

9. 舒啸台。

镌九仙观前西崖巅，坐西南朝东北。摩崖高138厘米，宽48厘米。楷书，字径30厘米。是刻未见著录，且无署款，据其旁残刻，知为明成化二十三年（1487）镇守福建太监陈道所书。

10. 登读书台。□□声断□□□□□□□□□□□□□□□□□鳌峰□说□□□□□□□□□□□□□□□□□□□□□□□□□总镇尚达斋□□余同登台感而赋。新喻□□□□书。

镌鳌顶峰“状元峰”榜书右，坐东北朝西南。摩崖高116厘米，宽85厘米。字径8厘米。

11. 状元峰。天游山人书。

镌鳌顶峰，坐东北朝西南。摩崖高300厘米，宽144厘米。楷书，字径120×100厘米，款字径17厘米。署“天游山人”，疑为明嘉靖间举人杨应韶，字邦彦，自号天游山人。

12. 蓬莱峰。

镌野意亭前，坐北朝南。摩崖高300厘米，宽100厘米。行书，字径64×92厘米。

13. 壁立干霄。晋江陈继光书。

镌鳌顶峰坠石上，岩断而横卧地上。摩崖高220厘米，宽88厘米。楷书，字径36×52厘米。

14. 仰止。

镌鳌顶峰下，坐东朝西。摩崖高40厘米，宽90厘米。楷书，字径38×33厘米。

“仰止”榜书

15. 云梯。□□□□吉朔，西□□□。

镌鳌顶峰侧，坐西朝东。摩崖高80厘米，宽160厘米。行书，字径69×53厘米。款字漫漶不可辨。

16. 罗山。

镌法海寺后石岩上，坐南朝北。摩崖高200厘米，宽80厘米。楷书，字径76

×65 厘米。

17. 醉石。

镌戚公祠右崖壁上，坐东朝西。摩崖高 77 厘米，宽 148 厘米。行书，字径 65×55 厘米。

18. 总督李公记。

镌于山大士殿男相观音座后，坐南朝北。摩崖高 79 厘米，宽 19 厘米。楷书，字径 17 厘米。《于山摩崖石刻录》云："'总督李公'当为李率泰也。疑为清刻。"

19. 寺占鳌峰第一巅，化城门额劈空镌。楼虚夜白千家月，树荫晨青万井烟。雉堞曲穿山下径，云霞飞渡槛前天。岩阿更解幽人意，石上洋洋似泌泉。涂登贤题。

镌化城寺后，坐南朝北。摩崖高 190 厘米，宽 176 厘米。行书。化城寺建于清康熙间，此刻应在其后。

20. 俨然化城。许侗镌。

镌化城寺后，坐西朝东。摩崖高 158 厘米，宽 62 厘米。楷书，字径 35×37 厘米。

21. 护国禅院。

镌护国禅院文昌阁前崖壁上，坐东朝西。摩崖高 150 厘米，宽 90 厘米。楷书，字径 28 厘米。

22. 一泓。

镌于鳌峰坊东，迟清亭故址，坐西南朝东北。摩崖高 29 厘米，宽 59 厘米。楷书，字径 19 厘米。

23. 游九仙山。平远高岩此日攀，仙人旧址翠微间。六鳌海上随潮到，九鲤湖中泛月还。金粟台荒秋露冷，紫霞宫废暮云闲。历朝多少兴衰感，惟有青山不改颜。魏杰。

镌九仙观山门口西崖，坐西北朝东南。摩崖高 139 厘米，宽 74 厘米。楷书，字径 8×7 厘米。魏杰，清道光间人，此刻当为咸丰年镌。

24. 松石书隐。潘山斋为林秋圃书。

镌九仙观山门口西崖，坐西朝东。摩崖高 132 厘米，宽 70 厘米。楷书，字径 27×29 厘米，款字径 11 厘米。

25. 八一玄阶。正一堂敬刊，□□廖□敬书。

镌化城寺石级旁，坐西南朝东北。摩崖高 144 厘米，宽 71 厘米。草书，字径 29 厘米，款字径 6 厘米。

26. 老莫辞劳。丛山题。

镌九仙观山门西崖下，坐西北朝东南。摩崖高 64 厘米，宽 135 厘米。隶书，字径 13×19 厘米。

27. 南无金光佛。普陀岩悟静尊者，唐法鼎拜叩。

镌九仙观山门西，舒啸台南兰花圃内，坐西北朝东南。摩崖高 366 厘米，宽 90 厘米。楷书，字径 53×63 厘米，款字径 8 厘米。

28. 佛。

镌九仙观西百余步岩石，今兰花圃内，坐西北朝东南。摩崖高 100 厘米，宽 50 厘米。行书，字径 107×66 厘米。

“佛”字榜书

29. 天然几。

镌戚公祠餐厅前，坐南朝北。摩崖高 20 厘米，宽 59 厘米。楷书，字径 8 厘米。疑为民国时刻。

30. 奉劝。读好书，敬好人，说好话，行好事。将来必是好人，上天定有好报。

镌九仙观山门西，坐西南朝东北。摩崖高 162 厘米，宽 122 厘米。楷书，字径 15 厘米。疑为民国时刻。

31. 万恶淫为首，百行孝居先。

镌九仙观西，坐西南朝东北。摩崖高 146 厘米，宽 83 厘米。楷书，字径 18×15 厘米。疑为民国时刻。

32. 奉劝敬惜字纸，戒杀，放生。

镌九仙观山门西，坐西北朝东南。摩崖高 102 厘米，宽 82 厘米。楷书。疑为民国时刻。

33. 上山进香，惟善为宝。

镌九仙观路旁，坐北朝南。摩崖高 90 厘米，宽 132 厘米。楷书，字径 32 厘米。疑为民国时刻。

34. 人在世间原有数，静心修德可安康。

镌鳌顶峰后罗计殿东北路旁崖上，坐东朝西。摩崖高 120 厘米，宽 46 厘米。楷书，字径 13 厘米。疑为民国时刻。

35. 欲高门第须为善，儿孙识字在读书。百事莫如读书好，千金难买子孙贤。陈厝陈德安。

镌九仙观路旁，坐北朝南。摩崖高 123 厘米，宽 117 厘米。楷书，字径 17 厘米，款字径 15 厘米。刻者署陈厝，疑今闽侯县南屿镇陈厝村人。

36. 心望于山登仙界，蒙天庇佑众民安。陈德安。

镌鳌顶峰后罗计殿东北路旁，坐东朝西。摩崖高 92 厘米，宽 48 厘米。楷书，字径 16 厘米，款字径 9 厘米。疑为民国后刻。

37. 国魂。丘国珍。

镌戚公祠前西南侧，坐西南朝东北。摩崖高 115 厘米，宽 75 厘米。字径 45×52 厘米，款字径 10 厘米。丘国珍，广东人，十九路军将领。当为民国二十二年（1933）镌刻。

38. 剿倭先进。翁照垣敬题。

镌戚公祠餐厅前，坐北朝南。摩崖高 49 厘米，宽 123 厘米；字径 25 厘米，款字径 7 厘米。翁熙垣，广东人，十九路军将领，时任福州城防司令。当为民国二十二年（1933）前后镌刻。

39. 余子九人在本山修道，丹成前往云游留胜迹。何侯书。

镌鳌顶峰下，“平远台”榜书左，坐南朝北。摩崖高 125 厘米，宽 60 厘米。楷书，字径 10 厘米。署九仙之父何侯书，未见于著录。

40. 于山□云际，俯瞰□局棋。河土皆残□，今岂无□□。

镌鳌顶峰。摩崖高宽皆 90 厘米。草书，纵 4 行。

榕 棚

41. 榕棚。

镌九仙观西侧，坐东北朝西南。摩崖高 58 厘米，宽 32 厘米。楷书，字径 28 厘米。

42. 天上如来……君……

镌舒啸台上端，坐东朝西。摩崖高 50 厘米，宽 45 厘米。楷书。

43. 四省沦亡，空前耻辱。嗟我国人，何时湔雪。

镌山戚公祠前东侧，坐北朝南。摩崖高 155 厘米，宽 50 厘米。楷书，字径 17 厘米，纵 2 行。按：相传为抗日战争时期，陈衍等 14 人在戚公祠祭祀时刻。

无名氏题刻

44. 魁石。怪石来鲸海，风霜纪岁寒。魁石余锡□□□……

魁 石

镌戚公祠东南侧。摩崖高 90 厘

米，宽60厘米。隶书，字径30×25厘米；左右跋字径高7厘米，宽6厘米。

玉台径

45. 玉台径。

位于原迟清亭遗址，今高士其故居小花园内，坐东朝西。摩崖高130厘米，宽80厘米。楷书。

46. 仙掌。

仙 掌

位于今高士其故居小花园内，坐东朝西，石形似仙人掌。摩崖高90厘米，宽70厘米。楷书。

47. 寿。于山实福州城中心，以九仙炼丹、闽王求长生而名扬遐迩，自古有“福寿山”之谓也。戊寅年重修于山记。

戊寅是1998年，镌炼丹井东南侧，坐东南朝西北。摩崖高274厘米，宽180厘米。草书，字径250×100厘米。

48. 万象亭。

1963年镌平远台左，万岁寺至戚公祠之间，坐东北朝西南。摩崖高115厘米，宽47厘米。楷书，字径34×30厘米。

49. 九仙洞。

镌九仙洞上。隶书，字径50厘米，横1行。似章友芝所书。

50. 榕寿岩。

镌补山精舍西侧。摩崖高46厘米，宽130厘米，隶书，字径35×30厘米。

51. 五老冈。

镌戚公祠前南面。摩崖高35厘米，宽80厘米。行书，字径21×17厘米。

52. 城乡如画，共存千古。

镌狮子岩，坐西向东。行书，字径18×9厘米，横2行。

53. 祥云瑞气。

九仙观山门下东南侧（今老人活动中心对侧）。摩崖高200厘米，宽170厘米。行书，字径68×42厘米，纵2行。

54. 道。

镌九仙观东南侧。摩崖高95厘米，宽80厘米。草书，字径50×40厘米。

55. 福。丙戌立。

镌金粟台下端，坐南朝北。楷书，字径25×40厘米，字迹漫漶。

56. 于山风景区。

镌于山九仙观东南山门，坐西北朝东南。摩崖高125厘米，宽55厘米。字径30×40厘米。

佚　　刻

1. 黄处中邀柳宽夫、谢成彦、邓纯彦、黄尧臣、郑尚明并弟武子。宣和乙巳腊月初浣。

清冯登府《闽中金石志》卷八云："按题名在于山，正书。"

2. 喜雨台。

乾隆《福州府志·碑碣》云："喜雨台，楷书，镌九仙山。"

3. 登瀛。正德十四年四月，南涧叟林廷玉书。

正书，正文三尺，旁款四寸。见清郭柏苍《竹间十日话》卷三。

4. 古杏坛边石，奇哉一画屏。昔人曾此醉，吾可独为醒。山阴何诏书。

正书，二寸。见清郭柏苍《竹间十日话》卷三。

5. 万井云屯丽（谢廷瑞），三山鼎峙雄（何继周）。径开崖宛转（姚柔），亭傍石巃嵷（林通）。授简哦烟壁（□□□），凭栏送晚鸿（林□□）。虎头呈巇翠（林廷□），鳌背撼潮风（郑□）。莲嶂奇当北（林文琛），龙江曲抱东（林□）。松阴仙洞黑（刘世扬），半天拂灯红（林春泽）。谷邃猿声悄（王公大），皋寒鹤梦空（谢源）。醉归斜斗柄（□□□），拱极壮心同（林庭□）。嘉靖三年□月。

正书，正文五寸，旁款二寸。见清郭柏苍《竹间十日话》卷三。

6. 嘉靖壬辰夏，巡按监察御史东崖虞守愚、枳田蒋诏楷，乡士大夫东冈杨叔器、雪溪戴亢、平嵩刘世扬、文溪高世魁、骝山陈襄、方岩郭波、榕江林炫，地主活水谢源同游题名。

正书，四寸。见清郭柏苍《竹间十日话》卷三。

7. 禹碑。

清陈学夔《榕城景物录》云："向在衡山岣嵝峰上。明嘉靖中，御史李元阳摹刻于九仙山之南。书文皆蝌蚪状，苍古难辨。"

8. 渴石。渴石怜予命渴名，渴心渴石两无形。从兹渴得应消渴，留渴人来解渴情。

隶书，诗题字径一尺三寸，诗文四寸。见清郭柏苍《竹间十日话》卷三。

9. 此地异雪□……东源舒□□书。

镌平远台东，行书，字径二寸半。五绝一首。见清郭柏苍《竹间十日话》卷三。

10. 鹏海天风。

镌九仙山巅，楷书。见乾隆《福州府志》、清陈庚焕《惕园初稿》、民国《闽侯县志》等。

11. 物色开玄圃，风云护石屏。归来闲徙倚，宜醉复宜醒。

陈锡行书，二寸。见清郭柏苍《竹间十日话》卷三。

12. 香坛。总督李率泰题。

见乾隆《福建通志》。

13. 殿阁香缘。

镌护国禅院文昌阁。见郑丽生《于山摩崖石刻录》。

14. 登平远台。高台远眺白云天，树色江声对浩然。四野桑麻依雁序，九衢第宅绕歌弦。升平帝□垂无斁，□代师贞屡有年。六载征东逢此日，登临作赋感前贤。康熙壬戌秋辰，韩金定一氏题。

草书，字径二寸半。见清郭柏苍《竹间十日话》卷三。

15. 徐向联吟五十六字。

见清郭柏苍《竹间十日话》卷三。

16. 十三年夏六月，宋人王问化、石友斋艺桃梅十五本。

行书，四寸。“十三年”上当有年号。见清郭柏苍《竹间十日话》卷三。

17. 怪石旁幽亭诗二十字。

清郭柏苍《竹间十日话》卷三云：“行书，五寸半。山王□□。”未录原诗。

18. 神游。

行书，二尺。曾扬芳书。见清郭柏苍《竹间十日话》卷三。

19. 仙石。

正书，一尺。见清郭柏苍《竹间十日话》卷三。

20. 露泉。

行书，一尺五寸。见清郭柏苍《竹间十日话》卷三。

21. 鹤坡。

正书，九寸。见清郭柏苍《竹间十日话》卷三。

22. 仙屏。

镌平远台东，正书，一尺五寸。见清郭柏苍《竹间十日话》卷三。

23. 谦山。

镌鳌峰书院交翠亭边石上，草书。民国《福建通志·金石志》、民国《闽侯县志》：“在鳌峰书院。”

24. 仙井。

在鳌峰书院，仙井之石栏，不书姓名。见乾隆《福建续志》。

25. 六鳌说。

见清林枫《榕城考古略》。

碑

1. 屠隆《晋安中兴罗山法海寺碑》。

万历癸卯（1603）镌，今立法海寺内弘法楼前，坐北朝南。碑高 303 厘米，宽 93 厘米。楷书，纵 18 行。

2. 谢肇淛《重建罗山法海禅寺碑铭》。

万历壬子（1612）镌，今立法海寺内弘法楼前，坐北朝南。碑高 203 厘米，宽 83 厘米。楷书，额篆书，纵 16 行。

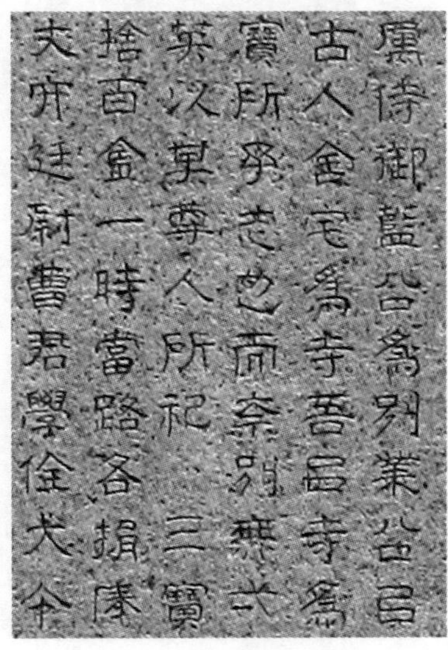

晋安中兴罗山法海寺碑（局部）

重建罗山法海禅寺碑铭（局部）

3. 孟超然《重修报恩定光塔记》。

乾隆三十八年（1773）镌，今立万岁塔南门，坐北朝南。碑高 207 厘米，宽 82 厘米。楷书，纵 16 行。

4.《御赐观音大士出山图碑》。

乾隆四十四年（1779）镌，今立大士殿内，坐北朝南。碑高 350 厘米，宽 150 厘米。

5. 闽县《禁示碑》。

乾隆五十四年（1789 年）镌，今立法海寺内弘法楼前，坐北朝南。碑高 113 厘米，宽 63 厘米。楷书，纵 12 行。

6. 闽县正堂隆示，仰城厢内外军民人等知悉：不知仍在于山私挖黄土，该寺僧亦不得仍前容隐滋弊，倘敢故违，一并拿送赴县严究，各□□遵毋违，特示。道光六年三月□□日立石。

道光六年（1826）立，今仍立古莲寺正门，坐北朝南。碑高 165 厘米，宽 62 厘米；座宽 100 厘米，高 35 厘米；楷书，纵 6 行。

7. 魏敬中《重建万岁寺香灯田记》。

道光二十一年（1841）镌，今在万岁寺内。碑高 136 厘米，宽 74 厘米。楷书，纵 14 行。

8. 高福康《重建罗山法海寺碑记》。

光绪十二年（1886）镌，今立法海寺内弘法楼前，坐北朝南。碑高 238 厘米，宽 83 厘米。楷书，纵 13 行。

重建罗山法海寺碑记（局部）

重修罗山法海寺碑（局部）

9. 陈宏安《重修大士殿碑》。

宣统二年（1910）镌，立大士殿内，坐北朝南。碑高 63 厘米，宽 113 厘米。楷书。

10. 于山戚公祠。经本委于一九六一年九月公布为第一批市级文物保护单位。福州市人民委员会，一九六三年十二月五日。

立于戚公祠东侧。碑高 144 厘米，宽 64 厘米；座高 50 厘米，宽 84 厘米。

11. 杨贡南《重修罗山法海寺碑》。

1986年镌，今立法海寺内弘法楼前，坐北朝南。碑高237厘米，宽80厘米。楷书，纵14行。

12. 金粟台。经本委于一九六一年九月公布为第一批市级文物保护单位。福州市人民委员会、福州市人民政府一九八七年三月立。

碑阴：金粟台为宋福州郡守元绛题刻，时台旁定光塔中有闽王王审知塑祀的金粟如来佛像，故名。元绛侄元积中复任福州郡守，绘刻金粟佛像于台侧。现存五段宋刻，以音乐家陈旸、词人张元幹、郡人张劢等所题为著。

13. 炼丹井。

镌炼丹井旁，坐东朝西。碑高156厘米，宽69厘米；座高84厘米，宽104厘米。隶书，纵1行。似章友芝书。

14. 定光塔。经本委于一九六一年九月公布为第一批市级文物保护单位。福州市人民委员会，福州市人民政府一九八七年五月立。

15. 报恩定光多宝塔。福建省第三批省级文物保护单位。福建省人民政府一九九一年三月二十日公布。

碑阴：报恩定光多宝塔，为砖木结构，高41米，外表粉刷白灰，俗称“白塔”。初建于唐天祐二年（905），本为砖轴七层楼阁式木塔。明嘉靖十三年（1534）遭雷击焚毁。二十七年（1548）重建。白塔寺为附属文物。

16. 于山碑廊。

二十世纪八十年代，经有关部门努力，把流散市内的19方古碑，集中于三清殿东西廊，人称“于山碑廊”。其中有宋蔡襄撰《刘蒙伯墓碣》、南宋“石敢当”、明张经撰《福州府四学新立学田记》碑、清林则徐撰《刘家镇墓志铭》等（详见一览表）。

三清殿“于山碑廊”

于山碑廊一览表

单位：厘米

安置地点	碑碣名称	立碑年代	撰书作者	规 格 (cm)	备注
三清殿右 1	刘蒙伯墓碣文	宋嘉祐六年（1059）四月十九日	蔡襄撰并书	180×91	
右 2	福州府四学新立学田记	明嘉靖二十七年（1548）春三月	张经撰文，龚用卿篆额，杨一谟书丹	226×100	
右 3	重建珠妈祖庙碑记	清嘉庆二十四年（1819）冬	袁载荣、张道平等立	263×85	
右 4	安澜会馆碑记	清嘉庆十年（1805）六月	费淳（大学士、吏部尚书）撰文	273×106	
右 5	圣旨碑	未署年代	翰林院编修郑叔忱书丹	352×84	
右 6	满文碑	不详		约 352×84	
右 7	重修江南桥记	清光绪二十七年（1901）冬十月	海防同知吕渭英撰，知县孙诒泽书	190×67	
右 8	河口万寿桥记	清康熙九年十月廿三（1670）	鼓山住持释道霈记，王逸书	193×98	未竖立
右 9	协庆常莲社	民国三十四年（1945）孟冬		150×60	
右 10	万□光风霁月亭记	明成化十六年（1480）		170×93	
三清殿左 1	真神堂（美国牧师创）	清宣统二年（1910）九月	循环司钟德民志	226×63	
左 2	重修常公祠记	明正德元年（1506）春三月	福建布政使孙志麟立石	167×93	
左 3	重建严氏宗祠碑记	清乾隆三十三年（1768）季秋	严氏合族立	224×66	
左 4	石敢当碑	南宋		105×49	
左 5	明质庵先生袁公墓志铭	明弘治八年（1495）元月十四日	叶亨撰，王俊篆额，许天锡书丹	66×43	
左 6	重修育婴堂记	清嘉庆二十年（1815）春	侯官知县郑佐廷撰，并勒石	48×87	
左 7	南湖郑氏祭田记	清道光七年（1827）秋八月	林则徐撰并书	39×59	

续表

安置地点	碑碣名称	立碑年代	撰书作者	规　格（cm）	备注
左 8	皇清敕授文林郎南安县学训导墓志铭	清道光二十七年（1847）	男齐昂勒石	104×59	
左 9	勅封库王碑记	清乾隆四十年（1775）	郑荣（凛莲）立	212×88	
左 10	关帝圣像	清雍正二年（1724）二月	总督满保、巡抚黄国材立	250×145	

第七章　历史人物

编志者必传人物。于山虽一小丘，然位列榕城三山之一，周遭民居特盛，钟灵毓秀，代出人杰，时栖骚客。官宦文人，公暇游观，兴至则赋诗题刻。为纪其迹，传此人物，以资考证。

汉

驺无诸　一名无诸，越王勾践十三世孙，封闽越王。秦始皇时废为君长。楚汉战争中，率兵助汉有功，汉高祖五年（前202）复立为闽越王，治闽中故地。在任时，筑冶城建都，与汉廷保持良好关系。兴冶炼，推广铁器，发展生产，百姓安居乐业。相传，九月九日曾召群臣来于山宴集，故于山又名“九日山”。因有功于闽，后人建祠祀之。

五　代

黄　滔（840—911）　字文江，莆田人。乾宁二年（895）进士。曾官监察御史里行、威武军节度推官。王审知主闽，得其规正。工诗，善文，闽中碑碣多出其手。《大唐福州报恩定光多宝塔碑记》为其所撰。著有《黄御史集》。

王审知（862—925）　字信通，光州固始（今河南固始）人。中和元年（881），随兄王潮从王绪起兵，南下入闽。王潮任福建观察使，王审知为副。潮卒，继任威武军节度使、福建观察使，后加平章事，封琅琊郡王。天祐元年（904），在于山西麓创建报恩定光多宝塔和万岁寺。唐亡，后梁立，开平三年，授中书令、福州大都督长史，四年封为闽王。后唐同光二年（924）加检校太师。治闽期间，筑罗城、夹城，铸铁钱，兴修水利，开港招商，招贤兴学，广修庙宇。卒，谥“忠懿”。

宋

吕文仲（? —1007）　字子藏，歙州新安人。南唐进士，入宋历少府监丞，预修《太平御览》《太平广记》。迁著作佐郎，曾出使高丽。巡抚福建时，于淳化元年（990）五月，与卫克明、李昭禹、元仁辅、王之问等同游于山，题名镌于鳌顶峰巅。后迁工部侍郎，充翰林侍读学士，改刑部侍郎、充集贤院学士等。

史　温　大中祥符间，知闽清县。有题刻在于山狮子岩高崖上。

王　逵（992—1072）　字希之，濮阳（今属河南）人。天禧三年（1019）进士，以秘书省校书郎知万年，历知处州、扬州、洪州，累迁工部郎中，淮南转运使、加直龙阁知兖州等。又官刑部郎中，庆历二年（1042）以祠部员外郎知福州。有《游鳌顶峰》诗。

李上交　河北赞皇县人，寓钟陵。皇祐二年（1050），以职方员外郎知福州。翌年游于山，赋诗题刻，镌鳌顶峰，至今犹存。著有《近事会元》等。

程师孟（1009—1086）　字公辟，江苏吴县（今苏州）人。景祐元年（1034）进士甲科。熙宁元年（1068）九月，以光禄卿直昭文馆大学士知福州。修鼓楼，设置铜壶滴漏以报时，建道山亭等，治行为东南之最。同年冬，与陈襄、沈绅、湛俞、刘彝、杜该、马益等游于山，题名于鳌顶峰。相传曾评定于山二十四奇。后累知广州、越州，以光禄大夫致仕。

李　觏（1009—1059）　字泰伯，建昌军南城（今江西南城）人。皇祐初，举茂才高等，任太学助教，嘉祐中改太学说书。有《题野意亭》诗。

蔡　襄（1012—1067）　字君谟，自号莆阳居士，仙游人。天圣八年（1030）进士。授漳州军事判官，迁河南洛阳西京留守推官，入为著作佐郎。庆历五年（1045）四月，以右正言直史馆出知福州。七年（1047），改福建转运使。至和元年（1054），迁龙图阁直学士知开封府。二年，知泉州，建洛阳桥。嘉祐元年（1056）八月，以枢密直学士、礼部郎中再知福州。三年改知泉州。官至端明殿学士，出知杭州。病卒于家。加赠少师，谥“忠惠”。为人忠厚正直，讲究信义，学识渊博。善书法，为“宋四家”之一。有《四彻亭》诗。著有《荔枝谱》《茶录》等。

湛　俞　字仲谟，闽县（今福州）人。宝元元年（1038）进士，曾官福州路转运判官。熙宁二年（1069），游于山九仙丹井台胜迹，与张徽、程师孟题名于鳌顶峰。年五十致仕，隐居不出。著有《湛郎中集》。

刘　彝（1017－1086）　字执中，闽县（今福州）人。庆历六年（1046）进士，曾知虔州（今江西赣州）。熙宁元年（1068），与程师孟等题名于鳌顶峰。著有《明善集》《居阳集》，已佚。

黄　裳（1043－1129年）　字众仲，号紫玄翁。南剑州（今福建南平）人。元丰五年（1082）状元。政和三年（1113），以龙图阁直学士、中大夫两度知福州，曾为于山九仙观创楼阁，撰《三清殿上梁文》。并命工刊刻《政和万寿道藏》，进呈京师。官至端明殿学士、礼部尚书。精礼学，喜读道家玄秘之书。著有《演山集》。

许敦仁　福建仙游人。元丰八年（1085）进士。有《三山阁》诗。

乔世材　字叔彦。崇宁五年（1106），与叶棣等金粟台题名刻石。

朱炳文　字叔虎。崇宁五年（1106），与叶棣等同游金粟台，题名刻石。

朱　英　字知朩。宋崇宁五年（1106），提举福州举事，与叶棣等同游金粟台，题名刻石。

吴　与　字可权，漳浦人。元丰五年（1082）进士。政和三年（1113），知怀安县。同陈旸游金粟台题名刻石。

郑　昂　字尚明，侯官（今福州）人。政和间进士，曾任《九域志》编修官。靖康元年（1126）清明节，同吴表臣集金粟台，题名刻石。

邓　肃　字志宏，沙县人。崇宁间太学生，官至右正言。绍兴二年（1132）正月三十日，与程迈同游金粟台，题名刻石。

胡世将　字承公，晋陵（今江苏常州）人。崇宁间进士，曾任福建转运使。绍兴二年（1132）正月三十日，与程迈同游金粟台，题名留刻。

何大圭　字晋之，广德（今属安徽）人。政和八年（1118）进士，时以左朝奉郎充福建路安抚使司参议官。绍兴十八年（1148），同薛直老等集补山精舍，于平远台侧题名刻石。

陈　旸（1061－1128）　字晋之，闽清人。绍圣元年（1094）举贤良方正能言极谏科，授顺昌军节度推官，后升太学博士，迁秘书省正字、显谟阁待制，提举洞霄宫。精音乐，升为太常丞、礼部侍郎等。政和四年（1114），为于山廓然台题名，并与李子仲、林宪等游于山，题刻金粟台。致仕归，卒，入祀乡贤祠。著有《礼记讲义》《乐书》等。

程　迈（1068－1145）　字进道，黟县（今属安徽）人。元符三年（1100）进士，建炎四年（1130）以朝散大夫、徽猷阁待制知福州，领安抚使。建州范汝为起事，与福建、江西、荆湖宣抚使孟庾、副使韩世忠乞师平定之。绍兴二年（1132）正月三十日，同李易、邓肃、张宇、胡世将等题刻金粟台。同年秋，又与转运判官徐特志、福建文臣提刑刘仲高同访小华峰，登廓然台、野意亭，题名镌野意亭旁。十二年（1142），以显谟阁直学士、中奉大夫再知福州。

郑　滋　字象德，黄陂（今属湖北）人。大观间，任临晋县主簿。绍兴二年（1132）季冬，同吴兴刘峤、太和通判范国正等游九仙山，题名平远台。

吴正仲　字表臣，晚号湛然居士，永嘉（今属浙江）人。大观三年（1109）进士，历监察御史，官至吏部尚书，因反对秦桧议和罢官。起知婺州，提举太平兴国。靖康元年（1126）清明，与新定陆尧夫、侯官郑尚明同游金粟台，题名镌石。

黄处中　名琚，宣和七年（1125）春九日，通判福州军州事时，与侯官郑畋（武子）、郑尚明同游野意亭，题名镌石。

朱敏功　初名功，后改今名，字彦仁，闽县（今福州）人。熙宁三年（1070）进士，累知兴化军。有《一华亭》诗。

张　徽　字伯常，竟陵（今湖北天门）人。熙宁二年（1069）知福州兼转运使时，与程师孟等游九仙丹台胜迹。

江公著　字晦叔，桐庐（今属浙江）人。治平四年（1067）进士，历官提点湖南刑狱、京西转运使。元符三年（1100）任提举常平时，游福州乌石山及九仙山万岁寺，登金粟台，题名刻石。

檀宗旦　字元美，池阳（今河南南阳）人。元符间任福建转运判官，三年（1100）游九仙山万岁寺，登金粟台，题名刻石。大观元年（1107），又以朝散大夫知福州兼提举学事总管。

叶　棣　字彦成，浦城人。熙宁六年（1073）进士，崇宁四年（1105）以朝散大夫知福州，次年人日与乔叔彦、章叔虎、朱知赤同游金粟台，题名刻石。

徐师仁　字从圣，莆田人。大观二年（1108）进士，官泉州司户参军，召为校书郎，迁著作郎。有《九仙山》诗。

张　宇　字泰定，晋陵（今安徽灵璧）人。大观间进士，任福建转运使时，与程迈等游于山，题名刻石。

韩世忠　字良臣，延安（今属陕西）人。宣和中，以偏将从王渊讨方腊有功。高宗即位，授平寇左将军。苗傅、刘正彦反叛，发所部兵追擒之。高宗手书“忠勇”二字，揭旗以赐，使守镇江。金兀术分道渡江，世忠俟其归，邀击之，以八千众与金师十万相持四十八日，兀术绝江遁去。后授京东淮东路宣抚处置使，置司楚州十余载，兵仅三万而金兵不敢犯。因疏秦桧误国，罢为醴泉观使，自此杜门不出。岳飞冤狱，世忠独诘桧曰：“‘莫须有’三字，何以服天下也?”抵排和议，触桧犹多。建炎四年（1130），建州范汝为起事，身任副使，应知州程迈乞师平定有功。后人以戎装画像镌野意亭内。卒后追封蕲王，谥“忠武”。

苏　籀　字仲滋，四川眉山人，苏辙孙。南渡后居婺州，官至监丞。绍兴初，因避乱入福州。游于山，有《次韵洪令毂瑞平远台》诗。撰有《栾城遗言》《双溪集》。

程遵彦　字之邵，鄱阳（今属江西）人。元符元年（1098），任福建提点刑狱文臣提刑。三年，与提举常平江公著等游于山，登金粟台，题名刻石。

吴表臣　字正仲，晚号湛然居士，浙江永嘉人。大观三年（1109）进士，历监察御史，官至吏部尚书。靖康元年（1126），同陆尧夫、郑尚明等游于山金粟台，题名刻石。

李　易　字顺之，江都（今江苏扬州）人。建炎二年（1128）进士，曾为福建、江西、荆湖宣抚使孟庾僚佐。绍兴二年（1132），与程迈等游金粟台，题名刻石。

何谊直　字浩然，湖南长沙人。徽宗时，曾提举常平。政和二年（1112），与走马承受公事张珪等游于山，登金粟台，题名刻石。

陈诚之（1093－1170）　字自明，一作景明，长乐人，寓居闽县（今福州）。少年时家居鳌峰坊，读书于九仙山鳌顶峰。绍兴十二年（1142），登进士第一人，授左承郎，历官秘书省正字、校书郎、秘书郎。绍兴十五年（1145）为祠部员外郎，后以礼部侍郎出知泉州。十九年（1149）四月，以礼部侍郎出使金国。累官至同知枢密事、端明殿学士。卒，谥“文恭”。

陈休斋　名知柔，字体仁，晋江人，后迁永春。绍兴十二年（1142）进士，官安抚司参议。曾在乌石山、鼓山灵源洞等处题名。淳熙三年（1176）游于山平远台，留有题名。

薛　弼　字直老，浙江永嘉人。绍兴十五年（1145）九月，以左朝议大夫、集英殿修撰知福州，因功改知广州，擢敷文阁待制。知福州时，建清闷亭于九仙楼下，修万象亭于燕堂北。绍兴十八年（1148）十月十三日，招游赵表之等于补山精舍，题名平远台侧。

黄　轺　邵武人。绍兴间任福建转运判官，二十八年（1158）游九仙山，有《平远台》诗刻。

刘　淮　字叔通，号溪翁，建州（今福建建阳）人。朱熹弟子。朱称赞其诗云："叔通之诗，不为雕刻纂组之工而平易从容，不费力处乃有余味。"有吟平远台诗。

吴　亮　字君来，三衢（今浙江衢州）人。曾任通判军州事，绍兴三十年（1160），与江公著等游于山九仙万岁寺，登金粟台，题名刻石。

吴　叔　名松年，浙江永嘉人，表臣子。官知南剑州（南平）。隆兴元年（1163），于罗山法海寺留下题刻。

辛弃疾（1140－1207）　原名坦夫，字幼安，号稼轩居士，历城（今山东济南）人。耿京聚兵山东时为掌书记，曾劝京归宋。孝宗时，为大理少卿，出为湖南安抚使，治军有声。绍熙四年（1193），任福建提点刑狱，加集英殿修撰，知福州兼福建安抚使。官至枢密都承旨，未受命卒。平生以气节自负，好为长短句，纵横慷慨，与苏轼并称，世号"苏辛"。所撰《稼轩长短句》中有《西江月·三山作》。

黄　榦（1152－1221）　字直卿，号勉斋。闽县（今福州）人。少颖悟绝人。从学于朱熹，朱熹以仲女嫁榦，馆于紫阳书堂。绍熙三年（1192），朱熹卜居考亭，亦为榦买地结庐，徙其家以居，彼此为邻。庆元六年（1200），朱熹病重，令榦收《礼书》底本，补辑成之。熹卒，榦守丧三年毕，调监嘉兴石门酒库，累官临川、新涂令等。嘉定十年（1217），知安庆府，抗金有功，辟为荆湖制置使参议，因遭同僚所忌，致仕，归福州于山北麓太平辅，居"于麓书屋"，编札著书，讲论经理，学生日众。卒，诏赠朝奉郎，赠文肃。元至正十九年（1359），福州建"勉斋书院"以志纪念。著有《勉斋集》《孝经本旨》等。

李　燔（1163－1232）　字敬子，号弘斋，江西建昌人。绍熙元年

(1190)，历官襄阳府教授、江西运干、潭州通判等职。朱熹弟子。撰有《鳌峰精舍祠堂记》。

潘　牥（1205—1246）　初名公筠，字庭坚，号紫岩，闽县（今福州）人。端平二年（1235）进士。历镇南军节度推官，迁太学正、潭州通判，有《元日登九仙山》诗。

元

何　中（1265—1332）　字太虚，临川（今属江西抚州临川区）人。宋末登进士，至顺间任江西龙兴郡学师。著有《易类象》《书传补遗》等。有《登九仙山》诗。

黄镇成（1286—1351）　字元镇，号存子，邵武人。隐居著书。至顺间，部使者屡荐不就，晚奏授江西儒学提举，命下已卒，谥“贞文处士”。所著《秋声集》，有《重修定光塔铭》。

陈　旅（1288—1343）　字众仲，号荔溪，莆田人。少笃学，荐为闽海儒学官。元统二年（1334），出任浙江儒学副提举。二年后应召入京，任翰林文字官，迁国子监丞，除文林郎。所著《安雅堂集》，有《九仙观》诗。

黄清老（1290—1348）　字子肃，号樵子，幼时徙居福建邵武。泰定四年（1327）进士，官至湖广行省儒学提举。学者称“樵水先生”。所著《樵水集》有《登平远台》诗。

贡师泰（1298—1362）　字泰甫，安徽宣城人。元泰定四年（1327）进士。历任太和州判、翰林待制、监察御史等。以文学知名当时，为元朝“名高一代，文明千古”的显赫人物。有《勉斋书院记》。著有《玩斋集》《东轩集》等。

明

林　鸿　字子羽，福清人。洪武初，以人才荐京师，太祖临轩，试《龙池春晓》《孤雁》二诗，称旨，名动京师。授福建将乐训导，历礼部精膳司员外郎，年未四十自免归。为“闽中十才子”之一。有《春日登平远台》《题九仙观》等诗。著有《鸣盛集》。

王 偁（1370－1415） 字孟敭，号密斋，福建永福（今永泰）人。洪武二十三年（1390）举人，入京师国子监。永乐初，授翰林院检讨，参修《永乐大典》。为“闽中十才子”之一。有《登九仙山》诗。著有《虚舟集》。

王 恭 字安中，自号皆山樵者，闽县（今福州）人。隐居七岩山，为樵夫二十余载。永乐初，荐为翰林待诏，年已六十余，参修《永乐大典》。书成，授翰林典籍。为“闽中十才子”之一。有《暮秋登平远台》《万岁塔》等诗。著有《白云樵唱集》。

陈 辉 字伯炜，一字存庵，闽县（今福州）人。永乐十三年（1415）进士，历官监察御史、贵州按察司佥事，升广西副使。有《陪严都运重游平远台同林文则和严韵》诗。著有《存庵集》。

郑 瑛 字希晦，闽县（今福州）人。永乐十三年（1415）进士，官琼州乐会训导。有《九仙山送卓子余归金华》诗。著有《弦斋集》。

周 玄 字微之，闽县（今福州）人。林鸿弟子，永乐中以文学征拜祠部尚书郎。“闽中十才子”之一。有《九仙山期海上故人不至》《平远台宴集》等诗。著有《宜秋集》。

王 佐 字廷用，怀安（今福州）人。天顺三年（1459）举人，官桐庐教谕。有《游法云寺》诗。著有《三留集》。

周 瑛（1430－1518） 字梁石，学者称翠渠先生，莆田人。成化五年（1469）进士，知广德州，迁南京礼部郎中，官至四川右布政使。有《入九仙观访黄未轩》《读丁郡守所寄诗次韵》诗。著有《翠渠类稿》等。

林 瀚（1434－1519） 字亨大，号泉山，闽县（今福州）人。成化二年（1466）进士，授庶吉士编修，进修撰。十一年（1475），参修《宪宗实录》。正德二年（1507）忤刘瑾，谪浙江左参政，罢归。五年（1510），刘瑾以罪被诛，瀚复官，致仕归。十四年（1519），督舶太监尚春在于山建吸翠亭竣成，被邀同子林庭棉、林庭杓暨孙林炫，纪事于石。另题名多处。著有《泉山集》等。

黄仲昭（1435－1508） 原名潜，号未轩，莆田人。成化二年（1466）进士，改翰林庶吉士，授编修。以《谏元宵烟火诗疏》讽朝廷耽于逸乐，粉饰太平，触怒宪宗，受廷杖，谪湖南湘潭知县，改南京大理寺评事，后升江西提学佥事。成化二十一年（1485），于九仙观东轩修

《八闽通志》。弘治二年（1489）志成，三年刊行。命名舒啸台，有《登九仙观舒啸台》《登九仙观梅崖》等诗。八年（1495），疏请致仕，卒于家。著有《未轩文集》。

林廷选（1450－1526） 字舜举，号竹田，长乐人。成化十七年（1481）进士，授苏州府推官，历官江西右布政使、浙江布政使，官终南京工部尚书。正德十四年（1519），与林翰、林廷玉等登鳌峰胜观亭，题名于石，镌文昌阁左侧。

林廷玉（1455－1530） 字粹夫，晚号南涧翁、烟霞病叟，侯官（今福州）人。成化二十年（1484）进士，官至右佥都御史。正德十四年（1519），与福州府学贡生许天祐、李祐、谢赉于九仙山平远台唱和题名，有《登九仙山》诗。

林 垐 字世增，号青霞，闽县（今福州）人。明成化二十二年（1486）举人，敕封监察御史。与傅汝舟、郑善夫、高瀫、李江等过往甚密。著有《青霞集》。

尚 春 字景元，号达斋，易州（今河北易县）人。本姓鲁，赐姓尚。弘治五年（1492），以都司太监提督福建市舶司，后升福建镇守，在闽多年。正德十四年（1519），在于山建吸翠亭，邀按闽御史周鹓、周震，致仕尚书林瀚及子庭榻、庭杓等题记于野意亭下。另在于山题刻多处。

陈 策 字嘉言，无锡人。弘治六年（1493）进士，正德中官福建布政司参政。有《游平远台》诗。

张 羽（1467－1536） 字凤举，号东田，泰兴人。弘治九年（1496）进士，官至河南左布政使。有《闽中九仙观用李惟正杭世卿二卿长韵二首》。著有《东田遗稿》。

许天锡（1470－1508） 字启衷，号洞江，闽县（今福州）人。弘治六年（1493）进士，授吏科给事中。正德元年（1506）奉使封安南，国王赠金不受，安南为其建“却金亭”。及还，因见刘瑾暴虐加甚，大愤，决心以尸谏。连夜草就弹劾刘瑾疏，知疏奏上必罹祸，乃夜具状，令家人于他死后上奏，遂自缢。瑾诛，嘉靖中诏赐祭葬，恤其家。有《寄炼上人山房石上梅甚奇》诗。著有《黄门稿》《旅途杂咏》。

华 昶 字文光，无锡人。弘治九年（1496）进士，授户科给事中，以论劾程敏政调官太仆，出守韶州，官至福建右布政使。正德十四年

(1519)，与陈策、陈旸等在鳌峰亭题名，镌鳌顶峰西侧。著有《双语集》。

林庭模（1471—1534）　字利正，又字秋江，闽县（今福州）人。弘治十一年（1498）举人，官潮州府同知。有《寄平远台僧百练》诗。著有《秋江集》。

林庭㭿（1472—1541）　字利瞻，闽县（今福州）人，瀚次子。弘治十二年（1499）进士，官至工部尚书。正德十四年（1519），应督舶太监之邀，与庭杓同登平远台，联句二首并书刻石。撰有《小泉录稿》。

郑　鹏　字于汉，一字蒲涧，闽县（今福州）人。弘治十四年（1501）举人，官淮府长史。有《登平远台见亡友许启衷书扁感而赋此》诗。著有《编苕集》。

林春泽（1480—1583）　字德敷，侯官（今福州）人。正德九年（1514）进士，历户部主事，宁州同知，迁员外郎，后升南京吏部郎中，官至程番知府，免归。卒年104岁。有《重九前日过郑继之草堂相携登于山》《登九仙观》等诗。著有《人瑞翁集》《竹窗杂录》等。

郑善夫（1485—1523）　字继之，号少谷，闽县（今福州）人。弘治十八年（1505）进士，奉命纂修《苏松常镇实录》，正德六年（1511）授户部广西司主事。正德十三年（1518）升员外郎，因谏武宗南巡，被杖三十，辞职归里。筑别墅迟清堂于鳌峰坊南，谓“将以俟天下之清也”。常与友人游于山，有《与方质父登于山》《元夕登鳌峰绝顶》《秋日偕闽诸贤士游鳌峰》等诗。嘉靖元年（1522），起用南京吏部郎中，赴任途中得病，卒于家。著有《郑少谷先生全集》。

吴益夫　字惟裕，一字裕甫，闽县（今福州）人，正德二年（1507）举人，武学教授。有《登于山次泽西先生联句韵》。著有《古迂集》。

周　宣（？—1532）　字彦通，莆田人。弘治十八年（1505）进士，授常德推官，累官广东左布政使。有《题福州九仙山白云寺》诗。

方　豪　字思道，开化（今属浙江）人。正德三年（1508）进士，官至湖广副使。嘉靖七年（1528）十二月二十七日，与福建按察副使万安郭持平、萧山知县郭波，冒雨登于山，由九仙观而下，题名于狮子岩护国寺文昌阁前。

周　震　字世亨，江苏昆山人。正德六年（1511）进士，十四年（1519）任清理福建军政监察御史，督舶太监尚春建于山吸翠亭落成，被邀参加，并题刻野意亭下。

罗　籥　正德间太监，任福建镇守时，游九仙山，于蓬莱峰留下诗刻。

林　炫　字贞孚，号榕江，闽县（今福州）人，瀚孙。正德九年（1514）进士，官通政司参议、礼部郎中等。被邀参加吸翠亭落成之典，题石纪事。著有《林榕江先生集》。

周　鹓　字文仪，华亭（今上海松江）人。正德九年（1514）进士，十四年（1519）任按闽御史时，应尚春之邀参加吸翠亭落成之典，题名刻石。

王希旦　字文周，又字勤庵，侯官（今福州）人。正德八年（1513）举人，官礼部郎中。有《鳌顶峰》诗二首。著有《石溪集》。

郭持平　字守衡，万安人。正德十二年（1517）进士，曾任兵部主事、福建按察副使。嘉靖七年（1528）十二月二十七日，与湖广副使方豪、萧山知县郭波冒雨同游于山九仙观，留刻于狮子岩护国寺。

郭　波　字澄卿，闽县（今福州）人。正德十二年（1517）进士，曾任萧山知县。嘉靖七年（1528）十二月，与福建副使郭持平同游九仙观及狮子岩，题名刻石。

廖世昭　字师贤，怀安（今福州）人。正德十二年（1517）进士，知海州，改国子博士，卒于官。有《平远台同年友登眺》《万岁塔登高》等诗。著有《越坡集》。

王凤灵　字应时，一字耕原，莆田人。正德十二年（1517）进士，授刑部主事。出为襄阳知府，历广西参政，以考察罢官。家居，死于倭难。有《送郑少谷归鳌峰次韵》诗。著有《笔峰存稿》。

舒　芬（1484－1527）　字国裳，进贤（今江西南昌）人。正德十二年（1517）进士第一，授修撰，时武宗南巡，上疏极谏，命跪阙下五日，杖三十，谪福建市舶副提举。世宗即位，诏复原官。以母丧归家，卒。万历中谥“文节”，世称“梓溪先生”。有《万岁塔》诗。著有《易问笺》《周礼定本》《成仁遗稿》等。

谢　蕡　字惟盛，闽县（今福州）人。正德十六年（1521）进士，知直隶太平府，赠太常寺少卿。正德己卯（1519）正月十七日，与许天祐、李祐留诗刻于野意亭。

方邦望　字表民，闽县（今福州）人。正德十四年（1519）举人，惠州府推官。有《平远台》诗。撰有《平洲集》。

邵经邦（？—1558）　字仲德，仁和（今浙江杭州）人。正德十六年（1521）进士，官至刑部员外郎，以疏劾张孚敬下狱，谪戍。以讲学自任，尝采古今论学语，发明其旨为《弘道录》，又删掇诸史为《弘简录》，所著诗文则别为《弘艺录》。有《大巡施龙湖、蒋炽田请游平远台》诗。

林　钺　字克相，号平厓，闽县（今福州）人。正德十六年（1521）进士，任浙江道监察御史，巡抚山东，谪夷陵州判，罢归，入文苑。有《夜登鳌顶峰》《定光塔同高傅二弟留题》等诗。著有《平厓诗文集》。

林　烨　字贞华，闽县（今福州）人，庭模子。嘉靖元年（1522）举人，官辽府长史。游于山时，有《万岁寺与定上人清话》诗。著有《雨江渔唱》。

高　瀫（1494—1542）　字宗吕，号石门子，又号霞居子，侯官（今福州）人。嘉靖间布衣，不乐仕进，曾从郑善夫游名山大川。诗与傅汝舟齐名。善画及八分书，亦工诗，时人称“三绝”。有《登定光塔留题绝顶》《迟清亭至日见梅》等诗。著有《石门集》等。

张时彻（1500—1573）　字维静，号东沙，鄞县（今浙江宁波）人。嘉靖二年（1523）进士，曾任福建布政司参政，累官南京兵部尚书，以倭入寇致仕。有《游九仙山》诗。著有《芝园全集》。

龚用卿（1500—1563）　初名相，以字行，一字云冈。怀安（今福州）人。嘉靖五年（1526）廷试第一，授翰林院修撰，历左春坊左谕德，出使朝鲜，官终国子监祭酒。撰《万岁定光塔铭》。著有《云冈集》。

张邦侗　字孺愿，鄞县（今浙江宁波）人。兵部尚书张时彻之子，万历间以父荫授光禄署丞。有《九仙山》诗。著有《张孺愿诗略》。

江以达　字子顺，号午坡，贵溪（今属江西）人。嘉靖五年（1526）进士，官湖广提学副使，廉介方刚，不避权势，居楚数年，为楚藩所拘，削籍。撰有《祷九仙山文》《秋日偕杨比部，陈宪使集平远台》诗。著有《午坡集》。

林　恕　字道近，长乐人。嘉靖八年（1529）进士，曾任都察院经历，雷州知府，云南按察使副使等职。卒年八十岁。有《平远台》《登九仙观》诗。著有《西桥集》。

林　埙　字天宇，闽县（今福州）人。嘉靖十年（1531）举人，曾官桂阳知州、抚州同知，终户部员外郎。有《登平远台》《登万岁塔》诗。著有《野桥集》。

徐　棉（1513—1591）　字子瞻，号少坡，又号相坡居士，闽县（今福州）人，徐熥、徐𤊹之父。嘉靖四十四年（1565）贡生，授江西南安府训导，官至江西永宁县令。年老归里，居九仙山北麓鳌峰坊，建红雨楼，种花植木，聚书课子，藏书万余卷。著有《徐令集》《周易通解》等。

陈　谨（1521—1566）　字德言，闽县（今福州）人。嘉靖三十二年（1553）进士第一，授翰林院修撰，迁惠州府推官，改南京太仆丞，转南京国子司业，迁右春坊中充。居鳌峰坊。著有《环江集》。

黄克晦（1524—1590）　字孔昭，号吾野，惠安人。画学沈周，笔力苍劲，能诗善书，时人称“三绝”。卒后，祀乌石山高贤祠。有《中秋夜九日山》《谒报功祠》诗。著有《北平稿》《楚游集》《吾野诗集》等。

陈元珂　字仲声，又字双山，闽清人。嘉靖十四年（1535）进士，历户部郎中，谪德庆州判，擢南雄府同知。升金华知府，转副使，备兵宁绍，终湖广参政。有《重九后游平远台陟鳌峰绝顶》诗。著有《双山集》。

林懋和　字惟介，闽县（今福州）人。嘉靖二十年（1541）进士，官礼部郎中、湖广按察司副使、河南右布政使、广东左布政使等职。有《万岁塔灾后重修眺览》诗。著有《栎寄集》《双台诗选》等。

赵孔昭　字子潜，号玉泉，邢台玉泉（今属河北）人。嘉靖二十三（1544）进士，官至兵部左侍郎。三十三年（1554）任巡抚福建监察御史时，游于山，题“丹井胜迹”于炼丹井上方。

童　佩（1524—1578）　字子鸣，浙江龙游人。好游名山大川，有《平远台》诗。著有《童子鸣集》。

汪道昆（1525—1593）　字伯玉，婺源（今属江西）人。嘉靖二十六年（1547）进士，官福建巡抚、都御史。撰有《平远台勒功铭》。著有《太函集》。

宗　臣（1525—1560）　字子相，兴化（今属江苏）人。嘉靖二十九年（1550）进士，授刑部主事，次年调吏部考功主事。三十一年（1552）冬，上疏养病归，讲求药饵，游览山海，不问家事，日与二三子吟啸百花洲上。有《登平远台记》。著有《宗子相集》。

林　燫（1528－1584）　字贞恒，闽县（今福州）人。嘉靖二十六年（1547）进士，授检讨，充景恭王讲读官，官至南京礼部尚书。卒谥“文恪”。尝与同僚诗友游于山，有《邹宪长诸公夏日游平远台》《夏日商侍郎御平远台》诗。著有《林学士集》。

戚继光（1528－1587）　字元敬，号南塘，晚号孟绪，登州定远（今山东蓬莱）人。袭父职任登州卫指挥佥事，宁波、绍兴、台州三府参将。嘉靖四十一年（1562）夏，入闽平倭，屡立战功。歼灭宁德、福清、兴化等地倭寇后，十月十七日班师回浙江。经福州时，官绅于于山平远台设宴饯别，巡抚汪道昆撰《平远台勒功碑》纪其功。后人在此建戚公祠。此后，镇守福建及浙江金华、温州二府。万历间，升太子太保，左都督，加封少保。卒谥“武毅”。著有《纪效新书》《止止堂集》等。

王应钟　字懋复，侯官（今福州）人。嘉靖二十年（1541）进士，改庶吉士，历官监察御史、河南提学副使、山东参政等。有《次参知黄时晋秋日登万岁寺》诗。著有《缶音集》。

王应山（1531－1612）　字懋宣，号静轩，侯官（今福州）人。精通六艺百家，以诸生终其身。常游于山，有《于山》《秋日访涵碧亭》《登定光塔》《玉皇阁新成志喜》等诗。著有《闽大记》《闽都记》等。

郑　逑　字世美，闽县（今福州）人。嘉靖二十九年（1550）进士，官至江西参议。性刚介，时权相严嵩夺民溉田湖塘，民诉于郑逑。郑逑命各荷锄以从，群共开掘，顷刻还民。严嵩怒甚，人皆为郑逑危。未几严嵩败，郑逑得无恙。居于山北麓鳌峰坊天开图画楼。

佘　翔　字宗汉，一字升之，号凤台，莆田人。嘉靖三十七年（1558）举人，官安徽全椒知县，与巡抚御使抵牾，拂袖去，放情山水以终。有《饮鳌峰亭》诗。著有《薜荔园诗集》。

欧大任　字桢伯，广东顺德人。嘉靖间以贡生历官国子博士，官终南京工部郎中。工诗，王世贞目为“广五子”之一。曾为于山报功祠撰碑文。著有《虞部集》。

郭汝霖　字时望，号一厓，江西永丰人。嘉靖三十二年（1553）进士，授吏部给事中，上《平倭十事》，奉使册封琉球，官至南京太常卿。入闽游于山，有《游平远台记》。著有《石泉山房》。

秦　淦　字懋清，浙江慈溪人。嘉靖三十二年（1553）进士，曾任闽县、侯官、怀安三县知县。尝游九仙山，与赵孔昭等题名刻石。

张　炜　字德南，闽县（今福州）人。嘉靖三十四年（1555）举人，官南京刑部郎中。万历五年（1577）为“平远台”书刻。著有《江干集》等。

张　焯　字云京，闽县（今福州）人。嘉靖三十五年（1556）进士，官昆山知县。有《登鳌峰寻宋状元陈诚之读书处》诗。著有《藻溪集》。

林　峤　字贞莹，闽县（今福州）人。嘉靖间诸生。有《游万岁寺》诗。

袁　表　字景从，闽县（今福州）人。嘉靖三十七年（1558）举人。万历初，授中书舍人，转户部，官至黎平知府。善书法，诗宗盛唐。与同里马荧编《闽中十子诗》。游于山，有《于山宴集》诗。

王世懋（1536－1588）　字敬美，号损斋道人，太仓（今属江苏）人。嘉靖三十八年（1559）进士。万历十二年（1584）任福建督学副使，转布政司参政，累官太常少卿。善诗文，撰《报功祠记》，有《雨中王叔右伯邀游平远台共赋一首》诗。著有《王奉常集》。

林　烃（1540－1616）　字贞耀，闽县（今福州）人。嘉靖四十一年（1562）进士。历太仆少卿，终南京工部尚书。有《平远台小集呈马用昭》诗。著有《覆瓿草》等。

王乾章　字顺卿，东阳（今属浙江）人。嘉靖四十一年（1562）进士，曾官福建按察司佥事。有《人日平远台燕集》诗。

周仕境　字民晋，闽县（今福州）人。嘉靖四十三年（1564）举人。曾任顺昌教谕，出知蜀之达州。有《平远台九仙观》诗。

陈文烛　字玉叔，湖广沔阳（今属湖北）人。嘉靖四十四年（1565）进士。官中书舍人。有《平远台》诗。

王文旭　字王皋，闽县（今福州）人。嘉靖间布衣。有《秋登平远台燕集》诗。著有《樵父集》等。

林世璧　字天瑞，闽县（今福州）人，林瀚曾孙。嘉靖间诸生。有《九月八日陪晴山叔登平远台》诗。著有《彤云集》。

俞安期　初名策，字公临，更名羡长，吴江（今属江苏）人。徙阳羡，老于金陵。魁颜长身，才气纵横，尝以长律一百韵投王世贞，受嘉许，由是知名。亦工书，以布衣终。有《法云寺夏日坐德云上人房》《平远台观隔城马射》等诗。著有《翏翏集》等。

邵　傅　字梦弼，闽县（今福州）人。隆庆间贡生。曾任王府教授。

有《登定光塔》诗。著有《村巅集》。

田一儁　字德万，大田人。隆庆二年（1568）进士，授编修，历修撰、侍讲。因不满宰相张居正，告归。居正卒，复官，修《大明会典》。官至礼部侍郎，掌翰林院。为官清贫自守，卒赠礼部尚书。有《陪赵九丞夜饮平远台》诗。著有《钟台集》。

屠　隆（1542—1605）　字纬真，一字长卿，鄞县（今浙江宁波）人。万历五年（1577）进士。除颍上知县，后升礼部主事。罢官后卖文为生，纵览关塞。入闽寓居乌石山南麓之半岭园，与名士为诗文之会。游于山，有《八月十六夜平远台看月》诗，撰《晋安中兴罗山法海寺碑》，至今犹存。著有《南游集》等。

郭子章（1543—1618）　字相奎，号青螺，江西泰和人。隆庆五年（1571）进士，曾任福建左布政使，累官贵州巡抚。以功进太子少保、兵部尚书。有《平远台》诗。著有《易解》等。

沈德琛　字献甫，闽县（今福州）人。隆庆间贡生，曾官雩都知县，博洽多闻。有《九仙台怀古》诗。著有《诸子考订》。

林彦弼　字右卿，一字纪善，闽县（今福州）人。隆庆间贡生。游于山，有《一华亭》《元日饮华封堂》诗。

林世吉（1547—1656）　字天迪，闽县（今福州）人，林燫子。万历中官户部郎中。有《游祠山》诗。著有《丛桂堂集》。

曾仕鉴　字人债，南海（今广东佛山）人。万历十二年（1584）举人。官中书舍人、户部主事。有《游平远台》诗。

陈仲溱（1554—1637）　字惟秦，怀安（今福州）人。万历间布衣。游于山，有《集王氏南园》《涵碧亭》《玉皇阁》等诗。著有《陈惟秦诗》。

邓原岳（1555—1604）　字汝高，闽县（今福州）人。万历二十年（1592）进士，授户部主事，官至湖广按察副使，未到任卒。工诗。有《玉皇阁》《同叶进卿太史登万岁寺塔》等诗。著有《西楼集》。

陈价夫（1557—1614）　字伯孺，怀安（今福州）人，陈荐夫兄。万历中诸生，省试不果，遂隐居。居鳌峰坊，好吟咏，工书画。有《登万岁塔》《罗山馆早秋》诗。著有《招隐楼稿》《吴越游草》。

陈邦瞻（1557—1623）　字德远，江西高安人。万历二十六年（1598）进士。历南京大理评事、河南右布政、福建按察使，官至兵部右侍郎。有《春日登平远台志感有徐观察子与诗刻戚大将军纪军石俱剥落不可读》诗。著有《陈氏荷山房诗稿》。

叶向高（1559－1627） 字进卿，号台山，福清人。万历十一年（1583）进士，选庶吉士，累官礼部尚书兼东阁大学士，官至内阁首辅。因与魏忠贤抗争，被魏党指控为东林党魁，两度奏请辞职。归里曾住花园弄芙蓉园，卒谥“文忠”。有《同孙显卿李伯东潘季选邀徐学使同年登平远台得扉字》诗。著有《苍霞草全集》。

陈荐夫（1560－1611） 亦名藻，字行更，又字幼孺，价夫弟。闽县（今福州）人。万历二十二年（1594）举人。善六朝文，工诗。居鳌峰坊，与徐熥、徐𤊹、谢肇淛、邓原岳、安国贤、曹学佺友善，时称“七子”。常游于山寺观，有《重兴圆明院疏》，又《题徐惟扬法云寺书舍》《法海寺重建赠住持悟宗上人》《登玉皇阁》《重过惟和绿玉斋感赋》等诗。著有《水明楼集》。

赵世显 字仁甫，侯官（今福州）人。嘉靖四十三年（1564）举人，万历十一年（1583）进士，官池州推官。常游于山，有《法云寺对月怀蔡使君》《法海寺》《平远台社集和王懋复太史》《月夕同诸子登平远台》等诗。著有《芝园稿》。

徐 熥（1561－1599） 字惟和，号相坡居士，闽县（今福州）人，徐𤊹兄。曾祖徐铿移居福州于山北麓鳌峰坊，父棉建红雨楼，熥建绿玉斋，读书会友其中。明万历十六年（1588）举人，善诗文，撰有《九仙观重建玉皇阁募缘疏》《兴复罗山法海寺募缘疏》《重修安境侯庙募缘疏》等。常游于山，有《登万岁塔》《春日居法云兰若》《登玉皇阁》《与瀚公宿绿玉斋》等诗。著有《幔亭集》。

谢肇淛（1567－1624） 字在杭，长乐人。万历二十年（1592）进士，任湖州推官，屡迁南京刑部主事、工部郎中，补北京屯田司，有善政。谙识乡邦文献，参编《福州府志》《方广岩志》等。常游九仙山诸景，撰有《重建法海寺碑铭》《万岁塔铭》等文，《辛卯元日同汝翔惟和登九仙山过赵道人》《春日登万岁浮屠》《罗山斋中》《六月十五夜过法海寺荔阴坐月分赋》等诗。著有《小草斋集》《五杂组》等。

陈 椿 字汝大，闽县（今福州）人。万历间诸生。常游于山，有《登揽鳌亭》《登万岁浮屠》《游法云寺》等诗。著有《景于楼集》。入祀乌石山真贤祠。

谢汝泮　字滨芹，号三近野人，长乐人。万历间布衣。性廉洁旷达，工诗。游于山，有《鳌石行为郑子任作》《重九酬曾董南》诗。著有《云岛樵言》。

王　湛　字汝存，闽县（今福州）人，万历间岁贡生。博学有伟才，尽通百家之言。有《集法云寺》诗。著有《王生集》等。

车大任　字子仁，号春涵，湖南邵阳人。万历八年（1580）进士，历南丰知县，温州、处州参政。任福州知府，有政绩。游于山，有《九日平远台》诗。著有《萤囊阁正续集》。

陈　衎　（1568－1635）　字盘生，闽县（今福州）人。万历间诸生。入曹学佺阆风楼诗社，有《万岁寺》《法海寺》《陪曹能始先生集徐兴公绿玉斋》等诗。著有《玄冰集》《大江草堂集》。

徐　𤊹（1570－1645）　字惟起，号兴公，闽县（今福州）人。与兄熥居于山北麓红雨楼、绿玉斋，又为长子徐陆构建汗竹巢。后在曹学佺资助下，于仙迹坊建宛羽楼为藏书之所。晚年又建偃曝轩。博学多识，工诗善书，谙熟乡邦文献。撰有《九仙观建阆风堂疏》《重建鳌峰坊募金疏》《重建法海寺募缘疏》《平远台修复园明院疏》等文，又有《中秋夜邀同社诸子集平远台观塔灯》《集罗山》《丙辰五月雨水方天树绿玉斋听雨》等诗。著有《鳌峰集》《红雨楼文集》《笔精》《榕阴新检》等。

陈一元（1573－1642）　字始泰，又字四游，侯官（今福州）人。万历二十九年（1601）进士，知嘉定、南海、四会三县，擢御史、巡抚江西，引疾归。天启初起用，历应天府丞，后被劾落职。有《大中丞熊公平远台报德勒功碑》，又有《秋集平远台时楚孝廉米良崑入社》《避暑九仙观共用开字》等诗。著有《漱石山房集》。

曹学佺（1573－1646）　字能始，一字尊生，号雁泽，又号西峰居士、石仓居士，侯官（今福州）人。万历二十三年（1595）进士，授户部主事，迁南京户部郎中。天启六年，升广西右参议，撰《野史纪略》，直书“梃击案”本末，被魏忠贤党羽劾为“私撰国史，淆乱国章”，削职为民。回乡后，与徐熥、徐𤊹兄弟过往甚密，曾资其建宛羽楼并撰序。有《募缘重修九仙观疏》及《七月朔日徐兴公直社九仙观赋得定光塔兴公诞辰》《法海寺净业堂》等诗。崇祯时，起用广西副使，不就。唐王朱聿键入闽，授太常寺卿，迁礼部侍郎兼侍讲学士，进尚书，加太子太保衔。唐王兵败，于汀州被擒，学佺自缢于福州西峰里宅第。著有《石仓全集》。

邵捷春（1588－1641） 字肇复，侯官（今福州）人，居鳌峰坊。万历四十七年（1619）进士，累迁浙江按察使，因事罢免。崇祯十年（1637），起为四川按察副使，升右参政。十二年（1639）迁右佥都御史，巡抚四川时，奉命围攻陕南、川东和鄂西之张献忠、罗汝才。翌年，张献忠入川。邵捷春因守城不力被革职下狱，逮入京都，遂服毒自杀。有《登九仙山》诗。著有《剑津集》。

郑邦泰 字汝交，福清人。万历四十六年（1618）举人，官郁林知州。尝购万岁寺东南园为别业。著有《木笔堂集》。

林弘衍 字得山，又字守易，闽县（今福州）人。万历间，以荫官户部主事。曾与徐𤊹合纂《雪峰志》。崇祯十六年（1643），同曹学佺及比丘明定等同立铭于万岁塔顶。入祀鼓山五贤祠。

吴 兆 字非熊，江南休宁（今属安徽）人。万历间布衣。曾游金陵，善为传奇词曲，为曹学佺所赏，邀入福州，筑吴客轩以居。卒于广东。有《法海寺》诗。

袁敬烈 字无竞，闽县（今福州）人。万历间布衣，有诗名。有《元日集平远台》诗。

康彦登 字元龙，闽县（今福州）人。万历间布衣，为“福州七才子”之一。长于赋咏，一生坎坷，年三十六岁卒。有《法云寺访僧》诗。

郑 琰 字翰卿，闽县（今福州）人。万历间布衣，好任侠，工诗，闽中词馆诸公争延致之，高文典册，多出其手。在新安时，富人吴生以上客礼之，琰醉后谩骂，为吴所拘捕，死于狱。曾游于山，有《平远台怀古》诗。著有《翰卿诗选》《二陬诗稿》《半生行》等。

张维机 字子发，晋江人。天启五年（1625）进士，官礼部侍郎兼翰林院侍读学士。有《游平远台记》。撰有《清署小草》。

曾异撰（1591－1644） 字弗人，号肺子，原籍晋江，明嘉靖间迁侯官（今福州）。崇祯十二年（1639）举人，善诗文、书法。有《罗山法海寺劝化普渡疏》，又有《夏日同林守一李元仲陈昌箕社集万岁寺陈道掌寓园分七虞韵》诗。著有《纺授堂集》。

林 蕙（1603－1678） 字孟采，又字直哉、宾嘉，侯官（今福州）人。万历间诸生。有《竹醉日周其皇招集平远台眺望》诗。著有《让竹亭集》。

林　垐（1606－1647）　字子野，晚号耻斋，福清籍，居侯官（今福州）。崇祯十六年（1643）进士，授海宁知县。南明隆武时，授吏部文选司员外郎。迨唐王被杀，及鲁王航海至长垣，与林汝翥共攻城，殁于阵。有《重九后一日同林文善方具豪林孔硕上金粟台》诗。著有《居易堂诗集》。

艾逢节　字际泰，松溪人。崇祯末以岁贡生任福州府学训导，迁国子监学录。南明隆武时，辟为国子监司业，辞不仕，隐庐峰终老。有《登白塔》诗。著有《艾际泰诗集》。

高　兆　字云客，号固斋，侯官（今福州）人。崇祯间生员，幼随父求学江左，遭丧乱还乡，居鳌峰坊。为人恬淡宽怀，工诗。有《住罗山慵庵玉禅师传》。著有《春蔼亭杂录》《观石录》等。

邓庆寀　字道协，闽县人，邓原岳之子。天启间国子生。有《同曹能始陈轩伯林异卿集徐兴公绿玉斋因怀惟和先生》诗。著有《还山集》。

林之蕃（1612－1673）　字孔硕，号涵斋，闽县（今福州）人。崇祯十六年（1643）进士，知嘉兴县，不善奉迎，被劾归。善画山水。有《重建九仙观三清殿碑记》。著有《林涵斋集》。

徐延寿（1614－1662）　字存永，闽县（今福州）人。徐㶿次子。才藻丽逸，工诗。承父志，嗜藏书，将藏书楼易名为“鳌峰精舍”，有《同涂子是过于山庵》《绿玉斋偶作》《宛羽楼》《偃曝堂》等诗。康熙元年，携眷入湖南，投靠朋友，病逝于长沙。著有《尺木堂集》。

许　珌（1614－1672）　字天玉，一字铁堂，侯官（今福州）人。崇祯十二年（1639）举人。任甘肃定西知县。有《清明日同孙宪吉薛子燮登金粟台》诗。著有《铁堂诗抄》。

方　沆　莆田人。官江西御史。有《晚秋登平远台》诗。

陈日浴　字子槊，侯官（今福州）人。崇祯间布衣。有《邵园看梅》诗。

李维垣　字薇甫，福州人。崇祯间袭封千户。有《平远台登高》诗。著有《青门集》。

王建中　字懋德，闽县（今福州）人。官博士，草书学陈廉，声价重一时。有《九仙观》诗。

清

黄若庸 字仲丹，闽县（今福州）人。顺治间贡生，官盱眙知县。有《过徐器之宛羽楼》诗。著有《溪行集》《岸园集》。

方 綖 字而声，号如园，顺治间诸生。有《三山九仙观》诗。

黄鹭来（1649—1711） 字叔威，闽县（今福州）人。康熙间诸生，少豪迈不羁，文名冠侪辈，省试不第。与陈梦雷交往甚密。有《集于山草堂》诗。著有《友鸥堂集》。

郭人麟 字嘉瑞，号药村，福清人。康熙二十九年（1690）副榜。工绘画、行草书、诗赋、古文。有《平远台雨中小集》诗。著有《药村集》《药村诗文》等多部。

陈祈广 字汉如，福州人。康熙间诸生。博学能文，有《小雪前一日平远雅集即事》诗。著有《望云楼诗集》。

林 仪 字羽倩，侯官（今福州）人。康熙二十三年（1684）副榜。有《大雪日平远台再集》诗。

查慎行（1650—1727） 初名嗣琏，字夏重，后更今名，浙江海宁人。长于诗，好游山水。康熙四十二年（1703）进士，官翰林院编修。因事罢，家居。五十四年（1715）春，游于山，有《九仙山平远台》诗。著有《敬业堂集》。

张伯行（1652—1725） 字孝先，号恕斋，晚号敬庵，仪封（今河南兰考）人。康熙二十四年（1685）进士，累官江苏巡抚、礼部尚书。历官二十余年，清廉刚直，政绩卓著。其学以程朱为主，及门受学者数千人。康熙四十七年（1708）巡抚福建时，创建鳌峰书院。搜先儒文集刊布为《正谊堂全书》，以教诸生。卒赠太子太保，谥“清恪”。著有《困学录》《续困学录》《正谊堂文集》等。

张 远 字超然，侯官（今福州）人。幼孤苦力学，为避耿精忠叛乱，游常熟，为何氏赘婿。诗文、书翰匠心独运，潇洒旷达，所交皆名士。康熙三十八年（1699）乡试第一，授云南禄丰知县。曾两游于山维摩室，留下诗篇。著有《无闷堂集》。

黄 任（1683—1768） 字于莘，又字莘田，号十砚老人，永福（今福建永泰）人。康熙四十一年（1702）举人，官广东四会县令，兼署高要，为官清廉，被上官诬劾罢官，归居福州光禄坊香草斋，吟咏自遣。有《秋日刘邻初招张雪樵林渭云陈德泉林兴井陈师颜陈勾山谢古梅许石泉集罗山堂话榕城旧胜各赋》诗。著有《秋江集》。

谢道承（1691－1741）　字又绍，号古梅，别署种芋山人，闽县（今福州）人。康熙六十年（1721）进士，授编修。乾隆三年（1738）授太子中允，官至内阁学士兼礼部侍郎，后辞官归里。工诗善书。有《秋日偕同人游九仙观归短述》《七夕法海寺罗山雅集》等诗。著有《汉魏碑刻纪存》《小兰陔诗集》《二梅亭集》等。曾主修《福建通志》。

郭　雍　字仲穆，一字书禅，号约园，福清人。康熙五十一年（1712）举人，工诗。有《九日于山有感》诗。著有《约园诗集》。

三　宝　满洲正红旗人，伊乐根觉罗氏。乾隆四年（1739）进士，官授中书，累官东阁大学士兼礼部尚书。四十四年（1779）任闽浙总督时，祈晴于护国寺，并游鳌顶峰、九仙丹台古迹，留名刻石。

朱敏求　字用巽，邵武人。乾隆六年（1741）举人，官湖南知县。有吟《平远台》诗。著有《南冈集》。

朱　珪　字石君，直隶大兴（今属北京）人。乾隆十三年（1748）进士，曾任福建学政。有《鳌峰书院》诗。

叶观国（1720－1792）　字嘉光，号毅庵，闽县（今福州）人。乾隆十六年（1751）进士，选庶吉士，授编修，先后出典河南、湖北、湖南乡试，任广西、安徽、四川等省学政，官至侍读。乾隆五十四年（1789）以足疾乞归，在乌石山东麓天皇岭第一山鳞次台建别墅，号“双榕书屋”。有《于山三清台》《鳌顶峰》《红雨楼》等诗。著有《绿筠书屋诗抄》《老学斋随笔》等。

李　拔　号峨峰，四川犍为人。乾隆十六年（1751）进士，出任福宁郡时，州府百废待兴。建桥筑三坝，禁停棺，劝农，有政绩，调任时，邑人立“去思碑”以志念。任福州知府时，常游于山，留下“月朗风清”“丹井流香”“登云台”石刻，又有《南教场演武厅铭》等石刻。编纂有《福宁府志》等。

孟超然（1731－1797）　字朝举，号瓶庵，闽县（今福州）人。乾隆二十四年（1759）乡试第一，二十五年进士，选庶吉士，散馆授兵部主事，累迁吏部文选司郎中，典试四川学政。以亲老请归，主讲福州鳌峰书院。有《重修定光塔记》。游于山时又有《九仙山》及《鳌峰书院》

等诗。著有《亦园亭全集》。

郑际唐 字大章，号云门，侯官（今福州）人。乾隆三十四年（1769）进士，授翰林院编修，累官至内阁学士兼礼部侍郎。有《鳌峰鉴亭观浚池二首》诗。著有《须庵诗集》。

郑 杰（1750－1800） 字人杰，又字昌英，侯官（今福州）人。乾隆间贡生，藏书数万卷。有《九日同济其登九仙山》诗。著有《注韩居诗抄》《闽中录》等。

郑振图 字绍侠，又字咸山，侯官（今福州）人。乾隆四十四年（1779）举人，官河北临城知县。工诗，似韩愈、黄庭坚，亦擅编写戏曲。有《邱雨岩瑞云招饮于山大士殿长句奉赠并示陈东村》诗。著有《涵山文集》《观澜阁诗抄》等。

萨玉衡（1758－1822） 字蕙如，号檀河，闽县（今福州）人。乾隆五十一年（1786）举人，官陕西旬阳知县，改知白水、米脂，升榆林知府。有《九仙山》《人日游彤卣山长招饮鳌峰书院》等诗。著有《白华诗抄笺注》《白华楼焚余稿》等。

刘永标 字次北，长乐人。乾隆五十二年（1787）进士。有《八月十五夜与孙而波黄鲁容苏庚麟登于山平远台》《九仙山野意亭寻韩蕲王庙》《九日抱疾鳌峰书舍黄鲁容馈酒食至》《夜坐鉴亭》等诗。著有《盥白斋诗集》。

张经邦 字右贤，号燮轩，闽县（今福州）人。乾隆五十四年（1789）进士，官溧阳知县等职。有《鳌峰》诗八首。

谢士骥 字宏卿，一字汝奇，闽县（今福州）人。乾隆间布衣。善书法，工草书，榜书苍劲，篆刻尤精。有《九仙山秋眺》《秋日登揽鳌亭》《古塔秋灯》等诗。著有《春草堂诗抄》。

杨玉龙 字德瑞，一字松村，乾隆间福州人。有《秋日游于山》诗。

郑文炳 字慕斯，莆田人。乾隆间诸生。有《鳌峰书院赋》。

蔡羹元 字邦调，号和亭。闽县（今福州）人。乾隆二十年（1765）拔贡，官广西马平知县。有《鳌峰书院仙井赋》。

张师诚（1762－1830） 字心友，号兰渚，亦号一西老人，浙江归安（今湖州）人。乾隆五十五年（1790）进士，嘉庆十四年（1809）任福建巡抚，署理闽浙总督。题刻于山九仙观西南。

郑天祥 字家果，又字维确，号芸汀，侯官（今福州）人。嘉庆五年（1800）举人。嘉庆八年（1803）重阳节，与梁章钜等八人游九仙山，并题名刻石。

陈庚焕（1757－1820）　字道献，又字道南、道由，号惕园，长乐籍，久居福州鳌峰坊。嘉庆五年（1800年）贡生。二十一年（1816）选教职，未任。有《平远台不宜终毁议》《九仙山古迹考》《重修鳌峰仙迹社祠记》，又有《九日陪芈洲先生登九仙山》《中秋夕登九仙山》《晓霁登九仙山》等诗。著有《惕园全集》。

陈寿祺（1771－1834）　字恭甫，又字介祥，号左海。闽县（今福州）人。嘉庆四年（1799）进士，历翰林院编修，广东、河南乡试副考官，文渊阁校理，国史馆总纂。嘉庆十六年（1811）后，不复出仕，主泉州清源书院十年。道光二年（1822）起，主鳌峰书院二十余年。著有《重修鳌峰书院并建考棚记》《红雨楼文稿跋》《七塔考》《左海全集》等。

林轩开（？－1825年）　字开钠，一字蓼怀，闽县（今福州）人。嘉庆七年（1802年）进士，官浙江泰顺县。善折狱，能骈体文，所居香草斋为诗人黄任旧宅。有《九仙山丹井》诗。著有《拾穗山房诗稿》。

梁章钜（1775－1849）　字闳中，又字茝林，晚号退庵，长乐人，世居福州。嘉庆七年（1802年）进士，初任礼部主事，历湖北荆州知府，江南淮海道，江苏、山东、江西按察使，甘肃布政使。官至江苏巡抚，署两江总督。有《越王石樽歌》《鉴塘招饮鳌峰书院啖荔追步孟瓶庵师鳌峰荔支》诗。生平著述甚丰，有《楹联丛话》《称谓录》等。

林光天　字忠辉，号水如，侯官（今福州）人。嘉庆十二年（1807）副举人，常语曰："吾侪读书乃分内事，科名迟速，何足芥蒂？"常游于山，有《于山遇雨》《登于山平远台》《万岁寺雨后登楼》《秋日同黄养丸陈酉山林旸谷游于山憩九仙观得开字》等诗。著有《冶麓草堂诗抄》。

黄　铨　字衡仲，罗源人。嘉庆十二年（1807）举人。有《游九仙观》诗。著有《寄舫诗抄》。

魏敬中（1778－1860）　本名建中，字治原，号和斋，宁德人。嘉庆二十四年（1819）进士，授翰林院编修，充国史馆总纂。道光间，陈寿祺总纂《福建通志》，未竟而卒，敬中续成之。有《重建万岁禅寺捐施香灯田记》。

杨庆琛（1783－1867）　原名际春，字廷元，号雪椒。侯官（今福州）人。嘉庆二十五年（1820）进士，历河南司主事、陕西司员外郎、山东司郎中，官至山东布政使、光禄寺卿。道光二十三年（1843）致仕归。有吟《平远台》《定光塔》《法海寺》《鳌峰坊》诗。著有《绛雪山房诗集》等。

林则徐（1785—1850） 字元抚，又字少穆、石麟，晚号竢村老人，侯官（今福州）人。少年就学鳌峰书院。嘉庆十六年（1811）中进士。历任翰林院编修，云南乡试正考官，江南监察御史，江苏、陕西按察使等。道光十七年（1837）升湖广总督，任内禁鸦片，成绩显著。十八年（1838）十一月，受命钦差大臣，节制广东水师，往广东查禁鸦片。因清廷腐败，反遭诬陷，革职充军，流放新疆。二十五年（1845）起复，官至云贵总督。三十年十月，命为钦差大臣，前往广西，途中病逝。著有《云左山房诗抄》《林文忠公政书》等。

余潜士（1786—1854年） 字时缵，永福（今福建永泰）人。道光二十三年（1843）举人。有《丙子仲秋谢退谷学博招游九仙山时同游者陈惕园先生郡人翁海渔邵武张盅轩南平黄瀛洲》诗。著有《耕村姑留稿》。

刘安善 字敬斋，永安人。嘉庆间以贡生游太学，晚得官永福儒官，不数年辞去，终老田园。工诗，有《重阳九仙山登高》诗。著有《闲闲堂诗抄》。

蔡鸿儒 字则为，号兼秋，晋江人。嘉庆间拔贡，以诗名。有《秋日登于山大士殿》诗。著有《荔桐书屋诗抄》。

郑 琮 字亮卿，龙溪（今福建龙海）人。嘉庆间诸生。有诗名，有《白塔寺》诗。著有《樗云诗抄》。

廖 英 字允仪，又字佩香，侯官（今福州）人。嘉庆间诸生。苦耽吟咏，工骈俪文，年未四十，偃蹇以没。有《徐兴公红雨楼故址》诗。著有《佩香诗抄》。

刘萃奎（1791—1834） 字薇卿，闽县（今福州）人。道光十四年（1834）举人。赴京会试，卒于浦城之渔梁。有《九仙山赋》《越王石樽限酒字五十韵》等诗。著有《琼台吟史诗初篇》。

李彦彬（1791—1837） 字则雅，又字兰屏，侯官（今福州）人。道光三年（1823）进士，选庶吉士，充武英殿纂修，改刑部，历山东、四川清史司主事。有《绿玉斋怀徐氏兄弟》诗。著有《榕亭诗文集》等。

王廷俊（1792—1869） 字伟甫，侯官（今福州）人。道光二十四年（1844）举人。常游于山，有《重九日同陈雨村秀才霆霖登于山》《访红雨楼故址》诗。著有《樵隐山人诗集》。

谢宗善　字定甫，侯官（今福州）人。道光五年（1825）拔贡，主郡邑书院。有《秋日与王子希同登叶甸卿天开图画楼》诗。

林　藩　字说樵，闽县（今福州）人。道光十四年（1834）举人，官湖北知县。有《会城双塔赋》。

魏　杰（1796－1876）　字从岩，号拙夫，又号松筠、鹤山樵者。闽县（今福州）人。道光、咸丰间经营盐业致富，曾修鼓山十八洞、九峰山等名胜。有《九仙山怀古》《题万岁寺斋堂》《登万岁寺定光塔》《登玉皇阁》等诗。著有《逸园诗抄》《鼓山吟草》等。

符兆纶（1796－1869）　字雪樵，江西宜黄人。道光十二年（1832）举人，曾任福建屏南、永春知县。有《憩鳌峰书院鉴亭奉郑监院》诗。著有《卓峰草堂诗抄》等。

张际亮（1799－1843）　字亨甫，榜名亨辅，号松寥山人、华胥大夫，建宁人。道光十五年（1835）举人。喜游名山古迹，有《平远台》《访明郑少谷迟清亭故址》诗。著有《张亨甫全集》等。

李应庚　字星村，号琴寄老人，闽县（今福州）人。家甚裕，好与贫贱多文者交，曾入谢章铤倡办之“聚红社”。有《迟清亭怀郑少谷》诗。著有《琴寄斋诗剩》。

高福康　原名杰人，字菊屏，闽县（今福州）人。道光十七年（1837）举人，选为知县，分发云南，改浙江龙泉，补布政司经历，为行营粮台，以同知升用，代理乐清县事。因母丧回籍，遂不复为官。购鳌峰坊郑善夫迟清亭遗址。有《重建罗山法海寺碑记》。

林昌彝（1803－1854）　字蕙常，又字芗溪，号茶叟、硺砨子，侯官（今福州）人。道光十九年（1839）举人。后累试不第，遂奔走海内，广纳交游。咸丰元年（1851）进呈《三礼通释》，赐教授，先后于建宁、邵武执教。有《秋日晚晴登于山楼同秩庭》诗。著《射鹰楼诗话》《衣讔山房诗集》等。

王景贤　字子希，号希斋。闽县（今福州）人。道光十九年（1839）举人，咸丰元年（1851）举孝廉方正。有《秋日游九仙山》诗。著有《伊园诗抄》。

林寿图（1809－1885）　初名英奇，又字颖叔，自号黄鹄山人，闽县（今福州）人。道光二十五年（1845）进士，官工部主事。历顺天府尹、山东道监察御史、陕西布政使兼司军营转运。任山西布政使时，因同情民灾，协饷不及额，被议去官。先应同乡沈葆祯之聘主讲钟山书院，后归闽，主讲致用、鳌峰书院。有《平远台怀古》《访徐兴公绿玉斋》等诗。后起用为福建团练大臣，赏四品顶戴，不久病卒。著有《启东录》《黄鹄山人诗抄》等。

林　熙　字绍眉，侯官（今福州）人。道光间诸生。有《冬日郑益卿甥婿招游九仙山憩千佛寺》诗。著有《井窗蛩吟集》。

郭柏苍（1815－1890）　字蒹秋，又字青郎，侯官（今福州）人。道光二十年（1840）举人。初为训导，官至内阁中书及主事，赏授员外郎衔。在家乡修浚洪塘、濂浦诸江，为桑梓公益事业作出贡献。曾居鳌峰坊天开图画楼，常游于山，有《登平远台诵宗子相平远台记》《万岁塔》《于山化成寺》《于麓天开图画楼前老梅二树》等诗。著有《郭氏丛刻》《福州历代浚湖事略》《乌石山志》等多部。

勒方锜（1816－1880）　字悟九，号少仲，江西新建人。道光九年（1829）举人，光绪五年（1879）任福建巡抚，官至河东河道总督。洞达玄理，工书。有《题谢枚如赌棋山庄图》词。著有《太素斋词》。

徐一鹗（1817－1874）　字云汀，侯官（今福州）人。道光二十四年（1844）举人，曾官台湾某县教谕，主某书院讲席。性情冷峭，诗如其人。有《绿玉斋》诗。著有《宛羽堂诗钞》。

江　湜（1818－1866）　字弢叔，长洲（今江苏苏州）人。道光二十三年（1843）始游京师，后游幕福州，有《登于山》诗二首。著有《伏敔堂诗录》。

王式金　字南卿，侯官（今福州）人。道光二十七年（1847）优贡。有《鳌峰书院十景》诗。著有《梦竹斋诗集》。

杨叔怿　字豫庭，侯官（今福州）人。咸丰五年（1855）举人，捐赀选知府，分发浙江。有《闽中九仙山二十四胜》诗。著有《未能寡过斋诗》。

宋　谦　字己舟，侯官（今福州）人。咸丰九年（1859）举人。有《于麓草堂书感》诗。著有《剑怀堂诗草》。

李剑潭　字铁人，一字镜芙，福州人。咸丰间秀才，落拓不羁。有《小憩化城寺三日留别山灵》诗。

程万里　字朴庵，闽县（今福州）人。光绪间隐于市廛。有《客罗川与诸同人夜坐话榕城旧胜漫成二十首·九仙山》诗。著有《秋蛘吟草》《朴庵偶存草》等。

谢章铤（1820—1903）　字枚如，号药阶退叟，长乐人，生于福州。光绪三年（1877）进士，先后掌教漳州丹霞、江西白鹿洞等书院，光绪十三年（1877）起，主讲福州致用书院，达十六年之久。在于山麓购建“赌棋山庄”，藏书万卷。长于诗文，有《赌棋山庄记》《重修罗山法海寺碑》，又《过鳌峰怀陈恭甫山长》诗。著有《赌棋山庄全集》。

蔡大鼎（1823—?）　字汝霖，琉球人。咸丰十年（1860）以进贡存留通事入闽。游于山，有《游万岁禅寺》《登九仙观》《游鳌峰书院》等诗。著有《闽山游草》。

林　瀍（1824—1857）　字洛西，侯官（今福州）人。道光间诸生。有《平远台》诗。著有《秋来堂诗》。

曾兆霖　字意斋，闽县（今福州）人。道光二十九年（1849）举人，候选知县。一生以诗酒自娱。有《榕城胜迹杂咏·九仙山》《定光塔》《冒暑同徐少莱倪粹卿往城南访紫臣又登于山憩禅院》《红雨楼》《绿玉斋》等诗。著有《咬菜根斋诗》。

翁时稺　字蕙卿，闽县（今福州）人。道光间诸生。有《过平远台》《戚少保祠》《九日过于山禅寺兼怀谢樵云明经》《过九仙观》等诗。

林　直（1826—1871）　字子隅，侯官（今福州）人。诸生，道光三十年（1850），林则徐自云南归里，招为记室。咸丰间从军浙闽，为幕佐。喜藏书，又工诗。有《九仙山绝句二十四首》诗。著有《壮怀堂诗稿》。

张鸣珂（1829—1908）　字公束，一字玉珊，浙江嘉兴人。咸丰十一年（1861）拔贡，官江西知县。有《题谢枚如赌棋山庄图》词。著有《寒松阁词》。

杨　浚（1830—1890）　字雪沧，一字健公，晋江人，移籍侯官（今福州）。咸丰二年（1852）举人。历主漳州、丹霞，紫阳、浯江书院。尝开书肆于福州城内，收善本书籍七万余卷。有《于山戚公祠》诗。著有《冠悔堂集》。

刘璋寿　字倬卿，仙游人。咸丰九年（1859）进士。有《偕陈景蔚景玉□龚澄卿许桂芬王汝彩傅砥人游于山》诗。著有《慕风岩诗集》。

郭式昌（1830—1905） 字谷斋，侯官（今福州）人，郭柏荫长子。咸丰九年（1859）举人，曾任肇庆、温州、杭州金华知府，浙江按察使。有《鳌峰书院夜坐》诗。

翁时农 字莘老，闽县（今福州）人。咸丰间诸生。有《平远台怀戚武毅》诗。

马凌霄 字子翊，自号非非主人，闽县（今福州）人。咸丰五年（1855）举人。有《冶春词·九仙山》诗。著有《习静楼诗稿》。

叶在琦（1866—1906） 字肖韩，又字穉愔，闽县（今福州）人。光绪十二年（1886）进士。光绪二十七年（1901），聘为全闽大学堂监督，后改为福建高等学堂监督。当新学萌芽之际，着意培植人才，为闽省教育先驱。有《平远台雨中望鳌峰》诗。著有《穉愔诗抄》。

薛绍徽（1866—1911） 字秀玉，号男姒，闽县（今福州）人。女诗人、女学者。有《同英姊登九仙山》诗。著有《黛韵楼诗文集》。

龚葆銮（1871—1898） 字子鸣，号九鹤，又称碧琴子，闽县（今福州）人。光绪间诸生。有《梅生荃庵同读书平远山堂秋日访不值留题斋壁》诗。著有《碧琴遗稿》一卷。

现　代

陈宝琛（1848—1935） 字伯潜，号弢庵，闽县（今福州）人。同治七年（1868）进士，选庶吉士，历任顺天、甘肃、江西乡试考官，江西学政，晋内阁学士兼礼部侍郎。后因甲申（1884）对法战事失利受牵连，贬降五级。居乡二十余年，致力于地方教育事业，曾任鳌峰书院山长，创办东文学堂，主持高等学堂，创设全闽师范学堂。宣统元年（1909）奉召入京，任总理礼学馆事务等职。1912 年溥仪入学，宣为教授，封太傅。工诗，为闽派诗坛领袖之一。有《过鳌峰坊访荷花》诗。著有《沧趣楼诗》《陈文忠公奏议》等。

林　纾（1852—1924） 原名群玉，字琴南，号畏庐，闽县（今福州）人。光绪八年（1882）举人。先后任福州苍霞精舍、杭州东文精舍、京师金台书院讲席，后任京师五城学堂总教习、京师大学堂教习。工古文，不通外语，能依他人口述，以古文翻译欧美小说 18 余种。又善文能画，有《谢枚如先生赌棋山庄记》。著有《畏庐文集》《畏庐琐记》等。

严　复（1854－1921）　字又陵，又字几道，侯官（今福州）人。同治五年（1866）考入求是堂艺局，因校舍一度暂寄于山白塔寺法雨堂，亦在此寄宿读书。不久迁马尾船政学堂。光绪三年（1877）派赴英国留学，归国后任马尾船政学堂教习，调北洋水师学堂任总教习，后升总办。中日甲午战争后，发表《论世变之亟》《救亡决论》等警世文章。1912年，任北京大学校长。译有《天演论》《群学肄言》等。

何刚德（1855－1936）　字肖雅，闽县（今福州）人。光绪三年（1877）进士，历任吏部主事，江西南安、建昌、南昌、苏州知府。民国间曾任护理江西省长等职。1922年引疾侨居上海。有《子瑜同年以鳌峰书院旧卷纸作函云旧藏箧中取出以记丙子前事余与子瑜丙子同乡榜是丙子以前余二人固鳌峰书院生也》诗。著有《平斋诗存》。

陈　衍（1856－1937）　字叔伊，号石遗老人，侯官（今福州）人。光绪八年（1882）举人。入民国，主修《福建通志》。民国二十一年（1932），于九仙山戚公祠餐堂前与同游董藻翔等题名。有《于麓八十一阶化城寺前同人望月》诗。著有《石遗室诗文集》等。

林道于　长乐人。早年曾留学日本早稻田大学，回国后任律师。1932年，与陈衍等游于山题刻戚公祠前。曾参加筹建戚公祠。

蒋　仁（1863－1912）　字聪彝，号培孙，闽县（今福州）人。光绪十九年（1893）举人。有《九日登定光塔》诗。著有《述梅草堂遗集》。

董藻翔（1863－1942）　字执谊，长乐人。光绪二十三年（1897）举人。1932年，与陈衍等游于山，题刻戚公祠前。有《为于山九仙宫勘界声明书》。著有《藕根斋集》。

何振岱（1867－1952）　字梅生，一字心与，闽县（今福州）人。光绪二十三年（1897）举人。曾居于山东麓，有《几士嘱题明人画闽中八景鳌石松篁》《会城双塔》《白塔寺楞公留饭同墨泉雨渔》《于山香坛怀楞公》《大风宿红雨楼悼亡弟蔼亭》等诗。著有《觉庐诗稿》《我春室诗文集》，编纂《西湖志》等。

郑　容（1868－1920）　字国容，号无辩，闽县（今福州）人。光绪间布衣。有《会城双塔》《寺僧重圬定光塔》诗。著有《无辩斋诗》。

陈　震（1868－1941）　字仲起，闽县（今福州）人。光绪三十年（1904）进士，民国间任海军部秘书长。有《遂真堂记》。著有《任庐未定稿》《首邱集》。

林　苍（1870—1924）　字天遗，闽县（今福州）人。光绪三十年（1904）进士。有《元日与诸君同游于山》《游九仙观赠崔道人》《爱独将行诸子携登于山》等诗。著有《天遗诗集》。

龚乾义（1872—1935）　字惕庵，一字伯行，号元强，闽县（今福州）人。光绪间岁贡生。受业于陈木庵，诗名藉甚。曾任厦门大学国文讲师。有《赁居于山马公祠》《化城寺晚眺》《宿于山观阁》等诗。著有《慎垤庐诗稿》。

施景琛（1873—1955）　字涵宇，号泉山老人，长乐人。附贡，保举候补知府，选谘议局谘议员，授五品衔，分省补用盐大使。光绪间任苍霞中学监督。1932年与陈衍等游于山，题刻戚公祠前。著有《泉山全集》等。

陈培锟（1877—1964）　字韵珊，闽县（今福州）人。光绪二十四年（1898）与其父海梅同榜进士，同点翰林，传为佳话。光绪末东渡日本，入法政大学学习。回国后历任汀漳龙、闽海、厦门道尹，福建省财政厅长，省政府委员，代理省主席等职。抗日战争时期任省临时参议会副会长、全省高等学堂监督、福建学院董事长等。1936年，为吸翠亭落成撰联。中华人民共和国成立后，历任福建省政协委员、福建省文史研究馆馆长等职。著有《海滨谈屑》《闽文偶录》等。

王　聘　字席珍，福州人，民国时期曾为小学教员。与陈衍等于九仙山题刻戚祠前。

林　翰　字西园，莆田人。光绪二十八年（1902）举人。有《社人假于山戚南塘祠补帆石遗师生日即席赋呈》诗。著有《山与楼集》。

马天翮　侯官（今福州）人。光绪二十九年（1903）进士。1932年与陈衍等游于山，题刻戚公祠前。

王　蓉　字昭诗，福州人。有《九日同韵璋登于山》《谒戚南塘祠》诗。著有《椟负轩吟集》。

王葆图　字亮公，闽县（今福州）人。光绪间诸生，民国间任《求实报》副刊编辑。常游于山，有《中秋夜与沈星五许豁庵杨松荃林圭如在九仙山慈悲岩赏月因赋纪游一律》《夜半与杨三松荃、陈二濂篁游九仙山》《九仙晚眺》《九仙观后亭》《七夕与杨二松坚宿九仙山护国寺》等诗。著有《适园诗稿》《适园随笔》等。

郑式金　字连元，长乐人。光绪间诸生。民国间从事教育，任中心小学教务主任、校长等职。擅诗。有《于山戚公祠》《于山玉皇阁》《辛亥光复于山战事》《南门兜体育场》等诗。著有《藏修室文诗稿》。

童杭时（1877—1949）　号枕溪、萱甫，浙江嵊县（今嵊州）人。民国时期，任中央法制委员会委员、最高法院推事、福建高等法院院长等职。1936 年，于戚公祠前东侧题刻，并为吸翠亭撰写楹联。

林步瀛（1878—1931）　字鼎燮，侯官（今福州）人。光绪二十八年（1902）举人，官浙江知县，说诗社社员。有《于山平远台有怀云鹤》诗。著有《榕荫草堂集》。

周仲平　原名翰，以字行，晚号众平，建阳人。清末诸生，留学日本学法政，归国应廷试，奖法科举人。民国时期，任临时参议院议员、福建省教育司长、公立法政学校校长、省议会秘书长等职。有《重九日过于山戚公祠》诗。

陈　仪（1883—1950）　字公侠、公洽，浙江绍兴人。日本士官学校毕业，回国参加辛亥革命。1934 年任福建省政府主席。1935 年冬，工务处重建于山吸翠亭时，撰联云："丘壑留人，山雨尊仍在；春秋佳日，亭香草不凡。"主政七年，调任行政院秘书长。抗战胜利后，任台湾行政长官兼警备司令。1947 年台湾"二·二八"事件发生后，引咎辞职回上海。翌年，任浙江省政府主席，因修书策动汤恩伯起义事被告密，押送台湾后被秘密处决。1980 年，中共中央统战部追认为"中国人民解放事业献出生命的爱国人士"。

李　禧（1883—1964）　字绣伊，厦门人。福建省文史研究馆馆员。1936 年来福州参观戚公祠，有《戚公祠与宜侯玉琮携光饼谒祭》诗。著有《梦梅花馆诗抄》。

李济深（1885—1959）　字任潮，广西苍梧人。北伐战争期间任国民革命军总参谋长，后任国民政府广州政治分会主席、第八路军总指挥、军事委员会桂林办公厅主任、军事参议院院长等职。曾领导"福建事变"，任人民革命政府主席。中华人民共和国成立后，任中央人民政府副主席、第一届全国人大常委会副委员长、中国人民政治协商会议全国委员会副主席等职。

蒋光鼐（1887—1967）　字憬然，广东东莞人。保定军官学校毕业，曾任国民党第十九路军总指挥、淞沪警备司令。1932 年，与蔡廷锴、陈铭枢领导“一·二八”淞沪抗战。1933年7月，十九路军进驻福建，任省政府主席兼绥靖公署主任。1933年11月，与李济深、陈铭枢、蔡廷锴在于山补山精舍召开秘密会议，反蒋抗日，世称“福建事变”。抗战胜利后，任国民党第七战区副司令长官。中华人民共和国成立后，任中国人民政治协商会议全国第一届委员会委员、常委，民革中央常委，纺织部长等职。

沈觐冕（1887—1941）　字冠生，又字观心，福州人。民国时期，曾任海军总司令部秘书长、福建盐运使等职。1932年，与陈衍等游于山，留题戚公祠前。著有《观心室诗》。

陈铭枢（1889—1965）　字真如，广西合浦人。毕业于保定军官学校，同盟会会员，参加过北伐战争，曾任广东省政府主席，领导“一·二八”淞沪会战及“福建事变”，任人民革命政府中央委员兼文化委员会主席。后去香港，组织中华民主革命同盟，继续从事抗日反蒋活动。中华人民共和国成立后，曾任农林部部长、全国人民代表大会常务委员会委员、中国人民政治协商会议全国委员会常务委员等职。

郑贞文（1891—1969）　字心南，一字幼波，号龙山砚叟，祖籍长乐，生于福州。曾留学日本，参加同盟会。回国后，任福建都督府政务院教育部专门科科长、福建高等学校教务长、福建省政府委员兼教育厅长等职。中华人民共和国成立后，任全国自然科学协会筹备委员会常务委员兼出版组长、政协福建省委员会委员、福建省文史研究馆馆员等。有《同黎君烈文登于山平远台》《重登于山平远台谒戚公祠并怀蒋蔡两将军号令严靖岛夷》等诗。著有《笠剑轩诗集》。

蔡廷锴（1892—1968）　字贤初，广东罗定人。保定军官学校毕业，曾任十九路军军长、副总指挥。1932年1月28日，日军进犯上海，率部抵抗。后调往福建。1933年11月，同李济深、蒋光鼐、陈铭枢等在福州于山补山精舍召开秘密会议，成立抗日反蒋的“中华共和国人民革命政府”，任人民革命军第一方面军总司令。1946年在广州与李济深等组织中国国民党民主促进会。中华人民共和国成立后任中央人民政府委员、中国人民政治协商会议全国委员会副主席、国防委员会副主席等职。

李世甲（1894—1970）　字凯涛，又名诸藩、德声，福州人（祖籍长乐），故居在鳌峰坊。历任海军“楚同”舰舰长、“通济”练习舰舰长、海军部总务司司长、代海军部常务次长等职。1934年，改任马尾要港司令、兼陆战队第二独立旅旅长、马尾海军学校教育长。抗日战争胜利前夕，调任第二舰队司令。日本宣布无条件投降时，以专员身份参与接收厦门、台湾日伪海军。1956年，被聘为福建省政协委员会委员，任台湾工作组秘书。同年加入“民革”。有《我在旧海军亲历记》等。

丘国珍（1894—1979）　字聘之，广东海丰人。历任十九路军七十八师一五六旅参谋主任、广西抗日救国军第一师参谋长、第十战区中将主任等职。题“国魂”榜书于戚公祠前。著有《军民联合游击战术》《十九路军兴亡史》等。

刘　蘅（1895—1998）　字蕙愔，又号修明，福州人。黄花岗死难烈士刘元栋胞妹，受教于陈衍、何振岱，耽于绘事。任福建省文史研究馆馆员。游于山时，有《登平远台上玉皇阁》诗。撰有《蕙愔阁诗词》。

郁达夫（1896—1945）　原名文，字达夫，浙江富阳人。1913年入日本东京帝国大学攻读。1936年2月来福州，曾出任福建省政府参议、公报室主任。期间游览榕城名胜，瞻仰于山戚公祠，赋《满江红》词，另有《于山戚公祠题壁》《游于山戚公祠》诗。1938年往新加坡，在南洋主编报刊多种，宣传祖国抗战。1945年在印尼被日本宪兵队杀害。1951年中央人民政府追认为革命烈士。著有《郁达夫全集》。

张子仲（1897—1972）　号河西退叟，福州人，晚居鳌峰坊大雅里。师从何振岱学诗，亦工书法，乃托社成员。有《登平远台》《为详赌棋山庄形势归来感》诗。著有《河西精舍诗存》。

沈　桢（1898—1994）　字轶刘，上海人。民国时期曾任《南方日报》社主笔。有诗二首镌刻于山戚公祠“醉石”侧，又有《别于麓山馆》《丙戌于山勒石纪事》诗。著有《繁霜榭集》。

包树棠（1900—1981）　上杭人。工诗，有《登于山》《平远台》《于山戚公祠》《重九登高于山戚公祠》等诗。撰有《笠山诗抄》。

许钟奇（1900—1974）　原名毓麒，惠安人。有《于山戚公祠》诗。著有《许钟奇先生吟遗稿》。

叶可羲（1903—1985）　字超农，早失怙，幼好学，擅诗文。毕业于北平国立艺专，又师从何振岱，诗文造诣极深。擅丹青、古琴。受聘为福建省文史研究馆馆员。有《平远台怀古》诗。著有《竹韵轩诗集》。

朱棠溪（1903—1999）　字郁庭，福州人。书法家，曾任福州市书法篆刻研究会理事。于山“狮子岩”三字出其手笔。

高士其（1905－1988）　福州人。故居在鳌峰坊。早年在北京清华留美预备学校读书，曾参加五四运动。后赴美国芝加哥大学攻读医学博士。在一次实验中，因脑炎病毒瓶破裂受感染，从此终身残疾。以惊人的毅力坚持修完课程。回国后，致力于用文学手法写科学作品，为普及大众科学知识作出卓越贡献。创作科普作品计一百六十万字。著有《高士其文集》。

赵朴初（1907－2000）　安徽太湖人。历任华东军政委员会民政部副部长、中国书法家协会副主席、中国佛教协会会长、中国人民政治协商会议全国委员会副主席等职。曾为罗山法海寺题匾。有《福州法海寺》诗。

沈觐寿（1907－1995）　字年仲，号静叟，福州人。中国民主同盟盟员、中国书法家协会会员、美术家协会会员，曾任福州书法篆刻研究会会长、福州画院副院长等职。于山“幽兰谷”及郁达夫的《满江红》词出其手笔。

吴春晴（1908－1993 年）　南安人。1948 年赴台湾。有《于山勒石》诗。著有《寻梦草存》。

杨贡南（1909－1999 年）　学名士琛，号杜园、晚香堂主人，福州人。早年留学日本早稻田大学，曾任福建省会计处专员。精佛学，任福建省佛教协会顾问。有《重修罗山法海寺碑》。

邓　拓（1912－1966）　原名右任，学名子健，字季立，笔名邓云特、马南邨等，福州人。早年曾就读于鳌峰坊福州师范学校，1929 年考入上海光华大学，1930 年 6 月加入中国共产党。先后任中共中央晋察冀局宣传部副部长、新华社晋察冀分社社长、中共华北局研究室主任、《人民日报》社社长兼总编辑、北京市委书记处书记等职。撰有《燕山夜话》等。

沈士超（1912－1996）　名默，诏安人。一生从事教育工作，为福建省诗词学会会员，有《戚继光塑像落成典礼》诗。著有《三十三年落花梦》。

郭毓麟（1913－1996）　字浴菱，福安人。历任中学教师、校长、大学讲师。曾参加《汉语大词典》编写，受聘为福建省文史研究馆馆员。有《登定光塔》诗。著有《蛰庐诗稿》。

陈蓉光（1914－1994）　字钟文，永泰人。曾任永泰县政府、福州市政府秘书。有《游于山戚公祠》诗。

林家钟（1914—2005） 福州人。1938年武汉大学外文系毕业，福建省文史研究馆馆员，副编审，曾参加《汉语大词典》编纂。有《丙戌秋集平远台拜戚继光》诗。著有《福州开元寺志》《闽中文献辑录》《林家钟诗文集》等。

陈毓淦（1917—2001） 笔名黑尼，福州人。上海暨南大学商学院国际贸易系毕业。民国时期，曾任福建省税务局高级税务员。中华人民共和国成立后，历任福建省财经学校、商业学校教员，受聘为福建省文史研究馆馆员。有《六月十五夜偕坦生游于山天君殿》《九日登平远台》《五一之夜在南门广场眺望东西塔》诗。著有《秕糠集》《风雨集》等。

徐　昭（1917—2005） 字自明，福州人。福州协和华侨师范学校毕业。民国时期，曾任闽侯县政府督学。中华人民共和国成立后，曾参加福建省地方志编纂委员会旧志整理工作，受聘为福建省文史研究馆馆员。有《步竹均舅祖游于山戚公祠韵》《劫后同林孝瑛同登于山》诗。著有《秋光集》。

刘守迅（1925—2000） 笔名江枫，福州人。曾任《三角号码词典》编委，报社编辑，福州三山诗社社员。有《于山揽胜》诗。

杨　英（1928—1999） 字兵郎，别名瑞淇，福州人。曾任福州市职工学校教员进修班教师等职。有《于山揽胜》诗。

方　外

罗山法海寺僧

道　闲 俗姓陈，长溪人。自幼出家于龟山，年满受具，遍历诸方。尝谒石霜于岩头，服膺其教。后晋开运二年（945），闽帅欲饮其法味，延居罗山，开创法海寺，号法宝禅师。临终时上堂，良久乃曰：“欲报佛恩，无过流通大教。归去也，归去也。”莞尔而寂。见《十国春秋》及《五灯会元》卷七。

绍　孜 五代间住寺，传道闲禅师法嗣。上堂，有数僧争出问语，师曰：“但一齐出来问，待老僧一齐与汝答。”僧便问：“学人一齐问，请师一齐答。”师曰:“得。”问:“学人乍入丛林，祖师的的意，请师直指。”师曰:“好。”见《五灯会元》卷八。

义　因　五代间住寺，传道闲禅师法嗣。上堂，良久曰:“若是宗师门下客，必不怪于罗山。珍重!”僧问:“承古有言:‘自从认得曹溪路，了知生死不相关。’曹溪路即不问，如何是罗山路?”师展两手，僧曰:“恁么则一路得通，诸路亦然。”师曰:“甚么诸路!”僧近前叉手，师曰:“灵鹤烟霄外，钝鸟不离窠。”见《五灯会元》卷八。

义　聪　五代间住寺，传福州安国弘瑫禅师法嗣。师上堂，大众立久。师曰:“若有分付处，罗山即不具眼;若无分付处，即劳而无功。所以维摩昔日对文殊，且道如今会也无。”僧问:“如何是出窟师子?”师曰:“什么处不震裂。”僧曰:“作何音响?”师曰:“聋者不闻。”问:“手指天地，唯我独尊，为什么却被傍者责?”师曰:“谓言胡须赤。”僧曰:“只如傍者有什么长处?”师曰:“路见不平，所以按剑。”见《景德传灯录》及屠隆《晋安中兴罗山法海寺碑》。

弘　瑫　五代间住寺，传福州雪峰义存禅师法嗣。见徐熥《兴复罗山法海寺募缘疏》。

义　澄　名常真，虔州天竺寺僧，传道闲禅师法嗣，居罗山数载。见《五灯会元》。

仁　徹　宋时住寺，传石霜楚圆禅师法嗣。见《续传灯录》。

惟　慎　宋时住寺，传石霜圆禅师法嗣。见《续传灯录》。

蒙禅师　宋时住寺，传雪窦显禅师法嗣。见《续传灯录》。

崇禅师　宋时住寺，传云门偃禅师法嗣。见《五灯全书》。

德　建　俗姓潘氏。得法于等觉真一禅师，宋庆历四年(1044)主鼓山，后移法海寺。

悟　宗　俗姓傅，号碧天，闽县(今福州)人。早年出家鼓山，开辟白云洞。万历间为罗山法海寺住持，募缘重兴法海寺。谢肇淛《新开白云洞碑》云:“悟宗后居郡城之罗山，罗山法海寺为势豪所夺且一甲子，历数主矣。而能引法曲谕，顿令檀那发心，舍宅还寺。不三年间，金碧珠林，焕复旧观。光复圣教，法力尤宏。”详见屠隆《晋安中兴罗山法海寺碑》，谢肇淛《重建法海寺铭》《碧天上人六十序》，陈一元《寿碧天上人序》，徐𤊹《祭碧天和尚发引文》等。

慧　从　明万历间住寺。见曹学佺《法海寺募化塑佛疏文》。

云　柯　明崇祯间住寺。见曾异撰《佛日步月过法海寺观焰口佛事示云柯禅者》诗。

尔　和　明崇祯间住寺。见元贤《罗山法海寺修净土忏疏》、曾异撰《至后过法海寺尔和禅房同慵和尚次韵》诗。

慵　生　明崇祯间住寺。原为诸生，后削发出家，与曾异撰交好。曾异撰有《二月十五夜过法海寺同慵生尔和坐月仍次前韵》诗。

亘　信　名行弥，明崇祯间住寺。崇祯十七年（1644），黄檗寺隐元禅师出游天童，延请亘信主持黄檗寺。不久，隐元归，亘信作书与隐元，辞席曰："弥生平疏懒，不堪为人师范，素作支遁计，以养病躯。黄檗祖席，非法兄道德光大，莫能振其弘规。"即回山常住。见《黄檗山寺志》。

空　生　明崇祯间住寺。徐延寿有《法海寺访空生上人》诗。

慵　庵　俗姓牟，号玉禅师，常熟人，一说溧阳人。明末清初住寺，卒年六十一。见高兆《住罗山慵庵玉禅师传》及《五灯全书》卷九十九。

道　霈　初名太霈，自号非家叟。俗姓丁，建安人。清顺治、康熙间住寺之弥陀殿多年，为鼓山第六十五代住持。见《为霖道霈禅师餐香录》。

白嵩俊禅师　宜兴周氏子，康熙间住寺。为雪峰第一百六代住持。见《正源略集》卷五。

妙　镜　光绪间法海寺住持，募缘重修大雄宝殿并撰联。

慈　定　光绪间为法海寺监院，修大雄宝殿并撰联。

天　香　光绪间住寺，修大雄宝殿并撰联。

慈　悟　光绪间为法海寺监院，修建法堂并撰联。

万岁寺寺僧

义　收　后梁贞明初住寺。见《三山志》。

师　斡　闽通文三年（后晋天福三年，938年）住寺。

行　秀　宋景祐间住寺，倡修定光塔。见黄镇成《万岁寺定光塔记》。

庆　璋　俗姓王，侯官（今福州）人。宋建炎间，鼓山涌泉寺住持。绍兴元年（1131）退居万岁寺。

宝　峰　元至元间住寺，倡修定光塔。见黄镇成《万岁寺定光塔记》。

文　鼎　元至元间住寺，倡修定光塔。见黄镇成《万岁寺定光塔记》。

退　夫　元至正间住寺，倡修定光塔。见康熙《重修定光塔纪略》。

百　炼　明正德间平远台僧。与许天锡、林庭模等有唱酬。

定上人　不详何名，明嘉靖间住寺。林烨有《万岁寺与定上人清话》诗。

碧　云　明万历间住寺，重修殿宇。见王应山《闽都记》。

明　定　明崇祯间住寺，重修定光塔。见康熙《重修定光塔纪略》。

成　明　明崇祯间住寺，重修定光塔。见康熙《重修定光塔纪略》。

弥　坚　明崇祯间住寺。见曹学佺《重兴万岁寺募缘小纪》。

静　庵　一名静安，明崇祯间住寺，重修殿宇。曹学佺撰有《万岁寺住持静安长老寿文》。

一　微　静庵徒孙，清顺治末约住寺。康熙二年（1663）重修定光塔。

如　南　清康熙初住寺，重修定光塔。

兴　隆　字遍照，俗姓陈，莆田人。乾隆间，曾任鼓山涌泉寺住持，兼万岁寺住持，倡修定光塔，见孟超然《重修定光塔记》。按，兴隆似兼主寺席。

自　庆　清道光间住寺。

自　行　清道光间住寺，曾募缘重修殿宇，历十余载落成。

通　雨　俗姓李，字滋亭，闽县（今福州）人。曾住持鼓山涌泉寺，道光十二年（1832年）住寺。

新　悟　清道光间住寺。

地　华　俗姓冯，字妙莲，归化（今明溪）人。光绪间，鼓山涌泉寺住持，兼万岁寺住持。募资修建殿宇和重修定光塔。

古　月　俗姓朱，字圆朗，闽清人。光绪间鼓山涌泉寺兼万岁寺住持，募缘修建殿宇。

法云寺寺僧

德　云　明万历间住寺。见俞安期《法云寺夏日坐德云上人房》诗。

如　明　明万历间住寺。见徐𤊹《千佛殿庄塑佛像募缘疏》。

普　光　明万历间住寺。见徐𤊹《平远台修复圆明院募缘疏》

殊　庵　明万历间住寺。工诗。见林崇孚《过法云寺访殊庵上人出啸云草见示奉答》诗。

大士殿僧

超　方　清嘉庆间住僧。见陈庚焕《平远台不宜终毁议》。

元　法　清宣统间监院，重修大士殿。见陈宏安《重修大士殿碑》。

九仙观道士

陈守元（？—939）　闽县（今福州）人。五代时闽王王延钧建宝皇宫，延陈守元居之。

吴建章　明万历间住观，重修九仙观。见曹学佺《募缘重修九仙观疏文》。

赵道人　明万历间住观。见谢肇淛《辛卯元日同汝翔、惟和登九仙山过赵道人》诗，陈鸣鹤《玉皇阁访赵道士》诗。

伍鹤鸣　明万历间住观。见陈鸿《九仙观逢伍鹤鸣道士祈雨歌》。

崔道人　民国间住观。见林苍《游九仙观赠崔道人》诗。

凝翠所僧

观　微　岭南人，万历间住僧。工诗，精内典。见徐𤊹《重修凝翠所疏》。

附："何氏九仙"史料辑

相传何氏兄弟九人升仙于此，因号九仙山。（淳熙《三山志》卷三十八）

世传何氏兄弟九人升仙于此，故号九仙山。（弘治《八闽通志·山川》）

石竹山，在永寿里（福清），山形峭拔，有石巍然。山巅何氏九仙所游之地，祷梦辄应。（王应山《闽都记》卷二十七）

汉何氏兄弟九人。武帝时，父为淮南客，九人逆知王必败，遂入闽，初居福州九日山炼丹，后徙九鲤湖，仙去。四方乞灵多奇验。（万历《福州府志·仙释》）

汉何氏兄弟九人，武帝时，父为淮南王客，九人知王必败，遂窜入闽，隐居炼丹，人称九仙。九仙初生，目俱盲，独长者一眼，朗然如日，为诸仙前导。及游莆，遇胡道人，饮龙津庙井水，各眼尽开。嗣从福清

石竺山徙莆九漈湖，各乘一鲤去。四方乞灵多奇验。（乾隆《福州府志·释老》）

何九仙，相传本江西临川人。九人皆瞽，惟长者一目上竖，独明。后相率炼丹以饲湖中鲤，鲤尽化龙，九人各乘一去，今仙游县九鲤湖是也。九人始入闽时，盖居闽县九仙山，山即以九人得名也。又闻汉武帝时，齐少翁以巫鬼事得幸。九仙之父谐阙直谏，九子为止之，其父不听。少翁事败被诛，武帝召官其父闽中，而九子因得至闽中，炼气成道。又云：九仙父任侠好气，从淮南王安游，淮南王善之，谈议寖广。九人惧其反也，数谏父谢绝王，父不听，去而入闽，炼丹仙游县湖上，丹成仙去。及王败，父南行，求子不得，而死于岩山。今仙游之何岩是也。（《福建通志·列仙传》）

九仙初生目俱盲，独长者一目为前导。及游莆，遇胡道人，饮龙津庙井水，各眼俱开。嗣从福清石竹徙九漈，各乘一鲤仙去，今谓之九鲤湖。（《榕城名胜辑要》卷二）

何氏兄弟九人，武帝时父为淮南王客。九人知王必败，遂窜入闽，居于山，凿井炼丹，人称九仙。又尝九日射乌山上，射乌山所由名也。九仙初生，目皆盲，独长者一眼，朗然如日，为诸仙前导。及游莆，遇胡道人，饮龙津庙井水，眼尽开，嗣从福清石竹山、莆九漈湖，各乘一鲤仙去，人称九鲤仙。四方乞灵多奇验。（《乌石山志·仙释》）

第八章　管理与建设

于山历史悠久，经千百年沧桑，迭有兴废，至1949年中华人民共和国成立前夕，仅存庙宇七八座，其他名胜景观均荒芜颓废。中华人民共和国成立后，人民政府重视于山风景区的整治和建设，专门成立管理机构，实施整治工作，保证于山风景名胜区、文物保护区的建设、保护与合理利用。

一、管　理

于山管理机构历史沿革一览表

时　间	名　称	主管单位	领导班子	基础建设	大型活动	备　注
1964—1969年	于山公园	福州市园林处	张家友、高玉生、陈时璋、林诗仁	于山道路修建，天君殿、大士殿、万象亭修缮	1964年国庆，全民义务植树	
1969—1978年		福州警备区接管				
1978—1981年	于山风景区（含乌山）	园林处、西湖、鼓山、于山并立	张家友、王元官、黄敏忠	1979年重建揽鳌亭、兰花圃	1979年国庆，福州名画家画展，十大名花展	日本那霸市插花表演团来访
1981—1983年底	于山风景区		王元官、任礼武、唐洸、赵镇荣		1982年福州名画家画展，大观园展	于山、乌山、五一公园三家合一
1984年1月至1987年3月	于山风景区		黄炳生、潘家仁、赵镇荣、林飞、唐洸、阮文峰		1984年在大士殿举办福州名画家展，城市规划展	乌山1984年10月出，五一公园1987年3月出

续表

时间	名称	主管单位	领导班子	基础建设	大型活动	备注
1987年4月至1991年	于山文化中心管理处（股级转科级）	移交福州市文化局	林飞、唐洸、江爱松(调研员)	景区电缆、照明建设	每年文化夜市	文化部部长王蒙、省长陈明义、省委副书记袁启彤曾来视察
1991年至1998年9月	于山文化中心管理处	福州市文化局	赵民尔、林飞、吴章霖	1994年建音乐厅、办公楼	每年文化夜市	
1998年10月至2004年6月	于山风景区管理处	福州市园林局	刘滨、胡少森	1998年市委、市政府对于山实施“显山露水、还山于民”改造工程	每年春、秋季兰花展，首届光饼节（2004年），盆景插花展（1999年）	吴邦国委员长参观兰花圃（1999年春节）
2005年	于山风景区管理处	福州市园林局	郭斌、陈丽爱	对兰花圃实施景观改造工程；进行于山北坡1—2期的绿化及台地建设；状元峰整改、状元亭恢复建成、拆除警报台	中秋闽剧歌友会、九仙山赋（碑刻）落成。	
2006年	于山风景区管理处	福州市园林局	郭斌、陈丽爱	武威塔落成	5·18海交会风味小吃节	将市文物部门收集的旧件重组
2007年	于山风景区管理处	福州市园林局	郭斌、陈丽爱	于山亭落成	戚继光、闽变事件、郁达夫史迹展、历代九仙山名人诗词展。	爱国华侨捐建
2007年	于山风景区管理处	福州市园林局	郭斌、陈丽爱	倚鳌轩恢复建成		移动公司联建
2009年	于山风景区管理处	福州市园林局	郭斌、黄乃杰	九日樽重塑		

续表

时　间	名　称	主管单位	领导班子	基础建设	大型活动	备　注
2009年	于山风景区管理处	福州市园林局	郭斌、黄乃杰	4A景区配套设施公厕、回旋场、客服中心、导览牌等建成		
2015年9月	于山风景区管理处	福州市园林局	郭斌、商世杰	省革命大学纪念碑落成		
2015年	于山风景区管理处	福州市园林局	郭斌、商世杰	十二生肖园改造、九仙山赋(大幅)落成、园灯改造，生肖塑像由原儿童公园移入后改造提升		
2005—2015年	于山风景区管理处	福州市园林局	郭斌、陈丽爱、高世杰	完成兰花圃一、二、三、四期改造及驳岸建设		
2004秋至2016春	于山风景区管理处	福州市园林局	郭斌、陈丽爱、高世杰		十三次兰花展览	
2008年、2012年、2016年	于山风景区管理处	福州市园林局	郭斌、黄乃杰、朱晓东	戚公祠展厅三次改造		
2016年6月	于山风景区管理处	福州市园林局	郭斌、商世杰、刘江枫	于山风景区北门落成	与朱紫坊改造工程一同建设	

二、建　设

1958年，福建省人民委员会拨专款人民币23000元，重修定光塔(白塔)，修葺、更换塔内20根木柱和全部云梯，每层木柱接头处加上混凝土的腰箍和挑梁；重新处理塔顶，清除树根，增补铁铸葫芦塔刹，安装避雷针；重新粉饰白石灰，古塔焕然一新。(详见“万岁塔”条)

1963年末，经福州市政府批准，于山辟出4.4公顷为文化游览区。

1964年，于山划归福州市园林管理处管辖，随即成立于山风景区管理所，着手绿化山麓，植树栽花。

1965年，重修庙宇，白云寺改为福州市图书馆，大士殿改为福州市博物馆；万岁寺为福州市展览馆、美术馆。同时，修复名胜古迹，成为福州市区中心的游憩胜地。

1973年，续修庙宇，整治游览场所。

1979年，政府拨款23万元，修建上山道路，安装水电，维修房屋，增植花木，开辟兰花圃。

1980年，在于山兰花圃内“登云台”侧建六角“幽兰亭”，为混凝土结构，边距1.9米，柱高3.3米，飞檐翘角歇山顶。

1980年，在戚公祠内建影雕长廊。1986年，汇集历代福州市区及近郊名胜古迹景观25处图像，由惠安石刻名匠镌刻镶嵌入廊，其中有螺洲孔庙、陈太尉宫、方广岩寺、瑞岩弥勒佛像、林则徐祠堂、福州西禅寺、闽王庙、金山寺、西湖桂斋、镇国塔、福州孔庙、黄阁重纶石坊、乌石山摩崖石刻、迴龙桥、午桥、开元寺铁佛、欧冶池、陶江石塔、河口万寿桥、报恩定光塔（白塔）、林则徐墓、崇妙保圣坚牢塔（乌塔）、戚公祠、罗星塔、华林寺等。

1987年，福州市政府决定将于山移交福州市文化局管辖，于山管理处改为文化游览中心。于山西麓新建福州画院、于山宾馆等建筑。

1988年，在于山南麓于山宾馆东南侧建四角“浩然亭”，为钢筋混凝土建筑，外贴白色花岗石，亭为长方形，东西距5.05米，南北距3.9米。亭高（含盖）5.8米，亭匾为书法家沈觐寿所书。

1996年仲秋，侨胞马在兴在于山东门登山道旁建六角“思乡亭”，楹联曰：“在乡作奉献，三胞为范；兴国需同心，赤子当先。”亭以钢筋混凝土浇筑，边距2.3米，柱高3.55米，飞檐翘角。

1998年，于山文化中心管理处重归福州市园林局管辖，并与于山兰花圃、戚公祠保管所合并。为便于对于山风景区实行统一管理，成立福州市于山风景区管理处。实施“显山露水”“还山于民”整治工程，计划以植物造景为主，营造与景区相适应的生态环境，开辟春、夏、秋、冬四大景区，改造兰花圃，使之成为精品园；拓宽、完善环山干道等整体规划。

1999年元旦，于山经过重新整治后，正式对外免费开放。

1999年夏，在于山兰花圃“幽兰谷”题刻上方建四柱“美苍亭”，亭南面楹联曰：“美亭夜月朦胧画；苍宇秋鸿浩瀚诗。”又有楹联云：“扬公德亭留后范；敬善行碣记师馨。”“新居遍造全州暖；樵禁能培后代青。”

2000年12月，九日台音乐厅建成。该音乐厅坐落于山顶，是福建省第一座严格按声学原理设计的高雅音乐演出专业厅。占地面积4000平方米，建筑面积2635平方米，从首层回廊至顶层，每层设有音乐茶座、酒吧、观景廊、观景厅、观景台等。

于山美苍亭

于山宾馆，位于于山万岁塔东南，面临五一广场。初建于20世纪70年代，2003年按国家三星级标准重新修建，集住宿、餐饮、商旅、会议、休闲为一体，具有浓郁的江南园林式建筑风格，为于山增添新的景点。

九日台音乐厅

2005年，管理处拆除“状元峰”题刻西侧报警台，重建六角“状元亭”。亭以木料建造，亭中设仿宋弈棋桌几。亭边距1.25米，柱高2.9米，亭盖飞檐翘角，古朴典雅。

2005—2007年，分三期改造兰花圃；修复古塔，立于戚公祠西侧，取名“武威塔”，以纪念戚继光来闽平倭的战功。

2007年立夏，福州旅美华侨任生贵捐资于九日台音乐厅东侧建六角“于山亭”。亭以青色花岗石构

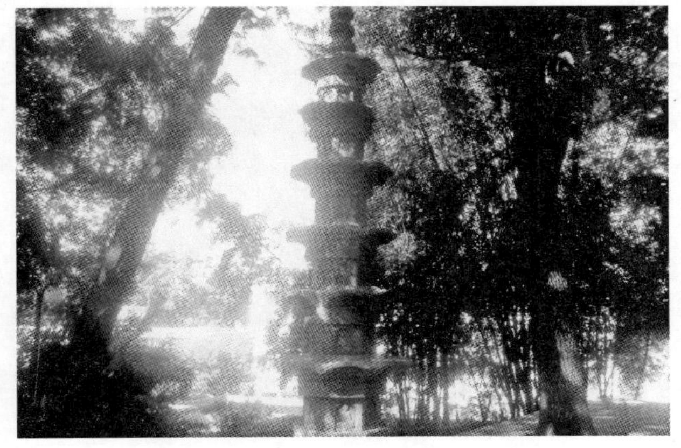

武威塔

造，边距 2.1 米，高 3.8 米。柱联曰“万里谋生远，犹忆当年九日揽胜；天涯擢贵尊，常怀此地儿时争欢”“生机盎然，看相思枝展迎旧侣；贵客怡否，仰九日台高立新亭”。

2007 年 9 月，在天君殿西侧建“倚鳌轩”。

倚鳌轩

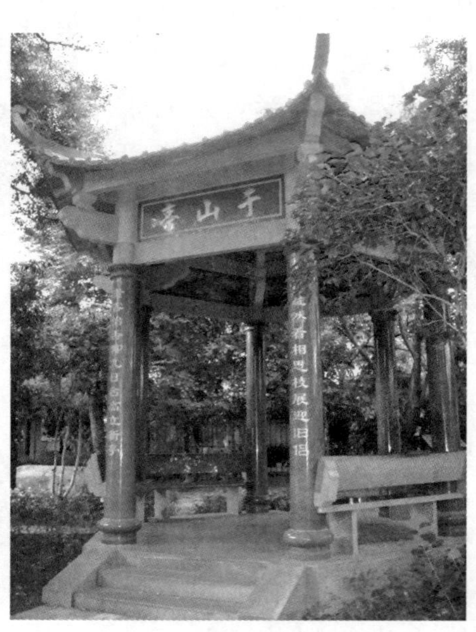

于山亭

第九章　保护与利用

为弘扬爱国主义精神，宣传福州地方历史，于山风景区管理处搜集整理与于山有关的历史事件及人物故事，在戚公祠及附近建筑物内举办展览，包括“戚公祠陈列展览”“戚继光生平事迹展”“福建事变展”“郁达夫史迹展”“历代九仙山名人诗词展”等专题陈列，常年开放，对青少年进行爱国主义教育，增加于山游览的历史文化内涵。具体分述如下：

一、戚公祠陈列展览

戚公祠位于于山风景区的西侧，占地面积4489平方米，是纪念明代杰出的军事家、抗倭名将戚继光的专祠。明嘉靖四十一年（1562），戚继光奉命率兵支援福建抗倭，先后在宁德横屿、福清牛田、莆田林墩打了三次大胜仗。戚家军班师回浙江途经福州时，官绅、百姓于十月十二日在于山平远台设宴饯别，并勒碑纪功。后人为纪念其丰功伟绩，在此建戚公祠。

明代修建的戚公祠厅毁于清道光年间。现存的戚公祠厅是1918年重建的，面宽9.9米，深8.3米，厅正中是当代新塑的戚继光坐像。戚继光两次入闽抗倭，这尊像是其第一次入闽时的形象。坐像边陈列纪功碑残石。厅两边是展橱，主要陈列实物、文献资料、仿制兵器（有狼筅、镗钯、藤牌、土檵、刀、剑、枪、炮等），还有戚继光所撰兵书《练兵实纪》《纪效新书》，诗集《止止堂集》，行军干粮（光饼、征东饼）及戚继光手迹拓片等。

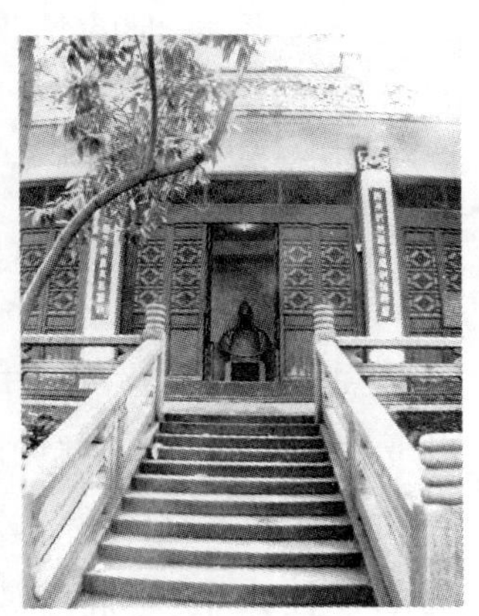

戚公祠陈列展览

1961年，戚公祠列为福州市重点文物保护单位，1963年列为福州市第一批市级文物保护单位，1991年列为首批青少年德育基地，1995年列为首批爱国主义教育基地。每年接待参观数十万人次。2006年被共青团福州市委授予市级优秀青少年维权岗，2007 年被共青团福建省委授予省级优秀青少年维权岗。

2016 年上半年重新装修，增加电子设备，通过环幕、激光屏幕等记功碑展示平台，生动展示戚继光用兵和当年古战场的景象，系统介绍戚公事迹。

二、戚继光生平展

戚继光生平展设在平远台一层。现存的平远台是十九路军爱国将领蔡廷锴等人为弘扬戚继光的抗倭救国精神、激励士兵抗击日本帝国主义而捐资在宋代遗址上重建的。展厅宽 12.5 米，深 6.2 米，厅正中陈列着戚继光晚年披甲戴盔的戎装胸像。两边的展壁以多组图画展现戚继光身经百战、扫平倭寇的奇功伟绩。厅中间还有戚继光发明的“鸳鸯阵”等阵法模盘，以展现戚继光军旅生涯的光辉形象。

三、“福建事变”展

2005 年 8 月 15 日，为纪念抗日战争暨世界反法西斯战争胜利六十周年，于山风景区管理处在补山精舍举办“福建事变”展，展示了 1933 年参加淞沪抗战的十九路军将领，在中华民族处于生死存亡的危急关头，在被蒋介石调到福建从事“围剿”红军及革命根据地的情况下，在此召开秘密会议，历时半个多月，商定“联共、抗日、反蒋”策略，发动震动中外的“福建事变”，成立“中华共和国人民革命政府”。展览反映事变的整个过程，内容分为“前言”“民族危亡”“酝酿事变”“成立政府”“精神永存”“大事记”“结束语”等七大部分。展厅宽 6.3 米，深 10.9 米，分 19 个展版、8 个展橱，以文字概括说明，配以图片资料，准确、详尽地展示了事变的起因、过程和结果。2016 年上半年重新装修，增加了电子屏幕和四位主要人物的塑像，让人们更加直观地了解该段历史。展览常年开放展出。现为福建省级文物保护单位、省国防教育基地。

“福建事变”展

四、郁达夫史迹展

“郁达夫史迹展”设在戚公祠厅东北侧的“蓬莱阁”一楼。蓬莱阁的前身是座木构双层八角亭，初名“复亭”。抗日战争时期改建为阁，宽 9.8 米，深 9 米。因戚继光籍贯山东蓬莱，取名“蓬莱阁”。展览分“前言”“爱国一生”“入闽事迹”“诗文篇章”“后语”五个部分，展示郁达夫生平经历和在闽活动情况，并用展橱陈列郁达夫的作品及研究郁达夫的著作。

郁达夫史迹展

郁达夫（1896—1945 年），浙江富阳人，现代著名作家、革命烈士。1936 年任福建省政府参议，先后在福州生活、工作将近三年。其间曾多次来于山戚公祠拜谒戚继光，对戚继光抗倭爱国精神非常敬仰，即兴吟咏，留下《于山戚公祠题壁》《游于山戚公祠》和《满江红》等诗词，抒发爱国忧民的情怀。2006 年是郁达夫诞辰 110 周年，于山管理处以此为契机，举办了郁达夫史迹展。

2016 年上半年，增加电子设备，动态展示郁达夫的风采和相关资料画面。

五、历代九仙山名人诗词展

为广泛宣传于山人文景观，2007 年国庆节和 2008 年春节间，于山管理处搜集宋至当代名人畅游九仙山的诗词歌赋共六百余首，并从中精选百余首，配以图片于白云寺展出，深受观众好评。应广大观众要求，展厅常年陈列。2016 年上半年，重新装修，增加电子触屏显示器和灯光

历代九仙山名人诗词展

照明系统。

六、辛亥革命纪念馆

大士殿及其两侧的真龙庵、护国寺都是康熙五十二年（1713）兴建的。1911 年辛亥革命时期，福州前敌总指挥部曾设于此。今辟为辛亥革命纪念馆，是省级文物保护单位。1911 年 11 月 8 日，以许崇智为前敌总指挥，召集革命军的有关军官在此举行紧急军事会议，部署起义作战计划。11 月 9 日拂晓，于山前沿阵地四门大炮集中轰击福州将军署（今省立医院）。接着，革命军与清军在旗汛口、津门楼一带展开短兵相接的激战，一举击溃清兵，活捉将军朴寿。朴寿拒绝投降，在逃跑时被击毙于炼丹井旁，从此福州宣告光复。大士殿展馆按当时前敌总指挥部的场景布展。龙神庙（真龙庙）两边陈列黄花岗起义中十位福州籍烈士的照片和生平简介，展现在辛亥革命中八闽儿女奋起响应、舍身为国、谱写下可歌可泣的战斗篇章。展览分“辛亥革命的社会背景与革命前夕的福州”“黄花岗七十二烈士的福州英烈”两部分，通过当时的报纸、书籍以及后人研究著作、纪念资料等，展现当时中国人民决心推翻封建专制统治、挽救国家危亡的英勇奋斗精神。

辛亥革命纪念馆

七、白云寺九仙山诗词展厅

白云寺旧称法云寺，2008 年辟为历代九仙山诗词展厅，同时作为游客服务中心的休息、展示厅。2016 年上半年重新装修，增加作为于山平远诗书画院和福建海峡百姓书画院展示平台的功能。

八、福建人民革命大学于山旧址纪念碑

福建人民革命大学简称“革大”，是中共福建省委为适应新解放区形势发展需要、培养地方干部而创办的一所“抗大”式学校。第一期于 1949 年 9 月 25 日开学，学员 2500 多名，大都是爱国知识青年。建校初，

“革大”就以培养全心全意为人民服务的干部为办学宗旨，以理论联系实际、实事求是、自觉改造世界观、树立正确革命人生观为学风。习近平同志在给“革大”建校50周年的贺信中写道：“福建‘革大’的历史是一部光荣的历史、一部奋斗的历史，为我们今天进行改革开放和经济建设留下了宝贵的精神财富。”2015年9月，在“革大”旧址于山建成纪念碑，高2500厘米（不含底座），宽1949厘米，分别寓意“革大”学员人数和建校时间。2017年六七月间增加8幅影雕碑刻，展示当年学校学习、生活等场面。

九、于山平远诗书画院

2013年8月18日，成立于山平远诗书画院，并与福建省海峡百姓书画院联谊，常年在于山开展活动，作为交流、创作、学习、展示的平台，保护、传承、发扬于山悠久的历史文化。

主要成员：刘风、郭斌、谢奇川、刘孙枝、郑建国、黄捷、陈元春、谢圣望、陈力、孙展文、王金龙、张庆祥、翁志石、刘行周、翁秀珍、吴协昌、李林洲、郑述信、董家樵、张庆祥等。

参加人员：1. 福州市园林局系统中对诗词、对联、书法、绘画、摄影、篆刻等具备一定基础知识的干部、职工。2. 对于山历史文化和景区自然景观具有一定研究的专业人士。3. 积极参与传承、弘扬于山历史文化的各界人士。

工作目标：1. 传承、弘扬于山历史文化；2. 弘扬爱国文化，提升于山兰花文化等新兴文化品位；3. 为园林公园景区建设注入文化内涵，提升园林文化品位；4. 发挥爱好者特长，通过各项活动，为美丽福州建设贡献力量。

第十章　艺　文

古今代谢，陵谷变迁，能留往迹以示后来者，唯文而已。而山川之嵯峨峭拔，必待名贤高士发为文辞，形诸笔墨，以增辉色。是以山川终古，必托之文章。于山为福州人文渊薮，所谓名胜之区，必有纪胜之作。举凡序、记、碑、铭、志、跋、赋、诗、联等，采而辑之，用以考见往迹，亦资参订，补志之所未备。

艺　文（一）

序

鳌峰雅集图序

［明］林　炫

嘉靖辛卯闰月之望，林子与客七人游于鳌峰之上，叙同年也。七客为谁？白潭曾子、两洲王子、夏山张子、侑溪姜子、圭山张子、果庵谢子、承庵胡子。忆自正德甲戌同奉廷对、释褐，□今十有八年矣。入官之后，踪迹中外，如萍如星，有思一面而不可得者。则吾八人者，聚一方，会一时，如鳌峰之集，可不谓之奇乎！然前此一会于芝山，再会于西园，独言鳌峰者，举地也。盖鳌峰闽城东南之山也，其地有崇阜曲岭、平台危石、古梅劲柏、幽泉小洞，皆山之佳处也。是日，秋气初生，暑烦顿减，宾主揽衣而升。至胜观亭，揖让而坐，乃献、乃酢、乃酬，酒数行，乃起。至寻乐亭，林烟霏霏，如欲雨状。白潭、两洲投壶，果庵、侑溪弈棋，承庵从旁观之，当其得意忘言，莫知谁胜而谁负也。夏山、圭山登状元峰之绝顶，则见越王、石鼓、乌石诸山环拱参列，苍崖翠嶂，高出云霄，大江横亘；其下阛阓鳞次，轻鸥白鹭，飞鸣田陇。夏山口占为诗，授童子；圭山倚石而望，俯仰之间，怀抱畅适，各极一时之趣焉。林子被忠静服，携绿绮琴而往。于是，夏山捋林子过野意亭，历四望处，下吸翠，斩肃袵而言："今日之游乐乎？"林子曰："是游也，坐则以此，饮则以量，诲告则以道义，辨析则以理学，无肴豆之丰，无丝竹之乱，无车骑之劳，而逍遥容与，得一日之乐焉。盖自同年有会以来，兹亦良非偶矣。"嗟夫！诸公抱康济之志，其居可为之时，藩以宣政，臬以明刑，隐然负山岳之望，于天下畴昔之进也为不负矣。炫也委琐朴遬，动与时违，退处丘谷，亦其分也。诸公敦念旧好，情文阴厚，引而置之，冠裳之后，讵不重可愧哉？虽然，昔人谓礼重始进，终身为国，是故同朝则加亲，同事则加密，进则相援，退则相拯，宴会则相征召，自前世则然也。予谓是虽同矣，而非同之大者。同之大者，必也为学同践卓尔□如之境，立身同造高明光大之域，在朝同效蹇蹇匪躬之忠，在□同守遁世无闷之操。其心同也，其志同也，其道同也，是故出处者时也，崇卑者命也，聚散者情也。岁月易迈，人事难齐，感慨生焉。夫所以感乎外者，万有不同，而要乎其中者，无异也。《易》曰："二人同心，其利断金。"斯其为同之大乎！诸公咸赋诗以纪而退，某为之叙，命绘工即席貌容维肖，装潢成卷，人藏其一，为子孙世讲之张本焉。方伯江楼钱子，闻而歆之，致诗一章，并载卷中。曾子字元翰，琼山人；夏山张子字用载，东阳人；谢子字国正，鄞人，皆为按察宪副。王子字一卿，安福人，以太仆少卿出为少参；姜子字君肃，南昌人；胡子字茂卿，绩溪人，皆为按察佥宪。圭山张子字存礼，仙居人，时为建宁宪佥，迁蜀宪副。行将未几，谢果庵亦迁云南参政而去，信良会之不可再矣。某以南京礼部仪制郎中乞告居九曲山中，是为叙。游之后二月，榕江林炫撰。（《林榕江先生集》卷十九）

碧天上人六十序

［明］谢肇淛

余往岁读书罗山，考法海禅林故址，盖凄然有沧桑之感焉。不二十年归，而朱门甲第，复成兜率天矣。时则碧天上人，开山肇迹，而蓝长者圻，实左右之。余得从蓝君游，时时与上人大谈空说有，甚善也。岁在壬子，上人腊且六旬，仲夏之季，蓝君走檀那侣，设桑门馔，膜拜礼佛，为上人寿，而先客以征予言。余谓："上人固西方之圣者，西来之教大都归之苦空枯寂，视宇宙法界，恒河沙众，一切不从生灭起念，即百有千岁，何殊旦暮，何裨心性，而又安用戋戋之言为也？"客谓："不然。有出世法，有度世法。彼其结跏合掌，冥然芥大地而息诸缘者，出世者也。若乃慈悲六道，阐抡圣教，使暗者复明，罪而还福，无论宗风，即众生实赖之，则非度世者不能与焉。上人少习苦行，出家居鼓山之凤池，豺虎之与居，魑魅之为使，若不闻也。凄雨严霜，疾风寒雪，粮断火绝，饮水啮草，若不闻也。开白云洞天，琢山骨、绝地轴，腰镰诛茅，与佣保杂作，手足皲瘃龟坼，若不闻也。兴法海寺，徒手募数千金而不名一钱，四方善信云集响参而无喜色，梓匠轮舆、金石墁瓦、米盐琐屑，无纤毫不自手出而无倦容。至于今，冬夏一衲，行立坐卧，经旬不食，经岁不眠，即首座高足，未能窥其际也。倘所谓度世，是耶？非耶？天之所兴，谁能废之？且无住者心也，常住者色也，寿不亦可乎？”余曰：“善哉！客之言也。然愚愿有所进，请因客而问之。上人之度世也，为兴西来法耶？为结未来因耶？为是兴法，恐涉思议；为是结因，恐便堕落。请师于此转下一语。”因和南而作颂，颂曰：“无生相，无无生相。六十年至，百千万亿，总成魔障。咄，放下杖，竖起杖。愿佛与众生，一切寿无量。”（《小草斋文集》卷二）

寿碧天上人序

［明］陈一元

予初举孝廉，即与碧天上人定为支、许交。时上人方辟白云洞于万峰之巅，披蓁莽，抉土琢石，竭五丁之巧，悬千仞。溯自鸿濛以来，猿猱所不能到之境，乃上人独运神力而开创之，为吾乡一大奇胜。洞既成，上人闭关习静于嵁岩邃谷中，年尚壮也。及予登第，过里门，上人又勉副檀那之请，住持罗山法海禅林。法海之蚕食于民居也久矣，一旦兴复，事势綦难。值蓝长者舍其故宅，而上人多方劝化，檀施云集，累数千金。不一纪，金碧辉煌，宝所珠林，旋复旧观；更广集缁流，礼经说法，年且及艾也。既予奔驰仕路十有余载，被命持斧江以西，再复过家，上人又于寺之东偏创建弥陀宝殿，浚放生池及法云堂诸处。先是，陈民部捐独乐之园，曹观察与予舍给孤之金，上人日夜区画，不遗余力，身荷畚锸，与佣保杂作，年且衰矣。尔时，谢廉访曾为文以祝之，迪以出世度世大旨，上人首含之。比年以来，予谪籍林居，无所事事，皈心白业，悯乌石山神光寺之颓废也，遂发弘愿，延僧修复，僧偶以他事出，上人兼为管摄，而所以调护梓匠，较量墁瓦，井井有条，朝神光而暮法海，往返仆仆，了无倦容，予心喜之。天启初元，上人年七十，老矣。月在蕤宾，为初度之辰，诸善信请予一言为上人寿。予曰：“禅家空诸四大，以尘世为浮沤，脱离生灭而登正觉，若循世俗谀言以祝腊，不蹈绮语之戒乎？虽然，佛说《莲华经》有云：‘诸善根以若干因缘，种种说法作佛，未尝暂废，寿命长远。’佛亦因是而说谒言。上人自少至老，因缘浩大，开山建刹，所以作佛事不可思议，则予以言寿，上人实有以解矣。况罗山乃道闲四禅师说法谈宗之地，上人尝住此山，阐五百年之宗风，灯灯相续，且垂休于千百代之远，宁独一身一人之寿已耶?”诸善信佥曰：“善哉，善哉。”予因喜而为载笔。（《漱石山房集》卷十二）

陈绍先他山集序

［清］孟超然

余以乾隆庚午读书鳌峰，获交陈君绍先、黄君乐序、张君思训。思训、乐序方以古文辞相切劘，而绍先独喜谈诗。绍先年长于余二十余，余以长者事之，辄逊谢，且以所著《他山集》属余题词，余援笔为长歌，君称善。时予未弱冠，甫辨四声，年盛志得，以为此事无难，迟数年为之未晚也。癸酉，君与思训、乐序同举，而予贡成均，自后累蹶举场。三君子公车以后，友教四方，余仍居鳌峰者七年，时或聚晤，不数月，辄分袂而散。洎余官京师四年，惟君与乐序公车再至，而思训又不果来。暇时回忆向日九仙山下同舍而居，共师而事，烟峦林麓，近在几筵，藏书之楼，图籍万卷，风月吟弄，朋友切磋，偻指之间，皆如梦寐，未尝不临风三叹也。君诗刻画工整而抒写性灵，要自丽而不靡。早岁居吴越，涉江淮，中经忧患，航海而南，复以事出居庸关外，波涛关塞，险阻备尝。公车以后，又客于齐，游于豫，山川之胜，舟车之劳，盖无不触于目而感发于心，故其得诗甚富，而与年俱进。昔龙门游遍天下，文乃独有千古；而颍滨苏氏亦言，观于河岳，以养其气。循是以观，可以定君之为诗矣。而余独愧十数年来，应举之日，疲于时文，通籍以后，强为排偶，近益无暇为此，为亦必不能工。回思少日，此事无难之言，真如梦呓。而所谓迟之有待者，亦既颓唐荏苒，而无月锻季炼之功。属君自里中贻诗，督序于余，余何知诗，惟有感聚散之不常，而惭负知己之期许而已。（《瓶庵居士文抄》卷一）

红雨楼题跋初编小序

［清］郑 杰

吾闽藏书之富，前朝洪、永间，无从参稽，嘉靖以后，始乃历历可数。陈方伯公暹、马恭敏公森、林方伯公懋和、王太史公应钟，炳炳麟麟，后先媲美。乃马公季子能读父书；陈公后昆寖微，散如云烟；林、王二公，捐馆未几，书尽亡矣，虽丹黄批点句读俱在，而全书飘荡四方者不少，吾闽先辈间有得者，珍若拱璧。厥后如陈一斋季立、邓参政汝高、谢方伯在杭、曹观察能始、徐兴公惟起，皆有书嗜。陈尽毁夫人之手；邓装潢整饬，触手如新；谢锐志搜罗，不施红黑；曹丹铅满纸，枕藉沉酣；究之秘本奇编，连床充栋，参讹订异，前题后跋，惟兴公先生搜讨为最也。又幸有器之、存永二后人，维持保护，故虽辗转流遗，仍皆存之吾闽乡先辈家，终未湮没也。不佞仰企前人，潜心购觅，几废寝食，得徐氏汗竹巢、绿玉斋、宛羽楼、红雨楼藏本，什有二三，不啻如当日闽先辈之于陈、马、林、王四先生所宝所藏之书也。独是兴公先生善聚善读，用心精勤之处，余欲与天下人共知之，遂搜录题跋若干首，先付梨枣，别为初编云。嘉庆三年岁次戊午重九日，侯官郑杰书。（《红雨楼题跋》）

于峰小纪序

［清］郭柏苍

昔司马氏周游天下而作史，左太冲构思十年而成赋，动静虽殊，心思则一。千古著书立说之人，圣贤外皆因其好之所近。闽县戴子成芬，酷嗜明谢在杭《小草斋集》，其状貌矮胖，绝似徐兴公。山人像，道光己丑、庚寅间犹在鳌峰坊东南杨厝衕石阶侧墙龛中，背书“七月初一生”数字尚可辨。生平喜独游，以独游所得之景为独景，亦陈元凯登乌石闻人声逃归之类。屏迹于山马恭敏公祠，满庭芳草，据案静坐，而自匿于古书秘本之中以为乐，诚徐山人宛羽楼、汗竹巢气象也。批点诸什，仿刘须溪、钟伯敬、谭友夏；而丹黄之法，又似凌濛初、闵十二。近以《于峰小纪》九卷整整出示，宛然谢氏《五杂组》《文海披沙》矣。大而日星河岳，小而草木虫鱼，剩馥残膏，不忍弃置。同辈或议其琐细，《五杂组》《文海披沙》又何尝不琐细耶？凡圣经贤传，诸子百家，可以淑身，可以治世，其余《禽经》《山海经》《博物志》诸书，只足以广见闻，询其所自，则无始也。后人著作以考核为尚，无据者不录，若一一援引，则又不能成为一家言，世愈远，作者愈多。于是责之以笔法，曰似公羊氏、穀梁氏，似庄子、孟子，似《考工记》《檀弓》，至汉魏百有三家，唐宋诸大家，乃其余矣。又限之以体例，陆机《文赋》所云者体也，金石有例，志乘有例，体例之说行，而著作之可传者益少矣。《于峰小纪》意在辩说，此其手笔也；同者不载，此其体例也。其书视《五杂组》《文海披沙》为优矣。戴子，苍舅氏婿也，苍不欲其以著作俟后人，后人如我俟之，何益后人胜于我？自有著作视我之无笔法、无体例者为不足传，是我已矣。净慈山斋，风竹压窗，二三日不饮不食，仍未尽窥此书之妙，急为之序，并作札付梓民吴大擀，促其剞劂。道光癸巳六月。（《葭柎草堂集》卷上）

碑

大唐福州报恩定光多宝塔碑记

［五代］黄　滔

金圣人之教，功与德；鲁圣人之教，忠与孝。以忠孝之祈功德，莫之大也。天复元年辛酉，天子西巡，岐汴交兵，京洛颙颙。我威武军节度使相府瑯琊王王公，祝天地鬼神，以至忠之诚，发大誓愿，于开元之寺造塔，建号“寿山”，仍辅以经藏，乞车驾之还宫也。其三年甲子，[①]以大孝之诚，发大誓愿，于兹九仙山造塔，建号“定光”。仍辅以经藏，为先君司空、先秦国太夫人、元昆故司空，荐祉于幽阴也。大矣哉！赫赫忠诚，恳恳孝思，以国以家，以明以幽，胡天地之不动欤！胡鬼神之不感欤！释之西天谓之“窣堵波”，中华谓之“塔”。塔制以层，增其敬也，造之获无量无边功德。初，我公以宏才妙略之有藩维，以仁智神鉴之谋远大，谓闽越之江山奇秀，土风深厚，而府城坐龙之腹，乌石、九仙二山耸龙之角，屹屹岩岩，孱孱颜颜。两排地面，双立空际。怪石如墉，迴岗若揖。东衔沧海以镜豁，西走建溪而带萦。气色蒙茸，风云蓬勃。非仙宫佛寺，不可以乘龙之角，大龙之腹，何乌石二而九仙旷？乌石山有神光、天王二寺。岂非代虚其作，地秘其期，以待我公？况古仙炼骨之所，升真之迹邪！一旦之新城月圆，壬戌岁，我公卜筑其外城，号月城。二

---

① 按：天复三年为癸亥（903）。

山之嘉气云连，森上介，掀大旆。或旬或朔，眷于粉堞之上；时行时止，卜于烟峦之堀。得峻中之平，平中之峻。凸而不隆，凹而不卑。树翳荟以奇姿，草芊眠而别翠。遂从宏愿，启兹塔之基焉。塔之科也，恐山之偏，忧地之入，将堑平壤五十尺之深，百有余尺之阔，杵土积石而上，逮二十尺，瞥然虹见，莹然穴贮。俄以珠宝之获，坐以金钱，大不及拳，光能夺目。于时清风四来，海天扩开。烟霞蓊蔚于城隅，鸾鹤盘旋于林表。举闽之军，倾闽之俗，以趋以走，以歌以咏。既而畚锸投，般倕奋。内甃以砖，凡四十万口；外构以木，盖百其巧。七层八面，玲珑窈窕。榱桷栏楯，镠镉杈枒。云楣翼环，珪斗鳞蹙。彫锼丹臒，曲尽其妙。方七十有七尺，高二百尺，相轮之四十尺，参之也。悬轮之铎一百九十，悬层之铎五十有六，角瓦之神五十有六。其内也，则门门面面，缋以金像，不可胜纪。登之者若身在梵天，瞻之者觉神离赡部。嵘嵘然触圆青而直上，野鹤经之而高翔，疑掠其腹；鳞鳞然压峭碧而崛起，地祇感之而下捧，疑殚其力。其相轮也，我公誓愿之日，仲氏司徒自清源闻而感、铸而资，虽从人力，悉类神功。谨按《妙法莲花品》自地涌塔于佛之前。其幢幡璎珞，玛瑙车磲，七盘四悬，乘虚耀日，乃多宝之佛发大誓愿之感现也。由是以斯塔取如来之嘉号，号之曰“定光”，以其感珠之现，侔于自地之涌，故联之于多宝；本于孝思荐劬，故冠之以“报恩”，此其义也。夫如是，大雄之力，出死入生，至诚之神，感天动地。若乃沉沉夜壑，浩浩世尘，莫不以兹玄符，承彼惠日，超于三千大千之世，游乎二十八天者哉！苟不之然，则凡彼经文，悉为之虚语耳，又焉能垂信于百千年之后哉？既而巍巍峨峨，金辉铁牢，其东则翼以经藏焉。其藏也，外构以扃，八角两层，刻栴檀、镂金铜、饰朱漆之炳焕，仍卫华堂七间，名之转经焉。致其沙门比丘，比比厥迹，以为拜唱、趺读、丛谈、聚听之凑。日系乎月，月系乎时，轩轩阗阗，奚景福之不幽资乎！又感应天王殿，一间两厦。其天王也，变毗沙之身，于感通之年，现神质为龟城之助。絛腰衣褐，屣足乘云；双吐目光，两飞霞彩。乃千百亿化身之一，为寿山草木之应，今塑于此，厥感宁亡。其西则翼之别殿，曰“塔殿”。其塔也，我公萌誓愿之先，因心以制，十有三层之妙，形匪伟而诚有为，殿斯奇而塔斯处。其北则报恩变相堂九间，洁瑠璃之地，等娑婆之世。七宝丛树，五色腾光。明明见阇提之心，一一标如来之说。又僧堂，五间上，五间下之，与茶堂五间直联曲交，冬温夏凉。又华钟之楼，迥起清音，下折刀山。长明灯之台，圆笼孤光，杳辉漆壤。其东南之一臂，复建地藏殿，一间两厦。功德堂五间，张如别构，而制匪异。其殿也，坐以菩萨之丽，若欲飞动；其堂也，骈错仪象，或金范，或幅缋，千形百质，恐悉诸天之圣侣粤间焉。公厅四间一厦，或备旌钺之觏止。我公或四季之旦，三旬之八，聚僧设会，拜首追祝，勤勤恪恪，罔所不至。举闽之高卑，举闽之少耋，攀之望之，无不动心涕臆。君子谓，岂唯冥荐于先，盖以孝教民也。又库厨五间，浴室三间，接之井，井重以楼焉。环周辐辏之行廊，凡三十有三间。总费财六万余贯。如山之叠，如洞之濬，巑巑隆隆，丛为一宫。其大也，琢文石以为轩，雕修虹以为梁；其小也，取良木于灵山，筛嘉壤于飞尘。虽掩映乎人间，实参差乎象外。其经也，帙十卷于一函，凡五百四十有一函，总五千四十有八卷，皆极剡藤之精，书工之妙，金轴锦带，以为之饰。天祐二年乙丑夏四月朔，我公宿诚于州，束烹于肆。及胁降之辰，大陈法会，以藏其经。缁徒累千，士庶越万。若缁若士，一而行之。正身翔手，右捧左授。自州之阯，起于我公，传至于藏。观者如堵墙，佛声入霄汉。幡花照乎全郛，香烟连乎半空。雪顶之僧，指西土之未有；骀背之叟，庆东闽之天降。可谓之鸿因妙果者也。始者我公之登坛也，其一之年，偃干戈，兴礼乐；二之年，陈耒耜，均赋舆；三之年，叠贡输，祇宠泽。万乘臣其职，四邻视其睦，百姓天其政。故一川之镜如，灵台之月如，融融怡怡，愉愉熙熙。乃大读儒释之书，研古今之理。常曰："文武之与释氏，盖同波而异流。若儒之五常，仁、义、礼、智、信。仁者，含宏也，比释之慈悲为之近；礼者，谦让也，比释之恭敬为之近；智者，通识也，比释之圣觉为之近；信者，直诚也，比释之正直为之近；而义者，杀也，其为异诸武之七德。至如戢兵保土、安民和众之类，亦犹川陆之徂秦适洛焉。然则皆谓之烦恼。吾父，国也；子，民也。朝为社稷之计，暮作稼穑之念。若俾求智慧火，干烦恼海，则非吾之所能；若建金地，缮金文，陈法会，一众僧，冀乎不可思议，乃吾之所志也。"于是月陈三斋，时或雪峰之僧，围绕千徒；卧龙之僧，围绕五百。以至万钱之膳，或间嘉蔬；五袴之歌，或参云梵。慈航驾岸，法雨垂空。必致菩萨化身，罗汉混俗以降也。时人谓灵山之会日俨矣。又以府之寺，至于清源，或存或烬，或抽金积俸，增而新之。而府之开元、大中、神光，曩塔之数，与寺俱焉。新于大中、神光，乃规旧制；而精爗宏壮，则迈前时。开元则辅之经藏，加之转轮之盛，尊大君也。定光多宝，报恩于劬劳，故以砖。砖者，专也，谓山度之材，有蠹朽之日；火化之壤，无销铄之期。其本乎土也，资乎火也，及投诸水火，则不归乎土，不壤于水，历千秋而其质坚然。乃以专至坚贞之诚寓于是，则斯诚也如是，得无感乎？则彼珠之为符验矣。且夫珠也，或颔乎龙，或衔乎蛇，或胎乎蚌，故水怀而川媚。今兹珠也，不自乎龙，不自乎蛇，不自乎蚌，匪怀水而媚川而孕。厚地之二十尺，岂非斯之感欤？不然，则始从融结而孕之也。若以始从融结而孕之，则厥初已兆我唐之有我公也。则我公之言，乌石之有神光、天王，九仙代虚其作，地秘其期以待我，信矣。塔之讫功，顾小从事某，有礼官甲科之忝，明主研许之幸，庶几于圣人立身扬名之道，命为之记，用旌厥德于无穷。某不敢牢让，作礼而推之言。夫陶天地为后时，锁生死于无朕，其道不可以真虚求声影赜；应誓愿于有为，现感通于至诚，其道乃可以精谛至严敬致。今我公以精谛严敬，积功累德，以溯流于世。斯塔也，岳岳崇崇，兼乎仁孝之鸿名，偕天地日月江山之永，遂刻于贞石焉。其词曰：金圣人教，德与功兮。鲁圣人教，孝与忠兮。巍巍贤杰，二美钟兮。建兹宝塔，惟追崇兮。祝天沥恳，先延鸿兮。报劬荐祉，祈幽通兮。仙山之秀，夷且隆兮。旷古为期，俟仁风兮。月圆珠现，契遭逢兮。融结之初，兆英雄兮。岂徒嶫嶫，懿斑工兮。火壤之贞，积磨砻兮。斧材之取，厥匪同兮。七层八面，相玲珑兮。金铃宝铎，交丁冬兮。影落澄清，驯鱼龙兮。顶触圆碧，分鸿濛兮。缋仪范像，叠其中兮。齐天极地，为初终兮。金文贝字，构重重兮。讲读千来，罄西东兮。灵山盛会，日雍雍兮。甘露法雨，常蒙茏兮。鸿名冥祉，偕无穷兮。（《黄御史集》卷五）

报功祠碑

［明］欧大任

上之八年九月，资善大夫、户部尚书钟阳马公薨于家。九年七月，闽县、侯官县耆民齐道正、郑汝学、周桂和等百余人，匍匐言于台院，上官曰："昔嘉靖壬戌、癸亥，福州三卫军鼓噪为乱，一扰于教场之团练，再哗于藩省之清粮。当是时，倭奴窥觎海上，闽方戒严，客兵且骄悍狼顾，众虑内外勾引，主客潜通，会城震虩，莫保朝夕。父老子弟万众请公慰抚，公两出谕之，卫军罗拜，翕然归营，此其功存于城社，而恩溉于桑梓者也。公今逝矣，舆情尸祝，日切于心，愿得官地一区，请以私财建祠报祀。”上官从其请，画平远台旁之吉壤，左望鼓山，右望旗阜，谯楼峙其后，前则大江通于海，钓龙台在焉。工皆子来，凿石畚土，辇木运砖，越两月而祠成。堂室庑序，庖湢垣墉，百尔孔备，额其门曰“报功”。于是卜日协辰，父老子弟奉公像貌，虔修蒸尝之祭，荐绅逢掖，喜斯祠系闽中万众之心也。中书舍人袁君表，自京师贻余书，属为之记。余惟公曩事世庙，扬历中外，则功在方国；及事穆宗，会计谋谟，则功在廊庙；请养还山，十三年而终，上之恩赐恤典，诚不忘其功也。是举，犹乡人父老子弟之心，非所谓乡先生殁，祭于社之礼耶？嗟夫！庚桑楚之居畏垒，三年大穰，畏垒之民且俎豆之，矧公之捍大菑、御大患，功在闾井，并合祀典，宜乎乡之人之不能忘矣。余不佞，何能载笔，谨述祠事所繇，勒诸丽牲之石，告于百世。（《欧虞部文集》卷之十二）

大中丞熊公平远台报德勒功碑

［明］陈一元

闽僻在一隅，上四郡负山，下四郡一州滨海。赐履之地弗广，而山海之寇，时时有闻，岛夷之窥伺者，又伏在肘腋。朝廷设大中丞镇抚之，实为封疆至计。然必得经文纬武，其人肃纲振纪，又晓畅军旅者，庶几称社稷臣，克副厥任。今上即位之初年，心开熊公特膺简命，下车休养元气，海涵天覆，八郡五十七邑如茈之衽席上。先是鲸波未靖，绿林之豪拥其巨艘数百，横行浩漾间，烧劫荼毒，屡抚屡叛。公躬诣漳、泉、兴化三郡，得其情形，下令招抚，疏请授以材官职衔，听歼自赎。推诚置腹，果大得其用，独有渠魁钟斌负隅不服，公设奇纾策，密召守备郑芝龙，乘以战舰，给以火器，饱以刍粟，利以矛盾，皆一一出自手画。党钟珪计穷自沉，洪辉降，刘业虏斌兄弟，妻孥尽生缚。一捷大嶝，再捷古雷澳，三捷甘桔洋，其它胁从胆落魂褫，悉就戎索，而海寇平矣。当公之初入境，粤寇倏起，攻城陷邑，浸及闽界，上杭、武平两邑危若累卵。公得报，即与兵备曾公、邑令吴公发兵料饷，覆其巢于粤之员子山，乃始下三山。越岁辛未，石窟都贼钟五孜等复起，势益披猖，朝议三省会剿。公疾驰上杭，劳心焦思，栉风沐雨，必灭此而后朝食。因授计于郑芝龙兄弟，逐贼于三河，败贼于西洋，捣贼于铜鼓嶂，擒贼于九连山，斩级夺马，不可胜数，望风解散者，以数千计。而上郡之民，夜枕始高，鸡犬桑麻如故，犹之乎下四郡沿海之安堵矣。班师之后，捷书奏闻，圣天子嘉公劳勚，增公爵秩，仍抚闽中。从此萑苻永辑，海晏山宁，厥功伟哉。本公清心劲骨，卓识雄才。素讲六韬三略之秘，行兵类诸葛武侯；精究天文奇遁之书，推测类司马季主。故百发百中。虏在目中，不动声色，能措全闽于泰山磐石之安，分其绪余，以奠虔全。粤寇平，又擘画久远之计，凡边海咽喉，处处筑城，在在设堡，费出公帑，民不劳而工自集。闽中缙绅父老子弟，幕下弁韐材官，佥欲立祠平远之巅，肖公貌为畏垒之祝。方鸠工庀材，而两粤总制之命下矣。昔栾布往而社作，狄公去而祠兴。燕然有窦宪之穹碑，魏地有韩琦塑像。盖民无触而不思，思无时而有渝。齿牙有穷，金石攸永，匪实称名，畴能享此者哉？公讳文灿，字□□，别号心开，贵州永宁卫人，万历丁未进士。铭曰：于维全闽，实称海国。上接楚虔，下邻浙粤。扆海负山，绿林出没。啸聚陆梁，不时窃发。剽掠恣行，狂呼竿揭。山谷凭陵，风涛阻绝。我公在镇，振旅薄伐。遣将调兵，师出六月。十乘启行，威声旁达。云闪朱旗，日耀玄甲。士饱资粮，马肥刍秣。鱼在釜游，无繇生活。以次就擒，网解漏脱。剿穴捣巢，焚艟破筏。一鼓再鼓，元凶尽拔。山海敉宁，驰奏金阙。帝曰尔嘉，再授节钺。知公忠勤，表公劳勋。晋掌制府，统驭三军。民安贸易，农乐耕耘。风清岭徼，波恬海濆。既绝噍类，永靖妖氛。新祠赫奕，香气氤氲。万年尸祝，颂德无垠。丰碑屹立，请视斯文。（《漱石山房集》卷十三）

按：此文亦收入徐𤊹《红雨楼文集》，文字稍有异同。

晋安中兴罗山法海寺碑

［明］屠 隆

晋安法海寺，亦名罗山堂，五代时丛林号最盛，高衲嗣法，列名传灯者如云。初，道闲禅师参岩头，言下顿悟，领众子□□开兹山后，绍孜、义因、义聪，并以名德，衣钵相承。闽南称选佛场，必推法海。繇宋历元，香火不断，至肃皇帝时，寺稍就衰，豪家因侵为苑囿。宝座莲台，沉于寒雨；玉毫金相，弃之土灰。昔时结夏修腊，晨梵夕呗地，一旦化为酒肉丝竹淫哇之场，过者凄恻伤焉。更数主而转属侍御蓝公为别业。公以直言忤时宰归，垂橐萧然，至孙圻，遂挈儿口就栖焉。圻为诸生，有名，寻读内典，畅晓宗乘，洞明因果。慨然曰：“古人舍宅为寺，吾以寺为宅，可乎？虽递易递改，以及于我，泽不繇己，顾念觞斯、咏斯、歌斯、哭斯，□畴昔三宝地也。□所□业，且舍复还宝所，予志也，而奈别无一茆以盖顶何！”会善士张君思沧、孝廉徐君熥、前将军张君奇峰、上人悟宗，与诸檀众共襄缘事。太学洪君士英，以其尊人所祀三宝诸像送供且捐金焉。蓝君遂欣然舍宅，而黄君公键，施大乘经若干部，而提举施君天经、文学林君昭锡各舍百金。一时当路，各捐俸为助，及乡宰官、长者、居士各量力布金，终是殿宇金像，焕然一新。而户部郎陈君长勉复捐百金，庄严金身丈六，廷尉曹君学佺、大令陈君一元、户侯蔡君炳，助缘有若。呜呼！蓝君不难去巢穴而复宝坊，诸贤翕然发弘愿而襄胜事，盛矣！夫佛者，觉也，觉迷则无罪不消；法者，舍也，能舍则无法能缚。诸君子觉矣，舍矣，不独共躁胜果，抑令优牟阐提无闲之业，得从末咸檀渥之所及者，弘伟矣。万历癸卯秋九月望日，赐进士第礼部仪制清吏司事开明屠隆撰，将仕佐邑福州府照历庐陵欧阳序书并篆。募缘首事（略）（录自原碑，碑今在法海寺内。）

重建九仙观三清殿碑记

［清］林之蕃

八闽多崇山峻岭，其奇秀伟丽之区，皆为天竺先生梵刹。而为神仙所居者，则仅有太姥、武夷、九鲤、霍童、石竹、姬岩称殊胜矣。然皆在乎幽险僻远之地，士大夫政理之暇，思游息澄怀之乐，不可得而至耳。惟九仙山独在海甸都会之中，俯瞰崇城广陌，沃野平畴，而青苍嵚崟，有鳌顶峰、青牛洞、集仙岩、龙舌泉诸胜。远则九邑山川之绣绘，百里江海之烟云，皆纳于耳目。传称何氏初修炼于此，后乘九鲤而飞升云。夫神仙洞壑，不近人间烟火，而九仙独修真于此者，得非爱其岩洞泉石之幽，而忘其尘坌之迹耶？抑今昔远邈，岑寂繁华，固有不同耶？仕宦兹土者，使获展其经纶盘错之才，复能娱情于山水神仙之趣，则人间物外之遇，不为兼优乎？三韩王公，以佐大藩入闽，良谋硕画，懋著厥绩。每命驾兹山，乐泉石于佳晨，访仙人之道迹，睹仙观将圮，谋所以鼎新之。而同事诸大夫咸相率以助盛举，遂鸠工度材，重建寥阳殿，雄敞壮峙，辉煌耀日。中奉三清宝像，庄严端肃，瞻仰生敬，用表祝厘焉。夫道家之立三清，若归重于老子者，其言有曰：“圣人无常心，以百姓之心为心。我无事而民自富，我无为而民自化。”则老子之书实有裨于治道者，故从昔帝王推崇之典，盖与儒释并隆焉。公有协于其志而尊事独虔，非有慕于修炼飞升之事，其寿国庇民之愿，可谓宏矣。既竣工，公令子希圣，命余文以纪之。余惟公既出其夙抱以酬于时矣，而复通于道教如此，盖公平生重厚简默，宁静淡泊，深有契于清净无为之旨，且征乎有德与功者之有后也，于是乎纪之。公名梅，字秀东，官中宪大夫，三韩人。铭曰：九仙有观，自宋崇宁。五百余载，清山不扃。尔祀尔修，仙人若闻。石床丹井，春雨秋云。彼哲王公，生于北海。爰兹仙山，鸾鹤如待。三清之殿，公为丹营。雄丽伊何，上祝于京。奚为仙学，公曰礼乐。奚为仙教，公曰忠孝。公之壮猷，庙算边筹。公之备美，神仙山水。遗厥后基，文以纪之。（《藏山堂遗篇》）

按：碑已亡。又载《福建通志·金石志》，款署“康熙岁次辛亥□月吉旦，赐进士第奉政大夫御史里人林之蕃撰”。

闽县《禁示碑》

特调福州府闽县正堂加五级纪录十次李为佥□□□□□□年十月十五日授杨学成、叶维镛、徐清兰、庞永璋、孙大□、林孔信、庞文雄、张瑞雄、郑昌辉、陈得才等，具呈词称：切通津铺地方，自唐建立法海寺古刹名区，寺之左边设建天、地、水三宫宝殿，因□年久远，栋宇榱崩，成等劝募重建，现已落成聿新，□悲无耻游民入庙作践，秽□神宫，请乞给示严禁等情到县。据此除批示外，合行勒碑，永远示禁。为此，仰所属军民人等知悉，自示之后，倘有不法棍徒，敢违不遵，仍前入庙赌博饮酒，袒身睡卧，喧哗秽□，作践滋事者，许该寺僧协地保擒拿，指禀赴县，以凭究处。各宜凛遵毋违，特示。乾隆五十四年十月二十二日给。（录自原碑，碑今在法海寺内）

重修罗山法海寺碑记

［清］谢章铤

汉魏以前，言祸福者属之天；唐宋以下，言祸福者归之佛。凡倜傥跋扈、裔宇嵬琐之俦，告以天或不动心，愓以佛则辄俯首。天与人日远，佛与人日近。而佛遂以虚无寂灭之教，而默运夫神明变化、不可测度之权。故古者尊君媚上，极之天而已。今则将所以祈天祝圣者，若非佛，无与为质，仰而戴者谓之佛天，俯而蹐者谓之佛地，无论华离隐僻荒瘠之区，而皆有祠佛之堂焉。噫！此亦古今世道升降之一大端也。予行四方，所见造像置刹之记，兰若丛林之遗基，大抵前后五代为多。以彼其时诗书之泽微，机械百变，干戈相寻，其君若赘旒，其民若寄生，惨然不知祸变之所自来，无可控告，无所托庇，修身不足恃，遂不能不乞灵于佛。吾闽罗山之法海寺，其建始也，则亦在五代晋天福之二年。当日，僧贵于士，僧居侈于宦富，兹寺特其百一耳。予每过其中，俯仰往事，辄尽然伤之。或曰：然则废诸乎？予曰：是不然。凡建寺有益于政治者二。崇岭深谷，旷绝数十百里，戍守不及，村墟不相支拄，苟无寺焉，则萑苻将以为窟宅，若石鼓、仙霞诸寺是也。阛阓市井，势交利接；矮屋打头，咿唔气索。苟非登高，明远眺望，去嚣逃俗，将神疲意苶，惙惙若敝人。则寺者，亦勖学之一助，若法海之类是也。况今文教方隆，四民乐业，晨钟暮鼓，何损于世运？有举勿废，不亦可欤？于是，法海寺之不修有年矣，高君菊屏感异梦，与李君迪臣、林君述荞集捐千金，暨住持妙镜，董而成之。高君为士有声，居官有名，儒者也，非佞佛者。特以清净之旨，有会于心，而其才复能自济以济人，因众力以为佛力，除瓦砾，清侵占，弹指微尘，倏成龙象，是固佛所欲倚为大护法者。不然，何以若诉若托，而相通以一梦哉？嗟呼！予昔过焦山，继游京师之寿佛寺，彼六舟之画，秋航之奕，虽于佛法无轻重，而徘徊方丈，辄令人思。因忆四十年前，在涌泉寺读道霈和尚遗集，其所为科律尤臻苦行，曹溪一勺水，嗣古德之衣钵者谁乎？乃叹有善男子、善女人，必先有善知识。妙镜上人，其勿负诸檀越之意，竖拂登堂，直指心宗，岂但以福田之说鼓舞风轮哉？寺有万历时旧碑二，其一为之文者，则予先方伯在杭先生也，至于予九世矣。今高君复以记相属，则予于大雄氏，殆世俗所谓有香火因缘者乎？因不辞而论序之如此。（《赌棋山庄集·文六》）

重建罗山法海寺碑记

［清］高福康

闽城东南隅，有古禅林曰法海。考载籍，创自五代，孟氏舍建；石晋名兴福院，宋祥符中始易今名，有明兴废数矣。里人赵世显辈有罗山金积园、万绿堂诸诗，盖为文人学士觞咏地久矣。然其地前临市廛，后依山麓，无胜可纪而能历古常存，虽由人力，抑亦神灵呵护欤？国朝以来，兴废又屡更矣。同治间，住僧心法慨然有兴复志，渡台捐募遭风，舟几没，远见神灯，旋帆趋之，得到岸，全百余人。山门客堂以成，佛之灵如是。康稔闻其异，而未见寺之废也。丙子秋夕，梦佛招入寺，见金身剥落，缁众无完衣。晨起往观，悉符，乃恻然捐修金容。因思兴建，而艰独力，谋诸同里李迪臣太守，合力倡捐，住僧妙镜亦偕其徒慈悟出募，事以渐举。监工庀材，则林子述莽任之。大雄殿、天王殿、法堂以次告成。适岁大旱，将军长白穆公偕大府来祷，得甘澍。穆公感焉，建大士阁、大悲楼，工遂蒇。计经始至落成，适岁一周，縻金钱万数千缗。千余年古禅林顿复旧规，康职其事者，谨志之，告来许焉。中议大夫三品衔浙江同知侯官高福康撰，奉直大夫五品衔内阁中书闽县裴棨书。大清光绪十二年三月，住持妙镜、监院慈悟立石。(录自原碑，碑今在法海寺内)

重修大士殿碑

［清］陈宏安

天下有历久常新者，神之灵；天下无历久不敝者，神之宅。其足以维持而不敝，资人力，尤资群力，然非呵护有灵，曷克臻此？于麓大士殿，为全闽寺宇之冠，祈晴祷雨，有感斯通，历经官绅鸠金修葺，以妥神灵。奈历久风霜剥蚀，昔之丹雘者，今而朽蠹矣；昔之黝垩者，今而圮毁矣。幸前殿依然屹立，易于补苴。后殿祀男相大士，廊庑楼阁，倾颓尤甚。安尝创放生社于其间，垂数十载，目击心伤，欲踵而修之，而囿于力之不足，因藉募捐，重新庙貌，则安之殚力以集事诸君子之力也。工既竣，综费银二千□百元有奇。爰勒名于石，俾后之人，抚今追昔，而知其梗概。宣统庚戌年谷旦，大士殿董事陈宏安立石，监院僧元法，监工杨瑞喜。(录自原碑，碑今在大士殿内)

重修罗山法海寺碑

杨贡南

吾州多寺院，论者群推五大丛林，唯皆处荒郊岩壑间，其位会垣之中者，罗山法海寺最为宏伟。寺建于五代后晋开运之二年，道闲禅师开山于此，初名兴福院。师参岩头，言下顿悟，领众千数，列名传灯。罗山背枕九仙山，邻定光塔，介城台之交，为吾州胜地。宋大中祥符间改今名，政和七年更为神霄宫，旋仍为寺。逮明中叶，豪家侵为园苑，数易其主，至蓝圻舍宅，乃复为寺。万历中，徐熥、曹学佺等募缘重建，屠隆、谢肇淛先后撰碑纪其事，谢碑今尚存。清同治己巳，心法禅师重修，其徒继之，十年而后竣。民国十七年，圆瑛大师主雪峰崇圣寺时，莅兹弘经，启建道场，整修圣像，自是为雪峰廨院。后十余载，内战频仍，沦为驻军之地，盘据殿堂，驱僧侣踡处其左右厢。先是，市小学亦占用大悲楼，寺名存而濒于亡矣。解放前二年，前佛教会创法海中学于寺之左厢，以树人为布施，贫寒子弟多受惠成才，本会亦设于寺内。“十年浩劫”，文物荡然，工场民居，纷纷侵住，皇皇梵宇，面目尽非。拨乱以来，政府扶持，佛光覆被，力排艰阻，寖复旧观。古刹千年，重光一旦，又岂料之所及哉！夫万法无常，成坏递嬗，稽诸史乘，象教之隆替，率系时代之盛衰，非逢中兴，安有今日？其所谓殊胜因缘也欤？因叙其沿革，勒诸贞石，俾知创业之不易，史迹之悠远，明时之幸遘，光复之艰难。绍隆增华，勉哉来者。公元一九八六年十月中国佛教协会福建省分会立，里人杨贡南恭撰并书。（录自原碑，碑今在法海寺内）

记

鳌峰精舍祠堂记

［宋］李　燔

洪惟我宋，文明之运，盛于东南。元公周先生之出于荆，纯公、正公、两程先生之出于淮，以至我文公朱先生之出于闽，数君子者，前后相望，于皇至矣。于是，北方之学日转而之南。我文公之为南康也，静春刘公清之过我叔父今是公言曰：“黄直卿，他日东南大儒，吾子志之。”今是顾谓燔曰：“而亦志诸。”后数入闽，欲往从之，以践先训，仅及文公之门而止。千里怀人，未之遂也。文公薨，葬有日，亟走会葬，遇之建阳道间，深衣加麻累累，从柩翊扶，无须臾离，事至微小，亦出经画。窃自语曰：“是固身乎道者，刘说信矣，吾师得所传矣。”丧荒已，事遂分。适逮宰临川，偕友朋因之。士至，语吏道；民至，施之政。坐卧厅事之所，晨夕不少旷。又语吾友曰：“吾侪耽理而简于事，舛矣。”自是岁，或一二见，或书疏数十著，而洒扫应对之其然，微而其然之所以然。近而应事接物之常，远而戒戎作逖，蛮方之变，思无不周，语及详密。又语僚友、挚友曰：“勉斋公非所友也，所事也。”岁在己卯，书有之曰：“来年正月，便习学致仕，不出谒。”后年正月，真不出矣。厥初，得是气，具是理，生在世间，今无所用心，止得点检身心，令明静纯洁，归之天地父母焉耳。先师发明义理，至精至备，难得肯负荷者。又曰：“南康讲学虽盛，先师有望，但不知于身心上如何？明道对上蔡云：诸君来此，只是学某说话。上蔡请益，明道云：且静坐程门。如上蔡可谓务实为己者，明道尚以此箴之，俯视今之学者，岂不重为之太息乎！老矣，它无望于世，止望先师之学有传耳。”燔与同志蹙焉，悲惕焉，省将就之以取正。未几，讣书至矣。哀哉！为位长号，惨不欲生，缄辞往奠，疾故尼之，不得与于抚棺。临穴之列，宿草缠悲，支衰及墓，突然丘于箕山之上，人兮何之？时癸未冬也。又四季，丁亥之夏四月，公之从子辑及吾门，言曰：“叔父之祠，成于同里，邻郡之善士子，叔父友也，愿请文记之。有陈侯宓凡二十有五人之书在。”亟拜其辱曰：“吾意陈侯状而叔父，公之行来乃先乎此，亦足以为厚矣。”书之概曰：“古之有道德以教国子者，殁则祭于瞽宗，而乡之以经行显者亦祀之，皆所以尊先贤、厉后学也。勉斋黄先生，登文公之门，才弱冠，刻志苦学，闻道最深，宦游所至，学者宗而师之。晚岁归休，讲道萧寺，抠衣受业，远近翕然。天不憖遗，梁木兴叹。学徒追慕，逾久弥笃。今即其讲道著书之地曰嘉福寺之后筑屋、肖像，以寓仰瞻，以严崇奉。及门之士与乎知尊信者，争捐金买田，以为春秋享祀费。祠成释菜，朔望胥会，各以所疑，更相质难，期刑于教，纪其事，不于子乎之而何之？”呜呼！悲夫！燔老且病，属念公之懿德伟才，久而未之志，每不能去心，此而敢辞幽冥之间，负负何极！矧惟陈侯，昔吾邦君，天下善士，曷敢不承听，而诸贤崇师尚德之意有加，又曷敢不惟命之承也？请遂言之。公之学贯事理，尽常变，一死生，永传授，固悉见诸言行之实。窃复惟念公之还自安庆也，徘徊庐阜之南北者再月，濂溪、白鹿二书院之士来，同燔与九江蔡君念成与焉。一日，语及《中庸》“费隐”之旨，纵言剧论，唱和翕如。于后，蔡君偕哭公墓，福之帅守固请开讲，蔡君申演前旨，若明著矣，而今弗之是也。比索公书，以述训语，得公所答亡友余君宋杰《费隐说》，曰：“费隐非二物，但有费则必有隐，以为之体至矣。文公之言曰：今人所言，皆费隐，元说不得。所谓天有四时，春夏秋冬，风雨霜露，无非教也；地载神气，风霆流形，庶物露生，无非教也。孔子谓‘天何言哉？四时行焉，百物生焉，吾无行而不与二三子’是也。”燔妄谓：自天地以至万物万事，无不各得其理，而可指陈者，费也；即天地万物万事之理根本之，而不可指陈者，隐也。所以见道之无乎不在有用，必有体学者加存养体察之功而不可须臾离也。其然乎，其不然乎？尚愿质之巾几之前。公讳榦，绍兴御史公瑀之季子云。九月望日，友人庐山李燔记。（《黄文肃勉斋公文集·附集》）

李弘斋之记久矣，丁亥距今三十有七年，未及镌诸石。朋友语予，访求旧文，得之故岩溪赵公师恕家藏，勒于祠下。义和怅然追往而为之辞曰：予弱冠而从游兮，今耄矣而何为？仰乔木而不见兮，抚此石而生悲。南有鳌峰兮，维北有箕。浩气凛如在兮，游魂乎何之？诸孤无存兮，山有蕨薇。师友寥寥兮，悠悠我思。邹鲁虽云远兮，源浩浩而流滋。溯濂洛之脉脉兮，接渊泉于圣涯。登斯堂伷阒兮，绍典刑于武夷。遗言犹在耳兮，贵身省而心。惟肆来者之励翼兮，监斯文其在兹。景定四年夏五月，门人朝奉郎直秘阁致仕陈义和跋。（《黄文肃勉斋公文集·附集》）

开禧十二年己卯，诸生移寓于山之嘉福僧舍。先是，先生以法云寓居，迫狭无以容朋友，更辟草舍三间于门侧，先生坐卧寝食其间。至是，诸生来者浸多，又不能容，乃假嘉福寺居之。林梅坞曰："先生朝往夕返，日以为常。诸生质疑请益，气象如文公时。或有过于思索者，先生曰：'以心照书，无以书入心可也。'又尝言：'学者役精神于文义，而不反求诸心，终未免有口耳之学。'故于讲论之际，必宛转而归诸求放心、存天理者焉。"又开禧三年五月，门人赵师恕率乡党朋友，习乡饮酒仪于补山，先生以上僎临之。潘瓜山曰："公尝谓乡饮酒之礼久废不讲，率诸生习而行之，闻而沮之者甚众，公执之愈坚，行之愈力。习礼之日，时官、寓公以与集为荣，观者千百辈，无一人敢非笑者，盖公率之以诚故也。"（《黄文肃勉斋公文集·年谱》）

勉斋书院记

［元］贡师泰

至正十九年冬十月，福州始作勉斋书院，明年秋八月告成。丁亥，廉访使者率郡大夫士行释奠礼。己丑，经略使李公国凤谒祠下，用便宜署今额，以儒人张理为山长。执事者间具本末，请记于贡师泰曰："书院遍天下，而闽中为盛，大率祠徽国朱文公师弟子居多，若延平、武夷、考亭、建安、三山、泉山、龙溪、双峰、北山之属皆是也。勉斋先生实文公高弟，独无专祠，顾非莅政者之缺欤？昔者佥事张引尝图经始，以调官浙东不果。经历孔讷，锐意作兴，以拜南台监察御史又不果。未几，行部闽广，适郡士林祖孟、祖益请以太平公辅里故宅一区为学宫，厥位面阳，广轮合制，遂倡成之。而廉使瞻思丁，副使元奴，佥事亦怜真必刺的纳、刘完者、郑潜，经历答理，蒙古知事黄普颜帖木儿，照磨傅居信、叶心相事议若出一，且移郑君董视，而佐以属吏王兰焉。行省平章普化帖木儿闻之，亟发白金五十两及租田一百五十亩奇，以给以赡。于是即旧以图新，拓隘以增广。礼殿中崇像圣人之燕居，祠宇旁峙严先生之祀事。堂曰'道源'，著师友之授受也。阁曰'云章'，以郑君正字端本，时所得皇太子‘麟风龟龙’四大字刻置其上也。堂后叠石山，曰‘小鳌峰’，不忘先生读书精舍之名也。斋左曰‘凝道’，右曰‘尊德’。栖士有舍，待宾有馆，燕休有室，更衣有次，庖湢库庾，各有其所。重门衙衙，层庑翼翼。瞰以方池，度以石梁。其周九百八十四尺有奇，东西广九十尺，深视广之四，雄规伟观，穆然靓深。然后斯道之统有所尊，而讲学之士知所向矣。惟子之学，盖亦得于先生者，请文诸石，以纪其成。”顾师泰荒陋，何足以知此。然窃闻之，斯道也，伏羲、神农、黄帝、尧、舜、禹、汤、文、武、周公之所以为治，孔子、颜氏、曾氏、子思、孟轲氏之所以为教。不幸而变于管、商，惨于申、韩，杂于荀、杨，暴于鞅、斯，磔裂破碎于毛、郑、贾、马、王、范之徒。幸而唐之韩愈氏，能以所得，著之《原道》之书。然其于性也，主三品；于仁也，专博爱，则犹未免于不详不精之失焉。至宋全盛，濂溪启其源，伊洛溯其流。渡江再世，文公始集诸儒之大成，使千载不传之道复明于天下后世。吁，盛矣哉！于时门人弟子，聪明卓越固不为少，然求其始终不渝、老而弥笃者，先生一人而已。先生因刘子澄一拜文公于屏山之后，即慨然以斯道自任。听风声于屋头，对孤灯于天曙。其坚志苦思，为何如也。自是得执子婿之礼，从登庐阜，涉彭蠡，过洞庭，望九疑，宦游淮江、湖湘、吴越、瓯闽间。不惟口传心授于师门者，愈久而愈博，而其所见名山大川，渊深高厚，皆有以助夫精微广大之学矣。是故征诸事业，则城安庆、御汉阳，最为伟绩；著之方册，则《四书通释》《仪礼通解》，尤为有功。盖先生有志于斯文，以陆沉下官，不能大行其学，固可深慨。然圣贤坠绪，非文公无以明；文公遗书，非先生无以成，则斯文吾道，确乎其有所归矣。先生没，其传之著者，在闽则宓斋陈氏、信斋杨氏，在浙则北山何氏，江以西则临川黄氏，江以东则双峰饶氏。其久而益著者，则西山真氏《衍义》诸书。凡今经帷进讲，成均典教，皆出先生讲论之余也。呜呼！先生之道，传之后世；先生之书，行乎天下，孰不想慕其高风，渐被其余泽，况鳌峰、箕山之间，云烟苍莽，神气流行，慨然肃然犹若有见乎其位，闻乎其容声者乎？书院之作，其有功于世教，岂曰小补云哉！遂记不辞。先生讳榦，字直卿，御史瑀之第四子，累官至大理寺丞，转承议郎致仕。勉斋，其自号云。（《八闽通志》卷八十二）

鳌峰胜观亭记

[明] 林　瀚

吾闽省城中，三山鼎立，雄据一方之胜。其东南为九仙山，鳌顶峰，又山之胜也。盖旧嘉福院地，宋状元陈公诚之读书处也。岁月既远，莽然草木瓦砾之区，无复识之者矣。其东为九仙观，其西为法云寺，平远台在焉。都知监太监尚公，奉玺书来督海舶，雅有山水吟咏之趣。公暇，偕按闽侍御华亭周公鹓、昆山周公震，登眺于斯，徘徊瞻顾，有遗憾焉。尚公遂鼎建吸翠亭于平远台后，即此处建鳌峰胜观亭。亭左为状元峰，峰上为状元亭，下稍南有石屹然，二杏生其间，借曰"杏坛"；为亭以临之，曰"野意"，亦因旧址也。诸亭之匾，皆华亭周公大书之，且摩崖题刻，用纪其盛。予老矣，杖屦而登焉。江山云树，城郭楼台，如屏如带，如画如锦，摩挲老眼，迎接不暇。乃作而叹曰："公之用心，其贤矣哉！表章先哲，昭示后人，增闽城之一胜景于无穷矣！"惟时法云禅寺，亦就凋敝，则以游径所由，尚亦炳新之，非徼福田利益者比也。公字景元，号达斋，易州人。童年选入内书堂读书，予适司教事，爱其器宇不凡，心雅重之。及其莅闽十载，善行多类是，盖充养之有素也。迩复拜恩命，迁总镇八闽，岂山川之灵，固欲留公以福吾闽人耶？是宜记云。（正德《福州府志》卷三十七）

报功祠记

[明] 王世懋

皇帝御极之八载，闽有名臣曰大司徒马公森，卒于悬车，礼官疏功德以请，诏予祭葬，已又赠公为太子少保，谥曰恭敏，盖异数也。公天性精核吏治，前后督漕储、为计相，皆称绝。而生平出处大节凛然，纯白无几微玷。先为户部侍郎，以养亲家居。于时岛夷肆讧，客兵环集，而三卫卒忽啸聚为变。壬戌三月难作，公道重表闾，德深化暴，片言蓍蔡，众倚定倾，乃挺身誓众，群哗顿戢。阅岁十月，有司核军兴，乱卒复哄，城市汹汹几坏，公又出谕，卒乃悔祸归营。又明年，开府召诛渠率，尺籍按堵，民保室庐，以恬以熙，以讫于今，则繄公之赐。公之殁也，闽父老聚而言曰："而忘司徒公之活而命乎？能捍大患则祀之，礼也。"则相与买山鸠材，庀工肖貌。不谋于马氏之子孙，不席于有司之戒令，云集雷动，不日告成。已又聚而言于两台之使曰："昔在武庙时，三卫卒两构乱，林中丞、高观察实出而谕之，一听一否，后竟以兵歼。民犹德此两公，祠在九仙下，可睹也。岂其我公之德与功而出两公下？将民力是私而不惟令甲之载乎？敢以林、高之例请。”则中丞赵公、直指安公，实嘉与之，为锡嘉名，巍然昭揭矣。已又聚而言于督学之使曰：“吾民之报司徒公，诚不难自伏腊，顾林、高两公祠以春秋祭，载在祀典，使者而独为公悋一豚肩乎？”世懋时忝学官，又为请得春秋祭，如两公故事。公之冢嗣荧，时官留都，弗及闻。而叔子焱为诸生，世懋所取邑第一人也，乃以间长跪而请曰：“维先大夫功德在人，闽之父老而未有思也，焱不敢请；请而未得之于先生也，焱不敢请；焱而不为先生门下士也，亦不敢以请。今先生再有造于马氏矣，则维是九仙一片石，为闽父老志讴吟，为先大夫计不朽，先生幸毋让焉。”世懋谢，弗获辞，乃为碑而镌之。词曰：昔在先朝，兵憯而骄。怙众群嚣，凭其虓鸷。以辱大吏，将戕将奰。万口呶呼，谁解其荼。马公司徒，骄兵载侮。司徒载抚，迄有宁宇。卫卒有言，惟公之全。颈血谁湔，刿我人士。嬉游老死，微公孰恃。公活我民，方公之存。公不任恩，公既乘箕。民食其贻，畚筑而祠。皤皤父老，在宫载考。有纷其祷，顾谓羖童。毋亡公功，生尔者公。公灵莅止，弁而来祀。公之孙子，易名在常。尸祝于乡，公永无疆。（万历《福州府志》卷七十）

游平远台记

[明] 郭汝霖

举凌云之会者，王公也。倚台而望，其南隅则平远山峙焉。会之二日，樊公又偕余为王公设祖道于是山。山之西有寺，曰“法云”。初舁而升，则坐白玉仙台。樊公首至，次王公至，余至，相与徜徉于台上，酒数行，兴洽去台。登接鳌门，北上揽鳌亭，亭不侧而眺远，故名“平远台”。台后竖三侻石，问其徙而置者，尚监也。循台东南陟鳌首峰，峰石字多漫不可读，其巅有二题名碑。三人者，俯仰踟蹰，风林若奏，□谈倚兰梅花，操飘飘起尘外，思久之下，过水火□□，望九仙宫恍然，旋而窥步鳌坡。坡之侧巨石巍峨，□树不土而根，亦一奇观也。其下临阅武场，讲□□□规引剑凝翠轩，大啜三杯乃别。（《石泉山房文集》卷九）

登平远台记

[明] 宗 臣

平远台在省城中东南。闽志三山，此即所谓“鳌峰山”也。山故奇，在城中尤奇，宗子入闽十朔未登也，盖以戎故。而客有好宗子者，乃召宗子登焉。凡几折始上，又折而东登鳌石亭。天风高扬，万象萧瑟。宗子于是仰而思已，俯而叹也。客曰：“大夫何叹?”宗子曰：“嗟客乎，嗟客乎！客闻其说，余恐客之投觞于地而莫余饮也。夫闽者，岂非记所称东南巨丽哉！家缨弁，人诗礼，农嬉于畴，而商歌于途也。当是时，而登厥台焉，高山大川，游云芳草，罔弗触吾目也，则罔弗快吾心也。今何时也，吾见兹台，三驻军矣。客亦东眺大海乎楼船组练，隐隐起也；南睇于江，故里妇日濯锦漂絮其中者，今健儿饮马矣；西瞻乌石，盖有锻甲砺刃、鼓笳铙吹之声焉；北窥闾井，则父老子弟被戎执戈者，怨讟盈道也。且千里之内，亡者未葬，疮者未起，流者未归，系者未释，吾念之，吾不知汗之淫淫至于踵也。昔何以欢，今何以悲？昔何以靖，今何以扰？斯其故难言哉！难言哉！夫君子之谋人国也，上忧主忧，而下忧民忧者也。今帝心常在万里，而民瘼充充之在吾前也，方请缨枕戈，不暇餐沐矣。客乃欲吾睹高山大川，游云芳草而嬉乎？此吾所谓叹也。昔元臣据闽之险，以抗我旅，皇祖乃命楼船将军从大海径捣其穴空之，帝谟燀赫，日月同炳也。乃今策事之臣，顾不能设一奇制敌，而使丑夷往往截海窥我，此视皇祖诸臣何如哉？吾叹之，实愧之也。”客于是起，辞曰：“吾不能解大夫之叹，而大夫又安能饮吾之酒？请大夫为客记之，以示后登斯台者，毋徒嬉此高山大川、游云芳草，而忘厥民忧也。”宗子于是采客之言，以为之记。(《子相文选》卷四)

绿玉斋记

[明] 徐 𤊹

余家九仙山之麓，寝室后有楼三楹，颜曰“红雨”。楼之南有园半亩，园中有小阜，家大人旧结茅于上，仅遮雨露，而苦于不便卧起，且无以置笔砚书画之属。岁己丑，余下第还山，乃易构小斋于山之坪。由园入斋，石磴数十级，曲折逶迤，列种筠竹。斋前隙地，护以短墙，翳以萝蔓。墙下艺兰数本，置石数片。斋傍灌木环匝，下置石几一、石榻二。夏月坐阴中，鸟语间关，蝉声上下，足当诗肠鼓吹。斋止三楹，以前后为向背，中以延客；左右二楹，差可容膝。余兄弟读书其中，无长物，但贮所蓄书数千卷而已。山中树木虽富，惟竹最繁，素笋彤竿，扶疏掩映。窗扉不扃，枕簟皆绿；清风时至，天籁自鸣，故名以“绿玉斋”云。小山仅可蚁垤，然视郭中民居已高数丈，每一浏览，万井千村，群峰列岫，吞吐且八九矣。昔人有言：轩冕之乐，造物于人不甚惜，独一丘一壑未尝轻以与人。吾斋无壮丽之观，无奇珍之玩，四壁萧然，仅蔽风雨。然市声不入耳，方轨不至门，焚香煮茗，摊书搦管，则丘壑之怀于焉而寄，即有轩冕，吾不与易矣。（《幔亭集》卷十七）

迁祠龛记

［明］徐 𤊹

今夫浮屠氏之为教也，弃祖宗、离父母而事大雄，与儒者之尊祖敬宗如枘凿之不相入。然上溯西来曰祖，自祖而分曰宗，至于野僧俗衲，无不奉其本师香火唯谨，虽弃祖宗、离父母，而其心未尝无祖宗、父母也。余家向无宗祠，先府君列神主于屋之西偏。府君殁，先兄迁置红雨楼，新创一龛稍敞，髹漆丹垩稍精，以为可妥先灵于永久，不虞其一旦迁移变置耳。岁已酉之冬，兄子不类，既荡失恒产，复拆龛以卖钱。余顷自越归，凄然伤之，□□□□□□□□祠位仍置楼上，高九尺，广六尺，深□□。为层者三，上层分五楹，中祀始祖及妣，左右祀高、曾及考、及妣；中层左隅祀伯父子荣、子华及二母，附祖考之下；下层右隅祀余生母神主，又补立伯兄一主，并余亡妻神主，附先考妣之下；下层中坐先府君塑像，二伯父斩然，后昆余附祀之，虽于祭法未合，然礼以义起者也。前列棐几，以供祭祀之用。楼三间，中为祠，左右贮先世遗像及府君生平所御冠带、袍笏而已。迁毕，率子侄罗拜祠下，且戒之曰：“不肖□□□□屋，世有之矣，未闻抛祖宗神主而卖其龛者。□况木本水源，人人知所尊重，至于鬻祖宗之龛，是无祖宗也。鬼神其殛之乎？李卫公著训曰：‘鬻平泉者，非吾子孙；以一草一木与人者，亦非吾子孙。’夫祠龛又非平泉、草木之比，充是心也，真浮屠异教之不若矣。吾子孙可不以此为殷鉴耶？”于是作祠龛记。（《红雨楼文集》）

兴建平远台记

[明] 曹学佺

城内三山，人知有乌石；而北将军山，但以样楼当之；东南于山，但以平远台当之。夫于山之为名也，三易矣。以何氏兄弟九人于此学仙，名曰“九仙山”，又为越王无诸九日登高之所，名曰“九日山”。山之名既屡易，而人不之呼，但呼之曰平远台，台可弗存也乎哉！台废久矣，台旁有石耸然突然，曰“鳌峰”。宋淳熙间，状元陈诚之读书于此，因名“状元峰”。峰顶创有亭，名曰“揽鳌”。良是，今人又不之称，以平远台为揽鳌亭亭名耳，而式不与易也。有层累以相承，有榱栋以相维，有廉隅以定四方，有罘罳以别内外，谓之非台也，可乎哉？台存则名山者存，台废则名山者废。此台亦饩羊之属耳，乌可以弗修？今之修也，倍乎创者也。语云：“始乎简，终毕乎巨”。君子以察祲祥，以审风俗，召好去恶，于斯乎在，乌可苟哉？余于是乃为之记。(《石仓全集·夜光堂近稿》)

宛羽楼记

[明] 曹学佺

愚尝闻会稽有宛委山，大禹以藏金匮石室之书。故于兴公徐氏之新楼成，而欲以“宛委”命之；又嫌其贰于越也，乃易而为“宛羽”之名。于是，客始不得其解。兴公曰：“子不观《穆天子传》云‘六师之人，毕至旷原，三月，诸侯、王勤、七萃之士于羽琌之下’者乎？天子于是载羽百车。注引《山海经》：‘旷原，大泽方千里，群鸟之所生及所解也。’《纪年》：‘穆王北征，积羽千里。’按《周官》：‘十羽为箴，百羽为缚，十缚为緷。’此固积之之数也。羽以积而成车，书以积而成库。且惠子善辩，学富五车，于义亦相通矣。”予观前代积书之最著者，莫过于唐庐山栖贤之李氏，苏长公为之记；其次则眉州之孙、归德之曹、幽州之窦，皆建书楼为公塾，以待四方来学之士。置产收粒，以为供给。厥子若孙，世守勿替。然其时，请额于朝，曰眉山、曰应天、曰燕山。而尤择一山长以主之，多系冗员废职，或避地于斯而摄兹事，故不曰师长，而曰山长，以别于见为教授者，示不侵官之意也。国初右文，征天下书于内库，又自南京而转输之北，虽百艘千牛，犹不能给。然以部分之未析，典守之不严，而年岁既久，散佚孔多。且如释、老二氏，俱有藏板，而儒书独无，愚甚愤之，妄意欲辑为儒藏，以补阙典，但卷帙浩繁，固不胜收，而玉石丛混，观览亦难。乃复撷其精华，归诸部分，庶免挂漏之讥，与夫庞杂之患。夫子曰：“吾自卫反鲁，而后乐正，雅颂各得其所。”夫诗之与乐亦有分矣，夫子犹必以乐而阐诗，以诗而别乐，信乎附丽相资之法，不可少也。予妄欲著作，而藏蓄不广，且亦多亡，每每借本于兴公，兴公之意略无倦怠。即或他出，厥子若孙，亦善体祖、父之志，故予遇有乏，若取诸宫中而用之。夫古昔谚语，以“借书一嗤，还书一嗤”，盖善积者流通之之难也。抑观诸庐山之李，蜀宋燕山之孙、曹、窦氏，其以书塾而公之人者乎？不但招徕之，而且饮食之。朝有额，山有长，作之非一人，述之非一代。彼时之盛，虽不得复见于今日，而如吾友兴公徐氏之所以乐与同志者流通之之意，则于古风庶几犹存，而足以愧夫自私不广者矣。予既命其楼曰“宛羽”，而仍为之记。楼凡二成，累若干尺，以楹计者三十，以户计者四方，而九仙台观、两峰浮屠，则在目前云。（《石仓全集·西峰六四文》）

重兴万岁寺募缘小纪

［明］曹学佺

夫人之于事，无论出世、世间，有蓄意甚早而成就反迟者，则机缘未熟故也。佛家喻如欠债急处先还，又云如石压草，春至辄生，故有菩提而不得正果，往往为境缘所转，或以之偿债则可，而陈者未了，新者复积，斯为堕落无还期矣。然而堕终属境，与我无涉；菩提正念，自有根芽。当春发生之际，油然不可以复压也。故比丘之施福，与宗门之悟道，皆有时节，惟达者知之耳。予曩自蜀中归，郡太守章澜喻公，每加意于城南之万岁寺。濒行，以此相托。予虽心许之，一二十年间，而不得其把柄。且子衿之书屋，环视其中；塔后之私径，咸取捷焉。茕茕一比丘，内无薰修之学徒，外鲜护法之宰官，予每一念及，未尝不以为负诸责于守公也。寺之麓有南园，予友郑汝交购为别业，予乐共晨夕，因得知主僧弥坚，其行甚苦，且环而视之，子衿皆欲退席以还佛地，虽力犹未暇，而如线之径，则可垣而闭之矣。末无漏卮，风气完蓄，而寺之兴隆，正一大时节因缘也。汝交征予言，以为之导，予谓此本念不容欺，且喻守公之托而食其言，尤非硁硁本色。而予年来为世故所累，自觉悭多而施少，或藉此以挽而之，正念菩提，庶几哉不远之复也。左之右之，惟予与汝交是以焉耳矣。因纪其岁月如此。（《石仓全集·西峰集》）

游平远台记

［明］张维机

平远台，在闽省会之东南，志所谓鳌峰也。余入里，两度三山，抚军沈云升公招而陟焉。凡九折始上，层级而登鳌石亭，娱耳目于清旷，骋山川之灵奇，主宾酢酬，丝弦交错，洵快游也。余笑谓沈公曰：“日者敝敝车尘马足间，神疲于久烦，气局于积倦，乃今睹苍山献秀，绿波浮媚，而得濯清泠，游寥廓，真若万间之庇，足忘寒暑也。试与子凭栏而望，把酌而临之，可乎?”东眺大海，烟浪鼓涛，雾色横空，楼船画艇之凌乱，与蜃市野气互相映发。南睇峡江，则磷磷轰轰，飞流喷沫，如涌如奔，如浮如没，为彷倚徘徊者久之。西瞻乌石，危崖龃立，石扇斗开，回视霹雳岩、天擘室、薛老峰、邻霄台，森森胪列，曩昔之楼观榭宇，俱消灭于回禄煨烬，独此荒石峻岫，案立目前耳。北窥于井庐阛阓，衡者、纵者、直者、侧者、岿然翔伛然俯者，星布而棋列也。家缨弁，人诗礼，农佃于畴，商贾嬉于途。诸父老子弟，得雍容都雅于海宴河清之会。谁寔膏雨，其敢忘子大夫之赐?沈公曰：“此庙社之灵，二三君子之力也，不佞何能焉?”余进而言曰：“夫闽，无诸王故都也。胡元以来，没于羯羠者数十年。元臣据闽之险，以抗我雁行，皇祖命熊罴将军从大海捣其巢，空之，戡定敉宁，日月同炳。岁辛酉，倭夷入犯莆郡，蹂躏为墟，赖戚、俞二帅底平，时乃功。日者，李魁奇、钟斌、刘香辈，二三忿魔，鲸鲵煽浪，以次第就芟夷。夫病而思艾，其蓄已晚；未阴以图绸缪，是在公矣。方今流寇跳梁，十余载之逆焰狂雾，尚未扑灭，丑虏匪茹，肆封豕长蛇之毒，以凭陵我边鄙。曾未见设奇折冲，赋‘无衣’而歌‘车攻马同’者。上之不能如熊罴诸将军捣巢扫穴，次亦不能如戚、俞二帅之斩将搴旗，徒以虏贻君父，斯亦我士大夫之耻也。《诗》曰：‘文武吉甫，万邦为宪。’公其勉焉。”余登斯台，欣然燕喜，又穆然□□而心悬魏阙也，故为之记。(《清署小草》卷六)

重修万岁塔记

［清］释道霈

昔闽忠懿王于梁开平间，立寺于福州城东南隅之补山，额曰“万岁”，为祝厘也。寺后建砖浮屠七级，高一百五十八尺，举城皆见，极为壮丽。自梁至今垂千载，兴修不一，弗可考也。崇祯间，住持静庵尝募缘重修。顺治己亥，飓风大作，层级剥落，且有大榕生于塔之上级。静庵之孙一微，克承先志，乃谋之封君方君克之。公慨然捐金倡缘，诸宰官善信各乐赞助。起手于康熙二年癸卯五月甲戌，落成于七月庚辰，共费白金二百余两，内外紧密，足垂永久。事竣，微乞余记其事。余闻塔庙所在，即有如来真身、八部诸天及一切护塔善神，昼夜拥护，散花供养。又塔者，取其矗云插汉，高显殊特，使一切含齿戴发，举目即见。一瞻一礼，植菩提种。《法华经》云："若人散乱心，入于塔庙中，一称南无佛，皆共成佛道。"如是，则建塔修塔，盖欲与大地群生，结成佛因缘，又即是供养如来真身，其功德利益不可思议，岂特区区为省会壮观而已哉？是不可不记也，因以付诸管城。（《为霖道霈禅师餐香录》卷下）

鳌峰书院记

［清］张伯行

闽中素号海滨邹鲁，盖自龟山载道而南，三传至考亭，而濂洛之学大著，其渊源上接洙泗，由宋迄今，闽士蔚兴，与中州埒。圣天子崇儒重道，于龟山、豫章、延平三君子及考亭夫子，皆御制匾联表扬；祠宇天章灿然，辉映日月，务俾闽士瞻仰兴起，益励所学，无负先儒之教，于以育人才而厚风俗，意甚盛也。不佞恭膺简命，来抚斯邦，夙兴夜寐，惟是仰企昔贤，广教化，进郡邑诸生，亲加考课，申严规程，端厥趋响。至于里巷编氓，则演圣谕十六章，饬有司朔望劝讲，闽之士庶几几向风矣。又念士首席民间有笃志好学、材良行修者，尤当萃而教之，以成其器，为国家储用者也。顾教之之道，视乎人之所倡为转移。唐以前，闽俗人文未开，风气尚朴。自宰相常衮观察兹土，乡县小民有能读书作文词者，亲与为客主之礼，虽未逾时，翕然丕变，文学之盛，于今为烈。夫倡之以文而化于文，尚若是其速也，矧乎圣贤之学，不离伦纪日用之常，俾人人复其性分之所固有而尽其职分之所当然。一日不讲，则人欲潜滋，天理澌灭，且有沦于不肖之归而不自知者，其可不有以倡之乎？不佞欲与士之贤而秀者，讲明濂洛关闽之学，以羽翼经传，既表章其遗书，使行于世。乃捐俸购屋于九仙之麓，葺而新之，为鳌峰书院。前建正谊堂，中祀周、程、张、朱五夫子；后为藏书楼，置经、史、子、集若干橱。其东则有园亭、池榭、花卉、竹木之胜。计书舍一百二十间，明窗净几，幽闲宏敞。士之来学者，日给廪饩，岁供衣服，无耳目纷营之累，而有朋友讲习之乐，藏焉修焉，息焉游焉，无不可为学也。虽然，学之要，愿为诸生申之。夫有志圣贤之学者，必身体而力行之，非以为口耳诵说之资已也。周、程、张、朱五子之书，四子之阶梯；四子之书，六经之阶梯。君相之所以为治，师儒之所以为学，率是道也。诚使平心逊志，以究其义理，会其指归，实验之日用行习之间，而举而措之家国。天下之大，则颜、曾、思、孟之心传，与皋、夔、稷、契之事业，皆吾学分内事也。如其不然，虽日取五夫子之绪言，诵之，习之，论之，辩之，犹为无与于己，而与道听途说等。又况溺于靡丽之辞，逐乎纷华之习，视其书为迂阔支离，而并诵习论辩之，未尝从事者乎？蹈此弊者，幸无入吾堂；而入吾堂者，尚其猛省自强，以求五夫子之教，而为圣世有体有用之真儒，是不佞所以建书院，以为多士相勖之意也。爰书而刻诸石。康熙四十八年长至日，赐同进士出身中宪大夫巡抚福建等处地方提督军务都察院右佥都御史仪封张伯行撰。（《鳌峰书院志》卷一）

重修鳌峰书院记

［清］玉　德

曩余巡抚山左、浙东，传闻闽省萑苻滋炽，械劫公行，非复邹鲁之旧矣。庚申冬，恭承恩命，节制斯土，心窃忧之。次年，阅视营伍，所至讼牒虽多，然体察民情，西北诸郡，温文而向学；东南诸郡，质直而好义，乃转忧为喜，窃以为邹鲁未尝不可复也。以语抚军高阳李公，李公对曰："公初下车时，恭刊《圣谕广训》善本，给发绅士耆民，转相化导。是年漳泉乡邑，呈缴斗械千件。古今不易民，而治在乘势而利导之耳。夫欲正民风，先端士习；欲端士习，于造士之区加之意焉而已。康熙四十七年，中丞仪封张清恪公伯行始建鳌峰书院于九仙山麓，为书舍一百二十楹。厥后，海康抚军陈清端公瑸、阳湖抚军潘敏惠公思榘、泰安抚军大学士赵公国麟，拓地重葺。临桂抚军大学士陈文恭公宏谋建奎光阁，更六子祠为二十三子祠。制军大学士杨公廷璋、抚军定公长建藏书楼，修鉴亭，复专祠供张清恪公像、陈清端公位，不忘其朔也。立漳浦蔡文勤专祠，以公为诸生时肄业此中，后为师傅、名臣，堪作后人矜式也。尚有典型，公盍乘势而利导之乎？"余蹶然曰："善哉！"乃谋诸观察赵君三元，偕好义绅士，拓其规模，饰其栋宇，恭悬列圣御书匾额，以昭诚敬。新藏书楼奉弆御赐各经书，以资考订。重建正谊堂，仍将鉴亭左右楼屋二十余间，重加修整。傍奎光阁、交翠亭，各随地势植修竹名葩，将使绿满窗前，得四时读书乐也。增建敦复、笃行、崇德、致用四斋，一百三十余间，将以循名责实，俾士子知所趋向也。前蒙世宗宪皇帝、高宗纯皇帝，赐帑金各千两为膏火资，又益以捐赀、捐田之租息，修脯益充。复又稽其出入，辨其流品，严其考课，俾膏火归诸实用，弗致亏蚀于蠹胥，立法井井有条矣。虽然，吾将为诸生进一解焉。夫文以载道，学期达用，言不顾行，非士也；章句之学，非学也。孟子曰："人有不为也，而后可以有为。"士苟能守身如执玉、如处子，则必无攀援卑鄙之事，而品立矣。以世道人心、民生国计为己任，则读是书必穷其理，可以见诸躬行，施于实政，非徒以饾饤为博，以茁札为古，以标榜为声誉，而学正矣。充其孺子入井之心，即老安少怀之志也，如此而欺凌小姓、溺女锢婢之行，忍为之乎？充其无欲穿窬之心，即不愧衾影之实也，如此而局戏诈取、丧名败行之事，忍为之乎？逾此约者，无入吾舍。至若文字归于雅正，数典锄其怪僻，而六书亦须经所习见者，方可施之于制艺。如"拜"之为"攃"，"法"之为"灋"，"年"之为"秊"，"亩"之为"晦"，古色斑斓，经文自可通用；必欲以"春"为"旾"，以"夏"为"夓"，以"秋"为"龝"，以"冬"为"夛"，恐贻刻楮之诮耳。吾愿诸生以近里着己之学，为平易近人之文，则是举也，非惟兴文教而重科名，并以正人心而厚风俗，庶不负四民之首，可以勉副棫朴作人之雅化也。是为记。兵部尚书兼都察院右都御史总督闽浙等处地方提督军务兼理粮饷盐政长白玉德撰文。(《鳌峰书院志》卷一)

重修报恩定光塔记

[清] 孟超然

鼓山遍照禅师新坚牢塔，抚军暨阳公嘉之。寻有以修定光塔请者，禅师复慨然任之。经始于十月朔日，告成于季冬上浣，縻白镪三百余两。属予为之记。予考塔之建于闽忠懿王也，据唐御史黄滔《记》，为昭宗甲子。甲子改元，天祐岁也。《记》又称：天祐二年乙丑，大陈法会。则帝祝元年，仍天祐纪年也。旧志称梁开平元年造，则丁卯矣，误也。塔在九仙山之麓，内砖外木，七层八面，玲珑窈窕，其号为报恩定光塔也。具详滔《记》。其下万岁寺，旧为祝厘所，故闽人又称"万岁塔"。自昔有事修葺者，宋以前不可考，于元则有释宝峰，于明则有陈询，盖自万历四十年以后无闻焉。风雨飘摇，丹雘剥蚀，亦已久矣。自今伊始，相轮悬铎，彩悬云霄，丽映城郭，孱孱颜颜，千年如昨。是其与无垢净光塔同峙胜概乎？是其与鳌峰崎崯、九仙蜿蜒并表秀灵乎？阅百余年，一旦尽复旧观，微禅师之勤不及此。禅师僧腊七十有六矣，将传衣钵于其弟子，下鼓山，来郡城数月，载营载度，钵缘所积，殚于浮图，可谓愿力坚定而不私其利者。兹二役也，暨阳公实亟许之。修坠起废，凡在官者无弗举，而完形胜、复故迹，方外之士所能任者乐成之，亦公之志也。赐进士出身朝议大夫吏部考功司郎中加一级纪录一次前提督四川全省学政兼翰林院编修孟超然撰记。赐进士出身文林郎翰林院编修加二级郑际唐书丹。赐进士出身文林郎翰林院编修加二级李光云篆额。乾隆三十八年癸巳十一日朔旦勒石。（录自原碑，碑今在万岁塔南）

按：孟超然《瓶庵居士文抄》卷一收入此文，颇有改动，今从原碑录入。

重修鳌峰仙迹社祠记

［清］陈庚焕

古今明祀，自王朝以及闾巷，无不得置者，莫如社。吾闽里社之祀，俗谓之境。境大者，统数百家，则又各即所居坊巷，别为社名，而合祠于境，其实境即社也。志郡邑者，以境名非古例，不见载。然成群置社，辨异统同，以联乡里，实古比闾族党之遗意也。九仙山阴社祠曰“鳌峰仙迹境”，即《三山志》“九仙安境侯庙也”。鳌峰、仙迹两坊负山而居者，分为九社。东起九仙观阁下，北麓街南井上，跨山而西，达于定光塔之北，凡数百家，岁时祷祀，咸以是祠为主。数十年来，修葺相踵，而岁益深，屋益老，往尝议新之而不果。比者风雨飘摇，覆压之虞，益凛凛焉。岁乙丑杪冬，予谋之里人，缩比岁报赛合乐之费为之权舆，以齿望推许少府善为之倡，与高君麟图、盛君大丰等共襄斯役。醵金饬材，恪共胥奋，更其朽蠹，沟其沮洳，辟神寝，崇缭垣，改作歌台廊庑，榱桷一新，庙貌加肃，凡几阅月而毕工。相度钩稽，高、盛二君之力为多；晨夕督趣，则盛君实终始之。既而高君复倡修西偏之奎光阁，徙建神庖，又将为未雨绸缪之计，岁约同志，人醵钱百，备修葺费焉。夫是祠肇于唐，显于王氏，奉祠之官至加银青光禄之秩，一时香火之盛，盖可想见。然读“光威振远将军”、“九仙安境侯”两诰，其辞事近诬，君子无取焉。今为里社，则先王之明祀也。社祀五土之祇，吾里室庐缘山趾，高者鳞次翠微间，社所主宜为丘陵山林之祇，则九仙山其神也。昔曹能始先生有言："吾每过鳌峰坊必式之。"盖自勉斋设教以来，名贤钜公群萃是间，指不胜屈，是名山之灵，实孕奇毓秀，大有造于是乡也。维桑与梓，必共敬止。诸君子之汲汲是役，恶可已哉。《志》称旧有青白石二片，奇迹宛然，贮于木座，比求之，不可复得矣。兴役之初，众议欲增祠前墙，拓歌台于其下，既而审厥面势，则三峰见于墙头，正对神座，圆耸如笔架，乃悟前人卜筑自有深意，旧贯之不可轻更也如是。是役也，任事者则先民而不自用事，要于久不徒饰，目前九社同心，无异议之挠，盖有三善焉。是不可不书以告来者。（《惕园初稿》卷二）

初阳书屋记

［清］陈庚焕

高氏甥于宅东辟屋三楹，延予课诸子。屋东向，庭袤二十余武，可以莳花竹。庭左垣外有桧，庭右遥倚状元峰，其旷可以来长风。环堵之中，远隔喧杂。晨起当轩坐，延赫曦而吐纳朝气，地偏心远，于焉藏修游息，静以成学，所谓"长日加益，而不自知"，其进也孰御？师旷不云乎，"少而好学，如初日之阳"。二三子勉乎哉！毋若予失之东隅，欲收之桑榆而恨晚也。（《惕园初稿》卷二）

鳌峰里宅记

［清］陈寿祺

福州之城，东南倚九仙山。山之峻，鳌峰最秀特，负山而宅者，无虑千家。而闽县左三坊，专受鳌峰名，自宋迄明，世多名流居之。黄勉斋先生鳌峰精舍，相传在是坊。先生与郑成叔书云："投老来归，先庐无可栖宿，得法云寺僧寮数间，葺治居之。"李燔《鳌峰勉斋祠记》曰："公卒，学徒追慕，即其讲道著书之地曰嘉福寺之后，筑屋肖像，以严崇奉。"按今大士殿即嘉福故墟。其西白云寺即古法云，近毁于火。鳌峰在其东，若肩额然。故梁文靖《三山志》以鳌峰隶嘉福院，而李宏斋以勉斋祠屋系之鳌峰。由此言之，勉斋精舍虽非是坊，然舍鳌峰而奚属也。元贡师泰《勉斋书院记》谓："郡士以太平公辅里故宅为学宫，堂后叠石山曰'小鳌峰'，以不忘读书精舍之名。"则太平里乃规抚法云、嘉福之旧明矣。今书院崇正讲堂，面鳌峰而瞰勉斋祠屋故址，想像讲道著书之迹，犹眉睫间，虽谓先生旧庐在是焉可也。明郑少谷吏部徙居鳌峰北，筑迟清亭，《山居杂咏》云"买山水部巷"，又云"茅亭覆石上"。友人陈惕园以为，今街南井弄东卢氏山亭殆其址。余以“水部巷”之言考之，迟清亭盖今坊尾，近水部门数十武，詹氏园是也。里中陈氏出义溪，衣冠甲族，见傅丁戊诗与徐兴公文。自永乐间侍读叔刚、弟御史叔绍，迄子布政使炜、孙巡抚达、布政使暹、按察副使墀、曾孙同知朝锭，一门多清节，十余世科第不绝。二孺“著存堂”，在街北委巷中，国初，高云客居之，今惕园及许氏宅是也。大义坊之水明楼，乃二孺后所徙耳。邵巡抚鹭洲宅，即今书院地，所谓冶园、水心亭者，书院之鉴亭也。陈、邵二宅隔巷，巷西为资福尼庵，其始周推官之夔宅也。清嘉庆十年，买附书院为学舍，道光三年改建考棚。前两区南北洞达，可坐四百人，后一堂二室，课试点名所也。郑少参逑子孙居是坊三百年，其曾孙太仆逢兰，抗贼死，谥“忠愍”。其家东西二宅有天开图画楼，故址在坊南。巷西一废园，曩为王教授阳开宅，今属萨贡士察伦。西宅之左，则二徐红雨楼址也，今属故贡士杨日光宅。又左隔巷大宅，面书院鉴亭南墙者，陈殿元谨故第也。郑氏废园之西，由榕径下达古仙迹坊，今为观巷，有尼庵，兴公昆弟绿玉斋址也。幔亭自为记，言其家九仙山之麓，寝室后有楼三楹，颜曰“红雨”；楼之南有园半亩，中有小阜，构斋于山之坪，由园入斋，石磴数十级，列种[illegible]竹。曹能始尚书捐赀为兴公构危楼藏书，题曰“宛羽”，取“宛委羽陵”之义，见兴公《答陈宗九书》及尚书诗集。然则红雨楼在坊之街南，绿玉斋、宛羽楼又在其南，属观巷无疑也。近之志书院者，谓兴公斋楼并在学舍中，盖缘鳌峰、仙迹二坊皆有尼庵，遂误以街南为街北。此与其以勉斋友郑成叔为成公肃，指城门山鳌顶峰之侍郎郑湜宅在书院东者，不均巨谬耶？少谷居鳌峰也，傅丁戊、高宗吕诸君从之，号“鳌峰十子”。及二徐、二孺，与曹、谢再结诗社于此，先后文采相照耀，而耆旧世德，又皆能绳绳缉缉，以无陨家声。能始尚书志郑圭甫父墓，言“每过鳌峰坊必式之”。兴公募金重建是坊，题署历代科名贤俊之盛，他里鲜有及者。惕园高祖叔举偕兄偶庵奉亲避嚣于山西白云寺，孙君实、许天玉、瓯香、高云客时从游咏，号“平远台诗社”。雍正、乾隆间，林松址、蓝公漪、郭约园、药郮、何北海、李鹿山诸老，再修社事，亦有“平远台派”之目。盖自少谷、二徐以来，风雅屡兴，前哲流风余韵，动人叹慕，何减北郭南园也。我生之后，流芳销歇，比益衰坠无余矣。然自康熙四十八年，仪封张清恪巡抚是邦，创立书院，十郡人材，荟萃其中，道德文章之杰，肩踵相望，则所以收山川之灵淑者，又不独区区闾鄗而已。前贤之遗泽远矣哉！自兹以往，苟得英绝领袖，使文献恃以有所寄，庶几哉复见往时盛事乎？（《左海文集》卷八）

重修鳌峰书院并建考棚记

［清］陈寿祺

鳌峰书院创于康熙己丑仪封张清恪公，迨今百二十年，续而经营者屡矣。道光二年上元，叶健庵侍郎来，睹垣宇稍损，且念课试之地涣而不萃，宜葺而恢之。乃属监司，令职员林兆琛董其役，建考棚于张公祠之西偏，十数楹。前以坐诸生可四百人，试日，虽居学舍者皆入焉。后为点名听事，其余堂室楼墙悉治，凡土木、石甓、髹漆之属，縻白金千有一百七十两，粮储道所存书院生息余资也，不足者兆琛稍补苴之，三月而竣。于是，考校有所，出入有间，进退有序，翕然更旧辙而除懈弛矣。侍郎未及落成，遽去位，卒后入祀陕西名宦祠。其抚闽日浅，士之被容接也寡，然是役深有裨于规制，有举莫废，不可无述也。逾五年，兆琛之子砻石、以俟属余记之，因书大略，俾后之人得考兴造所自云。（《左海文集》卷八）

拟鳌峰书楼记

［清］余潜士

榕城之有鳌峰书院也，自仪封张清恪公始。朝廷旧有赐额，复颁御纂诸书，及帑金增修，天章炳焕，与各直省学校书院并隆。初，清恪抚闽，作新风化，勤恳教士，于是为闽人士谋敬业乐群之所，创辟斋舍，东西横列，而名其堂曰“正谊”。既延致师生讲习其中，乃复相度后墉，建楼五楹为藏书处，庋贮经史子集若干厨。康熙迄今逾百年，诸大吏嗣有购置，郁郁煌煌，呜呼盛矣！公之始为是楼也，与乡先生门下士辈，选刊汉唐宋以来及近代名臣诸儒文集约六十种，并其所自撰著者，板镌堂名，且多备兼本，嘉惠来学，则公之教思岂有穷哉！登斯楼而读斯书者，其亦深思国家崇文之典，及公所以创建、珍藏、刊刻、留贻之意乎？闽学龟山出自程门，传罗、李，及朱而大盛。公生平笃学力行，尤喜程朱之书，不惑于异说。其莅闽也，善政善教，悉本其学之所自得，然则有志者不可景仰而奋兴哉！虽然，书一而已，读者之所志固不一也。干禄者以诗书为华膴之阶矣，要誉者以诵读为声气之缘矣，矜博雅者则又以训诂词章夸多而斗靡矣。卑之为机械之变诈，高之为释老之虚无，歧之为术数之诡幻，书之裨人如是已乎？将必求其体于心身，达诸事业，有以成己而成物也夫！然则斯楼之所藏，可以研圣贤之体用，可以稽古今之成败得失，可以穷天地人物之寥渺蕃变而错出，莫不于是乎萃之。士之麇集者，膏饩有给，讨论有资，毋亦思公之藏书，其教为何教，而学为何学也乎！自昔以传今，由今以传后，闽学之相承，庶几绵延勿替，则公之教思，又岂有穷哉！（《耕村姑留稿》卷五）

重建万岁禅寺捐施香灯田记

［清］魏敬中

十闽形势雄东南，而首郡三山最据其胜。后扆粤山，前左九仙、右乌石，鼎峙天设。唐贞元十五年，观察使柳冕造石塔于乌石山麓，曰“无垢净光塔”。天祐元年，瑯琊王王审知复造砖塔于九仙之麓，与石塔齐，曰“定光多宝塔”。翼以经藏，塔殿凡数百楹。伟哉，佛地之壮观也！梁开平中，表为万岁塔寺。岁久寺废，住持自庆，苦行坚募十余载，经始道光七年，以次修复，法徒日盛，斋饭不充。台江高君国泰，义声有素，发大愿力，舍侯邑三县洲田二百余亩。于是开丛林，辟方丈，接十方，严戒律，禅规大备，设坛主而祠之，而求记于余。余谓住持以一念之中，修三摩地；高君福因田出，实从心生。信乎彼教有人，而佛氏之声响动人，不可思议者欤？斯寺以“万岁”为额，宋熙宁间建千秋堂其中，乾道间改堂名“华封”，其义皆缘祝厘而设。今兹落成，名仍其旧。恭值皇上六旬曼寿，普天同庆，而华严涌现，法喜优霑。岂惟增城市山林之胜，实永祝圣寿无疆之庥。则斯记也，谨以效天保之颂焉。于是乎书。赐进士出身前翰林院编修国史馆总纂宁德魏敬中谨撰并书。道光二十一年岁次辛丑春三月谷旦勒石。

按：是碑宋钟鸣模刻，楷书，碑额篆书，今存万岁寺内。

太平街支祠碑记

［清］郭柏荫

吾宗自始祖嵩公，由光州奉汾阳王香火从闽王弟王想避乱入闽，家于长乐东门外。五代时，绚公始迁福清。元中叶，初公复迁马山之西，耀公再迁泽朗后洋之中兴社。中更兵火，谱牒沦失，其世系可追者，自显公始。明嘉靖以后，叠遭倭患，子景公、志麟公先后移居省会。崇祯间，议以后洋祖屋建立宗祠，已诹吉，为时事所挠，不果行。咸丰六年，族兄永成首倡建祠之议，集兄弟子侄之愿与者十三房，鸠赀置买于麓太平街房屋一所。十年春，乃葺其后屋而新之，即以其年闰三月二十一日，奉应入祠，各祏祀焉。前后所费铁钱一千九百六十千有零，铜钱六百八十千有零，皆永灿、永成、弥坚、弥广、弥苞、弥光、弥章、弥肃及永标孙亲庆、永基子义昌、孙亲承、永彬子洛昌、永枢子鸿昌、弥长子元昌、烈昌名下捐措。祠规具载公约，用数别具于方。咸丰十年十一月，十八世孙弥广谨记。（《天开图画楼文集》卷四）

福州九仙山天房支祠记

［清］郭柏苍

福清后洋中兴社，迫海而居。嘉靖、万历间，天房子景公、志麟公先后避倭籍省会，已二百七十年，仅四十三丁，支祠未办，人口寥然。族兄永成，卖薪为业，有志于祖宗之事。咸丰六年至九年，荫兄与苍副之，集十三房析于麓太平街依山小屋建祠。祠倚白云寺石壁，左右展如燕翼，宗祏安焉。得巳亥、丙壬向，使西北诸峰环抱如堵。祠前一径，似直而纡，止于两旁，去来者略远，即不可迹，水达而神不泄也。山厨在丁，古井在癸，以六癸制六丁也。不饰观、不杂祀，省费用、便修理也。庚申始作，总主仍题“福清泽朗后洋中兴社”字，不忘其溯也。中奉元天、地、人三房始祖显公，明生员、第二世天房本支祖贵卿公，迁居省城祖子景公、志麟公，修谱志科公、德音公、时霖公，附以十三房捐赀之祖、父及其自身；左右二厢摹刻世敦公、林夫人圹志。小而聚气，高而藏风。十年，人口、科名当更盛，置祠业二所，凡八年始备者。财物不易，结构不易，成之不易，毁之不易，此则张老之颂也。荫兄已有记，故缓于勒石。庚申冬，弥苞撰。（《葭柎草堂集》卷中）

种蕉山馆落成记

［清］郭柏苍

丁酉九日，假何氏园亭社集，酒次甚欢。许子友竹当席啸曰：“鷦鷯巢林，不过一枝，吾侪苦无小筑以论文谈酒，所以岁时恒觉失趣。吾闻之，富者难于舍财，贫者易于捐金，他日集群力，营三椽舍话旧，何如?”众可之。越明年，客有以于麓天开图画楼来告者，同志以其地之胜也，称贷以果前议。不旬日，而质剂成，不阅月而工程竣。析依山二屋为书舍，培丛卉以障日。土木之用，是间为多，楼虽欹侧朽坏，而补缀有所弗及者，存古迹也。楼前修葺成堂，颜曰“攸摄”，中祀唐吴兴处士周太朴，隆气节、重文章也；附以明郑世美、徐兴公二公，皆闽中之文人，斯宅之旧主也。堂后有厅，榜曰“暮云春树”，怀旧游也。东向筑夹道十数武，缭以短墙，古梅二株，槎枒从墙上入，得月时，开窗闻香，掩窗弄影，大有幽趣焉。西为听涛轩，夏日松声谡谡，在檐溜间卧听之，不辨其为风若雨也。轩后崖石磊砢，药草秀蔓，就洼处浚小池，深刚五尺，曲不及寻。环池树木，栏倚栏，可以观鱼，可以听蛙。石罅老树偃蹇，大抵竹柏以下，花木略具。补之以蕉，故曰“种蕉”；在山之腰，故曰“山馆”。甲子之月，戊申之辰，勒石落成焉。许子举杯向同志约曰：“自今以往，我二十有五人之子若孙，读书者得与，不读书者弗得厕也。读书而不肖，斥使出社，若贫不得瓜鬻也。”同志皆曰：“唯唯。”日夕畅饮而罢。时道光戊戌十一月十日也。（《葭柎草堂集》卷上）

赌棋山庄记

［清］谢章铤

吾谢在前明多显宦，入国朝以盐策起家。当其盛时，甲第连云，危楼蔽日，凿深极旷，池馆皆有盛名。及余之初，则已衰矣。迁延数十年，屡丁变故，生计愈微，自冠而壮而强，盖累世之老屋亦不克保。而又遭闽省钱荒，易铜而铁，继格不行，复易铁而铜，百金之资，亏折不及十金，而余遂家徒四壁，穷无立锥矣。东西谋食，赁庑而居，五年四徙，靡有定宇。回首童游旧地，虽厨溷亦渺如仙境焉。昔年馆谷稍赢，又得弃产余值约可千金，陈婿莲溆怜其飘泊，为之谋，益以称贷，仅购此屋。乃叹曰：“吾所著书名《赌棋山庄》，而今而后始有吾山庄也。”庄坐于山，面鼓山，岚翠月华，往来几案。其中有亭有池，有台有室，高树蔽亏，巨石突出，位置虽不高，一昂首则数百家皆在其下。内俭外舒，心可静而耳目得所养，与余之素性尤宜。夫以余蹭蹬人世，所志无一就，今老矣，忽留意于一屋，其庸鄙可笑甚矣。虽然，韩昌黎固所称文人而知道者，其《示儿与符》《读书城南》二诗盛陈居处服御，世或讥其非义方之训。然而昌黎早孤家贫，育于兄嫂，累年奔走，仅得一屋，清白中辛苦所留贻，期以堂构，盖亦人情。余不合时宜，未解群风众势之所趋，泊然寡营，将终其身，不获一椽之庇，乃天忽与以藏拙之地，欣于所遇，意颇与昌黎同。犹忆既迁居之二三年，省会逢遭水患，高者寻丈，低亦数尺，西南尤甚，旧所赁屋，墙崩楼陷，居人号哭，结桴而逃。设使余未迁，不独传砚遗书尽归乌有，而覆压之虞，其能自保哉？然则是屋虽轮奂不逮吾先，而在余则已幸矣侈矣。且余忆少年游历，每过谢氏二梅亭、黄氏十砚斋，未尝不流连终日。后读林氏《朴学斋小记》，尤觉神往。然是数者，皆介在阛阓，无甚杰构，愈叹地以人传，胜在地不若其胜在人也。曩者陈惕园贡士考九仙山古迹，于西南北三面皆举其人，以实其地。独于东迤北，第言正一坛、化城寺之幽旷，而不得其人，山灵岂将有所待耶？余居正在坛与寺之间，不知百年以往，赌棋山庄之名较之迟清亭、宛羽楼何如也？嗟呼！余何以对兹山而无愧哉？药阶退叟谢章铤记于山煖月圆人寿室。（《赌棋山庄集·文六》）

谢枚如先生赌棋山庄记

［民国］林　纾

吴航先生既老，甚思其旧所营之山庄，将移书迁琴归卧于是，而致用堂诸生咸曰："先生硕德重望，舍是莫从得师。"乃群聚以止先生。先生既留，而中心无日不怀山庄也。庄实居九仙之麓，东面适当石鼓，下联平畴，江色野绿，延纳窗户之内。吾尝从琼水步归南台，远望茅亭，出于山椒，丛松覆之，途人犹识为先生庄也。先生系出晋之太傅公，因名庄曰"赌棋"。呜呼！人观是名，知先生用世之心未尝忘矣。苻氏之锐意江南，晋之兵力未能当也，淝水一役，太傅以不动声色胜之。先生壮年目击粤逆之变，感激挥涕，亦将肆力中原，顾不见用，乃发为文章，以泄其愤。而意态闲放，人莫能测，非有卓识，又乌知先生之悲哉？今之为苻氏者，凶狡百倍于坚时，铁骑突过戈壁，止吾塞上，且已侵探腹地。中原虽完好，异于当日江南之被兵，而不测之忧殆有过之。吾又甚惜先生已老之，不能为国家用也。纾近客浙西，拟就吾家处士之庐，营茅亭以居，凭吊宋季江山，以抒吾哀。顾处士生宋盛时，辽焰未炽，较诸太傅以兵力支残晋，仕隐固自不同，而幸不为虏则一也。然则先生与纾同处今日，宜纾于先生之庄，益不能无所惓惓矣。（《畏庐文集》）

赌棋山庄记

［民国］何振岱

会城东南隅，九仙山之麓，吾师枚如谢先生赌棋山庄在焉。先生教泽遍秦、晋、赣、粤间，山庄名亦因以显。岁仲夏，予挈长男维刚，赁居于此，距先生捐馆甫五阅月。丛草没髁，败叶壅径，稍翦剔葺理，乃可居。西北三楹，面石鼓，上下数十里，呈露无隐形，窗前细竹雁行立，高仅及垣，如惧为山蔽也者。月东出，即入户，其光凄瑟，往日先生意境，犹可仿佛得之。窗前联语："青山本是吾家物，老树不忘天下春。"师自撰书，笔法古劲，起人慕思。先生名满公卿间，而不求禄利，通籍不仕，以师儒终。山庄处城阛万瓦之中，幽迥寥寂，人迹罕到，盖其肖也。先生负济世之志，论天下事激昂奋锐，弥老而壮，经诂、史例、文性、诗律、词心、杂纂记，萃古人之能而汇其通。幼而笃学，头白不能已。山庄宽广不周三亩，有二百余年十围之老银杏，有梅七八株，桂两三株，梧桐连理者一树，马樱、紫薇花开出檐瓦。果则有荔枝、龙眼、橄榄、橙桔之属。亭以巢燕，鱼泳于池。有楼三间，庋书数万卷。园属应有者具有，则又其肖也。往者先生饮予于此，酒酣，叙平生所历，曰："小子识之，穷通有命，惟当多识前言往行，以蓄其德耳。"慈言在耳，思之涕下。木落秋深，行将去此。今日之山中，又皆他时之梦想也。时在光绪癸卯七月，弟子何振岱记。（《我春室文集》卷二）

遂真堂记

［民国］陈　震

余居北二十有八稔，三过家，留数月辄去，于里中有道士昧生平实多。今春归自故都，挚友卓幼庭同年为余言杨君退尖贤，且述其轶事甚悉。幼庭取友端，其言信而有征，余以弗克见为恨。一日，幼庭偕之枉过，望其容，温温如也，聆其言，恂恂如也，余复恨相见之晚。越数日，与幼庭步小西湖，坐镜湖亭，上下议论，间及退尖，且约期同过其于麓山馆。二月晦不尽二日，款步翠微，室迩人遐，兴索欲返。幼庭顾余曰："妙德先生直造竹所，古今人何遽不相及，曷少憩乎?"遂相与升其堂，登其楼，纵观其手治盆石暨壁间书画。所居不过亩许，结构曲折，位置闲雅，迥出尘外。楼榜为"受山迟月"，则幼庭作记在焉。有顷，退尖归，修主客礼，喜形于色，益出其所治所蓄相示，且曰："吾以'遂真'名吾堂，颜已具，而记尚阙，今以属君。"余将应鹭江故人招，请俟异日，幼庭为之督促。余惟世人相率为伪，声音笑貌，能随俗为转移，率其真者盖寡，非其性尔殊也。大抵有所阙则有所求，有所求则有所屈，至有所屈则不惜枉道从彼，其本来真相，遂汩没而无余，良足悯也。今退尖目力足以鉴别，意匠足以经营，生事无阙。无所求于世，斯无所屈于人，性情真，面目真，语言真，饮谷栖丘焉。往而不遂吾志，洵有合乎古有道之士。余故忻然书之，以抒既见；心写之雅，且以证幼庭之不余诞。若夫槃涧寤歌，乃由辛勤而得，与夫当户有约，朝爽夕佳之胜概，幼庭之述备矣，余无赘焉。（《任庐未定稿》）

游九仙山记

［民国］侯鸿鉴

于山相传为古有何氏兄弟九人在此炼丹成仙去，故有九仙山之名。山崖有石刻“九仙胜迹”四字，篆书。下有井，曰丹井；上有九仙观，越王无诸尝于重九登山宴饮，大石礅尚存，故后人名其石为越王台。山之著者白云寺，又名白塔寺，[①] 以白塔故名。叩寺门而入览，有千秋堂，郡人林春溥跋云：“寺为梁开平中表请祝厘之所，宋熙宁八年，始建千秋堂，今废久矣。住持僧自庆募缘修建，因存其旧。道光十七年秋九月，春溥识。”案：寺因表请祝厘，故又名万寿禅寺，证以万岁塔寺址，则又有万岁禅寺名，以故一寺而三名，香炉及题额等触处寺名皆不同也。《记》云：“唐贞元十五年，观察使柳冕造石塔于乌石山麓，曰‘无垢净光塔’。天祐元年，瑯琊王王审知复造砖塔于九仙之麓，与石塔齐，曰‘定光多宝塔’。翼以经藏，塔殿凡数百楹，佛地之壮观也。梁开平中，表为万岁塔寺。”云云。此记为国史馆总裁宁德魏敬中撰书，魏为清人，考证既确，知白塔建寺，后于乌塔二百五十三年。定光塔高七层，自平地至顶有一百四十二级，余登其顶，题四语云：“浮屠七级宜登眺，聊把鸿泥雪影留。岂独白云沧海变，佛堂犹是号千秋。”既下塔，过白云于涧祖殿，恍然此山之名为于者。款戚公祠入，登醉石亭，道左一大石，亭额有跋语云：“亭为明戚少保饮至策勋之地，数百年来，沧桑迅变，离黍兴嗟，仅留一石，屹然长存。”至飨堂，有“吾将私淑”之匾，为吴佩孚题。西一轩，有戚公画像，为侯荫培绘。有陈鼎勋《题石慕斋黄遽园小影》诗一首云：“苔芩同臭味，黄石二居子。出入必相引，旁人多侧指。中原方板荡，讲学兹自喜。愤时每激昂，抱道弥砺砥。乡邦存掌故，规复戚祠址。诚意著工夫，异域为风靡。胼胝不言劳，经营垂一纪。殿宇俄崭新，亭榭复逶逦。岂独壮游观，激劝寓微旨。杯酒话几时，与子频

① 白塔寺，非白云寺。

徙倚。”诵此诗，知黄、石二君经营此祠之劳矣。飨堂之左，由假山石迤逦而北，有一亭，额曰“复亭”。由此而南，绕醉石东之小石径而出，丹井之东南，有石崖，为宋人题名四行，字殊有力，似圭峰碑体，凡三十四字，曰：“黄处中会子弟武子、邓纯彦、谢成彦于野意亭，刘德夫先归。宣和乙巳初春九日，郑尚明题。”余既游于山后，因题戚公祠诗一首云：“醉石犹留饮至遗，一亭孤耸系人思。策勋共仰旂常绩，画像君瞻飒爽姿。闽海当年寒贼胆，名山此日拜公祠。流风异代谁私淑，巴蜀龙蛇感赋诗。”(《福州坊巷志》卷二)

铭

重修定光塔铭

［元］黄镇成

福城之东，山惟九仙。岌岌浮屠，上出层巅。八方翼举，七级梯连。深蟠厚载，高薄重玄。昔在唐季，王公启土。相攸兹山，大建神宇。既辟招提，乃标窣堵。厚壤祛幽，圆珍发贮。潜符嘉征，建号定光。载祀四百，作镇藩方。漂摇风雨，绵历星霜。宗楹杌陧，棼笮披猖。惟宝峰师，兴念维恻。弗葺斯坠，靡遑居食。其徒慨然，闻义感激。有志必就，惟坚愿力。踵门干羡，行市丐余。累修于寸，积重于铢。石砻川运，材伐山输。坚良缔构，故弊更除。寒暑六经，载营载度。业业金碧，峨峨丹雘。制砉地涌，视犹天作。育国分光，图澄识铎。惟兹伟功，匪志弗成。卓哉斯愿，振古作程。天地至久，日月至明。俾贞配永，视此刻铭。(民国《福建通志·金石志》卷十三)

万寿寺定光塔铭

［明］龚用卿

万岁寺有定光塔，创于唐昭宗天复辛酉，毁于明嘉靖甲午，再修于嘉靖戊申，是殆天数也。今即落成矣，予乃为之铭，以垂永久。铭曰：驱邪神教，爰肇西方。惟兹浩刹，成于有唐。上接诸天，下镇南疆。废而复兴，道化弥彰。众生欢喜，百艺允臧。成之不日，式阐神光。神光普照，远被八荒。天花四坠，魔怪潜藏。人文宣朗，国祚永昌。用昭万古，斫此铭章。(《云冈文集》卷十二)

平远台勒功铭有序

［明］汪道昆

言官上言：日本毒闽且十年，劫众聚徒且十余万，闽财力竭矣。当事者凛凛，莫敢谁何。今巡抚忠臣，独兵食少，讵能求旦夕之效？闽故隶督府，督府尚书，名震夷夏，所部多精兵，请亟发督府兵，不然，闽且不保。上当言官议下尚书。尚书胡公、巡抚游公，皆新安人也。胡公发精兵八千人，以部将戚将军为上将，阃帅戴将军佐之，按察王大夫则护军往。誓师毕，胡公进三人者，语曰："吾闻游公已定漳、泉，贼坚壁福清，与诸将相持不下。他夷部复入横屿，据绝岛中，宁德日告急。不暇问公等，第亟击横屿，横屿破，乘胜而趣福清，直振稿耳。"于是引兵从间道入，不旬日而破横屿，歼之。再旬入福清，大破贼牛田，贼殊死走兴化。旬日而袭兴化，又歼之，部中悉平。戚将军以全师入，诸大夫郊劳曰："天厌闽久矣，将军至，乃始有闽，此百世之伐也。"将军避席曰："督府奉明诏，继光待罪行间，乃今有尺寸功，上者朝廷，次者督府，次者诸大夫之烈，继光何有？"夫古人以军功显，务旌其伐，铭诸名山，将军功高而不伐，故足述也。乃登平远台，修饮至礼。道昆幸而在事，遂为之铭。铭曰：于昭明德，渐于出日。重译来格，岛夷不逞。冯陵白刃，躏我四境。吴越发难，厥有京观。闽海遘患，帝命徂征。自癸及壬，武功弗成。申命督府，修我干橹。保我南土，乃建元戎。显允戚公，万夫之雄。乃发右广，元戎是奖。命戴公往，乃卜护军。三令五申，大夫启行。肃肃我旅，集如时雨。千里安堵，既薄秦川。斗士争先，鲸鲵用歼。狂寇匪茹，大师克遇。牛田失据，转战于莆。骈首伏诛，寇无前途。昔也寇虐，民有沟壑。邑无聚落，王师至止。保我妇子，家室伊始。炎方既同，赫赫元戎。奏尔肤公，元戎踧踖。天威咫尺，胡臣之力。戎车既旋，崇台言言。斯民具瞻，大德不德。小子何述，述诸贞石。（《太函集》卷七十八）

万岁塔铭

［明］谢肇淛

《般若经》云，如敬塔庙。尊胜有幢，同一道妙。惟我于山，昔有丛林。祝万岁寿，臣下同心。飓风为眚，顶沦于池。有其举之，谁敢或废。惟我陈公，厥名曰询。许氏元度，或其前身。慧业夙耽，猛愿兴复。如人元首，安出广物？自上而下，似跃而腾。匪循阶级，巍然重兴。讵千金吝，俾万目睹。其力则专，其利斯溥。仰窥元昊，俯眺沧溟。忻礼读款，而述斯铭。（《福州府志》卷十六）

重建罗山法海禅寺碑铭

［明］谢肇淛

福州东南罗山法海寺，建于晋开运之二年。时道闲禅师开山阐教，法嗣代兴，历宋元至今七百余祀，屡废屡复，香灯无改。至明嘉靖初，孝廉高叙据为别业。连云宝刹，变成歌舞之场；摇日法轮，委藉烟霞之径。卧毗沙于秋草，沉定水于劫灰。见者伤心，言之搤擘。岂期法不终夷，灯难顿熄，展转易主，遂属侍御蓝公济卿。至侍御孙圻，具大智识，发菩提心。悟浮沤之不恒，悼宗风之久坠。慨然尽舍归寺，以忏罪悔，以祝天子万年。于是四方慕义云集，宰官护法，长者布金，庀材鸠工，物力咸具。法师悟宗上人，性行坚忍，戒律苦严，向在鼓山辟开洞壑，雪瓢云笠，处处孤踪，木屑竹头，事事得理。不数年间，门廊殿宇，秩然一新。百年宝所，复还旧观；丈六金身，重开初地。虽空门无相，不灭不生；而起念分头，即佛即鬼。洵无量之法力，旷世之盛举也。经始于万历己亥，而讫壬子。维时郡人谢肇淛嘉其真谛，而乐其成。为之铭曰："瞻彼罗山，荟蔚朝隮，瀕隍带川。既辟珠林，云榍蛛栖，称兜率天。藏舟之壑，狻猊夜吼，金人则迁。酸风射眸，鹫飞于桑，鸡栖于莲。歌斯哭斯，神之听之，苟亦无然。煌煌骢马，天笃克世，靡愿弗坚。飘如振槁，恝如脱屣，慈割爱镌。惟宗上人，不遑启处，革蚀衲穿。累寸为楹，积铢成堵，石砻陶甄。巍巍峨峨，如鸟斯革，彤牖辉鲜。赫赫金身，日光霞彩，飞动阗骈。扆彼翠巘，山霭炉气，无云斯烟。金钟宝铎，松涛竹韵，无籁斯传。譬彼甘露，熄兹火宅，何福不田。圣教大力，侔天极地，永万斯年。里人徐㶿书。赐同进士出身承德工部营缮清吏司署员外郎王事长乐谢肇淛撰。（录自原碑，碑在法海寺内）

定光塔顶铭

［明］曹学佺

补山之阳，重仰定光。安奉舍利，为国祯祥。天子万寿，丰年穰秧。佛日增辉，此众无疆。时崇祯癸未岁蚕之吉，郡人曹学佺、郑邦泰、林弘衍、陈询，住持比丘明定、化主僧成明同立。（《福州定光塔寺志略》卷二）

疏

九仙观重建玉皇阁募缘疏

[明] 徐熥

玉皇阁者，乃上帝栖真之所，九仙托迹之区。珠殿璧门，直摩霄汉；丹台玄阙，上拂云烟。匪特壮一方形胜之观，实以起万代焚修之敬。风风雨雨，叹时序之沧桑；岁岁年年，致坛壝之荆棘。梁木其坏，大厦将倾。满目蓬蒿，昼静无人参宝诀；数椽茅屋，夜深何处礼寒星。清虚少有之天，伤哉窜鼠；郁萧弥罗之馆，久矣栖乌。玉麈尘生，金炉火冷。道流星散，入门惟见一青松；福地云封，看院只留双白鹤。玉版经尽埋黄土，金鹅蕊半掩苍苔。过者伤心，言之短气。有道人某者，越国灵姿，海邦真侣。读残紫府三千录，策印龙泥；看尽玄都十万花，笙吹鹤背。炼精化炁，炼气化神，炼神化虚，得三花之聚顶；知雄守雌，知白守黑，知荣守辱，见万叶之归根。洗髓伐毛，已传正印；烹铅炼汞，不落旁门。久栖息于鳌峰，驾参白鹿；欲重兴乎鸿室，囊乏青蚨。幸遇当道君侯，暨兹乡邦硕彦，慨然兴叹允矣。协谋以清净心，发广大愿。朱提赤仄，竞出于宫中；白垩丹楹，高翔于汉表。飞轩蔽日，潇洒轶浮埃；伏槛排云，参差凌倒景。信人间之蓬岛，实尘世之瑶京。工不逾于一年，业已成乎八九。顾事糜数千金之费，善作者不必善成；且阁垂亿万劫之长，慎终者莫若慎始。工师之腹未果，庚癸长呼；匠石之灶无烟，丙丁不举。花砖满埴，无一苇之可航；良木在山，缺千夫之邪许。虽仅成上栋下宇之制，犹未免疾风淫雨之侵。绳墨不操，斧斤久辍。功尚亏于一篑，事未底于万全。道人四海空囊，一身如寄。虽能绝烟辟谷，然匠人待哺，百口难供；即令点铁成金，而木石余资，一文何措。霞衣换粟，仅同投一粒于太仓；星剑卖钱，何异纳细流于沧海。□然束手，正尔拊膺。兹者缘以天成，功由神助。□哉二千石，又萌喜舍之心；贤矣诸大夫，共发好施之愿。重为檀越主，复结夙世因。功德欲遍于七闽，福缘不专于一郡。携一双草屦，历残海上风烟；踏万顷红尘，费尽壶中日月。挨门乞助，到处求题。伏望贤士大夫，善男信女，捐有余之朽贯，结无尽之善缘。斗粟缗钱，取之内帑而寄之外帑；福田善种，播之今生而收之来生。俾杰阁耸千寻，如翚斯飞，如鸟斯革，高居上帝中天，积翠玉台遥；

庶玄关开一窍，龙从火出，虎向水生，揖让群真三界，花宫仙梵远。垂玄功于有永，奉香火于无穷。凡有寸心，请助一臂。谨疏。（《慢亭集》卷十九）

重修安境侯庙募缘疏

［明］徐 熥

安境侯者，显赫威灵，聪明正直。安邦辅国，累朝贻玉册以加封；捍患御灾，七社望金扉而顶礼。庙倚九仙之麓，地钟双石之奇。画栋飞甍，雄于古昔；丹楹白垩，创自何年？顾时序之屡迁，致神栖之就圮。萧条粉壁，已销往日丹青；剥落金身，无复本来面目。一轮皓月，暗室内争放大明光；半夜淫霖，屋漏中尽沾功德水。虽香灯清静，尚早夜以焚修；而妙像庄严，向东西而徙倚。燕泥坠净土，秽着佛头；蛛网结虚龛，尘蒙法眼。苍鼠窜于古瓦，白蚁蛀乎神床。岁时伏腊走村翁，荐藻苹而太息；古庙杉松巢水鹤，披荆棘以增悲。神其恫矣，众安忍也。熥仰赖神庥，皈依真教。时当蛊坏，议欲鼎新。然大厦非一木能支，工力仗十方布施。善男信女，齐发欢喜心；贤士大夫，同修无量德。纳细流以成海，集狐腋以为裘。随多寡施以孔方兄，俾后先付之公输子。庶庙貌如故，而轮奂一新。秘宇灵宫，历亿万载而不坏；心田福海，垂千百世而无穷。凡有善缘，请题左牍。（《慢亭集》卷十九）

兴复罗山法海寺募缘疏

［明］徐 熥

昔我释迦文佛双林演偈，化既弘显西方；迨我达摩祖师一苇渡江，教遂流传东土。秉慧灯于暗室，共照幽途；舣宝筏于迷津，同登彼岸。故精庐遍于震旦，苾刍满于阎浮。萧梁以来，闽越尤盛。幡幢影接，铃铎声闻。郡中罗山堂者，旧之法海寺也。名列于九山，基宏于五代。孤峰耸鹫，一脉回龙。灵秀攸钟，慧觉斯启。传灯备录，大藏可稽。唐咸通、光启间，有道闲禅师者，问道于岩头，阐宗于海滋。大畅厥旨，实主兹山。参法座者千有余众，入禅室者一十六人。又有绍孜禅师、义因禅师、义聪禅师、弘瑫禅师，衣钵相承，香灯不绝。由宋迨元，有兴无废。迨至我明，始就荒圮。祇园鞠为苑囿，像设化为劫灰。独法堂旧构，因壮丽而仅存；伽蓝尊神，藉灵通而免毁。辄更数主，几历百年。今其地属于蓝君圻，蓝君承其遗创，拓为新宫，费逾千金。居方十载，兹者笃信佛教，皈依净土，奉释迦弥陀像于一室，早夜焚修，虔诚顶礼。常自思惟独发愿力，谓镇江招隐，乃戴居士之故庐；吴郡虎丘，实王短簿之遗宅。正觉丛林，捐从陆氏；宣化梵宇，施自何家。处处如斯，代代不乏。彼舍宅为寺，古昔之善信皆然；何毁寺为居，凡愚之悭贪至此。况天地本一蘧庐，浮生元同逆旅。章华冀阙，总是虚花；金谷铜台，终成幻泡。琐窗秘阁，先埋地狱之根；曲沼方池，自沸苦海之浪。当知无常迅速，火宅何人久居？试观满目兴衰，华屋谁家世守？望诸天而悲泣，向三宝而盟心。愿舍所居，仍为梵刹，同社友张君、王君等合掌称赞，矢志相成。众谓蓝君既有心薙草，未尝恋此千金；然无地卓锥，何以安兹四大？虽财施即同法施，而自利亦要利他。用是化募十方，偿其半费。俾龙象复归于有托，而鷦鹩不至于无栖。诚方便之法门，无穷之善果也。若乃重铸金身，再兴宝殿，工程甚浩，糜费不赀。乘此机缘，一同抄化。使既湮钟鼓，重闻朝暮之音；半死旃檀，载发空香之气。愿挥慧剑，割断悭魔；好挽慈流，共跻檀度。言无多逊，福有冥归。谨疏。（《幔亭集》卷十九）

重修凝翠所疏

［明］徐 熥

吾闽当世庙初年，时和物丰，粟红贯朽。有司簿书之暇，吟眺登览，殆无虚日。直指使者石沙王公，尤风流好事，其于琳宫梵宇，所建亭榭甚众，而鳌峰之法云寺为最。后遭兵燹之祸，聚客兵其中，日夕脱巾噪呼，僧徒渐以散去。于是旃檀之地，化为榛荆；布金之区，变为瓦砾。亭榭日就颓废，无复旧观矣。凝翠所者，在寺之东偏，岩石礨砢，树木蓊翳，亦一胜区也。岁久，亭将就圮，居民不逞者毁伤其薪木以当樵苏，其下则聚溷而已，过者伤之。值岭南观微上人来游吾乡，上人精于教典，严于戒律，又以其余发为诗歌，以自写其方外之志。吾乡缙绅学士皆与上人结支许交，二三同志以上人未有卓锡之所，遂谋以凝翠旧亭，葺而新之，以奉世尊其中。因增数楹于后，上人居之。一以系直指公甘棠之思，一以为上人钵瓶之所，一以为吾党选胜之场，一举而三善备矣。语曰："有其举之，莫敢废也。"其斯役之谓乎？顾木石之费，不无赖于十方，凡我同志，如宰官贤士，肯捐缗钱斗粟以乐观厥成，则功并须弥而行周沙界矣。某不胜五体投地，和南恳祷之至。（《幔亭集》卷十九）

千佛殿庄塑佛像募缘疏

［明］徐　熥

鹫峰表刹，阎浮开白净之宫；象教垂慈，祇苑现紫光之色。茎草化金身丈六，岂云有相皆虚；微尘遍世界三千，共说即心是佛。惟莲台显瑞，斯兰若增辉。法云禅寺之右，有千佛殿者。地仅容乎十笏，佛曾供乎五千。金迹辉煌，跏趺尽皆梵相；珠龛掩映，开目便见如来。过去佛、未来佛、现在贤劫佛，庄严相数满河沙；清净身、圆满身、百千亿化身，凡圣居皈同净土。迨年深剥落，痛像久销沉。猊座栖乌影，但留乎金粟；龙堂窜鼠光，已失乎玉毫。如明上人心发菩提，功资檀越。云眸雪齿，再发圆光；月貌金容，重新宝相。六时顶礼，四众皈依。但缘虽募乎十方，而功尚亏于一篑。桑门有幸，柏府来临。以宰官身，修菩提行。共结无漏之果，同生喜舍之心。如是胜缘，宜形短疏，助其一臂；赖我同心，累爝为明，积毫成仞。欲显七满八平之像，还资一铢半两之施。永植慧根，共成好事。自一佛二佛以至三四五佛，布施随缘；历一劫二劫以至百千万劫，收功无量。由真相而断凡相，因心田而种福田。谨疏。（《幔亭集》卷十九）

法海寺延僧奉诵华严期场疏

［明］徐　𤊹

盖闻定水莲花，恒愿生于佛国；孤园祇树，原借地于王城。若施乏金钱，斯缘乖宝界；使榕城微给孤之长者，则花林荒法海之道场矣。虽绀殿琳宫，已辉煌于金碧；宝绳珠网，亦掩映于银黄。山揖南台，直似清凉北峙；楼观东海，宛如灵鹫西来。然昼启香台，谁与交参钟鼓；风临珠刹，孰与互扣幢幡？今阁建弥勒之道场，经演毗卢之性海。灵文宝笈，欲集六和以宣扬；金钵铢衣，须求四种之供奉。一钵万钵，而香饭天遥；思衣得衣，而安养国远。是以行乞本苾刍之事，惟有布施赖檀越之门。随分行利益事，穰穰大地福田；尽力结喜欢缘，浩浩弥天慈海。一声佛、一句偈，能为奉持，法犹有力；一文钱、一粒米，以用布施，利岂无归？茶灶有长者之烟，瞿昙不捐中食；香厨无不黔之突，菩萨自重资粮。洗钵登堂，时听饭钟粥鼓；袒衣趺坐，长膰贝策莲函。将声声以祝四恩，必日日而增五福矣。（《红雨楼文集》）

九仙观建阆风堂疏

［明］徐　㶿

榕城有三山，而九仙据东南之胜。岩峦奇峭，磴道逶迤。南望江皋，北枕城郭。凉风时至，明月自来。古迹未湮，仙灵永托。前为寥阳宝殿，后为玉皇高阁。泰昌初元，倡募修理，井然改观。东隅云房两楹，仅足道流居止。而堂庑阙然，游人载酒登山，上帝式临，欢宴笑谭，未免亵嫚。阁左荒地一区，广五丈，而深倍之。众谓宜别建一堂，以为游人聚首之所。复谋于曹观察、李光禄、洪中翰诸公，佥曰可。而龚克广毅然任营创之劳，首捐木石之费，甚盛举也。凡我同志，宜助一臂之力，千秋胜事，不日成之矣，幸勿多让。（《红雨楼文集》）

重修七社安境侯庙疏

［明］徐　㶿

九仙山安境侯庙，肇建自唐高宗永隆元年，初封光威振远将军。至五代晋开运三年，闽王称帝，改封九仙安境侯。其制词云："闽府苦于多难，近致承平，得非神福其善而善者兴，祸其淫而淫者败？将军夙严祠宇，久尊是邦。幽赞伊人，炳然慕义。是致封疆大肃，黍稷长馨。苟虚褒美之恩，曷报感通之惠？"由宋历元，迨及国朝，庙貌如故。所辖七社，咸沐庇佑。岁时伏腊，乡人祭赛。庙中旧有青白二石，今已不存；惟留古树二株，盘根错节，蔽日参天，尤足遮荫风水。是以从来科目鼎盛，财产之饶，未必不赖于神庥也。但地扆石岩，栋宇年深损坏，廊庑风折倾颓，若因循而不修葺，岂非七社之咎欤？不佞祖居是乡，稔知本社尊神大有功德，捍患御灾，凡有祷求，其应如响。况庙左附祀临水夫人，祈嗣祝熊，无弗灵感。敢为倡率，协助缮修。物力孔繁，工程甚巨。庙中全砌方砖，明堂遍铺石板。头门移建巷外，社坛徙置东隅。四围高筑垣墙，两边对造庖湢。妆神像，更改尉祠，更买邻居破屋一间，以为庙祝栖身之地，计费八十余金。七社各领缘簿一扇，佥举一人，鸠集总交首事者，择吉兴工。庶千年庙貌，重瞻金碧辉煌；万古神栖，永托山川悠久。一乡受祉，合社蒙庥。谨疏。（《红雨楼文集》）

重建鳌峰坊募金疏

［明］徐　㶿

盖闻崔巍华表，百年之风水攸关；逶迤通逵，一乡之文人所系。虽沧桑之未变，而兴废则有时。若街口鳌峰旧坊，实里中龙臂正脉。肇基于宋绍兴初季，颓毁于明嘉靖中年。后依山，前带水，路衢九曲，妙制火星；左津隘，右城楼，脉气双收，巧隆文运。前朝先达，胪唱殿廷；近代钜公，蝉联甲第。家家诗礼，户户弦歌。绰楔久倾，失却翚飞鸟革；官街稍占，碍将马足车尘。缘柱头已废多时，故科目不侔。往日屡谋修举，竟至迁延。兹将重建牌坊，恢复旧时榱桷；且因署颜匾额，标题历代科名。有祖先发迹者，请助梅梁；有子弟读书者，愿充桂栋。聚丝为锦，集翠成裘。不惟侈斯里之观瞻，抑且挽吾乡之气运。谨疏。（《红雨楼文集》）

重修法云寺募缘疏

［明］徐　㶿

榕城三山，惟鳌峰最为纡旷。登者无崎岖之劳，又足穷眺望之胜。古人取平远名台，良有深意。台上法云禅寺，故号名刹。国朝成化间，镇守内使创建楼台殿阁，称伟观矣。迄今将二百载，圮者圮，坏者坏。东西廊庑，半属民舍。惟毗卢一殿及阁尚存，而风浸雨蚀，颓塌过半。先是万历已未，予辈倡建亭榭山巅，既又修九仙观、玉皇阁，登临者便之。然兴创以渐而举，故斯寺尚未之及也。近毗卢殿僧觉震来告云："其左有民杂处，淫哇嚣遝，迫在肘腋，其为道场之害尤甚。"予先舍十数金易而有之，大率朽栋腐椽，弗可栖止。意欲更新作禅堂一座，因而以次修理左右廊庑及山门阶级，庶以谢法云后我之叹。所祈十方檀施，共成斯果，毋曰丰干长于饶舌也。天启三年岁在癸亥春二月吉旦。（《红雨楼文集》）

平远台修复圆明院募缘疏

［明］徐　㶿

平远高台，峭茜耸晋安城之左；圆明故院，清幽隶法云寺之东。创始当显德五年，改修在天禧三载。前朝古刹，今代丛林。零落残僧，弃香坛而亡窜；经行过客，占丈室以藏修。辗转数家，近属其地于兴公长者；荒凉几岁，今舍其屋与普光比丘。但前后廊房，朽坏不侔往日；东西门馆，扃开犹在他人。将复旧禅宫，极丹青之壮丽；欲兴新乐国，盛金粉之辉煌。妆塑宝容，惠证明于三昧；抄题檀越，示普度于十方。宰官肯捐俸钞几何，不日睹庄严之法界；居士也助钱财些少，他时成香火之精蓝。即说偈曰：修复精蓝礼法华，便营十笏贮袈裟。栴檀半死空香绝，此日重开满树花。（《红雨楼文集》）

重兴圆明院疏

［明］陈荐夫

盖闻颇那献石，帝释希旨于浣衣；尼连辍流，冯夷效灵于朝涉。夫苍昊至尊，犹钦功行；洪涛何识，尚格精修。况乎身危六道，体异四生。石火暂炎，可寻迷而弃悟；惊飚易歇，乃积业而遗缘者哉。固知财法并施，财滋则法行；福慧双修，福弘则慧至。良有以也，良有以也。今比丘某上人，戒行孤高，理怀渊远。发心于玉田兰若，受偈于无瑕法师。八龄薙发，蚤断烦恼之根；十载观空，洞证涅槃之蕴。九十六种曜末光于慧灯，六百七部游大窍于智刃。方且五蕴不缘，六入无染。游登伽之室，道心与泥絮相恬；吞龟兹之针，法性与火莲竞彩。色界超有而无，心魔不降而服者，二十余年焉。于是遍陟名山，普参知识。浮杯江右，随林远之肩；振锡山西，结澄什之辙。随喜则五台、伏牛、曹溪、峨眉诸大道场，尘迹之所罕涉；印证则达观、莲池、三怀、澄映诸大智慧，缁流之所顶礼。南浮涨海，投体洛伽；西望雪山，皈诚净梵。是以神通漏尽，悟不生不灭之根；慧照恒沙，契即色即空之秘。人天景慕，道俗皈依。漱出绿池，迦叶闻而受饭；游归双树，须达感而布金。遂即法云寺东重兴圆明故院。今长者徐君兴公，摩诘为心，舍下帷之宇；今廷尉曹君能始，祇陀结念，助开山之资。然而善欲公人缘，不独结须弥非广芥子可裨。福海非遥，涓涓斯积。固欲使优婆夷塞，捐多宝以益慧根；居士宰官，施青蚨而扶法力。迷从悟启，辟方便于众生；业借缘销，普津梁于万汇。岂徒金相庄严，玉毫清净，点丘壑之信美，饰登览之浮观而已哉？（《水明楼集》卷十四）

按：此文亦收入徐𤊹《红雨楼文集》，文字稍有异同。“比丘某上人”作“比丘普光上人”。

修完法海寺弥陀殿疏文

［明］曹学佺

天下事最不易完，若丛林之修造，别业之结构，尤不易完。予观金陵之徐氏，无锡之华氏，娄江之王氏，与夫武林、西湖之冯氏、包氏各园，率皆世家阀阅，风流豪爽，割赀以奉土木，几于破产，而功亏一篑，俺告厥成，主人已长逝矣。琳宫宝刹，莫盛于京都，问谁檀度，大率靡内帑金钱亡算，不则中官戚畹所祈福也。求其规制纯备，工□□止，百亦不得一焉，而他之琐碎凉俭者可知。予自癸丑家食，营一丘以自适，山水故自佳，而亭榭点缀，亦自草草。乃为将作所窘，数称贷而益之，室人交谪，予以为可已而不已。其所兴丛林曰洪山、曰法海、曰开元、曰神光，简稽厥程，有十之八九者，有十之二三者。语将落焉，则慨曰而犹未也，辰下鼓山之涌泉、洪江之同逸、西郊之保福，又将累功后者，滥觞前者，有积薪之叹。予亦唇焦舌敝，甲颜下气，重复委曲，勉强支持，以为广大教化主。予今行年四十有六，感光阴之易谢，思世法之难完。因较量数事，分别缓急，如暂当停止者而停止之，予之园林是也；亟当督促者而督促之，开元及法海是也。法海之兴近一世，其西偏曰弥陀殿，亦已七年，即予甫抵舍为先大夫饭僧缘起也。故以各丛林论，而法海历年最久；以法海一寺论，而弥陀殿收功较省。予因为摘出此段，与诸同志者约，人不过输一金，或半之，或倍之，各如其意而止，庶亦简便而可行，卑之无甚高论者也。殿成，予将奉碧天禅师于此，作老方丈，体心念佛，以决正信，庶不负其白云洞中一出。(《石仓全集·听泉阁近稿》)

法海寺募化塑佛疏文

［明］曹学佺

法海寺弥陀殿将成，有匡僧慧丛者寄锡于此，以殿成，安可无佛像？先为其胚胎者而金光藻饰，当自有人任之，顾载土出像之资，度非二三金不可偶化。予家之老苍头，平素以悭吝称一毛不拔者也。经云：“贫穷布施难。”又云：“终生舍财如割身肉。”予忻叹此仆真可谓割肉而奉三宝者矣。西方三圣，其中曰弥陀，予家藏有玉杯雕磁碗及银南极像，颇精妙，因悉捐施。而碧天上人益以衣钵庄严一尊，极其璀璨。而左右曰观音、曰势至，未之及也。愚谓弥陀固西方教主，而普门摄受，实开士之慈悲，大势降魔，尤不怒之威力也。乃化自他眷属之好善者，共以金银七宝而严饰之。此非予故巧立名色，避冯妇之诮，又顾而他之谓也。造相功德，可转女为男，永不堕于恶趣，实《因果经》所载。且普门亦尝现女人身而说法，则于阃德内善，尤为真切云尔。（《石仓全集·夜光堂近稿》）

募缘重修九仙观疏文

［明］曹学佺

苏东坡《志林》云：“白乐天作庐山草堂，以为烧丹，丹欲成而炉鼎败。来日，忠州刺史除书到，乃知世间、出世间事不两立也。仆有此志久矣，而终无成者，亦以世间事未败故也。今日真败矣。民之所欲，天必从之，信而有征。”虽然，如坡此言，则人之欲舍其身以学道者，岂必天下事去矣而后可耶？且道释二教，必俟人之穷迫无聊者，而始徐徐以收之，不为世间一逋逃主耶？陈图南语钱若水曰：“学道须奇男子，公不失为急流勇退中人。”又语张乖崖曰：“此事有公半分，但公方有心济世，譬若救火之家，先其急者审尔。”则方外修真之士，尚未肯以学道二字轻许人，而我且谓计画无复之，始归于彼，不大相悬绝耶？予少年时，同徐惟和辈登九仙山，入其观，尚有修真二道士结庐于侧，虽未暇叩其底蕴何似，然其言貌举止，甚有孤云野鹤之态，心窃慕之。迄今三十余年，再一至止，则羽客销声，丹房灭迹，而予友惟和之骨已朽矣。颇怀山阳之戚，因叹人世蹉跎，解脱无期。予年甫近衰，早见二毛。进不成其为功业，退亦无补于身心。学仙学佛，两无当焉。试质诸白、苏二公，事败耶？未败耶？又质诸希夷先生，其为奇男子耶？伧丈夫耶？其于世有济耶？无济耶？固自笑也，又自悲也。三山丛林颓废者多，缁流咸乞予言，为劝一时兴复，颇有次第，乃于道观阙焉。兹九仙住持吴建章，循例以请，予故夙怀此志，因与符卿林公、侍御陈公商榷之，咸以为宜。林公谓寥阳殿乃中山国王捐资所造，越海岛外数千里，赍金钱以崇饰丹丘，信为奇事。顷建章来言，已为狐狸野兽之所寝处，旦暮现形，与焚修之人争席，则其凄凉荒废之状，因可想见及。兹不一厘庀，惧其压焉者忽矣。予固不欲以仙观之名区日沦于草莽，又不欲以学佛之知见自障其藩篱，乃允建章之请而授以词。夫老氏之言曰“吾之大患为吾有身”，又曰“外其身而身存”。是故，此身非他，外而资用，内而意识者是也。人苟不为意识之所缠缚，与夫资用之所封固，则无此是彼非之见，亦无

知得而不知失之患，其于学道，亦稍稍打亦无关矣。同志者幸毋以予为饶舌。（《石仓文稿·夜光堂》）

罗山法海寺劝化普渡疏

［明］曾异撰

窃闻胞民与物，儒治明而释治幽；叹骷点髅，缁利他而黄利自。盖设教神道，敬远必判乎阴阳；而博施佛门，接引不分乎人鬼。是以大士□未成佛，欲须度尽众生，即圣人内沟之耻；地藏誓不归西，必待狱空鬼府，广王者掩骼之仁。矧自数年以来，嚣然四海多故。自戊午而夷狄之祸起，廿年戎马，斩头陷胸之将卒累累；迨丙丁而党锢之衅成，一网凤麟，杖下狱中之忠良比比。已而滇黔、巴蜀之豺虎诛，夷目方干于西土；今乃秦楚、晋郑之鱼肉馁，败血遍赭于中原。闽越而南，每罹山海寇盗之惨；江淮以北，时闻旱潦蝗疫之殃。关津有跋涉之骴，水泉或投溺而死。岂无匹夫匹妇，经沟渎而莫知；加以用二用三，离父子而有殍。杀以梃、杀以刃、杀以政，纵横率兽而食人；老无妻、老无子、老无夫，死徒以蝇为吊客。地下罕瞑目之鬼，欲争社肉而无乡；行间少就木之尸，尚负国殇而语难。游魂为变，枯骨谁依？弱丧靡家净土，是血燐之百堵；鬼雄索命佛国，平冤对于同堂。惟某行脚、某主僧，相视洒阿难之涕泪；系某宰官、某居士，悯度借迦老之门槌。佛子忍辱发心，以卑为行；檀那劝施乐倡，凭高而呼。持钵沿门，必因人以成事；挥金布地，亦将伯而助予。募者如两手之大悲，惟化千则无物不举；施者拔一毛于杨子，苟集众斯重裘已成。莫当面错过，灵山只此，罗山便是；试伸手援他，苦海方知，法海现前。时维七月节，曰中元，乃泉路见天日之期，诸鬼族若云霓之望。普天之下，共一道场；无始以来，咸登彼岸。魂来东西南北，气则无所不之；法施天地神祇，洋乎如在其上。所愿男皆善，而女皆信；贵益舍，而富益施。贫子倾贮粟之饼，半粒亦浑身之汗血；缁流捐随身之钵，一蔬即蒲树之菩提。念生老病苦，死之无期，身犹可舍；随香花灯涂，果以乐助，费亦几何？一食万钱，下箸分莫敖之鬼，但想逢君，转眼准留行旅之资粮；百年半扉，定睛看焰口之魂，安知非我，现身好认自家之头面。嗟乎！梁皇忏讳弑君，虽依佛氏以生天，尚不免台城之报；袁丝口能卖错，已为强藩而绝命，犹再鸣人面之冤。无债不还，头头撞着；有身安寄，鼎鼎为谁？八千岁春秋，残棋劫至，一般是楚楚之蜉蝣；五百年名世，芳草梦回，何处寻栩栩之蝴蝶？岁不我与，逝者如斯。少易壮而强易衰，墙壁面前横，马快扬鞭何处去；贫忽富而贵忽贱，石磐心内转，蚁忙随磨四边旋。居恶在，想他麟阁云台；舍其田，代人图王定霸。良弓走狗，骁雄莫救乎头颅；秦碣岘碑，姓字何关于生死？朽骨犹夸我富，翻穷儒道释之书，唉至死行乞生涯，总向贫家托钵；盖棺尚负人豪，做尽天地人之事，咄千古英雄胆智，俱为黑海扬帆。赢刘输项莫相争，羽方罢虞歌，季亦永抛戚舞；后宋前唐何日了，赵休嗟五代，李也慢笑六朝。且收着，十字街闹热大店；急寻个，三更后鼾睡眠床。八万四千里，猢狲展尽神通，筋斗只翻掌上；七十有二代，傀儡停着锣鼓，豪雄齐入笼中。悔来迟，费尽父母饴饧；一无常，为度世佛知也。未贪他圣贤画饼，三不朽是陷人坑。身命自有尽时，聪明再无用处。随尔天才绝、人才绝、鬼才绝，阎君能煮鹤烧琴；除是佛皈依、法皈依、僧皈依，大众方上船洗脚。垢腻能为蚁虱，悟胎卵湿化之。即此身但稍有情，便能登诸正觉；肌肤日长须眉，知草木夭乔之备于我。凡诸无性亦宜度以佛心，邪魔是世尊之逋子婆心。建鼓而求神仙，亦藏牧之亡羊，回首补牢休晚。噫嘻！人畏蹈地狱之水火，不道世间之益热益深；尽恐堕畜生之轮回，未省日前之为牛为马。力能拔四生六道，难消片念之悭贪；施不论千金一文，遂破终身之悋吝。凡见闻者，入归信门。掘井莫俟乎釜焦，播种奄观乎铚刈云尔。崇祯丙子五日。（《纺授堂文集》卷六）

罗山法海寺修净土忏疏

［清］释元贤

净土之教，本于《大弥陀》《十六观》等经，称西方有极乐世界，其功德庄严，最为第一。而弥陀世尊，摄诸众生，归于极乐，其誓愿广大，又最为第一。众生生者，永断诸苦，直至成佛，无有退转，其福德利益，又最为第一。求生此者，但以净心为本。其净心之方，或持名，或修观，或广修众善，其简直易行，又最为第一。故诸经广赞，列祖弘扬，自佛教入中国来，受持之盛，获效之捷，无有逾于此者。但恐无始劫来，罪根深重，则障缘实多，净德难成。由是宋慈云忏主，依天台教法，历考诸经，撰为忏法。总之，以净心为体，以三观为宗，以灭罪为用，以往生为趣，事备理圆。凡修此者，当先发三种心：一者直心，二者深心，三者广大心。具此三心，然后依之而修，则非独罪山可摧，黑业可灭。当不出道场，而可以亲见佛光，蒙受记莂，即娑婆界内，坐金色宝莲之座也。兹罗山法海寺尔和上人，[1]乃结诸净侣，同修此法，普为四恩三有，布净土之因，作往生之缘。毋曰有为之功，久必败坏；将见金刚之种，永不消亡。倘能各发三心，共修二施，则金池之花轮日长，而菩提之妙果非遥矣。谨疏。（《永觉和尚广录》第十七卷）

按：①《卍续藏》本原注云：“‘人’下一有‘闻有斯利’四字。”

跋

红雨楼文稿跋

［清］陈寿祺

《红雨楼文稿》八册，明吾乡徐兴公著。中多手迹，题上每别识选否，盖未定本也。君《鳌峰集·诗》，南巡抚居益为之授梓。未几，南公去位，以属同知摄建安令郑某，仅刻四卷而辍，后自鬻田，续成十册。其杂文三十余卷，删为二十卷十四册，无力杀青，常求助于故人，卒不果，其书遂佚不传。余近始得《鳌峰集》近体诗四卷，文即此本，补缀蠹蚀，盖已亡其半矣。君父棉，令永宁。兄熥惟和，举万历戊子乡试，有《幔亭集》，其文六卷，亡。弟熛，子陆，均为诸生。陆蚤卒。次子延寿存永，有《尺木堂集》。孙钟震器之，有《雪樵集》。从孙某，亦诸生。一门文采彬彬焉。君博雅多闻，善草隶书，所居鳌峰之麓，藏书七万余卷，曹雁泽先生为构宛羽楼庋之，有《汗竹巢书目》二卷。著述甚夥，《笔精》者，谭海鹤梓之白门也；《榕阴新检》者，邵鹭洲所刻也；《蔡端明外纪》者，西爽堂所刻也；《晋安风雅》《荔支谱》《蜂经》《茗谈》，其所自刻也。未刻者尚有《武夷山志》《鼓山志》《鹊林》等。又尝修《延平郡志》《福安县志》，预纂《福州郡志》。平生交游道广，足迹所至，遍揽四方豪俊，简札往来无虚岁。笃师友行谊，为人画事及游扬名誉尽殷勤。当是时，三山人才荟萃，甲于它郡，叶文忠、林文恪、翁文简、邓汝高、孙子长、许玉史、邵肇复、陈元凯、曹能始、陈泰始、陈伯孺、幼孺、赵仁甫、谢在杭、郑孟麟、王永启、陈汝翔、汝大、陈昌箕、马季声之伦，莫不宏长风流，飞染文藻，而皆与君亲厚。伯孺其姻，而在杭其甥也。其于同时诸子著作，无问存殁，靡弗惓惓赞其传布。然尝言能始为狡亲所鼓弄，散财治盐策，几縻万金，未免戒得之訾。又言观察、侍御，日娱声伎；观察谓能始，侍御谓泰始也。泰始豪侈任侠，至今里巷犹道之，所称“陈大花”是也；能始劲节凌霜，其初乃亦与文山相近，及宦粤西，君诒书援陶渊明“三径就荒，赋归去来”讽之。又言在杭心地极良，淹博可师，但于睦族、结客、布施三事，锱铢未能割舍，故所为行状独于此未敢曲笔。君与曹、谢情好尤挚，而责备贤者不少恕，若是视季世如醴之交，甘为籧篨戚施而不辞者，恶可同日而语哉！《答邓道协参军书》也，责其因分产之薄，甘心少参，大类丧心病狂。道协者，汝高提学之子，翁文简尚书之婿；少参者，尚书嗣子登彦也。《与周章甫书》也，责其兄弟垂暮参商，儆之以藏怒宿怨之非。与《王元寿书》也，责其与郑氏昆季构讼，动之以先人交谊之旧。《答吴汝鸣书》也，责其托名承继，夺情莅官，刺之以食稻衣锦之安，口诛笔伐，所争在纲常，非直谅之友，孰肯为此言者？呜呼！此数书留示桑梓，不足砭薄俗而垂炯鉴耶？君稽古善抉讹舛，如辨《严沧浪集序》之误以咸淳元年进士为四年也；《黄秋声集》之增危素墓碑、邓潜跋，补杂文三十余篇也；《蔡君谟集序》之误以忠惠为熙宁、庆历间人也；《林和靖集》之误收《省心录》也；及采诗之误以天台陈孚为闽清陈刚中也，黄镇成为萨天锡也，陈黼为夏时正也；福州郡志之误以陈用之为祐之也，闽清之陈刚中误为侯官陈刚中，又遗其石�庙诗也；黄师雍，《宋史》有传，而志不详也；辨永乐、天顺、正德、天启改元，皆袭乱贼年号也，咸考证精核，有乡先正郑仲贤、黄伯思之风。又阅是集，邵巡抚尝编梓《全闽艺文志》；曹忠节《十二代诗选》外又尝选刻明文；谢布政尝修《福宁州志》；王懋宣年八十有二，撰《闽都记》；邓汝实修《闽清志》，乡鄙后进或未之知也；翁文简有文数十卷，属君芟定为赠序二卷、集序二卷、碑记二卷；温陵蔡中丞元履，有文三十余册；莆田游宗振有《雾隐诗选》，子元封有《竹林集》，今皆付之飘风坠云，不可复见矣。其言传体与行状不同，又修志者，省会人物之盛，载笔不得不严。在一州一邑，惟恨文献不足，不可一概严削，皆晓悉文章之体。其言诗，谓今海内多宗楚派，钟、谭作俑，而效法成风，只为识者唾弃。是时，公安、竟陵以么弦侧调鼓煽天下，独闽风不变，非赖君等力持正论以拒之，则靡其功岂在云间下哉？惜老而贫甚，伯兄既逝，从子不肖，荡败嚣然，至挟其母诬讼。于是，糊口四方，鬻史为餰飧资数。数削牍于邻郡，守令小有请托，虽所操不能如闵仲叔、梁伯鸾之为人，然晚遇屯蹇，加以边烽震动，黄巾充斥，海寇告警，米粟腾涌，常咨嗟忧悒，恐终不得为太平民，亦足悲矣。斯编虽零落仅存，然其他散见犹可搜辑一二，倘有心者，别择其半付剞劂，俾前哲志事，有所考见，其亦后起之责也夫。（《左海文集》卷七）

赋

鳌峰书院赋

［清］郑文炳

际景运之方隆，快圣学之复崇。天笃生乎名世，以大道而为公。抚九闽之黎庶，既人和而政通。得昔人之遗址，建书舍于鳌峰。捐清俸之所余，鸣鼛鼓而召工。民熙熙而子来，乐趋事以赴功。不逾时而告竣，恍周室之辟雍。若夫良工巨匠，规圆矩方。运斤孔利，垩尽不伤。百堵皆作，既固且长。无殊公输之巧，讵逊工倕之臧。尔乃逡巡数仞，俨然见舜于墙。望门进步，恍睹百官皇皇。循其级兮，知躐等之徒慌。升其堂兮，觉造诣之辉光。入其室兮，悟精微之难量。登其楼兮，见万象之无疆。庭草不除兮，乐生意之彰彰。池鱼活泼兮，证道体之洋洋。山川环绕于左右，卉木挺秀而向阳。允为藏修之地，洵哉游息之场。况夫俊乂云集，济济冠裳。晦明切劘，日就月将。既搜昔圣之遗箧，亦讨前贤之缥缃。尊周程而慕朱邵，屏佛老而黜管商。相期以希圣之事业，岂直为逢世之文章。在昔鹿洞兴于有宋，考亭起而为师。勉四方之学者，时矻矻而孜孜。或读书而习礼，或考乐而诵诗。彼英才之蔚起，端有赖于先知。绍往哲之绝业，幸正学兮在兹。仰大贤之芳躅，期化雨兮及时。愧驽骀之钝质，敢自列于黄骊。人一能兮我则百，纵下愚兮亦可移。竭吾才以相赴，彼颜氏兮岂余欺。倘获闻乎大道，庶赋畀兮无所亏。（《福建续志》卷八十七）

鳌峰书院仙井赋以“玉皋金干仰流飞泉”为韵

［清］蔡羹元

通津之隅，九仙之麓。山负水而横青，峰矗天而层绿。敞杏梁于深堂，开兰窗于坳曲。芝桷奂其戢孴，桂柱挺而环续。云幂历以晴霏，日曈昽而朝旭。澄学海之文澜，萃名贤之芳躅。众卉敷于高岸，万籁发于空谷。有一仙井，旁依古木。波心洞穴，浸皑皑之寒瑶；石骨流涓，喷琤琤之碎玉。尔乃疏禹窟，沛地膏；凿混沌，通灵鳌。劚嵬礌以下广，叠碕礒以上高。寝窗虚而豁闫，礷嵑攒而坚牢。异月支之涌酒泉，吐金浆与玉髓；匪少室之传云母，下练绠与棕绹。恍如太华峰头，杳争船藕；亦似未央宫里，色浣露桃。冰镜孤圆，劈石达九渊之室；玉壶中朗，流星卷八月之涛。一甃非枯，影常过夫云彩；千浔直涌，光可鉴夫秋毫。瀹灵源于讲院，标名胜于兰皋。则有紫霄清府，羽旆霞襟。炼宝石以长佩，扬细浪于遥岑。修精光于丹灶，饮瀣瀣于青林。一箦两箦，伊创辟于自古；千载百载，直空濛而及今。浮光蒸而冏冏，寒气积而阴阴。岂褰裳以濯足，俨作鉴以沁心。皛皛函虚，恍幽洞之铺晶盌；涓涓成响，疑殿角之鼓瑶琴。洄湍而琼玖生纹，阑滋碧藓；静定而玻璃一色，底凿黄金。其上则连以交翠之亭，接夫泓碧之汉。日穷左右，分旗鼓以对尊；地控东南，照女牛而炳焕。画虹拖起，锦练墙横；山雨欲来，狂飕草乱。莲滴露而珠盘欹，柳牵风而金丝散。梨魂飞白，雪花皜皜而半消；荔子流丹，火星累累而遥灿。布草树而盱瞑，均澶漫于井干。其旁则屹嵑砰磷，礨砢螗嵺。既霱窲而[illegible]峨，亦蜒蜿而流荡。兰药菱芷，藻荇菰蒋。池影净而奁面平，水光焕而秋旻朗。游鱼聚兮苹叶长，松子落兮楼瓦响。居蛙孤坎，穿空洞而闲蹲；飞鸟一声，破寂岑而引吭。斯皆维仙井之四围，任骋怀而资其俯仰者也。于是明采汋汋，素影悠悠。巨梁方坻，虚口圆鸠。斡寒壤以立壁，撑广石以环甃。井面星稀，珠唾与璇玑共色；水心月落，金波与玉镜齐秋。玉虎牵丝以下坠，银瓶挈缆而上收。挹仙浆于抱瓮，注飞乳以承瓯。或勿幂而亲汲，或资灌而来谋。靡不藉用于源源之井，而取其汩汩之流。若夫太极则博山称美，九龙则含水凝晖。华林则甃玉结槛，凌云则投石留矶。获灌婴之铭，碧基不朽；解鲍照之谜，草篆斜挥。鸿胪初得于丹砂，异白水之生赤；胭脂半倾于春苑，见素彩之流绯。上古之金墉立制，江陵之潜室生辉。孰若兹之，对文幌以清泠；书声常静，仰宸书而的烁。墨浪俱飞哉。是以溟涬澄兮沦涣，太清滀兮回漩。静潆凝蓝，遥醉葡萄之篚；巑岏沉绿，若分翡翠之笺。特地晶融，俯人影而昭其象；本来澄彻，萃众派而达其渊。半黛浮来，绿叶生井中之岫；片砖投去，碧痕开水底之天。固宜宏通四达，而静观在坎之泉。（《国朝凌云赋选》卷十）

九仙山赋

［清］刘苹奎

三山阁外，九日台巅。霸王钓龙之地，神人跨鲤之年。对越峰而屹若，邻乌岫以巍然。岚光绕廓，野气浮天。石樽冷月，丹灶寒烟。地有奇而可数，山以迩而相连。寄吟怀于千载，寻胜迹于九仙。则有何氏兄弟者，志在烟霞，性耽泉石。喜偕隐之壎篪，脱人间之踪迹。效王乔之吹笙，托叶公之飞舄。炼日影为金膏，承露华为丹液。背树通泉，依峰结宅。羌寄伴于山灵，乃注名于仙籍。秀出人寰，祥钟地脉。雨色含青，烟光绕白。屏嶂蔚其丹青，楼台间其金碧。何山不古，有仙则名。琴台露润，丹井霞明。杏坛香满，梅岭春生。落花无迹，飞泉有声。牛洞开而日暖，龟池辟而波平。翔羽轩于闽峤，耸蓬岛于海城。盻夕阴之将奄，聆天籁之乍鸣。其近则俯瞰狮岩，环连雉堞。龙舌泉清，鳌头石接。台平远而晨登，亭静观而日涉。祇林则天雨吹花，孤树则山风落叶。扬佛火之一灯，启经函之数牒。山僧觅句而口吟，韵士探奇而足蹑。既一层兮两层，复千叠兮万叠。其远则龙江远挹，螺渚平吞。濛濛曙色，渺渺波痕。莺花白日，烟雨黄昏。灯明近市，竹满成园。辨风帆与沙鸟，明水郭与山村。送低迷之夕照，迎初赫之朝暾。斗牛分夫躔次，旗鼓峙于海门。岂一览而遂尽，迄千秋而常存。客有陟层峦，抗遐寄。揽秀频过，寻幽辄至。药橐抽毫，苔碑拓字。樽开花外之楼，诗绘烟中之寺。池浴鸦而意怡，台跃马而心醉。挹金粟之香痕，问玉蝉之炼意。询化鹤于何年，快骑鲸于此地。夫固有二十四奇焉，非人工之所能致。爰为之歌曰：载酒榕坛结胜游，鬓丝禅榻语悠悠。仙人一去暮山冷，天际白云如水流。（《闽峤赋约》卷一）

会城双塔赋以“一城七塔万枝灯”为韵

［清］林　藩

于越河山，无诸家室。灵墟则牛女星分，大窟则龙鱼波溢。蛮烟蜑雨，莽莽苍苍；荔影榕阴，疏疏密密。鼓在左而旗在右，万仞连云；花为户而玉为家，千门耀日。可知福地三山，为天下无双；即说浮图两塔，亦闽中第一。其划界中分也，如双嶂之擘于华岳；其陵空倒映也，如双桥之落于宣城。其远近钩连也，如太少双室之蜿蟺；其东西对峙也，如南北双峰之峥嵘。不减霞关，累三百六十层而砌就；或疑月府，合八万四千户以修成。然而鬼斧神工，俗子踵相沿之谬；幸有残碑断碣，前人标肇锡之名。夫定光者，四壁银泥，一棱玉质。拔白地以高撑，抗丹霄而迥出。坐九仙山之小阜，鳌岫萦回；镇万岁寺之丛林，鸡园萧瑟。画耆阇之鹫窟，天竺通三；旋曲折之螺纹，山盘转七。数声铃铎，摇风片以丁丁；卍字阑干，漏日光而乙乙。收海天于一览，流求国半在虚无；访堂殿于千秋，忠懿王长留事实。夫净光者，垒翠石以崚嶒，接乌山而杂沓。红阑偕碧瓦槎枒，扣砌共瑶阶迨逻。溯自李唐之代，诞庆生龙；时维柳冕其人，恩酬放鸽。庾承宣贞元作记，高镌神武之碑；王延曦天福颁钱，重建坚牢之塔。在昔经鱼粥鼓，肃肃灵坛；而今土粉苔花，萧萧禅榻。几经风雨，亿万千佛庄严；时有烟云，一十六门吐纳。客有赋擅登高，酒沽浇闷。鸾鹤为情，云霞有愿。或扶于麓之枯筇，或吃道山之香饭。摘星辰于头上，天路三千；俯烟火于眼中，人家十万。题名此地，胸襟陡觉全开；拾级谁人，腰脚自夸差健。至于中秋月霁，亭午风吹；夫容漏冷，兜率钟迟。一时法炬齐燃，烛焚般若；万点禅灯忽现，珠串牟尼。放出光明，惟见莲花叶叶；散为香气，居然薝蔔枝枝。涌两朵之慈云，当头纠缦；落九天之法雨，满眼迷离。四十里中，争看如来璎珞；二三更里，似游离垢琉璃。而且梨园旧曲，菊部新兴。金管玉萧沸奏，山歌村笛喧腾。遂使游人似蚁，行客如蝇。莫不蹑丹梯以道上，循碧磴以齐升。钗影衣香，士女丹青之画；凤膏豹髓，神仙金碧之灯。天将不夜之城，移来东冶；人证传灯之录，胜似南能。七闽久播为民风，记岁时之康乐；万寿忻逢夫圣节，祝日月之升恒。（《闽峤赋约》卷一）

文

三清殿上梁文

［宋］黄　裳

三天大号，训存青简之文；九士高真，谶在翠珉之刻。兴隆道教，许自壬辰；振发于山，言归乙未。遗真经于光智，况宝藏以积金。固宜人事之攸同，实惟天意之所在。其丽三官之寓处，以严八郡之瞻依。相彼仙峰，考兹真宇。表众材而取正，举修梁而建中。渐引兴云之龙，上征天汉；俄垂饮海之蝀，下瞰人寰。纲纪既张，帡幪遂立。骇斡旋之雷动，将疑华彩之翚飞。庶宁天上之莫尊，四民有赖；愿祝域中之最大，万寿无疆。潜致其诚，显扬以颂。抛梁东，三天宫殿跨垂虹，遥望玉辕来为物，混元长是作东风，万灵歌舞太和中。抛梁南，三分为九一分三，想见仙峰从此后，纷纷鸾鹤去朝参，不知人世与谁谈。抛梁西，太平君子告成时，八景王舆行且到，此行惟有九仙知，祥光隐显在云霓。抛梁北，宝藏初成金一积，此中无物更何求，谶言谁是于山客，九天新起三天宅。抛梁上，世间得见虚空相，道无远迩在人心，一篆天香谁注想，千叶莲花端妙像。抛梁下，三宝丈人千亿化，当须分住九仙峰，神龙五色看看驾，欲去迎随心已舍。抛梁中，君王扶教常论功，万寿无疆何所自，客传真一下三宫，仙源流演更无穷。伏愿上梁以往，眷眷三天之降鉴，熙熙四国之蒙休。圣神万年，长属百福。致力之众，助缘之人，遂结妙因，悉承嘉贶。仰冀道念，俯众世缘。(《演山集》卷三十五)

祷九仙山文

［明］江以达

维神搜玄宅隩，选胜鸠灵至诚。前知沉几，先物以达。蚤闻显应，昔在殊方。疆域阻修，疑谋竟畜。今者祇奉明命，承乏海隅；身系斯文，职专风教。虽尘寰俗况，莫契冥里；而寤寐真风，已非一日。是用驱驰病骨，再拜陈词；不敢渎以末微，惟是敢切。身已疑谋，不能自决者，开列如左。敬祈于我九仙山诸位之神，袪我凡思，澄我躁虑。遂事显应，因人示符。昭布明微，罔俾滋惑。不胜虔告之至。(《午坡文集》卷四)

祭碧天和尚发引文

［明］徐 𤊹

法海开山，惟师愿力。三十余年，能事已毕。幻体不留，冥然归寂。爰卜鼓山，塔成藏魄。究竟涅槃，往即幽宅。果满人天，千秋永隔。(《红雨楼文集》)

万岁寺住持静安长老寿文

［明］曹学佺

佛说《四十二章经》，诵之者以似“鲁论”，谓皆中平实际语也。愚意以为，宜抉《法华经》之“安乐行品”，《华严经》之“净行愿品”，及《梵网戒经》与儒书《曲礼》《少仪》合而刻之，可为缁素学人之法程焉。然较近世于内外典、规矩准绳之言，不但失所步趋，即奉持之者亦少矣。

余于沙门得一人焉，今万岁寺之住持静安公是也。余曩者晤静公于永阳之重光寺，时为大安公侍者，已自凝重不苟，知其为法器。旋后闻之紫盖，又之塔寺，又之雪峰，末年始之万岁寺老焉。紫盖，余所尝游，未及遇公；而塔寺、雪峰，则凡创制、兴复之事，余皆与闻。及住持万岁，则予与诸檀那敦请而至，锡杖甫临，衣资倒罄，道风所倡，信施如云。未几而倾颓者为振起，剥蚀者为辉煌。四荣翼如也，重阶断如也，而僧徒之早晚功课，六时参诵，又绳绳如也。师于功行，未尝不以身先之，故其丛林规矩，不戒而肃。其于劝施，乃未尝以口先之，故其兴造资粮，不疾而至。盖亦儒家先生云：以言教之者浅，以身教之者深哉。余与师周旋三、四十年，睹其日用举止如一日。师亦无泛交，所与相终始者，惟四五旧人而已。夫子曰："不恒其德，或承之羞。"师之所无也，以约失之者鲜，师之所有也。"恒约"二字，儒释之理原自相通，自有生而至于无生，约之之极也。惟其无生，故亦无死，生死关头，永劫断绝，则又恒约之理，自为相通者也。余固未能窥测师之秘密法藏何如，惟即其浅者而知其深者，溯其往者而知其来者，则师亦可谓有恒也已矣。夫子思圣人而不可见，曰得见有恒者，斯可佛西方之圣人也。若以有恒为本，则见在佛之弟子，舍静安公，吾谁与归？（《石仓全集·西峰用六篇》）

考

万岁塔始末考

［明］徐 𤊹

唐天复三年甲子，闽王审知以大孝之诚，发大誓愿于九仙山之麓造塔，为先君司空、先秦国夫人、元昆故司空，荐祉幽阴。谓闽之江山奇秀，土风深厚，而郡城坐龙之腹，乌石、九仙二山耸龙之角，遂从弘愿，启塔之基，堑地深五十尺，累石为趾约二十尺。内甃以砖，外构以木，七层八面，栏楯玲珑，曲尽其妙，周广七丈七尺，高二十丈。悬轮之铎一百九十，悬层之铎五十有六，角瓦之神五十有六。其内门门面面，缋以金像不可胜纪。初掘地时，有珠宝之获，塔成，取名"定光"，以其感珠之现，故联以多宝；本于孝思荐勤，故冠以报恩，总名曰"报恩定光多宝塔"。时莆田里行御史黄滔为撰塔碑。至宋仁宗景祐二年，雷震其西北隅，主僧行秀得施钱九百万修治，五年而功毕。陆放翁《老学庵笔记》

云："福州万岁塔影能倒，未易以理推也。"迨及元成宗大德间，虽历增葺，而风雨侵凌，颓圮之势殆将压焉。顺帝至元庚辰又五十余年，主僧宝峰、文鼎与旧僧退夫、正思、无怀、定宝者，议重新之。仍召工市材，施者鳞集，悉撤故坏，易以坚良。其下为木楹，而更以石者三十有二。仍七层八面，檐橑阑楯，咸构缔而新之。及至元乙酉改作，凡六载始告竣事。时邵武贞文处士黄镇成撰《塔碑》。国朝嘉靖甲午二月中，四明屠公侨为闽左伯。谚云："当道诸公凡莅任，皆由西门入，由南入者，兆火。"屠公从南门莅任。闰二月廿一日夜，雷震万岁塔，如巨烛照城中。屠公遑遽，诣寺救火，大雨如注，未挈拜毡，急以雨衣藉地，甫三拜，塔顶忽有钱鼎坠地。鼎上铸谶曰："诸天及人，无由见鼎。地摇三日，天雨四花。土田三变，今古同时。屠人握闽，雨衣三拜。"郡志云：梁天监四年书，旧塔自此焚毁无遗。嗣后，藩臬诸公重加创建，外甃以砖，内构以木。时故御史李烨之子李均，损金千两，塔工乃成。见龚状元记。万历初，渐次倒塌。癸未冬，主僧碧云募缘修葺，相轮一新。历三十祀，又复颓坏。今上壬子，郡守喻公政捐俸重修，照磨欧阳序与主僧隆惠董其事，而两司诸公助缘有差。甫及五载，岁在丙辰五月二十六日，白昼轰雷震击，塔内木梯橑拱，一时焚尽。乡民五人，方聚饮塔上，有何姓者，竟为雷裂其脑，焚死塔中。有司旋复修整，可费四百余金。予按是塔肇建自闽王审知，是为唐昭宗天复三年，去梁武帝天监四年计三百九十余年，鼎上之谶非天监明矣，岂天复而误传为天监耶？又按，陈君鸣鹤撰著《晋安逸志》云："梁开平四年书，相去七年，理或然也。迩年，郡志作天监四年，误矣。"因考始末，以贻好事，庶为稽古问俗者之一助云。（《红雨楼文集》）。

九仙山古迹考

［清］陈庚焕

九仙山，蟠榕城宁越、水部二门间，琳宫梵刹，尽属山南，而余家门巷，正对山北。由鳌峰坊街半井上，一巷陟山椒。巷东詹氏园，林壑幽胜，盖即明郑继之先生所居少谷山，筑迟清亭处也。巷尽，径西一园，为明郑少参逑家，天开图画楼故址。稍上有吴真君祠，祠前老榕当山径，石骨皴瘦，蝉声树影，令人洒然。故老相传，明人水月吟社老屋正近此间，未详何属。从榕径绕墙西，下达古仙迹坊，今观巷。有尼庵枕坡侧，即明二徐绿玉斋，斋东宛羽楼尚存。从榕径缘山腹小蹊西南上，纡折达九仙观之西，逦迤西行，峦阜层叠。从山下仙迹庙西望之，皴丹堆翠，若波委云属。从山上蹑石背北眺，绕郭诸峰及城中十万家，历历可指数。又西南上达鳌顶峰，峰为山极巅，旁镌“状元峰”，云宋陈诚之读书处。诚之阿和议，得元何足道？惟峰北鳌峰精舍址，为黄勉斋先生继紫阳设教处，及峰壁陈述古诸贤题名，耐人瞻仰耳。峰东旧有玉蝉峰，差肩并立，乾隆间，道士发峰下土，玉蝉遂仆。峰西平远台附峰，俯瞰大士殿。北楼近寺，僧利其石，尽撤以建钟鼓楼，惟鳌顶岿然存。鳌顶旧戴奇石，宛如鳌喙，少谷元夕偕傅木虚踞石折梅高咏处。玉蝉既颓，石亦寻陨，相传大士殿后亭中塑像，旁一立石，即其故物。鳌顶以西径荔枝园，北下丛祠石磴，亦北眺佳处。北转亦达古仙迹坊，西转出祠山巷，巷未及半，有径北折，经古金粟台，台去峰存，隐阛阓间。又西北达闽县署。鳌顶以东为戚少保勒石纪功处，碑今已亡。其上坛庙三四，并南向跨山巅，居中为道贤祠，盖群巫醵祭先师处。坐祠前南眺，群黛屏列，清江前萦。附城教场而外，原隰鳞犇，绿畴掌平。江上帆樯如栉，烟村蜗舍，弥望平远，而地高林静，登眺最佳。道贤祠右庙祀南斗，后院穹碑二以当溜，字泐不可辨。祠左雷坛之前小石屋，东有古炮台，下临山南绝壁，相传明倭寇屯近郊，尝一发溃其垒。台后山石平敞，中镌坎卦，云昔祀祝融处，以嫌于当丙位，故徙从此。北下即观西路，祠前石磴。南下过明马恭敏公祠，先子指云府君下帷此中七年。堂后小榭环壁，嵌文衡山、王伯谷、周天球诸名公石刻，琳琅满目，今榭圮，惜无好事者为之更筑。祠亦将就颓。恭敏祠下西转，为护国寺大士殿，殿东并无量寿佛殿，西并龙神庙，殿址为古众香院，亦曰嘉福院。国初为万寿亭，郡中官僚望阙班贺处，今祀普门。山门南临教场，每霜降讲武，武试骑射，观者士女猬集，岩石皆满。而石鼓东矗，翠欲压人；乌石西来，呼之欲应。斜阳返照，则道山岩壑鳞次毕现，尤宜晚眺。近乃前缭短垣，东西置楼，以障远目，真所谓杀风景者。龙神庙西，有石苍翠，可坐可卧，近为建楼者凿用，仅存李太守拔所镌“月朗风清”四字。石南为廓然台石。北下荔枝园，园有古丹井。园西白云寺，盖即古圆明院。寺后大楼，明詹观察莱榜以“白玉仙台”，署书工绝。高王父叔举府君兄弟尝奉亲避嚣，偕高云客、许瓯香诸先生联平远台诗社于此，今毁于火。山门仅存，沦为淫祀，游历至此，每为气塞。寺西为古野意亭及旧平远台废址，峰峦如故，而四隤人居，亏蔽山中。每有营造，辄从取土，侵削非复旧观矣。

野意亭址西南，俯其下为万岁寺，定光塔峙其后。寺西达宁越门，寺东沿城新砌石道，上接恭敏祠，下路当恭敏祠、护国寺之间，岩谷靓深，草树蟠郁，若加点缀，当有可观。而居民盗取土莫之禁，山南形胜且破坏为可叹耳。自恭敏祠下，沿雉堞东下路，左绝壁削成，直下数十仞，仰视其巅，石屋炮台，如在天表。壁左卷下而东，趋势若象鼻，鼻尽处，距崖成坞，坞东悬崖叠嶂，高与右壁齐，凝翠萦紫，东接九仙观。崖壁下为盘马道，中道望观前山门，钟楼耸出霄汉。先师蔡于麓先生谓，此处可入画，本宜背城作亭，以赏其胜。九仙观在宋曰“光孝”，亦曰“崇宁”，前殿宏旷，后阁邃穆，于游赏为胜。西碧霞宫，东斗姥宫，皆踞山之巅。《三山志》谓，山处郡治，左臂弱，不足右抗道山，故营是观，以壮其势。旧有四御亭，为蔡忠惠赋诗处，今莫详所在。观东白马祠，庋岩际，祠下有石洼，近诸公疑为越王石樽。考《三山志》，樽贮酒三斗，今洼大，殊不类。又东迤北，人居渐稠，比屋间门，内一径，石磴萦纡，近百级。左转为正一坛，右上为化城寺，殆即古九仙天王院也。寺有总持阁，高倚九仙观，亦先子七年下帷处。于麓先生亦尝读书是阁，自言每兴至，哦唐人“楼阁无人境，虚空不住天”之句，几不自知身滞人间世。先子亦言，山居久，偶至家，觉烟火气不可耐。盖化城地奥以幽，正一坛眼界旷以静，亦山东一奇也。是山以汉何氏兄弟居之得名；或曰于氏居之，又名于山；以闽越王九日登，亦曰九日山。山周不里许，面城背市，无峻深瑰伟之观，然隔城遥望，楼观稠复，丹碧与林峦掩映，缥缈如画。从城中视其背，则粉墙碧瓦，错落青山绿树巅，又悠然有远趣。宋时，山中招提凡七，各有便门互通，其馆宇连属之盛可想。今考所谓文殊、育王诸院，皆无从辨其故址。万岁寺，为宋国忌行香诞节班祝之所，馆宇尤盛，今所存华封堂、维摩室十数楹，特其十之二三耳。大抵自万岁以西，绕北而东，抵化城之址，环山林麓，半入民居，室庐鳞次翠微，而图经所著诸胜，强半湮没，即有存者，今昔异名，亦无从质问矣。予世家山麓，祖父于是山不无香火情。《诗》有之：“惟桑与梓，必共敬止。”姑记所见闻，备乡里掌故，故辞繁不杀，未暇持择云。（《愓园初稿》卷九）

七塔考

［清］陈寿祺

七塔者，闽都之雄胜也。净光塔，唐贞元十五年观察使柳冕建，庾承宣撰碑铭，尚存僧寮。晋天福六年，闽王延羲重建石塔十级，曰“崇妙保圣坚牢塔”，今之石塔是也。神光塔，故在报恩院南涧寺南，大中十一年，观察使杨发命僧鉴空造，咸通九年敕号者也。定光多宝塔，在万岁寺，天祐元年，闽忠懿王建，明年始赐名也。定慧塔，故在大中寺，梁开平四年，闽王建，宋天圣中复造者也。崇庆塔，故在安福院，梁乾化二年忠懿王建，今塔崎是也。育王塔，故在文兴里北，《三山志》云：闽王时有之。佛殿题“瑯琊安远使募缘盖造”，宋康定二年重建者也。开元塔，故在太平寺，后唐同光元年建，后并入开元寺，宋天禧、元丰重建者也。《三山志》云：闽之浮图，始于萧梁，高者三百尺，有倍之者。乾符五年，巢寇焚殄无遗，忠懿王复其二，定慧、神光是也。然定光、崇庆、开元亦王所造。定慧，梁志又以为延羲建。延羲自立在晋天福六年，而是塔建于梁开平，则梁志误也。志引谢郎中泌诗：“城里三山千簇寺，夜间七塔万枝灯。”七塔之名见于此，《闽书》引是诗为宋末安抚徐经孙，恐何书亦误也。然安福院之崇庆塔，元丰后寺灾，遂废，非谢诗所指。宋熙宁间，建普光塔于甘棠坊，五级，明洪武间增为七级。甘棠坊，今入满洲驻防地，谢诗盖谓此也。今城中独净光、定光二塔岿然存，余并毁也。唐季闽中佛寺甚繁，王氏复增二百有奇，穷极土木，国随以亡。况浮图雄丽，若鬼神为之存之，诚不如其毁之之为愈也。然而词人墨客流连风景，犹不能不以之俯仰慨怀，古今一致，其意趣殆出乎埃壒之表者也。道光九年冬十月，何生广华昆季搜访金石，得古残砖于东南城堞，有真书阳文三，曰“九仙塔”，字大径寸，类晋砖字也。砖长八寸二分有半，厚一寸八分，博仅五寸五分，盖方形而缺其半也。九仙塔，于传记无征，或曰：今塔崎巷外有街通焉，俗呼仙塔街，疑九仙塔即安福院之崇庆塔也。《三山志》云：安福院，塔号新塔。《闽都记》云：俗呼新塔。疑土音“新”“仙”相近，故讹“仙”为“新”，而志从之，不知仙塔之名乃沿于古也。塔崎属丁戊山，丁戊山者，九仙之支，则是塔之以九仙名可也。或曰：即定光塔也。定光与九仙尤密迩，自山上望之若寻仞间，且于山东有九仙观，通津门外有九仙坊，宁越门外有九仙桥，皆以相邻袭其号，九仙塔犹是也。初造塔时未有定名，旅人范甓即以“九仙”字之，此其遗也。之二说者，咸若可取，姑识之，以俟博古者之辨之也。（《左海文集》卷三）

其　他

法海寺志引

［明］徐　𤊹

皇矣大都，浑元萃止。诡异幽奇，冈回峦峙。兴废以时，逝川阅水。纪沿革第一。

星河炳汉，冠冕华躬。维花之窟，维莲之宫。沧桑未改，垓壤增隆。纪营构第二。

镌石固名，名存骨朽。泐也有时，庸卜其后。怀往感今，摩崖剔垢。纪题刻第三。

佞佛施田，功德悠久。设馔桑门，供彼南亩。予夺递承，福业自受。纪田产第四。

邃谷嵁岩，缁流斯宅。世谛罔庸，于兹抱魄。灯焰常辉，云山有赫。纪禅宗第五。

匪仗匪屦，披帙浮观。宝坊金界，森壁层峦。籍之绘之，于彼柔翰。纪艺文第六。

斑管濡毫，彪炳寰宇。长吟短讴，流商刻羽。贻贶山灵，垂之亘古。纪题咏第七。（《红雨楼文集》）

住罗山慵庵玉禅师传

［清］高　兆

罗山慵庵玉禅师，常熟人，姓牟氏，本邑名族，父母俱善行。师生三日，有僧过其家乞，见儿摩其顶，呼曰：“尼锡，犹记忆否耶？”言毕遂去。稍长，辄静坐，不好弄，居尝蔬食。父母强其婚，婚一岁，不恒入室，与妇如宾也。亡何妇卒，时师年十九，遂落发于郡之山寺，以戒律精进。久之，出参大觉、密云诸大老，有得。性高寄，厌薄末法。游豫章，至西山，曰：“此地瘠苦，人坚朴，可藏迹矣。”刈茅键关三年。未几，远近知闻，渐来依止，师急去。过大庾，礼足曹溪。南归，与自闲老人相值，机缘凑泊，蓦地承当。自谓疑汗覆足后，但觉此中洒落，一味平常，掉臂浪游。一日下金陵，喜清凉山，遂栖焉。青溪诸名士睹师门风迹峻，不落窠臼，某结驾叩关，师亦随所接待，萧散共适，世有支远之称。□还西山，津筏四众。会都督徐公自关迎师，师矍然曰："闽中古号佛国，雪峰懒安之流风未泯也。"明日即行。既至，都督公为师结精舍罗山之阳。文武宰官，咸屈师开堂度众，师坚辞不许，曰："诸公但使老衲饱吃饭，即是竖拂称扬矣。"于是十有八年杜门不出。间有从师游者，但讶其傲物绝俗，澹泊无营，不知其知识也。生平不说法，不立门徒，终年省事，手疏草木自娱，俨若幽人。晚交祖明府，结方外之契。师若病然，精神罕固，危坐终日。今夏五月示寂，年六十有一。论曰：世之纷然求空，妄心薰习，大乘之迹几熄矣。师尝观知足，独无起灭，四十年人不知识。古德云："任运遮照，随智卷舒。"斯其不昧夫尼锡也欤？(《春霭亭杂录》)

平远台不宜终毁议

［清］陈庚焕

九仙山巅，巨石矗空，西俯大士殿，曰鳌顶，亦曰鳌峰。峰东旧倚一石，镌"鹏海天风"四字，石高广与峰埒，有奇石横其上，远望如鳌喙。峰西平远台，附峰累石，亦上接峰顶，峰下古鳌峰精舍，宋黄勉斋先生继紫阳设教处也。明郑少谷先生作迟清亭于峰东北，少谷柴门在焉。时与同里高石门瀫、傅丁戊汝舟辈啸歌台上，闽人目为"鳌峰十子"。厥后，里中徐𫊸亭、兴公兄弟复与曹能始、谢在杭诸先生结诗社于此，兴公有《鳌峰集》。国朝，里中平远台诗社，前则高云客文学兆、郑山围大令宗圭、先高伯祖文学偶庵府君騄、先高祖文学叔举府君讳骧、及孙君实隐君学稼、许天玉大令珌、许瓯香处士友诸公也，而纪伯紫、毛西河、朱竹垞诸名宦皆尝与游宴焉。略见《西河诗话》。后则林松址进士豫吉、蓝采饮处士涟、郭约园孝廉雍、郭药邨明经人麟、何上林文学锦、何北海大令瀚、李鹿山中丞馥诸耆旧也，而一时当事，藩臬则四明李公涵，郡守则四明顾公焯，咸与唱和。闽人目为"平远台诗派"，与谢古梅、黄莘田、许雪邨诸公"光禄坊诗派"并称。鳌峰、平远之名，其重于先后如此。是峰为本山龙脉正脊，峰北一脉，蜿蜒趋鳌峰坊，书院适承其委，讲堂、鉴亭正对此峰，故张清恪公建书院即以命名，存勉斋之旧，亦以表形胜也。乾隆间，道士颜一亮取峰下土以修九仙观，"鹏海天风"石因而颓堕，声闻数里。书院诸生将诉于当事，一亮惧，自请培土修台示罚，因禁盗取土者。日久禁弛，取者渐复成坑。鳌峰山长张惕庵太史，惧鳌顶且复倾颓，倡诸生醵钱六万，运土填筑，复申前禁。后台势欹仄，山长孟瓶庵吏部复谋修葺，郭学博贡许、萨户部龙光实任其事。今岁春，大士殿僧超方用台石修香积厨，故山长郑苏年进士遣长班谕止。乃今兹钟鼓楼之役，超方复与匠头陈丰竟毁平远台，而尽取其石。鳌顶广上锐下，台附其西，有辅车之势。今台址既尽，峰根孤悬，书院诸生恐其为“鹏海天风”之续也，言之今山长游磵田侍御，召陈丰诘之，丰请俟楼成，更筑以还旧观。今楼工既竣，仅于峰西堆积瓦砾杂土筑平，高不数尺，而于土堆上累小石阶六级，达于峰半之崖，又沿崖上累阶六，以达峰巅。阶广仅尺有咫，而每级高且盈尺，危不可登，而台终乌有矣。夫是台附峰远而数百年，大贤君子名迹之仅存。近而数十年，书院师儒营护之相踵，丰辈何人，而得擅毁？且若辈毁台，利其石耳。闽中石价最廉，舟运直抵水部水关，距山咫尺，诸大宪捐俸鼎建钟鼓楼，以称圣天子为民祈报之意，岂屑较此锱铢？而丰辈不顾大体，罔恤清议，掩取台石，厥意何居？又按宋梁丞相克家《三山志》，以鳌顶属嘉福院，今大士殿即宋嘉福故墟，殿之后寝实倚此峰。夫香火废兴，亦关风水，今台去峰孤，脱主峰其颓，亦岂山门之利？然则斯峰斯台，宁独书院诸生有敬恭桑梓之思，即在彼沙门亦当护为精蓝香火之重矣。丰也目不知书，煮鹤烧琴，宜非所惜；方也诗僧自负，数典忘祖，何竟至斯？既撤一台之石以建楼，则建楼之赀自必赢一台之石之费，破冒乾没，利必有归，以阶易台，毋乃太狡。方也身居方外，其自诿或有辞；丰也户实高赀，其食言何可恕！昔权文公见李卫公家故物而泣，而况斯台缅前贤之謦欬，属书院之瓣香，其为重是山，又岂平泉一木一石之比哉！古曰在昔，昔曰先民。世有权文公知斯台，必不终委诸荒烟蔓草矣。（《惕园初稿》卷十三）

记所居宅

［清］陈庚焕

明陈伯孺、幼孺两先生，初居鳌峰坊，后乃徙城南大义坊之水明楼，今其家“著存堂”匾，犹鳌峰旧宅所悬，题识甚悉。幼孺后人平叶上舍言，少从乃祖过鳌峰，犹指示其处云：宅枕通衢，与邵侍郎故第隔一巷，巷东宅数区皆是。所云枕通衢者，今为予家庙及庙东祖居，自家庙而北，则予家。又北则许南乐鼎亨宅也，旧皆有门相通。予少时犹及见堂前墙间门窒处，露横石如甍，上镌“瓦楞”，旁翘起如亭榭角，犹宋时遗制。

宅买自高云客子姓，初不知为两先生故居也。先生祖中丞达、父司马朝锭，皆有清望。自中丞祖侍讲叔刚而下，至幼孺举于乡者十三，第进士者九。中丞以方面大臣归田，而居第止此，先辈风流，于兹可想。昔傅丁戊有诗，盛称鳌峰陈氏世德，岂即先生家欤？《赠伯子》诗云：“伯孺佳公子，箪瓢居陋巷。”殆即指予所居。旧曰“江家巷”者，古通化城坊，旧铁冶场。今路塞莫能举其名矣。巷西，旧资福尼庵，其始盖周章甫侍郎宅；又西，则邵鹭洲侍郎第，今皆入书院。侍郎第，相传即黄勉斋先生鳌峰精舍故址，或曰非也。巷北对郑少参逑东西宅，少参子孙居是坊三百年，多有闻者。曹能始先生志郑圭甫父母墓云：“予每过鳌峰坊，必式之。”谓自勉斋设教以来，里中文物恒盛也。少参东宅右吴氏祠，并东隔巷即郑继之吏部少谷柴门“迟清亭”址在焉，今为新安詹氏祠矣；少参西宅左，即二徐红雨楼也；又左隔巷大宅，面书院鉴亭南墙者，云是陈殿元谨故第。予所闻于父兄者止此，余莫能详矣。盖里中自予家外，稀百年世居，故文献莫征，良足慨已。（《愓园初稿》卷二）

鳌峰书院志·室宇

书院理于大府，而方伯、观察襄其事，自仪封张清恪公创建以来，人文日起，十郡士跚膝踠足而至，至三四人共栖止十笏，学者乐切琢而苦其哗也。前之人未尝无意于此，顾积弊惮更，诸无名泛索中饱，则耗其财，而力有不给耳。数年来，当事诸巨公改革节缩，重以浦城祝氏捐产，弊去而财阜，乃市左近民房、尼庵，聚绅谋之，醵金修举，不日告成。规模制度，宏琏丰敞，盖不特视昔有加，求之各省，或亦罕俪矣。为志书院间架，遂籍其始基建置，而义助贤劳姓氏并附焉。

书院面九仙山，枕北大门，左树栅张榜，右屋居院役，门内左右塾亦役居之。进而庭而堂，南树建修丰碑，北列木屏，书皀山中丞满公保学约。上悬圣祖仁皇帝御赐“三山养秀”额。少进则二门矣，门东有闱，内有左右室，左居司阍，右居书胥。北为正谊堂，堂南为庭，中覆之左右扶栏。庭南为东西闱，东通鉴亭西廊南，西达监院公廨，廨堂房室凡九间。廨北为致用斋，学舍二十一间。径北，斋东为土地祠。杰出正谊堂后者为藏书楼，楼下屋三间，中为二十三子祠，左右为堂皇楼，广如下之屋楼。庭南有门，门外西闱通致用斋，东通鉴亭。西廊北堂垣东，夹垣为室，贮书版。鉴亭庋池中，前后列石柱礩各十，左右石梁跨池。

池椭，南浸假山麓，北抵崇正讲堂，槛下东西八丈赢，方罫浤渟，天光云影，如一鉴然，故名“鉴亭”。有假山、有池、有楼、有廊、有亭阁、石洞、竹树，为书院最胜处。中悬高宗纯皇帝御赐“澜清学海”额。列榻槛前，九仙观、鳌顶峰、金粟、玉蝉诸胜，偃蹇如高人，不待招邀，出墙头入座，每夏红蕖翠盖，晴雨并佳，晓风尤馥。左右楼列亭南如翼，上下学舍凡二十二间，皆有廊迤逶池南北。亭东石梁南，古榕生焉，与少北东廊榕相望，传百余年物。西廊北，高柳披拂，则崇正讲堂矣。讲堂直鉴亭，堂后庭植双荔，北墙种竹，名荔竹轩，掌教所居。凡堂房室十一间。假山峙亭南，倚垣竟垣，东西缘麓有径，琢石为栏。中东二磴，南有径，东折通敦复斋，山平衍，东为东望望阁，祀文昌魁星。阁少西，仙井、棋盘石在焉。传或烛行井内，迤逶数里，今智矣。阑深刻“仙井”字，殆钓奇也。最西为知止亭本名交翠亭，韩廉访葑改之，亭西为小楼，楼北垒石为洞，磴而登，山列丛篁，杂木佳果，翁郁阴森，风清来禽，殆于山矣。鉴亭又东为敦复、笃行、崇德三斋，各界以墙，南北皆有闸。敦复斋北为五子祠，学舍二十八间。笃行斋北为张公祠，南为三贤五先生祠，学舍二十四间。崇德斋南有楼，楼下有亭，学舍十九间，竹木果树有焉。院地广轮四十七丈，垣周遭一百四十丈有奇，计得堂十五、祠五、阁一、假山一、洞一、亭三、楼五、池一、轩一、斋四、学舍百一十有四。掌教、监院所居房屋二十，总房舍百三十有四。庖次井湢皆具，庭廊、中唐通行隙院不数。书院城东南隅面鳌顶峰，负罗城古通津门，直右肘外城；下有濠，《三山志》所称“大濠”也。《通志》：“在左三坊。”《府志》：“鳌峰坊，九仙山麓，前明四川巡抚邵捷春宅。国朝张清恪公伯行抚闽时购建，聚生徒讲学明道，名为鳌峰书院。或曰：鳌顶有台，宋状元陈诚之读书于此，俗称状元峰，院名由之。”按《府志》：“勉斋书院在鳌峰麓，旧为先生宅。”元贡师泰记曰：“瞰以方池，度以石梁，周九百八十四尺，东西广九十尺。”与今书院池相类。《续通志》：“捷春水心亭，曰筑亭，跨池。康熙间，宅为书院，仍址改筑，易名鉴亭。”或疑书院即勉斋书院也，或曰非也。按至元时，勉斋书院之建，从郡士林祖孟之请。祖孟曰：请以太平公辅里故宅一区为学舍。考《三山志》，有太平公辅坊，无里名，另有太平里，在州城北。余二太平乡，暨东西太平乡，均去鳌峰甚远。云”，在鳌峰南。今闽县署前有街，土人尚呼太平街，则故宅当在今闽县署前，当日因不可居，就近借法云寺，于事势差合。今书院非勉斋书院，明白也。明林誌《记高汝大鳌峰书室》曰：“闽大儒孰尊于考亭？考亭门人孰贤于勉斋先生？先生鳌峰人也，高山仰止，景行行止，高氏书室有焉，善哉记乎。”然则书院之为勉再考勉斋《答成公肃书》，有“故宅不可居，借法云寺僧寮数间”语。按法云寺后易名“白斋书院与否，可不必论也。盖供骚人摩挲标寄，则考证必确。若教学者宗其道，仰其学，则高山在望，便合景行。勉斋书院在鳌峰麓，今书院亦面鳌峰，况其东为郑侍郎湜故宅，朱子尝主焉。但取思齐为义，与教盖正且大。然则书院为勉斋书院与否，果可不论也。夫名者实之宾，名立，人争志之，而实从焉矣。故君子务正名，今以名鳌峰由陈状元，是以求科举、教学者也。学者，志科举而已矣，学道无与科举事，即无与吾事。夫学以至于圣人之道，猥以科举毕之，岂不大可哀乎？以名鳌峰，由勉斋先生，则日夕对兹峰者，不于先生之学问、事功慨然发远想哉？志先生，必志先生之学，先生之学，朱子之学也。朱子尝记石鼓书院曰：“养其全于未发之前，察其几于将发之际。善则扩而充之，不善则克而去之。”士苟志学，必将有学于此矣。圣人之道，岂有外欤？而要皆由正名于勉斋先生得之。朱子曰：“学先立志，志固学之始基也。”故志书院始基，务正名以无忘清恪讲学之义，用祛俗说焉。至崇德斋，为明名人徐兴公绿玉斋故址，斋南楼亦宛羽楼址，《府志》甚详，众知之。

书院建于康熙四十六年丁亥，《通志》据建书院碑年月作四十八年，误。按《蔡文勤太傅世远状考》，武湖先生曰：“丁亥六月，仪封先生开鳌峰书院，延考主院事。”又按《学规汇编》二十七卷，即成于是年良月，则四十六年六月开院，修书碑题立碑年月，乃要终言之，而《志》失考也。五子祀于张清恪公伯行，龛主设正谊堂，今移祠敦复斋北。奎光阁，乾隆十七年陈文恭公宏谋抚闽时建。二十三子祠，同年立。初，清恪移节江苏之岁，文勤补祀宋儒游广平、胡五峰、黄勉斋、陈北溪，明儒陈剩夫、蔡虚斋六子主于东厅。其藏书楼上祀杨龟山、王伯信、林少颖、罗豫章、李延平、李西山、胡文定、胡籍溪、胡致堂、刘屏山、刘白水、蔡西山、蔡九峰、廖槎溪、真西山主为十五子，后徙六子主于正谊堂西，十五子主于藏书楼下。至文恭公，从生员林迪光等请，补祀宋李忠定、明黄石斋为十七子；从校官王士鳌请，奉十七子于六子祠，正其位次，列主四层，名二十三子，院有二十三子祠始此。乾隆癸卯修葺书院，移祠藏书楼下，易主而牌，书姓号而不名，今无异。张清恪公像，初供

“名教乐地堂”中，文勤上清恪书所称进六子主于东厅，即此。久之，诸生复奉陈清端公主于公祠同祀。又久之，至文恭公，始立张公祠于藏书楼下、陈公祠于十六间，为今敦复斋南地。于是院有张公祠、陈公祠，后移二十三子于藏书楼下，遂迁清端主于蔡公祠中，以清端祠供张公像，而陈公无专祠。今张公祠在笃行斋北，陈公主奉笃行斋南三贤五先生祠中。蔡文勤公祠，制军杨公廷璋建于乾隆二十九年，今致用斋地，后移清端公主祀公祠，祠名一变；至以掌教林青圃枝春先生、沈椒园廷芳先生主祀公祠，祠名又变；至以掌教朱梅崖仕琇、张惕庵甄陶先生主祀公祠，祠名三变；后又以中丞徐两松嗣曾先生、掌教孟瓶庵超然先生主祀公祠，于是，文勤无专祠，而祠名“三贤五先生”，今居笃行斋南。致用、敦复、笃行、崇德四斋，建于嘉庆十年乙丑。致用斋，本蔡公祠及仓房地；敦复斋，本十六间地；笃行、崇德二斋，市民房、尼庵为之。费道库金千有奇，院有斋始此。是年新增者二，为笃行、崇德斋；撤而新者五，为敦复、致用二斋，正谊堂，知止亭，大门；添设者三，为知止亭西小楼、楼下石洞、山麓石阑；变易者一，为藏书楼；下左右堂皇，余丹雘黝垩，焕然一新，费番银七千圆有奇，银出义助。《府志》载：康熙五十年中丞陈公瑸、雍正九年中丞赵公国麟先后拓地重建，无考。乾隆乙酉，掌教严桐峰源焘先生名书院十景，曰“秀分鳌顶”“灵对九仙”“讲院临流”“鉴亭峙水”“方池鱼跃”“丛树鸟歌”“奎章眺远”“仙井斗奇”“交翠迎风”“棋盘玩月”，各系以诗，今石刻存焉。（《鳌峰书院志》卷一）

为于山九仙宫勘界声明书

董藻翔

具声明书，九仙宫董事□□□，窃九仙为福州最初古迹，山巅立观，山及坊巷皆以得名。五代时，王氏据闽，改宝皇宫，以祀老子，移九仙于山阴丹井之旁，岁久渐圮，迹象仅存。民国十一年冬，□等集赀重建，计飨堂三楹，左厨房，右寝所，前拜台，天井回廊。左右阶级，横阔八丈八尺，直长一十二丈零。周以围墙，后至礓石，均载建筑证内。缘五十六师前驻是山，客兵取土筑壕，前墙被毁，只存零基。迨兵移人返，无力全筑，只能先就飨堂设门屏蔽，暂障北风。去年四月，古迹保存会、三山保管会董事先后履勘，经蒙闽侯县政府给予证书在案。现复荷蒙履勘周详，除呈验证书外，合将重建缘起并前墙未竣情形觇缕声明，伏乞鉴察备案，以保古迹，□等幸甚。（《藕根斋存稿》卷四）

福州平远社讨蒋宣言

我国自“五四”以来，国威日削，国耻日增，凡属血气之伦，谁不疾首痛心？日盼主持国是者有极厥垂亡，湔兹奇辱。同人等自揣心力不逮，适是年于山戚武威公遗祠被人盗卖，爰亟倡复，藉足全民观感，聊亦尽涓埃之职责云尔。不图年复一年，南京政府卖国政策渐告暴露，弃地主和，美其名曰“协定”；认贼作父，讳其实曰“亲邻”；武威有知，定增隐痛。不知国者我全民之国也，民不卖国，纵有一二野心，欲出卖以遂其欲，我全民起而驱逐之，扑灭之，改弦更张，未必非予我以国运重光之机会。兹者各省人民代表，不期而集，数逾千人，开大会于闽中，措全国于磐石。登台纵目，平远可期；吊古何心，继光有日。同人等不禁距跃曲踊，谨呼下列口号：打倒卖国政策！组织人民政府！戚武威精神不死！中华民族解放万岁！（《七闽现代古董录后篇》）

艺 文（二）

风景名胜诗词

九 仙 山

寒食游九仙山

［宋］程师孟

城中无事喜寻山，千里提封并海宽。岭客多从筵既冷，士民同出食犹寒。荒园病叶堆何限，古院闲花落几般。谁道异乡多感慨，登临迟却十年官。

——《闽都记》卷四

九日登九仙山

［宋］蔡 襄

偶尔寻幽上翠微，游人啼鸟似前期。花间行印露沾纸，山下放衙云满旗。艳艳舞衣朝日近，飘飘商橹落潮时。传杯且与乘春醉，身世悠悠两自遗。

——《闽都记》卷四

九 仙 山

［宋］徐师仁

晨逾九仙山，暮访九鲤湖。何氏兄弟跨鲤鱼，同时轻举排天衢。山头云气故恍拂，三十六鳞今有无？琼浆白日醉天酒，何时华表归来乎？

——《闽诗录·丙集》卷六

元日登九仙山

［宋］潘 牥

不到鳌峰久，重来感物华。松应添岁寿，梅尚隔年花。清磬闻朝斗，丹炉借瀹茶。满城人记节，此日正喧哗。

——《长乐诗征》卷二

登九仙山

［元］何 中

吾宗九仙人，炼药此山上。渺渺嘉遁心，披烟一相访。海门葱茏外，山气嵂嵲状。侧日明远潮，归霞委孤嶂。尘缘误良契，仙事敦夙尚。何处乘鲤归，微风起清漾。

——《闽都记》卷四

九仙山期海上故人不至

［明］周 玄

久阙东山赏，烟萝欲卧迟。金霞寻晓望，玉树候秋期。九鲤何曾返，三花未可窥。南归有玄雁，书此报君知。

——《宜秋集》

登九仙山

［明］王 偁

雪后空山一棹过，新年草色送离歌。心知别后登临少，福地重来感慨多。谷口飞花看薄暝，洞中啼鸟掩垂萝。知君亦有东山侣，归去云林近若何。

——《闽都记》卷四

与方质父登于山

［明］郑善夫

巾舄动高兴，江山入大观。烟霞几回首，天地一凭栏。晴日千村晚，长风五月寒。莫嫌踪迹远，石室在人间。

——《郑少谷先生全集》卷五

重九前日过郑继之草堂相携登于山

［明］林春泽

龙山风流迥千载，此日抱病先登台。穿云步出草堂外，叠磴砤曲踏苍苔。小亭花磁漓清茗，萧疏拂树西风来。坐听少谷语奇崛，神气飞扬历九垓。武夷方岩直咫尺，更渡弱水游蓬莱。羲轮回驭燕山顶，片云未散令心哀。愿携少谷向阳谷，扶桑枝头扫氛埃。明日细把茱萸看，健怀已对酒中□。

——《人瑞翁诗集》

中秋夜九日山

［明］黄克晦

高亭秋气夜萧萧，下界人家鼓角遥。何处山光如九日，一年月色在今宵。风吹桂露沾衣湿，潮送溪云绕树摇。潦倒不知东岭白，金鸡声下锦溪桥。

——《全闽明诗传》卷四十一

于山燕集

［明］袁 表

雨过云飞海上山，楼台都是翠微间。三天香气萝阴合，六月炎歊草色殷。地入祇园常戒定，饮同河朔莫醒还。戈船横海今无事，重译遥闻控百蛮。

松门萝径隐城隈，骋望风烟四面开。沧海十年会说剑，青樽六月此登台。寒云昼落江涛影，细雨晴添石路苔。文酒不辞牵暝色，天涯聚散几人来。

——《闽都记》卷四

九仙山送卓子余归金华

[明] 郑 瑛

南登九仙峰，西忆双溪月。玉轮千里悬秋光，环佩玲珑上瑶阙。仙人去去不可留，听我一曲歌丹丘。清泉摇曳采云别，白日飘忽乘天游。我宫之真师，乃是紫阳客。与君铭骨授长生，昔隐兹峰炼精魄。谁料丹妙化成烟，谪向人间二十年。玄峰笑翳花源去，羽衣醉拂秋霞眠。青童返霓旌，相招拥仙跸。下窥城郭几回新，手种长松已千尺。杳然真师失其踪，身骑白羊去无穷。鸾啼鹤怨天府空，长攀玉树期相逢。君家乘龙度百粤，过予洒扫石上月。真师不来君又发，还掩洞门泣仙骨。

——《闽都记》卷四

登九仙山

[明] 林廷玉

马踏香尘晓气清，闲寻羽客共黄精。湖边细柳迎春媚，山半晴云阁树轻。村酿新蒭眠草醉，野歌无调傍花行。留连且尽今宵兴，漫道长庚又启明。

——《闽都记》卷四

游九仙山

[明] 张时彻

高楼临紫极，西面出烟霞。寺古松生甲，林深石绣花。朱栏悬海蜃，玉笛动云霞。自是神仙宅，蓬瀛未足夸。

——《闽都记》卷四

九 仙 山

[明] 张邦侗

丹霞金阙玉为关，云树重重好共扳。上帝新开三洞箓，何郎旧住九仙山。天吴飞破江流白，地肺翻腾岭叶斑。此日登高何以赋，台平日落故闲闲。

——《闽都记》卷五

登于山次泽西先生联句韵

［明］吴益夫

眼底乾坤著此山，倚空琳碧有无间。惯看白鹤时供驭，不见青牛夜度关。行到乱云深处坐，听余流水静中还。神仙已去遗踪在，珂珮犹闻下九寰。

——《全闽明诗传》卷十五

于　山

［明］王应山

蓬海标奇迹，同人历翠微。薰风来绮席，爽气薄絺衣。览胜意逾适，寻仙思欲飞。山晖正娱客，杖履未言归。

就荫寻苍木，探幽结绿萝。奇台一以眺，朝暮景偏多。座上岩云起，樽前谷鸟歌。咏归忽已暝，凉月满林阿。

——《闽都记》卷四

三山杂咏·于山九仙台

［明］赵世显

仙人何处去，空留九仙台。峭壁萝阴合，闲云日夜来。

——《芝园稿》卷二十五

暮春望后同张集虚、张阳生、陈叔度、吴元化、高景倩过九仙山憩石床小酌，待月而归，共用床字

［明］徐　𤊹

仙人化已久，片石尚名床。坐处藓痕断，卧来云气凉。亭台思往昔，时事感沧桑。日落不归去，引杯邀月光。

——《鳌峰集》卷十一

同徐兴公、倪柯古、龚克广、林懋礼、林异卿登于山避暑

［明］曹学佺

日色非不盛，阴廊自有苔。城头销暑地，木末避风台。傍舍朝朝上，携壶款款来。东南山阙处，纵目马江回。

——《石仓全集·赐环篇》

九日社集于山分得六麻

［明］陈一元

鳌峰缥缈接烟霞，俯瞰榕城数万家。四座娇歌纷白苧，一尊令节醉黄花。屐寻古磴追灵运，帽落凉风忆孟嘉。徙倚危栏穷远目，彤云多处是京华。

——《漱石山房集》卷四

登九仙山

［明］邵捷春

古观高巍巍，下看连百雉。昔日九仙人，相传此栖止。丹成上碧虚，尽跨云间鲤。辟处今尚存，岁久火应死。偶尔访遗踪，风吹落房子。坐睇四山昏，须臾幻青紫。礼斗磬声催，空坛月如水。

——《剑津集》卷二

辛卯元日同汝翔、惟和登九仙山过赵道人

［明］谢肇淛

青阳初动越王州，蜡屐从君散九愁。野客山中携绿蚁，道人洞里卧青牛。高台残日烽烟静，海国春风草木柔。自笑萍踪无住着，相逢到处是丹丘。

——《小草斋集》卷十八

夏月昼寝

［明］谢汝韶

昼长无事闭松关，一榻清眠尽日闲。梦里不知乡路远，几回身在九仙山。

——《东岚谢氏明诗略》卷四

九日于山有感

［清］郭　雍

聊复登高去，仙台一放歌。夕烟天外淡，疏雨鸟边多。秋色老如此，流年伤若何。蓬山不可接，江月落松萝。

——《国朝全闽诗录初集》卷十

秋日登九仙山

［清］叶观国

策策疏林卷绪风，寥寥轻霭度新鸿。抱城远碧双江曲，卧地层阴一塔雄。丹井草荒仙驭杳，石樽苔涩霸图空。书生元有经纶手，平远台边纪战功。

——《绿筠书屋诗抄》卷一

九　仙　山

［清］孟超然

苍松挺秀数峰间，丹井丹炉识九还。绛节何年升碧落，白云从此占青山。山有白云寺。天连南海浮三岛，地入东瓯界百蛮。回首扪萝鳌背日，山上有鳌峰，予读书山麓者十年。尘劳何自破愁颜。

——《瓶庵居士诗抄》卷一

九　仙　山

［清］萨玉衡

势分乌越鼎三山，骑鲤真人何日还？楼阁春风明海岛，旌旗夜月拥仙班。岩头马去云千缕，池畔鸦飞水一湾。上界钟声下界度，游人指点暮云间。

——《白华楼诗笺注》卷一

九仙山秋眺

［清］谢士骥

清秋把袂上层台，跃马岩边一径开。菊绕仙床迎蜡屐，云蒸丹井照金罍。长天气肃青枫变，大地风高白雁来。向夕渔樵歌四起，榕阴官道独徘徊。

——《春草堂诗抄》卷四

九日同济其登九仙山

［清］郑　杰

仙人已去仙山在，望远还登金粟台。霜信九秋随雁到，天风万里送潮来。岩巅簌簌寒枫下，谷口依依野菊开。二十四奇俱冷落，空林斜日且衔杯。

——《注韩居诗抄》卷二

九日陪家蘋洲先生登九仙山

［清］陈庚焕

登高不在高，聊取适吾意。相期鳌顶游，小憩来萧寺。终嫌舆马喧，沿崖陟空翠。指点林峦间，前贤登眺地。数自唐宋来，几许伟人至。高踪远莫追，临风托遐思。斜照起炊烟，暮色生凉吹。城郭十万家，蚁垤看鳞次。白屋与朱门，下视孰轩轾。达士视世荣，将毋同取譬。兹山出阛阓，拔地能有几。目空桑梓间，已足豁人志。而况登泰山，庸复可思议。齐州九点烟，奚啻蟭螟寄。蜗角名利场，蛮触相骄忮。男儿在天壤，多少当为事。得失竞尺寸，见岂井蛙异。扰扰讵免俗，默默还自愧。日落山转青，四眺弥心醉。高吟怀古人，归来清不寐。

——《惕园诗稿》卷一

中秋夕登九仙山

［清］陈庚焕

冰轮乍涌暮云开，河汉无声雁已回。独上层峦舒远目，绿榕影里杖藜来。

晓霁登九仙山

［清］陈庚焕

秋空乍豁倦眸开，云敛群龙带雨回。禾黍秋风连万井，一筇初上翠微来。

红轮初涌五云开，羲驭扶桑振策回。四望群山生紫翠，秋光秋色一时来。

次日晓晴用前韵

［清］陈庚焕

寂历黄花次第开，雨中沽酒月中回。一樽幸不辜秋夕，户外晚香时自来。

——《惕园诗稿》卷二

和非衣子登于山见怀

［清］郭柏苍

乱后看人异，愁中独有君。交情涧底月，世态岭头云。海国易秋色，江乡多雁群。诗怀与客思，摇落不堪闻。

——《鄂跗草堂诗》卷上

九仙山

［清］叶观国

咫尺名山金积园，仙人床上坐来温。饶他跨鲤飞升去，何以年年醉石樽。

——《榕城要纂·山川》卷上

秋日游于山

［清］杨玉龙

步入仙源境渐分，石阑苔径隔尘氛。残碑尚见铭丹井，古寺重寻到白云。白云，寺名。山郭苍茫通野色，川原平远入斜曛。数声爽籁兼清磬，落叶疏林向晚闻。

巍巍凤阙五云赊，路转岧峣石径斜。秋雨松房新羽客，春风花萼旧仙家。上有九仙观，昔何氏兄弟九人飞升于此。九重殿阁辉金碧，百折楼阑簇绮霞。上有玉皇阁。西望瑶宫含暮霭，玉扃深锁悄无哗。上有顶上娘娘宫。

——《蒹葭馆拾遗》

于山遇雨

［清］林光天

片云头上黑，日午雨濛濛。树失烟光外，帆迷水气中。流泉喧曲径，归鸟滞长空。相对夕阳尽，高歌随晚风。

忽然林雨至，人在雨光中。海鸟失归路，葛衣当野风。云阴倏以散，江影淡成空。感此识世态，笑予非老翁。

——《冶麓草堂诗抄》

榕城古迹杂咏·九仙山

[清] 杨庆琛

东南晴翠忽飞来，势接厜㕒石鼓开。鹤背笙箫低日月，鳌头宫观涌蓬莱。繁星宵拱玉皇阁，落照烟寒金粟台。二十四奇何处问，广场盘马又春苔。

——《绛雪山房诗抄》卷十八

重阳九仙山登高

[清] 刘安善

远眺郊原放眼宽，重阳无雨且寻欢。江流东去萦如带，山势西来翠似攒。万树萧森秋色动，一声长啸海天寒。樽前胜景今须醉，不用茱萸仔细看。

——《闲闲堂诗抄》

登九仙山作

[清] 刘萃奎

昔乘赤鲤去，湖水生秋烟。今踏白云上，山光浮暮天。蓬莱不可即，遗躅空千年。樽酒且频醉，高歌来九仙。

——《琼台吟史诗初编·采陔集》

于山晓望

[清] 王廷俊

海气连城白，濛濛山四围。钟声催日出，鸦影破烟飞。我欲寻仙子，朝来上翠微。探芳随意步，花露湿春衣。

——《樵隐山房诗抄》卷一

九月十九日偕翁金坡茂才、范生新豁上舍、陈鉴开太学、吴寿仙布衣游九仙山

[清] 王廷俊

已成丹去井流香，九鲤仙人事渺茫。游兴不孤有同志，秋光更好展重阳。江潮初上虎门白，山色欲暝龙窟苍。半日偷闲拚一醉，喜无尘事到禅房。

——《樵隐山房诗抄》卷四

重九日同陈雨村秀才霆霖登于山

［清］王廷俊

佳节多佳日，山光泼眼来。烟沉龙窟暝，潮纳虎门开。丹井香犹在，仙人去不回。老夫筋力健，同上廓然台。时雨村年七十一，予年六十八。

——《略存稿》卷二

游九仙山

［清］魏　杰

平远岩高此日攀，仙人旧址翠微间。六鳌海上随潮到，九鲤湖中泛月还。金粟台荒秋露冷，紫霞宫废暮云闲。山后有金粟台尚在，山前紫霞宫，今废。历朝多少兴衰感，惟有青山不改颜。

——《逸园诗抄》卷三

九仙山怀古少作

［清］魏　杰

观在岩东井在西，名山深处九仙栖。丹梯常有人来去，不比桃源路易迷。

——《逸园诗抄》卷四

秋日游九仙山

［清］王景贤

天风莽莽凌高秋，海城寥廓晨光流。九仙跨鲤拍浮去，丹邱长指鳌峰头。登临气欲吞湖海，云烟淡漠生新愁。古今人事徒代谢，勒石处处烦探搜。高台平远久倾圮，凿空大字犹荒丘。嗟嗟明代朝纲坠，刑余势焰王公侔。前刘后魏且勿道，督舶梁著专南州。穷奢縻尽官家帑，联吟山骨悲镂锼。雷鞭不赭遗秽迹，要使炯戒垂千秋。太虚俯仰一陈迹，凄凉往事同泡沤。古来兴废每如此，且攀绝巘夸雄游。三竿红日东海上，照见碧岛青螺浮。海风日夜吹海水，烟涛望断无栖鸥。眼花历乱孤塔影，惊心番舶飞沧洲。福州以海作门户，谁令异族兹间投。乌峰对峙雁云暗，幽阴惨沮横城楼。射乌人去乌啼血，社鼠城孤增隐忧。青苍欲挹迷咫尺，惆怅不忍多逗遛。道僚导我兰若坐，忽然异境盈双眸。琳宫梵宇发光彩，石阑倚遍神夷犹。神仙旷杳不可即，英雄芳躅天为留。昔闻南塘戚少保，大饮军士分觥筹。兴呼山月同一醉，倭氛消荡天宇悠。凭高吊古百感集，寒蝉林际鸣啾啾。

——《伊园诗抄》卷中

榕城胜迹杂咏·九仙山

［清］曾兆霖

鳌头宫观起蓬莱，拥尽东南秀气来。二十四奇何处问，浴鸦跃马半苍苔。

——《鹨里曾氏十一世诗·咬菜根斋诗》

冶春词·九仙山

［清］马凌霄

佛头螺髻碧孱颜，飞鸟闲云自往还。欲访金炉丹井迹，游人争上九仙山。

——《习静楼诗稿》

偕陈景蔚、景玉□、龚澄卿、许桂芬、王汝彩、傅砥人游于山

［清］刘璋寿

于山之顶凌云高，萧森万木号风涛。危巅绝壁几千尺，大者小者尽怪石。残碑剥蚀多留青，抚手摩挲尚带碧。人生遇合会有时，不与气数争转移。有花当赏有杯醉，奚事营营逐逐之。君不见，于山之上九仙观，恍似朱霞在天半。中有菩萨多低眉，兀然静坐尘心断。吾将与之瞰溟渤，吾将与之游太清。日为轮兮风为驭，上探三十六洞天之幽险，下穷七十二福地之纵横。天地为庐四海沼，五岳四渎总见小。就中聚会皆神仙，且共诸君相拍肩。

——《慕风岩诗集》卷二

丙子仲秋，谢退谷学博招游九仙山，时同游者陈惕园先生、郡人翁海渔、邵武张盅轩、南平黄瀛洲

［清］余潜士

依山久未有山缘，是岁予仍馆于于山麓高氏。此日偷闲谒九仙。着步稳时忘仄径，置身高处见寥天。城阛比屋皆堪数，苔藓残碑半不传。屈指

人生如过客，漫将胜会入诗篇。

——《自鸣集》

冬日郑益卿甥婿招游九仙山憩千佛寺

［清］林　熙

鹧鸪声一听，忽动向山情。蹑屐随幽兴，扶筇称缓行。崖容霜后肃，树色日斜明。尘障嗟难脱，闻钟怅此生。

——《井窗蛩吟集》卷二

客罗川，与诸同人夜坐，话榕城旧胜，漫成二十首·九仙山

［清］程万里

六鳌簸荡海潮回，水色岚光郁不开。金粟法云涵碧雨，凌空画出九仙台。

——《秋蝉吟草》

登于山二首

［清］江　湜

独行凉凉儒衣巾，市儿知我为何人。我亦欲与木石亲，掉臂走上于山垠。坐与于山成主宾。

城中有此土戴石，下视茫茫万家宅。天地间人均是客，我醉欲眠石为席。与造物游方自得。

——《伏敔堂诗录》卷九

同英姊登九仙山

［清］薛绍徽

当年九鲤共飞升，留得层峦景物清。天际断云扶瘦塔，海隅斜日薄严城。苍松影拥神仙窟，碧柰花开姊妹情。欲与观香谈六甲，琅函何处觅瑶琼。

——《黛韵楼诗集》卷一

登九仙山

郑式金

九鲤仙人不可逢，无诸事业亦匆匆。六鳌石葬荒台里，五虎山蹲白浪中。落日女墙催急柝，西风驰道响雕弓。海愁天恩知何限，平远台高见断蓬。平远台当时破损未筑。

——《酒狂吟草三百首初集》卷三

爱独将行诸子携登于山

林　苍

竭来高处坐秋灯，明日黄昏恐不禁。及取眼前风味好，沧江南望一沉吟。

——《天遗诗集·甲寅集》

元日与诸君同游于山

林　苍

满目斜阳带战尘，山川犹是几陈人。循城一揽兴亡泪，过寺如遗老病身。对此年年成漫兴，归来念念惜佳辰。短檠昨夜供吾读，着意穷檐历日新。

——《天遗诗集·癸丑集》

于山平远台有怀云鹤

林步瀛

五年不见戚公台，危石重凭眼又开。一片白云随鸟远，四围绿树带山来。间关海角凋双鬓，阔别天涯阻一杯。邻笛城笳浑不管，也应与世少嫌猜。

——《榕荫草堂集》

夜半与杨三松荃、陈二濂篁游九仙山

王葆图

爱月迟眠又续游，九仙山上暮烟收。穿林径小通寒磴，负郭田多近戍楼。云白江河明似昼，天清岩壑碧如油。他年此地重回首，风景依稀又几秋。

——《适园诗稿》

九仙山晚眺

王葆图

登临恰好夕阳时，万木阴阴中有诗。云白前山人仅寸，烟笼平野屋如箕。昏鸦天末盘空下，征马城头踏月驰。几杵疏钟自清趣，朗吟缓步下山陂。

——《适园诗稿》

中秋夜与沈星五、许豁庵、杨松荃、林圭如在九仙山慈悲岩赏月，因赋纪游一律，寄同游诸君子

王葆图

皓月流天淡欲波，诸君席石事婆娑。溶溶夜色随关迴，飒飒秋声在树多。万感转从佳趣起，一生莫负景光过。眼前小聚非容易，移顷分飞可若何。

——《适园诗稿》

九日同韵璋登于山

王　蓉

闲居意每为君移，今日登高且赋诗。敢诩题糕来此地，聊凭风物话襟期。

风筝乌石游人满，一角青山独避喧。平远台前凭远眺，片云飞处是何村。

——《棂负轩吟集》卷四

偕郭展怀、黄六庵、姜子润、黄荫亭、潘懋鼎、陈祥耀、林新樵登于山

包树棠

多年不上蓬莱阁，曲径犹通平远台。院落尘封僧侣散，海疆氛靖将军才。苍寒城郭三山见，浩荡天风一水来。雋望范滂思揽辔，沃闻清议鄙怀开。

——《笠山诗抄》

于山勒石

吴春晴

台榭梯云气自豪，暮分竞病罢弓弢。劈开重雾仍驯豹，踏遍三山偶驾鳌。脚底烟轻生野意，寰中风大唱葡萄。江城落日衔孤塔，一柱雄擎宇宙高。

——《百年闽诗》

丙戌于山勒石纪事

沈　桢

江山一枝笔，千里发云锦。大火从东流，苞桑尽凋甚。暮挂乌篷来，六鳌未左衽。莽莽平远台，初薰起内荏。重摩宣和书，犹滴嘉靖沛。奇句忽破空，直溯四百稔。华夷争俄顷，危急亦已甚。故事岂偶然，背城戈谁枕。雾开天又青，理胜往迹审。诗成呼季子，高步崑岷锓。燕然何巍巍，神鬼不敢瞫。泰岱何嚣嚣，侈功宁殊品。百二八字间，合有古魍噤。夕阳敛淫蒸，欲扰率更寝。且温杀贼杯，登台作豪饮。极目自纵横，边霜愈凄凛。巉巉紫稜光，掷刀奋余颣。告尔勒石者，吴三与瘦沈。

——《繁霜榭诗词集》

重九游于山

洪　璞

旧俗虽云除，登高人尚众。巍巍戚公祠，深深龙王洞。泉后意多适，俯仰目频送。缅怀诸先贤，多少国梁栋。

——《璞园诗稿》

于山揽胜

刘守迅

九仙山色豁吟眸，难得偷闲半日游。井涸犹传丹迹在，石横每觉酒香浮。六鳌雄峙观沧海，一塔高标镇福州。揽胜骋怀赓雅集，白云诗思共悠悠。

——《百年闽诗》

于山揽胜

杨　英

六鳌雄峙市中丘，廿四奇观眼底收。白塔定光殊壮丽，苍岩榕寿更玄幽。戚公醉石驱倭寇，蔡勇烽台克福州。天朗风清增雅兴，联吟社侣最风流。

——《百年闽诗》

参观于山兰圃

林鲁学

幽芳远袭道相夸，畹上花开点彩霞。行树相扶围作圃，盆兰列次聚为家。澄泓碧水游鱼立，披拂绿云落雁斜。将使参观中外客，留香襟袖到天涯。

九仙山上聚群芳，辟地开天第一场。异卉奇葩如画苑，琼蕤玉树出仙乡。春阳温暖苏岩谷，皇路清夷润庙堂。老眼未昏心益亮，当前无限好风光。

——《野芳》

劫后与林孝瑛同登于山

徐　昭

意契奚分新旧交，相将探胜步南郊。九仙雨化枯丹井，一将雄威想战铙。旗鼓屏藩何代薄，山河秦楚有谁教。一时顿触儿游迹，卌载浮光迅梦泡。

——《秋光集》

登　于　山

潘主兰

言陟于山顶，路平风景殊。杂花团醉石，高鸟掠浮图。清兴舒游览，嘉谋重步趋。韶光今日遍，为独我欢呼。

——《七发集》

罗　山

罗山月下遣兴

［明］高　瀫

石门道人真好奇，角巾野服骇群儿。惯随白鸟行偏健，贪看青山坐不辞。世短每怜长伏枕，家贫犹自苦吟诗。杖藜来往罗山月，此意惟应野老知。

——《全闽明诗传》卷十八

寄赠施仙临隐居罗山

［明］高　瀫

喜尔高踪难与从，春风萝月对诸峰。石门直在诸峰外，云木烟花几万重。

——《全闽明诗传》卷十八

重游罗山有感

［明］赵世显

山，故法海禅林，既为蓝侍御别业，予曾读书其中，今故侣星疏，而兹山复为兰若，盖不胜旧游之感云。

不到罗山二十年，重来此地倍凄然。岩花似喜曾游客，径草犹含旧日烟。满目林亭非故主，一时钟磬又诸天。不禁一掬山阳泪，洒向清泉白石边。

——《芝园稿》卷二十

罗山斋中

［明］谢肇淛

一径山中空翠来，数椽云里闭苍苔。潮声夜到芙蓉帐，山色遥连金粟台。流水小桥双鸟下，夕阳残柳乱蝉哀。红尘白帻随生事，颜阖于今已凿坏。

——《小草斋集》卷十八

罗山馆早秋

［明］陈价夫

木柝声残暮杵哀，邻家白苎已先裁。浮云半掩无诸郭，落日斜横金粟台。槁叶满阶风乍起，繁霜入户雁初来。小山芳草青如翦，岁晚应悲白露催。

——《闽都记》卷五

同吴非熊、陈元朋、徐兴公、林子真、林茂之集罗山得寒字

［明］曹学佺

强扶病骨犯危峦，此地徘徊转觉安。寺里客过辰屡换，林中僧话岁将残。坐于石笋何妨暝，行到梅花别是寒。漫借禅灯照诗思，东方月色出檐端。

——《石仓全集·天柱篇》

秋集罗山堂话榕城旧胜

［清］谢道承

金粟台前报早秋，冶城风物惬冥搜。图经谬处谁增补，丘壑童时所钓游。感旧思如黄叶积，怀人心与白云悠。东南名胜销沉尽，何处登临骋远眸。

鼓角城高海日黄，古榕曾阅几沧桑。遗封万井恢严郭，故事千年说汉唐。花鸟讳谈长乐郡，衣冠争忆晋安乡。试听换水宫前漏，可是闽王秋点长。

——《小兰陔诗集》卷六

秋日刘邻初招张雪樵、林渭云、陈德泉、林兴井、陈师颜、陈勾山、谢古梅、许石泉集罗山堂话榕城旧胜各赋

［清］黄　任

提封汉代古诸侯，百越岩疆百雉楼。旗鼓对开天半壁，女牛分拱海东瓯。山藏城内皆三岛，水到门前即十洲。多少衣冠来避地，至今名胜擅风流。

霸图荒服足称雄，千步球场草棘中。城角晓吹榕叶月，塔灯宵飐荔支风。石幢有字铭唐观，铜漏无声滴宋宫。往事销沉那可问，秋山莫放酒杯空。

——《秋江集》卷四

罗山拾翠

［清］谢士骥

别墅邻萧寺，罗峰襟带间。竹深无暍气，榕古有苔斑。未解三生话，时偷半日闲。徘徊香茗下，清磬每催还。

——《春草堂诗抄》卷四

鳌　顶　峰

鳌　顶　峰

［宋］王　逵

眼看沧海近，身与白云高。回影连三岛，盘根压六鳌。

——祝穆《方舆胜览·福建路·福州》

元夕少谷同登鳌顶为予作据石图

［明］傅汝舟

下界燃灯夕，高峰接手行。始知人代里，不及化王城。夜色虚明灭，禅心淡送迎。异时对图画，片石最含情。

《行己外篇》卷一

鳌峰雅集同曾白潭、王雨洲、张夏山、姜侑溪、张圭山、谢果庵、胡承庵诸年兄作

［明］林　炫

皆翠亭深山作围，万松云日净晖晖。新荷出水叶犹短，啼鸟隔林声渐稀。野堂雨逐烟霏至，花坞春随诗句归。泛舟促席真嘉会，烂醉樽前何是非。

——《林榕江先生集》

元夕登鳌峰绝顶有序

［明］郑善夫

元夕，余从海上与木虚子登鳌峰，据奇石，摩挲古桧树。忽闻峰顶瓦砾声，趋而从之，见二老拄杖箕踞，相顾一大笑。乃引酌箫歌，月隐隐出云际下，观万井灯火，星河倒浸陆海中。余诸人者，犹梦天然，奇哉！惜哉！高子、王子远莫可致，沛夫泥俗，招之不来也。遂折古梅枝以贻怀者，归而北斗指寅矣。遂作韵语，以引诸子。

共尔寻芳酌，复从鳌顶行。风烟有元夕，星汉下孤城。石祖他年梦，山公一笑迎。高歌倚梅树，瞻注有余情。

——《郑少谷先生全集》卷六

秋日偕闽诸贤士游鳌峰

［明］郑善夫

鳌峰天畔登临去，云木新开平远台。落日山城生海气，中原风物送秋哀。一时贤士俱倾盖，满地萍踪笑举杯。梁国邹枚岂吾事，竹林嵇阮是仙才。

——《郑少谷先生全集》卷七

藩幕诸君招饮鳌峰胜观亭

［明］龚用卿

芒鞋随处访名山，山在城东咫尺间。扑地楼台初日上，无边波浪暮云还。地临碧汉鼋鳌窟，天设珠城虎豹关。喜有群公同杖履，浮生又得一朝闲。

——《全闽明诗传》卷十九

九日登鳌峰绝顶

［明］赵世显

骚客逢秋饶逸兴，仙台鳌石共攀跻。擎杯绝巘层霄近，送目危栏万壑低。几阵寒鸦江树北，数声清磬岭云西。一年最胜黄花节，肯向山中惜马蹄。

——《芝园稿》卷二十二

秋夕怀鳌峰亭

［明］赵世显

六鳌峰上白云多，长日惟应载酒过。台迥不同登眺去，秋深无奈索居何。塔灯光并三山月，嵩祝声联九陌歌。仲秋十七日为万寿节。坐对良宵情转剧，持觞竟夕望星河。

——《芝园稿》卷二十二

三山杂咏·六鳌

［明］赵世显

孤云竹里来，影落衔杯处。醉嘱海上鳌，莫负兹山去。

——《芝园稿》卷二十五

与陈汝大鳌峰宴集

［明］徐　熥

四郊散秋色，层台结夕阴。孤磬出丛薄，倦鸟投故林。残霞落酒杯，微月照衣襟。良朋式至止，临风谐赏心。既蜡阮生屐，复为梁父吟。犹然发长啸，天外有余音。

振衣陟鳌顶，石磴何嵬峩。松阴如车盖，亭亭山之阿。深岩逗秀色，古树垂女萝。醉来穷幽壑，勃窣经危坡。孤鸿唳天际，野鸟当筵歌。人生寡良和，不饮将如何。

——《幔亭集》卷二

夜携诸子登鳌顶

［明］林　钎

日夕携朋侣，随临鳌顶峰。玉栏联碧汉，秀石出高松。落影红花动，张灯山鬼从。云罗栖集地，亮月送游踪。

契阔三千日，欢携诸子来。狂翻石影乱，啸沓谷声回。健汝巧盘岛，笑余香嚼梅。望舒光已射，合兴更移杯。

——《长林世存录》

冬夜同丁戊大弟小酌鳌顶

［明］林　钍

山兴中宵往，颠狂拟步兵。落星堪可拾，入岫拔传更。草下村村火，峰头面面城。梅花能皜夜，风雪独携行。

醉谑言无次，争扳踞石狂。宵阑人徙倚，风急酒苍皇。海涘观升月，夜间忘结霜。酌言良会几，后夕惜今觞。

——《长林世存录》

鳌峰雨意

［明］林　炨

积雨澄太虚，危峰逗秋意。江天同一云，万木凝寒气。至人心不羁，默坐探玄理。惆怅阻登临，清兴犹未已。

——《长林世存录》

林樗翁舍余草堂以诗见贻，病不能候，次韵作答

［明］郑善夫

鳌顶峰回云雾光，少微来照浣花堂。十年府城新相避，三径松筠故自荒。问道向迷襄野北，移家今在汉阴旁。方山耆旧偏怜我，只道相如病更狂。

——《长林世存录》

鳌峰雨意

［明］林　镛

金鳌户之东，东方结翠微。时作白云飞，常瀑珠帘墤。幽谷起寒风，龙湫吐冰沴。蒙泷絮雪飞，樵犊忘归蹶。

——《长林世存录》第廿五页

鳌峰樵唱

［明］林岁魁

崔峣岭路白云封，结伴寻樵一线通。片片上林青菡萏，重重梁苑翠芙蓉。半开缘萼烟中峭，全洗红妆雨后浓。一曲清歌天际落，夕阳犹在最高峰。

——《长林世存录》

登鳌峰寻宋状元陈诚之读书处

［明］张　焯

鳌峰依旧耸秋空，景物今来渐不同。双塔仍临千佛阁，七城绝少梵王宫。海邦倭退荒村寂，江树潮归夕照红。愧我频年浮宦迹，读书终下古人风。

——《全闽明诗传》卷二十六

鳌石行为郑子任作

［明］谢汝泮

鳌峰突兀入青云，峻石嵯峨独超群。岚光树色浮图画，横烟斜雾何氤氲。青衿结屋鳌峰顶，琼楼半落神仙境。夜静书声朗彻天，少年意气非凡品。峰头磨剑生长风，风前舞剑落长虹。行遇张雷出尘表，神光从此惊王公。君家世德文章祖，鲠直高名播今古。鳌石英迈志昂霄，雄占三山堪接武。予也懒散江湖客，久不读书空啧啧。看君文藻擅词场，长啸一声山月白。君不见，五老峰前白鹿洞，山灵今古多增重。又不见，峨眉枯草至今传，鳌峰他日非徒然。

——《东岚谢氏明诗略》卷三

鳌顶峰漫游二首

［明］王希旦

鳌顶飞来海上峰，小华奇踪五云中。□霞泉石如吴子，廊庙江湖即范公。宸驭天迴闻塞北，□书日静报江东。幽期不□登高处，倚剑山城欲□空。

踏破乾坤何处峰？归来犹在此山中。重开鳌顶光于昔，一跃龙门孰与公。南国衣冠心极北，海滨邹鲁道还东。未容浪掷平生事，禅门仙极自不同。吴石室与平远僧论导引飞升之术不置故及之。

——《石溪文集》卷七

按：此诗第一首与《闽都记》所载略异：鳌顶飞来海上峰，胜游遥指五云中。江湖廊庙谁为念，泉石烟霞已属君。宸驭天回闻塞北，凯歌日静报山东。香期不负登高志，倚剑狂歌欲插空。

鳌峰八首

［清］张经邦

九仙峰上一峰高，谡谡松风答海涛。百丈寒岩谁跃马，千秋灵迹独分鳌。回头渤海踪应杳，矫首烟霄势尽豪。从此不忧人把钓，年年春雨卧蓬蒿。

海外三山不易逢，巨鳌幻作碧芙蓉。飞来白马金鸡地，卓此拿云掘雾容。下瞰雄城烟缥缈，遥临讲院气葱茏。试从金粟台边听，夜夜书声彻翠峰。

平远荒台虽寂寞，依然门可望秋涛。名山久已同灵鹫，蓬岛何年失大鳌。为爱峰峦晴叠叠，不随波浪日滔滔。游人欲揽闽都胜，踏背行来此最高。

石磴萦纡几百重，通幽曲径引扶筇。眺将城野无穷景，占却冈峦最要冲。十里人烟千尺塔，三清楼阁一声钟。龟池牛背空罗列，惬我情怀只此峰。

碧梧修竹满亭皋，绿荫沾衣露滴袍。此地合宜翔翠凤，巨灵何意着金鳌。眠从旭日千山霁，吼向清秋万木号。雨雨风风吹石脚，锦鳞曾否觉萧骚。

文堆赑屃绣重重，古藓模糊紫翠浓。丹篆遥临仙子宅，晴岚直接状元峰。岂惟卓荦形无两，自是英灵气所钟。吞吐云烟知有意，要施霖雨遍春农。

不呿不掷佳云皋，磊落嵚崟亦足豪。二十四峰雄顾盼，百千亿载据崇高。石樽人去空啼鸟，沧海纶收孰掣鳌。一自洞天标胜境，蓬莱长免冠山劳。

越王薜老两龙钟，独尔名标讲学宗。湖水称鹅宁异轨，洞门题鹿定同踪。云封丹灶香泉绕，月满琴台瑞露浓。记得黄家诗句好，别无山可胜鳌峰。

——《国朝全闽诗录初集》卷二十

榕城杂咏·鳌顶峰

［清］叶观国

龙涧数椽精舍好，鳌峰几架草堂新。书能饱读身能暇，此事还应让古人。龙首涧在东山，宋许文定将读书处。鳌顶峰在九仙山，宋陈状元诚之读书处。

——《国朝全闽诗录初集》卷十五

鳌 峰

［清］刘苹奎

云霞绚烂入吟毫，廿四奇峰此最高。自古名山传宝鹭，何年仙岭跨金鳌。城环雉堞临朝旭，松卷龙鳞吼暮涛。胜迹于今空寂寞，一天风景转萧骚。

灵秀由来气所钟，东南望里晓葱葱。仙家形迹无双地，大块文章第一峰。片石分青牵薜荔，悬崖缀碧削芙蓉。试听讲院披吟夜，花外书声彻几重。

——《琮台吟史诗初编·浣香榭集》

鳌顶峰圮矣，陈恭甫夫子饬工踣立，即系以诗

［清］刘苹奎

汉阙唐宫几劫灰，金鳌背亦委蒿莱。名山应得文星护，此地曾霑化雨来。灵秀好争天宝石，留题谁继状元才。十洲何日看成市，先睹奇峰半壁开。

——《琮台吟史诗初编·绿云馆集》

登于山绝顶

［清］翁文达

日华朝射海门红，一线涛头蜃气雄。多少峰峦生足下，万千世界仅毫中。清幽自与尘寰隔，呼吸真堪帝座通。安得新诗携谢朓，拟将寄句问苍穹。

——《六桂堂诗抄》卷二

几士属题明人画闽中八景·鳌石松篁

何振岱

我亦台前见驻军，鳌峰劫火毁遗文。松篁衰歇榛芜长，矗矗穹庐倚乱云。鳌石松篁，宗子相有见“平远台三驻军”之语。鳌峰书楼藏书毁散，山麓文庙半圮。

——《觉庐诗稿》卷六

平　远　台

次韵洪令瑴瑞平远台

［宋］苏　籀

能赋凭高所得多，海云岩嵲若君何。兼通西竺瞿昙意，欲和南风虞舜歌。怪石甘泉作檀施，长廊古殿荫多萝。相期正始微言绪，诗眼休嫌俗吏过。

——《双溪集》卷二

平　远　台

［宋］刘　淮

海天漠漠水云宽，开到梨花正自寒。却拥重裘上平远，愁心千叠倚栏干。

——《闽诗录·丙集》卷十三

登平远台

［元］黄清老

六鳌簸荡元圃碎，三岛崩腾失空翠。海风掣断南山云，分我沧洲半江水。台南岩谷青岌岌，奇松怪石作人立。山巅恐有风雨来，林径空濛落花湿。水东岃崱见平陆，积雾飞岚坐堪掬。蓬莱迢迢几万里，一碧天光浸寒玉。吟翁回首看不足，缓步策蹇度空谷。谁知咫尺山中幽，望断残碑立修竹。

——《闽中古迹题咏》

秋日登平远台

［明］林　鸿

兰若最高处，客来开夕窗。诗怀秋思集，定力壮心降。远树青残雨，归潮白晚江。暝来期宿此，敛屦对寒缸。

——《鸣盛集》卷二

暮秋登冶城平远台

［明］王　恭

山压无诸野，台荒半夕晖。连天孤树远，沧海片鸿飞。绀苑皆黄落，琳宫尽翠微。回看南陌上，四牡正騑騑。

——《草泽狂歌》卷三

平远台宴集

［明］周　玄

高楼翠微里，振袂凌萧散。坐观沧海流，仰视白日短。飘飖居化城，羁离赋文馆。偶兹耽琴樽，讵非避书简。境绝万尘灭，趣惬众妙返。川上风雨来，苍然望中满。烟钟度山暝，野烧穿林晚。东城领车骑，相邀下崇坂。

——《宜秋集》

陪严都运重游平远台同林文则和严韵

［明］陈　辉

肩舆同上石林间，又得追陪到竹关。碧树清泉岩畔路，白云黄叶寺前山。兴来吟咏俄成什，老许辞归半是闲。雅爱相忘频潦倒，不妨重藉石苔斑。

——《全闽明诗传》卷八

寄炼上人山房石上梅甚奇

［明］许天锡

一粟禅房傍古台，洞门长为扫苍苔。山头旧雨何人到，石上寒梅几度开。龛壁光知江月上，塔轮鸣听海风来。八千里外常飞梦，疑我前身是万回。《竹窗杂录》：福州九仙山平远台，僧百炼尝作诗云："名利网中无曲蘖，醉人至死不回头。老僧涓滴不入口，静坐岩前看水流。”百炼与许天赐友善，多所唱酬。

——《全闽明诗传》卷十二

寄平远台僧百炼

［明］林庭模

京国驱驰一丈埃，野心常忆远公台。烟销竹外茶初熟，月满庭前鹤未回。半榻白云垂纸帐，一帘香雪落岩梅。重逢遥在秋深处，篱菊须留十月开。

——《全闽明诗传》卷十三

登平远台见亡友许启衷书匾感而赋此

［明］郑　鹏

城市山林榜尚悬，洞江居士久升仙。忍过嵩岳迁莺地，愁忆燕台对榻年。诗草阑珊谁为辑，酒筹零落竟无传。古梅耆宿今俱朽，俯仰乾坤一惘然。

——《全闽明诗传》卷十三

平远台同年友登眺

［明］廖世昭

隐隐三山阁，悠悠万里情。秋涛天外净，夕照鸟边明。济世惭无术，经生笑不成。登高空望远，烟霭暗神京。

——《全闽明诗传》卷十七

平　远　台

［明］林　炫

黄菊碧梧分素秋，东山猿鹤思悠悠。白日俄惊木叶下，沧洲忽起烟波愁。乱石清泉围野舫，落霞孤鹜映江楼。槿园回首荷亭会，又见梅花池上头。

——《闽都记》卷四

饮平远台

［明］游士豪

群峰面面削芙蓉，翠压层台树万重。落日影涵孤寒雁，微风声断远山钟。一尊对客呼明月，独鹤迎人下古松。招隐空回王子棹，剡溪兴尽不相从。

——乾隆《福州府志·山川一》

平 远 台

［明］方邦望

台据全山胜，秋开万里情。风烟连绝徼，楼阁倚层城。半岭钟声动，中天刹影横。谁能捐物念，长此说无生。

——《全闽明诗传》卷十七

大巡施龙湖、蒋枳田请游平远台

［明］邵经邦

闽城此日特奇观，四望分明海岳宽。旗鼓远从天外列，虎头直向正中看。骢君下马云雷震，迁客含章风雨寒。共醉不辞山月白，同心珍重荷交欢。

——《弘艺录》卷十四

平 远 台

［明］林 恕

原是蓬莱顶上峰，六鳌移向粤城东。天连螺渚风涛壮，月照龙江岛屿空。万国舟航通禹贡，九仙楼阁倚空同。凭栏纵目孤鸿外，遥见扶桑海日红。

——《全闽明诗传》卷二十

登平远台

［明］林 垠

十载离闽土，三秋眺远台。青莲聊共酌，华发笑归来。山色今犹古，江流去不回。感时思努力，莫遣壮心灰。

——《全闽明诗传》卷二十一

游平远台

［明］陈 策

三山中有平远台，台高千尺凌虚碧。老松偃蹇走铁蛟，枯藤束缚盘陀石。风雷神力常护持，气势虎头何敢敌。南海西河纵大观，欲结茅茨傍青壁。

——《闽都记》卷四

重九后游平远台陟鳌峰绝顶

［明］陈元珂

佳节逢青女，登高薄太清。方舒寥廓志，一寄古今情。法象诸天晓，风云合殿平。如何人境里，特地有蓬瀛。

——《全闽明诗传》卷二十一

夏日邀商侍郎御平远台

［明］林　爊

层台五月忽飞霜，有客乘骢共举觞。天畔草亭惊胜绝，海中蓬岛望微茫。谢庭贵族推江左，汉代才名和柏梁。闻说荐贤书谬及，衰迟只合钓沧浪。

——《林学士集》卷四

雨中王叔右伯邀游平远台共赋一首

［明］王世懋

丹梯远上碧嶙峋，并辔登高海色新。云雨解迎能赋客，江山偷作暂闲身。灯前鼓角残千雉，酒外楼台隐万鳞。半醉便呼双屐去，天涯深语易愁人。

——《王奉常集诗》卷十二

平远台社集和王懋复太史

［明］赵世显

何处登临一散愁，长松密箓野亭幽。风前雾气青于扫，雨后山容翠欲流。睥睨近依孤嶂转，帆樯遥逐大江浮。莫因暮霭频辞醉，新月前林已似钩。

——《全闽明诗传》卷二十七

月夕同诸子登平远台

［明］赵世显

地僻仙台古，微茫草径横。月移岩树影，风送石泉声。远渚波光动，孤村灯火明。狂歌下山麓，余响绕层城。

——《芝园稿》卷五

登平远台柬邵公梦弼

［明］赵世显

初晴鸟乱啼，石径草萋萋。云敛千峰出，烟含万井低。古台鳌石畔，斜影道山西。此日竹林下，青樽谁共携。

——《芝园稿》卷五

同郑孝廉、陈征君登平远台并游乌石

［明］赵世显

两山相对峙，一日共攀跻。眺迥芳郊尽，凭虚过乌低。鳌峰百雉上，乌石九霄齐。策马下山麓，张筵日未西。

——《芝园稿》卷十

同友人平远台闲眺

［明］赵世显

暇日寻春去，空亭载酒过。峰悬鳌顶月，江送马头波。老衲连云卧，山樵共鸟歌。相看欢不极，沉醉出烟萝。

——《芝园稿》卷十二

社集平远台观阅兵分得十一真韵

［明］赵世显

烟峦四望新，高阁绝风尘。客入莲花社，营开细柳春。军声浮睥睨，旗影耀嶙峋。谁擅如椽笔，樽前扫万人。

——《芝园稿》卷十二

平远台观阅兵再用前韵

［明］赵世显

高贤结社日，大帅视师晨。地拥鳌峰雨，天回虎帐春。风云开八阵，豪杰恍三秦。坐见烽烟净，夷歌彻海滨。

——《芝园稿》卷十二

人日平远台燕集

［明］王乾章

共怜人日好，策杖入云林。碣石苍苔古，琳宫岁月深。凭栏来远翠，

把酒对孤岑。城市烟霞隔，弥清尘外心。

初试登山屐，当春分外奇。山椒薰玉罘，墙柳击金羁。意气歌长剑，勋名抚旧碑。遥看千里外，独与白云期。

——《闽都记》卷四

秋日偕杨比部陈宪使集平远台

［明］江以达

木落天高河汉秋，晚烟斜日淡悠悠。城中选胜无过此，病起寻君得散愁。改席故当松下石，望洋仍上海边楼。即逢令节俱青眼，趁此黄花未白头。

——《午坡文集》

平远台小集呈马用招

［明］林　烴

何地堪逃暑，层台迥自凉。江光浮几席，云气接衣裳。逸兴追河朔，相期入醉乡。坐中森玉树，谁是白眉良。

——《闽都记》卷四

九月八日陪晴山叔登平远台

［明］林世璧

返照仙台迥，垂萝古洞幽。登临先九日，欢赏及高秋。风急催蝉响，天清恣雁游。谁云竹林宴，千古擅风流。

——《全闽明诗传》卷二十六

平远台观隔城马射

［明］俞安期

山上高台近碧空，俯看七校柳营东。弓鸣霹雳环城下，马作奔星在地中。杨叶矢穿遥碎绿，桃花汗洒乱飞红。欲看日出扶桑外，平远终期荡寇功。

——《翏翏集》卷三十四

陪赵九丞夜饮平远台

［明］田一儁

日入登临天倒开，万家星象列昭回。平看海外烽烟息，暗觉林端紫气来。不尽弦歌流碧落，多余瑞色散深杯。岘山始识今犹古，自愧邹生得滥陪。

——《闽都记》卷四

平　远　台

［明］郭子章

百尺层台拥巨灵，千寻杰阁架高冥。窗间海色澄空翠，郭外岚光送远青。真境东连祇苑树，雄风南接越王亭。何人墨迹留苔石，苍藓含烟若为扃。

——《闽都记》卷四

八月十六夜平远台看月

［明］屠　隆

孤城睥睨倚崔嵬，四望山河爽气开。同社高人频载酒，异乡佳节且登台。风含古木秋声起，云散中天月色来。如是百年能有几，不妨凉露下深杯。

——《闽都记》卷四

同孙显卿、李伯东、潘季选邀徐学使同年登平远台得扉字

［明］叶向高

层台极望思依依，十载交情此会稀。使者尊前河岳动，故人岩下薜萝违。远山残照侵荒堞，古寺初钟落翠微。清兴不妨归路晚，一天月色散郊扉。

——《苍霞草》卷五

游平远台

［明］曾仕鉴

平远台前日欲曛，东来形胜望中分。玉蝉近缀鳌峰石，金粟遥连马渎云。王会自来通禹贡，霸图犹忆抗秦军。仙山羽鹤今何处，城上千年一度闻。

——《十闽名胜笺》卷三

九日同邓道鸣将军、如瀚上人、徐唯和孝廉、陈汝大、袁无竞秀才、王玉生山人集平远台时，余将北发

［明］邓原岳

风急霜清木叶黄，杪秋云水正苍苍。香烟缥缈传仙梵，山色依微落女墙。老去可堪悲短景，醉来应不负重阳。剧怜浪迹天南北，却喜登高是故乡。

——《西楼集》卷五

夏日邀屠田叔使君、佘宗汉明府，闵寿卿、柳陈父、王献子、钱叔达、吴元翰诸山人，颜廷愉都护，兴公舍弟避暑平远台，分得一先韵

［明］徐　熥

借得琳宫结净缘，数声钟磬出诸天。龙江潮满千溪合，雉堞云开万井连。瀑布乱飞丹嶂雨，山衣同历翠微烟。莫言座上无丝竹，花外啼莺柳外蝉。

——《幔亭集》卷九

初夏马用昭邀饮平远台

［明］郑　铭

杖履承芳宴，登高入翠微。鸟依帘幕唤，花傍酒杯飞。世事眼中变，人情乱后非。醇醪胡不醉，一醉共忘归。醇醪胡不醉，一醉共忘归。

——《全闽明诗传》卷二十四

秋日同汝大、性之平远台燕集

［明］徐　𤊹

杪秋天气清，长啸登山陂。深岩宿烟霭，孤棹归江湄。塔影挂白云，蝉韵鸣青枝。暮林野鸟还，半岭长风吹。主人多胜具，蹑屐相追随。东篱有黄菊，采之落瑶卮。一饮形神爽，再饮心颜怡。踌躇相顾盼，皓魄光离离。

向夕天色佳，明星灿银河。繁霜杳然下，鸿雁鸣嗷嗷。樵歌谷外传，僧磬云边过。持筐采杜蘅，酌酒盼庭柯。良会既以深，朱颜亦已酡。去去鳌峰下，高枕卧烟萝。

——《鳌峰集》卷四

茅孝若至闽，诸同社邀集平远台赋别，予方楚游，未及预会，追和八韵

［明］徐　𤊹

杰构欣新就，崇基陟旧踪。仙成骑赤鲤，客到跨茅龙。古篆埋于藓，斜阳挂在松。台平堪蹑屐，寺近易闻钟。大地三千界，晴岚四五峰。红妆司酒政，青简竞词锋。云石关离恨，林风醒醉容。因惭远游者，良会负相从。

——《鳌峰集》卷十二

仲秋五日安茂卿主社再集平远台分得八庚

［明］徐　𤊹

片石孤峰起，当空类削成。凉飔摇翠楚，晴日丽朱甍。楼观觚棱峻，山河锦绣明。药炉犹汉气，松坞有秦声。乍睹新蟾落，初闻候雁鸣。登攀寻旧迹，文雅续前盟。愿以重游惬，情因屡到生。时平堪赋吟，江海正休兵。

——《鳌峰集》卷十二

中秋夜邀同社诸子集平远台观塔灯

［明］徐　𤊹

青山霭霭夜苍苍，半亩松阴入槛凉。桂阙正流金粟影，花宫争放玉毫光。清歌暗逐风声断，尊酒寒侵露气香。坐客由来情不浅，中宵乘兴据胡床。

——《鳌峰集》卷十三

九日安茂卿招集平远台

［明］徐　𤊹

天末商飔起暮林，一时能赋尽登临。烟霞入眼有变幻，山水娱人无古今。大石洼尊传汉制，高峰遗刻续唐音。将军不戏台前马，但泛萸杯坐啸吟。

——《鳌峰集》卷二十一

平远台怀古

［明］郑　琰

海门夜半六鳌斗，突出高台万山走。怪禽白昼学鬼啼，老树号风作

龙吼。台南台北几人家，春去春来阅岁华。不见越王歌舞地，年年秋雨长蒹葭。

——《十闽名胜笺》卷二

平远台

［明］童　佩

无诸行乐后，黛色属禅宫。不藉空王力，何知霸者功。高城隔海气，古木杂山风。未到人先说，金鳌万井中。

——《十闽名胜笺》卷二

重九酬曾董南

［明］谢汝泮

佳节每从忙里过，黄花几度客中开。逢君况是英豪侣，遣兴须登平远台。鹏海天风堪落帽，茱萸竹叶且倾醅。漫将世事嗟摇落，流水高山赋百杯。

——《东岚谢氏明诗略》卷三

九日平远台

［明］车大任

为问登高处，何如平远台。鳌峰生睥睨，乌石对崔嵬。寒早衣初授，花迟酒漫催。良辰兼胜地，欲赋总非才。

——《闽都记》卷四

秋集平远台时楚孝廉米良昆入社

［明］陈一元

秋满高台上，登临思渺然。襟披九霄外，目纵万峰巅。半暝林过雨，轻阴石抹烟。蝉声催落日，雁影写遥天。骚雅千秋业，江山两屐缘。深杯倾桂醑，妙舞堕花钿。倚马将军赋，雕虫楚客篇。淹留见新月，耿耿照尊前。

——《漱石山房集》卷四

小暑平远台纳凉

［明］陈一元

谡谡松风六月涛，于山最上一峰高。樽开炎暑追河朔，人集东南擅楚骚。风递疏钟来近寺，云拖凉雨过平皋。披襟仰视青霄近，徙倚岩头首重搔。

——《全闽明诗传》卷三十七

再集平远

［明］陈一元

平远台仍旧，经营壮海隅。雉回千堞峻，鳌涌一峰孤。向夕烟光敛，平空月色铺。支硎疑别涧，郇馔愧行厨。漠漠苔连石，哑哑树起乌。吴歌清入座，卓女艳当垆。已觉交情洽，兼之心赏俱。莫辞今夜醉，前路促骊驹。

——《漱石山房集》卷四

曾用晦工部招同陈泰始侍御、王永启督学、郑汝交孝廉、徐兴公诸子登平远台

［明］曹学佺

台成朋侣数招寻，喜在城中惬远临。觞妓登山安石兴，江湖恋关子牟心。流莺碧草原同候，落日归云共一林。辽左干戈犹未息，东望沧海气阴阴。

——《石仓全集·夜光堂近稿》

安荩卿七夕直社平远台，侦因国丧，移期八月初七始成，各赋八韵时米彦伯在座。彦伯，楚蒲圻人

［明］曹学佺

国制严初解，骚坛席更移。虽然非巧夕，总不外秋期。马石随江涨，鸦池似月规。登台迎野尽，飞盖惜荷衰。漫学何仙诀，惊看楚客词。峰峦连不断，晴雨互堪疑。妙曲投清籁，新凉起濯枝。何须惮泥泞，理屐任迟迟。

——《石仓全集·夜光堂近稿》

次日再集平远台，时主人稍有增减，客子亦动离怀。卓氏长君香车独步；定生野衲，清供同筵。是集也，燕厦方新，嘉朋樽之辐辏；骊歌欲罢，盼仙路以逍遥。请更投笺，仍题八韵，予得渔字

［明］曹学佺

会以连朝胜，台斯命宴初。两山沿列雉，一水见归渔。曲自分铙吹，

窗犹待绮疏。松根成上下，石势出空虚。境寂邻于寺，朋来近所居。佳人能独立，开士悟真如。顿觉离情满，那堪雅道疏。白驹有遗叹，可不嗣音书。

——《石仓全集·夜光堂近稿》

十六夜集平远台看月歌王柟如直社

［明］曹学佺

昨夜月过今夜老，今朝客较前朝好。我辈何烦羽扇挥，太清岂俟浮云扫。高台崔嵬江水抱，潮声欲射登台道。须臾海门亦疏豁，月出微茫露瑶岛。平看大地尽如缟。地上月在长松杪，盈盈正对华樽倒。金屋凭将团扇裁，玉闺任取文砧捣。但寻客子眼前乐，那知思妇心中懆。人生安得常自保，秋序平分已衰草。忧来易与同枯槁，君不见，夜月堕兮扶桑杲。

——《石仓全集·芝社集》

元日集平远台

［明］袁敬烈

满城弦管昼纷纷，独向孤峰伴白云。万里江山云外尽，几声钟磬定中闻。竹房午静逢僧饭，古院松深见鹤群。客散酒阑天色暝，寒林树里欲斜曛。

——《闽都记》卷四

夏日集平远台

［明］袁敬烈

虚亭曲磴树阴稠，满径清风暑气收。出水莲花香乍散，隔林荔子火初流。日斜碧汉霞千片，云掩青山月一钩。入定僧庐礼钟磬，琉璃灯焰寺门幽。

——《闽都记》卷四

晚秋登平远台

［明］方　沆

凭陵樽酒一登台，四望寒云迴自开。城郭烟收千雉出，海门潮拥六鳌来。天涯朋好投兰少，岁晏归心落木催。总为山川来赋笔，疏狂应愧大夫才。

——《闽都记》卷四

平远台登高

［明］李维垣

台高扶荔上，长啸振衣尘。天地含秋雨，江山阅古今。草荒霜磴菊，雁唳晚洲苹。屈指流年感，凄然一病身。

——《全闽明诗传》卷五十二

春日登平远台志感，有徐观察子与诗刻、戚大将军纪功石俱剥落不可读

［明］陈邦瞻

河山万古入蒿莱，海国风烟几处开。地历秦周曾裂鼎，天连欧越一天台。将军空勒燕然绩，词客还余岘首哀。非土未须重感慨，暮云春树照衔杯。

——《陈氏荷山房诗稿》卷二十

竹醉日周其皇招集平远台眺望

［明］林　蕙

平生结意在禅关，况得佳晨消我闲。无竹可看谁共醉，有僧相对便开颜。郊垧五月寒侵野，笳鼓连天响撼山。尽兴不禁频眺望，轻歌人带暮云还。

——《全闽明诗传》卷五十三

平远台雨中小集

［清］郭人麟

万斛顽云湿更飞，一帘新雨冷催衣。关心南雁秋怀远，被面西风酒力微。蟒蛛橘房丹欲坠，经霜菘甲玉初肥。年年节物看如此，赢得萧萧两鬓稀。

——《国朝全闽诗录初集》卷十

小雪前一日平远雅集即事

［清］陈祈广

节候催冰雪，寒光动隔宵。虹藏山郭日，风急海门潮。老病长披褐，

残诗每弃瓢。何当五马客，分韵到渔樵。

——《竹间十日话》卷一

大雪日平远台再集仍用前韵书怀

［清］林　仪

朔风吹不断，冬意觉萧条。酒侣思燕市，诗怀忆灞桥。六花寒欲落，五马兴偏饶。复唱阳春曲，深怜再听韶。

——《国朝全闽诗录初集续》卷六

九仙山平远台

［清］查慎行

跨鲤人遥片碣留，居僧指点说丹邱。平生不信神仙术，垂老宜为寂寞游。千里帆樯来域外，九霄风雨过城头。剧怜野意亭西路，好景多归万岁楼。

——《十闽名胜笺》卷二

平　远　台

［清］朱敏求

琼楼窥碧海，绿嶂倚苍穹。独上高台俯万里，天海一气何空濛。怪石拿空横嵂嵲，浮云处处堪揽结。丹宫自古猿鹤悲，玉洞几年瑶草歇。徘徊却值九仙人，袖中授我飞腾诀。耸身已度白云间，仿佛方壶窥幻灭。仙山二月花冥冥，楼台缥缈聚仙灵。步虚声里凤笙发，一曲金鳌万古青。

——《国朝全闽诗录初集》卷十五

登平远台

［清］释明衡

磴道盘回怪石旁，登高徙倚望微茫。山围万堞低云影，江走千帆背夕阳。旧苑风生秋雨急，谁家砧送晚潮凉。曾经百战兵戈后，零落应添客思长。

——《蒲风清籁集》卷十九、《闽僧诗抄》卷三

福州杂题八首·平远台

［清］朱仕玠

虎山抗崄岈，海口激瀺灂。秋空敛氛净，百里何广莫。日落乱樯明，

南台海船泊。

——《筠园删稿》卷上

八月十五夜与孙而波、黄鲁容、苏庚麟登于山上平远台

［清］刘永标

得闲踏月好招要，携手层颠瞰碧霄。灯火密悬双塔迥，亭台高受众峰朝。清幽景物须吾党，圆满秋光准此宵。坐久都忘风露冷，回看殿角挂衡杓。

瓦翼参差接远空，嬉娱士女见年丰。千门帘卷中秋月，十丈尘牵广陌风。绝顶云霞随画履，诸天钟磬肃琳宫。此间清福几人受，却喜光辉到处同。

风景萧森天气幽，碧云如水夜清流。满城罗绮防疏雨，初更后微有雨意，旋即开朗。上界星河浣素秋。胜赏恨无尊酒伴，清谈应待锦囊收。琼楼玉宇知何处，直欲乘槎问斗牛。

蜡屐曾同步翠微，如斯良夜到终稀。三千世界小蓬岛，落拓乾坤大布衣。肝胆不妨秋露洗，风怀俨挟上仙飞。诸公莫负重游约，山月招人无是非。

——《盥白斋诗抄》卷一

登于山平远台

［清］林光天

重岩迢递耸荒台，乘兴攀跻亦壮哉。筋力犹堪劳摄屐，登临不厌屡衔杯。万家城郭云烟合，四面江山图画开。凭眺石前独坐久，无穷诗思眼中来。

——《冶麓草堂诗抄》

榕城古迹杂咏·平远台

［清］杨庆琛

层台置酒震威名，兵法孙吴校练精。南土鲸鲵销海气，西风鹅鹳肃军声。策功重续磨崖颂，怀古频增望远情。但愿波臣长效顺，风烟万岛

庆澄清。

——《绛雪山房诗抄》卷十八

平远堂偶步

［清］刘苹奎

层峦分翠扑城闉，烟树迷濛画不真。细草疏钟林外寺，夕阳归艇水边人。摩崖姓字羞阉宦，结社风流溯荐绅。安得留缗三百贯，青山一角屋为邻。

——《琼台吟史诗初编·梦石轩集》

平　远　台

［清］张际亮

海城秋色无今古，汉唐故阙俱尘土。水晶宫寒鬼夜泣，钓龙台寂乌啼雨。九仙骑鲤去不还，至今但有嵯峨嵔礧之高山。巍然巨石架榱桷，平远俯瞰千螺鬟。何人建者明梁著，南来坐镇开牙署。破费官家十万钱，内臣留得登临处。我思胜国朝纲夷，太阿倒付刑余持。历朝听命一宦寺，前刘后魏谋倾危。可怜干戈裂天地，视师犹恃司阍智。罗织争传东厂威，君王终向西山缢。此台壮丽高倚天，一焚再震消如烟。安能手驱万雷斧，尽削名姓巉岩颠。九仙山有元明太监题名数处。阉人好事堪叹息，石门雁宕遭镵刻。岂知汝使碧血满乾坤，到处题名污山色。予旧游所之石门雁宕亦有刘瑾题名。此台又闻戚继光，平倭奏凯归称觞。六军一醉海天月，山中草木皆轩昂。英雄事往风流在，不与金粟同荒废。金粟台亦在九仙山。悲哉鳌顶之亭亦劫灰，金鳌峰顶有状元亭，旧在平远台侧，明季为义民所焚。旗鼓斜阳惨愁黛。作诗岂独沧桑哀，要使万世皆知北寺为祸媒。惊风吹落百蛮雁，莽莽寒云天外来。

——《亨甫诗选》卷二

平远台怀古

［清］林寿图

秋老蛮天海气清，登临鼓角想军声。已荒乱石风云垒，疑卧空山草木兵。剪水鲸鲵嗟往事，屯边貔虎有威名。南塘战绩铭犹勒，述与倭奴尚胆惊。

——《笃旧集》卷十五

登平远台诵宗子相《平远台记》

［清］郭柏苍

眼中万户静，海上百城遥。古戍新将遍，妖氛久未消。输将劳郡县，望治及渔樵。楚勇赁民居，恒掩尸屋下定光塔地。咸丰三年，予铲筑平旷，练习乡勇，今为客兵丛冢，时平当移瘗义山。我亦忧时者，登台敢独谣。《平远台记》："昔元臣据闽之险，皇祖乃命楼船将军从大海径捣其穴，空之，帝谟辉赫，日月同炳。乃今策事之臣，顾不能设一奇制敌，而使丑夷往往截海窥我，此视皇祖诸臣何如哉？吾叹之，实愧之也。"

——《柳湄小榭诗》卷上

晓登于山平远台

［清］郭柏苍

山间昨夜凉雨度，虫在树头待秋露。江海一夕生东风，千叶蒲帆悉西渡。穷睇万里心想阔，烟树茫茫复何遇。台前酒尊高不辞，城中岁月去如骛。今愁古愁那得消，归来日照来时路。

——《三峰草庐诗》卷上

平　远　台

［清］林　瀍

峰顶开歌席，晴光入酒杯。醉看双塔立，卧听乱蝉哀。文字原多厉，行藏亦自猜。远林夕磬发，催月出城来。

——《秋来堂诗》卷一

过平远台

［清］翁时穉

平远高台蜡屐经，长空鸦点感飘零。隔江烟树无情碧，过雨群峰未了青。草木弓刀怀将帅，戚参军平倭时宴军士于此。砂泉龙鲤访仙灵。登临不尽兴亡恨，落日哀蝉忍独听。

——《金粟如来诗龛集》卷三

平远台怀戚武毅

［清］翁时农

高台势雄杰，屹立山之阳。仰天东南望，将星森光芒。侧闻闽中叶，倭寇何披猖。杀人如草菅，荼毒遍海疆。戚公奉王命，努力从戎行。斩子以徇师，兵气为之扬。大小百余战，蛇阵排云长。一战收横屿，再战收王仓。凯歌大告捷，饮至催飞觞。勒功媲燕然，岩石皆轩昂。公昔登盘山，诗笔殊坚苍。新息自矍铄，边才老未妨。啖饼资枵腹，所至充行粮。呼名不呼姓，爱慕公弗忘。公谋不可测，公勇不可当。倭氛近复炽，谁敢摧其强。惜公不复作，濒海空筹防。

——《正始堂诗抄》

平远台雨中望鳌峰

［清］叶在琦

雨云横过一陂陀，瓦霤千家泻急波。未暝更晴如洗沐，晚凉最忆鉴亭荷。

——《稚愔诗抄》

梅生、荃庵同读书平远山堂，秋日访之不值，留题斋壁

［清］龚葆銮

拍拍春波古寺前，曾同明月小桥边。却教君作青山主，我欲垆头办酒钱。

荔支阴里晚凉天，小坐萧斋足茗烟。细雨虫声都入妙，待看好月到山前。

城西半亩读书屋，我昔闲时便一过。今得看山东道主，看山应比往年多。

——《榕南梦影录》卷上

癸酉平远台落成再赋台在于山戚公祠内，年久失修，今为新筑，非复旧观

郑式金

荒台昔日落山丘，何意更新三叠楼。骨骾斯人前代选，巍峨此迹至今留。春秋名士曾邀订，签轴大家亦共搜。辗转登临瞻仰际，岩暝对景最风流。

——《酒狂吟草三百首初集》卷二

平远台谒戚南塘

张　炜

功并谭俞信不凡，故应庙祀永仙岩。洪塘冤煞张经略，刻意平倭死被谗。

——《闽百三十人诗存》卷三

平远台怀戚南塘

陈位铭

平倭饮至此台前，庙祀名山傍九仙。莫唱烧屯行一曲，角巾私第老残年。

高台勒石等燕然，少保平倭痛饮年。一事留君遗憾在，思儿亭外夕阳天。

——《闽百三十人诗存》卷四

平远台怀戚南塘

佚　名

何曾遗迹没荒烟，剩有兹峰仰昔贤。惧内那知能拒外，平倭勋绩奏南天。

触目东邻祸蔓延，恨无少保靖烽烟。登临落日烦忧集，勒石空怀饮至年。

——《闽百三十人诗存》卷五

登平远台

邵振绥

九仙山上寻名迹，倾仰咨嗟感今昔。平远台前一昂首，虎门波光连咫尺。地濒江海无屏障，漫视蛟龙如蜥蜴。终明之世三百年，隄防一流寇乘隙。戚公崛起扫妖氛，一动神威千辟易。州人至今缅英灵，潇潇风雨森松柏。策勋石古苔斑斑，大名不朽同青山。年来胡马啮青草，堂堂祠宇谁凭栏。盘空远势失雕翼，斜照犹似当时殷。我歌且谣从开襟，登高望远空沉吟。狂风已随波浪静，名山勿任烟尘侵。试拈酒盏怀往事，更凭剑气盟丹心。凉天尤倚腰脚健，觅闲携伴还登临。

——《慈园诗稿》

同黎君烈文登于山平远台

郑贞文

慷慨登临平远台，南塘不作万民哀。忘恩空负王朱学，鹭岛黉宫胜劫灰。黎君烈文于民国十一年随余来闽，筹备厦大，迨奠基开学后同返申江。兹奉委省府参议，复至闽，月之八日邀登平远台，翌日，有厦大校舍被毁之耗，因成二十八字以系感慨。

——《笠剑留痕》

重登于山平远台谒戚公祠并怀蒋、蔡两将军

郑贞文

号令严明靖岛夷，功成一醉想当时。充肠制饼储干糒，击掌谐音达隐辞。霞邑中秋犹曳石，莆阳元日独搴旗。倚栏望远怀袍泽，痛饮台前会有期。明嘉靖间，倭寇陷兴化，俞大猷率兵攻之不下，檄公至。于除夕率三壮士越女墙入，翌日，克莆阳。班师，饮至于于山平远台，醉卧石上。今此地有戚公祠，而台则久圮。民国二十二年春，余邀蒋（光鼐）、蔡（廷锴）二将军谒公祠，捐赀倡重建平远台于祠前。公攻倭时，尝制饼贯以绳悬于项，以便行军时取食，今市上所售光饼是也。又尝编“八音”击掌叶韵，以密传军令，今闽人犹有习之者。往年，余视学霞浦，闻邑人言：公每于月夜令人曳巨石行于通衢。某年中秋，适寇至，闻城内邪许声，疑有备，不敢犯，今此风犹存。

——《笠剑留痕》

福州三山胜景气接衡庐，于山居其一。城乡游众日以万计，而我蛰居既久，竟亦逐队前来登平远台。上玉皇阁，一览榕城气象，远胜畴昔。至于人烟密处可画可诗，愧我无才，收之不尽，曷胜慨叹

刘　蘅

暝天游客去如流，一静山灵意转幽。坐赏苍岩存古色，不知白发有新愁。禅心能入定光塔，画笔难收镇海楼。望里南洲村路远，故家花树念人否。

——《蕙愔阁集》

登平远台

张子仲

居隔九仙山咫尺，八年橐笔违故里。山灵应谅遭乱离，未得游山势所使。山中有台曰平远，不没南塘功始建。饮至岩前草青青，一台一石皆文献。倭陷吾州经两度，磨牙吮血哀无数。九原一怒仗灵旗，大好河山公呵护。今朝揽胜登斯台，吾怀郁塞为之开。南望苍茫穷海岳，晴晖丽空无纤埃。吁嗟读书明义理，靦颜事仇弥可耻。尽隳气节辱冠裳，登临北地惭瞻视。

——《河西精舍诗存》

平　远　台

包树棠

高台长啸悲风起，左海帆樯千叶飞。我痛伊川披发语，论兵有涕向谁挥。

——《笠山诗抄》

平远台怀古

叶可羲

眺远台高却喜平，登临结侣趁秋晴。东西双塔撑云立，起伏层峦映日明。此地曾寒倭寇胆，异邦犹震戚公名。八年战绩承余烈，福宇巍巍抵百城。

——《竹韵轩诗集》

重九游于山平远台

洪璞

旧俗虽云除，登高人尚众。巍巍戚公祠，深深龙王洞。泉石意多适，俯仰目频送。缅怀诸先贤，多少国梁栋。

——《璞园诗稿》

九日登平远台

陈毓淦

词客哀时只自哀，偶扶藜杖独登台。凭栏四望无佳致，只见风高落帽来。

——《秕糠集》

文物古迹诗词

石樽

九仙山石樽联句百韵

［清］刘永标、郑洛英

柱天鳌子峰，岔空立百尺。畏佳吹长风，郑洛英。厜㕒愁峭壁。四围山角落，刘永标。一铲崖顶䯿。其上大石樽，郑洛英。厥制皇古式。传自闽越王，刘永标。邈为秦汉迹。苍茫三百纪，郑洛英。淋漓一片石。劫火烧靁罍，刘永标。瘴云埋瓴甓。落蒂匏脱藤，郑洛英。蜕蜂壳粘棘。彭腹胀豶豕，刘永标。挛耳搦勾牖。鸱张叭肜唇，郑洛英。环痕刌条肋。短脰束藓皮，刘永标。拳身镇山瘠。蒸苔卫足厚，郑洛英。滑雨溜肩蚀。庨豁仰盂虚，刘永标。瞰深坳景黑。积溷渍底平，郑洛英。去皿旋痕泐。陡下收圆腰，刘永标。黝旁洞虚腋。倒噏出谷云，郑洛英。薄湿余岚液。阴窅屯愁霾，刘永标。午光漏员隙。老朴追废敦，郑洛英。宽洪称服匿。蹲如稳以间，刘永标。卓尔敛而抑。圭角磨风霜，郑洛英。坚顽有骨格。揄砾狐狸嬉，刘永标。觅食鼯鼠迹。月夜山鬼窥，郑洛英。霜天蜮蛇蛰。蜗涎增丑狞，刘永标。野火经腾焱。孤踪巢众魅，郑洛英。老物幻灵魄。帝命歼魑彪，刘永标。雷鞭悍掀踢。六丁拽色根，郑洛英。九约簸幽宅。疑立空所凭，刘永标。震荡见其特。成毁未敢料，郑洛英。阴阳不能贼。碎剥黄朱斑，刘永标。荡涤瀑潦激。缠条半枯死，郑洛英。硬梗相横勒。叶黏干愈坚，刘永标。日炙久弥泽。当时华宴开，郑洛英。豪气穹宵逼。溪蛮帝无诸，刘永标。海天割绝国。饵龙哺父老，郑洛英。沥酒酹刀戟。横剑睨九州，刘永标。叱酋供百役。飞蜺吹长囊，郑洛英。画角呵连栅。夹道归节旄，刘永标。前驰拥金钺。万骑嵌蹄屯，郑洛英。连珠火车霹。高阙槎云开，刘永标。醉荦然灯夕。二八罗红肌，郑洛英。三千环翠幂。华檠腻烛黄，刘永标。朱罣羁豹赤。此樽当豪奢，郑洛英。在山颇燀赫。设醴实勺枧，刘永标。兼巾幂絺绤。亭台敞通纳，郑洛英。栏槛纡髹墨。传观倾洪闽，刘永标。有禁厉监职。君王暇日来，郑洛英。笋簴喧天击。蚁磨惊左旋，刘永标。螭车苦西昃。富贵奈老何，郑洛英。悲哀生乐极。龙盘郁嵯峨，刘永标。虎气腾赫赩。苞筲庋木桁，郑洛英。瓮甈纷抗席。周罗素陈玩，刘永标。纷置经差择。铅水愁宫春，郑洛英。罳裙舞蛮觋。石门籀铭幽，刘永标。队道鱼灯阒。樽兮君所须，郑洛英。窆之尔何惜。长留盱冈陵，刘永标。不去殉剑舄。三皋魂未归，郑洛英。九日饮不得。草草阅魏晋，刘永标。逐逐分疆域。云长驿戍荒，郑洛英。潮归山海寂。战魄守茔寒，刘永标。盗铧喊窀吓。盘碗难久扃，郑洛英。油灯遂再剔。独有旧宴台，刘永标。不废新纪历。居人罕知名，郑洛英。古语亘载籍。摩娑此块然，刘永标。凭吊者谁则。竖童画瓦书，郑洛英。骡犊砺疮躄。暮乌饥啄喧，刘永标。朝暾斜影只。而我喜探奇，郑洛英。于君有同癖。图经所有传，刘永标。屐齿无不历。携酒攀硱磳，郑洛英。穿蔓针要襋。萝瘦得迳危，刘永标。石裂容踵仄。到顶天风高，郑洛英。低空海云白。俯仰生感喟，刘永标。殷勤为拂拭。胜会倏何往，郑洛英。遗踪渺难即。欹耳翕古音，刘永标。肖貌屹坚立。创意量所容，郑洛英。浥壶较其实。满注坠澒洞，刘永标。激跃跳湢泧。泻虚蝴湍鸣，郑洛英。洄沤涌傍侧。以石复以斗，刘永标。可钟亦可鬲。赌少冀即盈，郑洛英。难继苦更索。疲沽僮仆憎，刘永标。善受酒胡哑。珠沫近口萦，郑洛英。浮湍仰喉溢。骤满惜旁流，刘永标。角赢戛余沥。好事有我来，郑洛英。挈大夸予识。错杂排甄甒，刘永标。欹倾叫咋嚯。鼰石扑新香，郑洛英。涂醨润古色。坰窊星点凹，刘永标。留腻风干剧。狂饮张鲸须，郑洛英。老饕擘熊腊。怯负蓄拳迟，刘永标。逋筹拉肩吃。岂能免傞僛，郑洛英。犹知爱涓滴。万物恶弃地，刘永标。奇数必归扐。酾浆浇司魈，郑洛英。贮余免狼藉。愿吹野水添，刘永标。长快糟邱积。每于陟青�，郑洛英。即此酣红醳。排云叫天阍，刘永标。豪语逗秋遰。古者不见今，郑洛英。后我犹视昔。江山此游人，刘永标。陵谷亦过客。消歇终有时，郑洛英。流传竟何益。叩音按乌乌，刘永标。放歌破戚戚。金景嘘晴遐，郑洛英。暮崖净秋擘。归榼踣陉梁，刘永标。荒碑卧塀䃺。人来山苍苍，郑洛英。人去山摵摵。衰荣亦气数，刘永标。喧寂殊顷刻。此意属微茫，郑洛英。长空悄松柏。刘永标。

——《盥白斋诗抄》卷一

越王石樽歌

［清］梁章钜

道山游不尽，揭来又于山。道山古迹首数李监篆，于山石樽更在千载前。屡寻不遇山灵悭，忽而遇之声嚬嚬。搜奇访古果有得，由唐溯汉，愈进愈上谁能殚。传闻无诸始启宇，九日山上开长筵。穿岩凿窦恣快饮，如樽设罏醪投川。隆然之腹幽然旋，哆然张口如有吞。苔花斑剥古质黝，混沌无始环无端。当年驺骆控雄壁，挥秦斥项归汉官。霸图虎踞非偶然，相见一体君臣欢。只今屠龙跃马共黄土，宝衣火烬弓剑寒。此物独并此山寿，迥殊座右狎敦盘。神物撝呵土伯护，款识未许轻雕刓。何况健儿臂鹰奴饮马，千遭蹂躏犹能完。我来摩挲不忍去，惜无文字穷根原。诸君信半惑亦半，请以一语祛疑团。或者古人题咏不尽皆可传，奇物亦乐安胚浑。沧海何必皆桑田，后生何必输前贤。但精撰刻廓前轨，真宰会须畀以权。昔闻昌黎咏石鼎，亦越元结歌洼尊。文人雅游例如此，肯任寂寞孤岩峦。天上酒星如石顽，古来酒徒不可攀。仰天大笑下山去，他日重携都统篮。

——《藤花吟馆诗抄》卷一

越王石樽限酒字五十韵

［清］刘苹奎

七闽山水奇，分野属牛斗。冶灶荒城移，剑池巨浪吼。东南鳌顶峰，屹立俯培塿。烟雨迷亭台，星辰落窗牖。有仙山则名，蜕骨去之久。丹井留金砂，白云满林阜。无诸承汉封，宝册筑台受。遇合思攀鳞，功名叹烹狗。偏隅良足安，佳节忍相负。饮马盘冈峦，钓龙出郊薮。偷闲亦自娱，九月日有九。华宴开层巅，英风壮佩绶。衣冠联百寮，杖履集群叟。其中置石樽，轮廓大如斗。旁绘靁雷纹，彭腹更张口。震虢占仰盂，坎孚叶盈缶。鸱夷摇膨脣，蟠蛛贯腰肘。洞豁殊象罍，回环解龟纽。质非瘿木刳，形岂果瓠剖。白兽输浑坚，青凫逊深黝。想当酺饮时，共洗俗尘垢。斑驳容黄娇，拍浮对红友。曲拳痕郁蒸，虚腋影漓浏。岚翠吹芳醪，泉香挹陈酘。溓中傲且傞，横槊抖而搂。侑席威桓桓，叱酋势赳赳。盌须倾燕犀，杯亦酌鵁鶄。量巨摩其肩，兴酣战以拇。夕阳明醉乡，石名。人影互纷纠。归路扬旌旗，犒军散羜牡。千灯燃岭坳，万骑夹车右。争效侍从臣，嵩呼颂我后。言游何地无，此乐几人有。岁月原不居，河山岂长守。霸图空渺茫，墓木已颓朽。隧道狖猿蹲，荒台鹿麇走。此樽王所遗，何不殉邱首。呵护烦山灵，留贻等石臼。六丁难取将，千载孰攻棓。古璞追敦槃，珍奇比圭卣。但随螺髻呈，奚畏马蹄蹂。雨溜皮愈坚，雷轰质弥厚。不然碗与炉，零落付谁某。牛洞藏狐狸，龙泉穴鼯鼪。任公池旱墟，虞寄室难叩。独此岿然存，玩琴石与偶。我登平远台，野意亭名伤秋柳。搜剔频凝眸，摩挲不释手。或云戒老饕，以我思则否。凭眺吟新诗，恐为覆酱瓿。桑溪传禊游，今亦忘前后。问石石无言，何时饮樽酒。

——《琼台吟史诗初编·梦石轩集》

越王石樽歌

［清］翁时农

于山高高秋色凉，木叶脱落天雨霜。我来吊古尽陈迹，惟有石樽阅尽千沧桑。忆昔无诸镇南武，左右旗鼓开闽疆。中原逐鹿争犄角，挥秦斥项谁能当。即今汉秦已代谢，良弓飞鸟俱无藏。伟哉神弓与鬼斧，办此怪石何青苍。酒星在天亦顽石，坠地毋乃为壶觞。侈然之口如有吞，隆然之腹如有张。古今题咏不到处，埋没应为尊罍伤。君不闻昌黎歌石鼓，妥贴排奡神飞扬。又不见元结咏洼尊，雄词健笔歌慨慷。盘空硬语几手笔，使我凭吊心傍徨。摩挲古物长叹息，安得移尊痛饮谈兴亡。

——《停云阁诗话》卷八

炼　丹　井

九仙山丹井

［清］林轩开

九仙炼丹丹未成，一仙斞井独眼明。井中鲤鱼化龙去，八砮骑龙入云雾。不教鸡犬尽升天，回头长谢登仙路。我生未得叩仙扃，凡骨焉知仙者灵。闻汲山中一勺水，能使瞀矇见万里。至今仙去井亦枯，故老传闻尚如此。朝来缟井祷泉神，不愿洗目但洗耳。

——《拾穗山房诗稿》卷二

九仙山丹井歌

［清］梁章钜

月烟黄黄日烟紫，井干苔绣辘轳毁。湖涓澜翻失九鲤，九仙老衰叫不起。当年呼龙饮龙津，金鎞刮海海似银。虚皇押敕授栌简，井畔开明锁玉槛。月炉忽报丹火青，白男赤女声娇伫。此时此井湛复满，九仙掉头不肯管。金天掣日玻璃摇，斜山风雨盘灵箫。秦皇汉武汲不得，火井萧寥丹青塞。铜盘仙人泪沾臆，仙乎仙乎亦何益。

——《退庵诗存》卷五

于山丹井九鲤仙炼丹之地

郑式金

畴昔山中客，丹成作羽仙。为何今不见，古井已千年。

——《酒狂吟草三百首初集》卷三

戚 公 祠

戚少保祠

［清］翁时稺

屠鲸海上笑何神，猿鸟犹如号令申。颇牧韬铃威望肃，瓯闽戎马梦魂亲。天留儒术归名将，事到艰难惜此人。今日边兵饲豺虎，拜瞻遗像涕沾巾。

——《金粟如来诗龛集》卷四

于山戚公祠

［清］杨 浚

灵旗满愿息征鼙，一瓣心香下拜齐。留得三椽干净土，犬羊未许借身栖。

射乌犹是旧山河，庙貌巍然夕照骰。南望刺桐朋辈老，一篇正气在人间。

——《冠悔堂诗抄》卷三

于山戚公祠

郑式金

于邱山色郁苍苍，中有祠堂万仞光。海国安澜平大寇，鲸鲵就戮仰元良。运筹帷幄多才略，阵设鸳鸯号智囊。年远世湮名不朽，至今父老敬南塘。

——《酒狂吟草三百首初集》卷三

谒戚南塘祠

王　蓉

昔读公本传，今谒公新祠。丰功崇庙貌，南八好男儿。闽海身几战，一一破倭夷。恍惚灵旗下，俨然见雄师。仇雠今在内，公倘起而对。中原方择师，所苦不战退。寄语健儿勿作辱国态，回眼山峰青，有花开亭背。

——《棂负轩吟集》卷二

重九日过于山戚公祠

周仲平

极目闽山秋不老，西风吹帽立苍茫。垣高野鼠时缘树，地迥青萝半上墙。无计射潮向东海，空思磨盾纪南塘。孤烟落日城村暮，何处从容访卖浆。

——《百年闽诗》

社人假于山戚南塘祠补祝石遗师生日即席赋呈

林　翰

摩崖碧字怆前尘，石上有“醉石”二字，相传为戚公饮至时书。终古天骄是比邻。怕向九仙山上望，鲲洋海色正愁人。风云怀抱一时开，更喜师门有将才。谓鉴保。我自提壶还挈榼，山灵会捧鼓旗来。选场祝佛不嫌迟，石上张灯补一卮。三百年前同此醉，满山草树想旌旗。

——《说诗社诗录》

于山戚公祠题壁

郁达夫

举世尽闻不抵抗，输他少保姓名扬。四百年来陵谷变，而今麦饼尚称光。

——《郁达夫文集》卷十

游于山戚公祠

郁达夫

于山岭上戚公祠，浩气仍然溢两仪。但使南疆猛将在，不教倭寇渡江涯。

——《郁达夫文集》卷十

重九日秀渊、河园、鼎五、希成、谷曾、汉翥、素园、秋澄、寿绥、健行、心初、家琼、性端诸老集省政协餐厅小饮，拟登高九仙山。亭午风雨弥天，遂瀹茗恣谈。向夕雨小止，乃分袂而散。余游兴未阑，同心初遇戚公祠一摩醉石。迨抵家，长履尽湿，又接胡水部九日独饮诗见示，依韵奉酬，兼呈诸诗老

张子仲

晨起亟洞窗，睇天慰凝碧。鸟声绕树鸣，霞影照檐赤。一年易重阳，光阴真夺驿。吾侪诺不渝，输诚无间隔。阴霾忽漫空，俄而降滂泽。登高兴始阑，乃求适其适。醉余更瀹茗，诙谐肆难毕。发白意多闲，世明情自佚。腰脚顽自豪，毅然摩醉石。佳节惜抛过，密计风雨疾。

——《河西精舍诗存》

重九登高于山戚公祠

包树棠

登高且向戚公祠，左海烟涛亦自奇。佳节身为浮梗客，吟俦约爽赐恩诗。不殊风景新亭泪，大好山河浊酒卮。徙倚阑干频北望，神州努力济艰危。

——《笠山诗抄》

于山戚公祠

包树棠

于山山顶戚公祠，留得威名震岛夷。恨欲弥天身似粟，雄心孤负此题诗。

——《笠山诗抄》

戚公祠一九三六年与宜侯玉琮携光饼谒祭

李　禧

戚公能执鲁公戈，朝食当年誓天倭。贯日白虹虚想象，廿年教训悔蹉跎。寇氛日深，时厦门教育参观团到省。

——《梦梅花馆诗抄》

于山戚公祠

许钟奇

平倭胆气戚家豪，军令如山阵脚牢。阃内低徊严甲帐，公之夫人亦识兵法，而妇性悍甚。望中飒爽肃冠袍。鲸屠左海勋殊著，龙号虚江价并高。俞大猷，号虚江，时有“俞龙戚虎”之称。遥向蓟门寻故垒，将军大树卷风涛。

——《许钟奇先生吟遗稿》

步竹均舅祖游于山戚公祠韵

徐　昭

数首诗消块磊豪，自怜自笑钝根牢。几时得处毛公颖，未计何来范叔袍。笔力勤收碑帖胜，骚情赛与债台高。愿从梅鹤分清福，自份难掀止水涛。

——《秋光集》

游于山戚公祠

陈蓉光

凯歌高唱海门时，一代雄风慑岛夷。人道将军回马处，征袍有泪湿思儿。

——《百年闽诗》

戚继光塑像落成典礼

薛蟾影

武略文才孰比肩，威名青史广流传。胜区立像长瞻拜，欲纪功勋千万年。

——《百年闽诗》

丙子秋社集平远台拜戚继光

林家钟

登台平远沐晨晖，礼拜追思异代威。歼寇闽南严鼓革，班师榕市展旌旗。郊迎当日人申敬，庙貌千秋古所稀。东海长鲸心未死，今人要学戚兵机。

——《林家钟诗文选集》

报功祠

登平远台报功祠

［明］郭世威

平远台高百尺松，飞栏两两插芙蓉。吴航归去频回首，却羡闽南第一峰。

于山花气馥难分，新庙啼鹃处处闻。万壑千峰回夕照，雕栏绣拱结云中。

共传霄汉拆中台，大老骑箕去不回。一诺消氛争俎豆，千秋谁作雍门哀。

——《闽都记》卷五

谒报功祠

［明］黄克晦

八座沦何日，三山爱此堂。乾坤孤识面，风雨隔同乡。檐有长松古，阶余碧草香。层峦回雉堞，薄暮更苍苍。

再定艰危日，平生不说功。诺闻千里外，笑入万人中。逝水悲沧海，低云暗碧空。闾阎余涕泪，伏腊岁时同。

——《闽都记》卷五

报功祠歌为马司徒赋

［明］林　烃

忆昨城头啼夜乌，帨巾白昼三军呼。凭陵攘臂气已粗，达官走匿如避胡。万姓仓皇忧剥肤，司徒高卧钟山隅。安车捧拥向路衢，公若不出变须臾。营门森森列剑殳，角巾张目叱群奴。汝曹作计何大愚，胡为窃弄干天诛。不念父母与妻孥，司徒忠信众所孚。纷纷感泣公生吾，一时解甲安无虞。身履虎尾捋虎须，干城屹屹敌万夫。单骑退贼功何殊，朅来厌世朝清都。里人怀德思郁纡，九仙崒嵂形胜区。经营不日开榛芜，山川环带列画图。朱甍碧瓦雄规模，巍巍庙貌奠清酤。岁时伏腊父老趋，公神在天庶来娱。云车鹤驾时有无，千秋万祀永不渝。

——《全闽明诗传》卷二十七

谒马恭敏先生祠

［明］谢肇淛

谈笑功成日，鲸鲵血未干。先朝留剑履，行客拜衣冠。遗庙苍松老，空山落日寒。至今箕尾气，夜夜向长安。

——《小草斋集》卷十六

赁居于山马公祠

龚乾义

其　一

避疫如避兵，挈家行入山。绝顶出埃表，喜仍城郭间。城郭亦何好，近人便往还。謦欬靖吠尨，宵寐得安安。良无僻陋戚，而有清燕欢。赁庑虽云隘，剂之以心宽。

其　二

闭门坳堂坐，未觉地已高。开门略舒眺，临深聊以豪。兹山非峻极，几年亦一遨。藉非实处逼，肯此播迁劳。

其　三

罢老弗任步，常蓄二人舆。只在城郭间，来往姑徐徐。自从山中居，讼言陟降劬。添人复添直，不则相睢盱。晨驾颜色忤，问枵腹焉如。或时风雨夕，催归抵追逋。谁谓往还便，左右由夫夫。其业故可闵，其恶实可诛。吾宁骑款段，髀肉当复无。

其　四

吾爱幽寂乡，只嫌穿窬逼。兹宇虽僻处，环山徼巡密。况此暂投止，长物悉屏斥。何处容戒心，自乱取戚戚。一夕夜向阑，挝门势汹急。惊起窥且问，炬火迸门隙。声言是邻人，谊来告消息。今宵愿警睡，顷有贼入室。激致深谢，古道叹罕匹。一日天向晡，骄阳已沉匿。妇稚喜凉意，出眺坐岩石。焉知胠箧人，巧取已潜逸。吾归闻之笑，小失讵足惜。典守是谁过，补牢今或及。所慨糜巨帑，设逻竟何益。僻陋谁顾问，安安良未必。不如谋富教，路遗谁肯拾。

其　五

日日趋府归，科跣踞南舍。清风六时满，世虑自然寡。马公明达人，遗训在堂榭。想见贻谋心，浮薄可以化。我来瞻庙貌，感念不能罢。公今其有知，阅世宁不咤。此宇固谓隘，何处非庑下。投止得典型，何必慕广厦。

其　六

清矣梁伯鸾，遐哉公沙穆。比德吾岂敢，通方宁彼独。比来习顽钝，随在可立足。本自无我相，多事学齐物。一夕归已迟，迎告者相属。谓于帏帐上，赫尔见鼠璞。不知究何至，骇悸起仓卒。避之翻直之，弄人天恁酷。势诚不可留，所难选乔木。青城曾一客，桑下恋三宿。决去未忘情，爰止定谁屋。无净故无垢，在心岂在目。不如迳归欤，敝庐还可读。悔吝生乎动，自扰诚碌碌。

——《慎垤庐诗稿》第三册

万　岁　塔

三　山　阁

［宋］许敦仁

蓬莱方丈与瀛洲，东引长江欲尽头。几处坛场浑得道，万家楼阁半封侯。名园荔子尝三熟，负郭湖田插两收。七百年来遗谶事，钓台沙合瑞烟浮。

——《三山志》卷三十三

万岁寺塔

［明］王　恭

绝顶层标出半天，于山宫宇翠微连。云飞百粤沧波外，鸟度千峰夕照边。平远台空秋珮冷，毗卢阁静夜灯悬。屠龙射鳝今何在，蔓草荒陵几度烟。

——《闽都记》卷五

定光塔登高

［明］廖世昭

宝塔层层上，危栏面面开。江城围树密，海水接天回。日射珠光迥，风迎铎响哀。振衣共霄汉，秋思雁边来。

——《全闽明诗传》卷十七

定光塔同高、傅二弟留题

［明］林　钛

金刹西来意，儒生上界看。罡风披佛骨，荼事了僧盘。霄汉平相接，江山古自安。灯传明四丈，云思并高攀。

——《全闽明诗传》卷十八

万　岁　塔

［明］舒　芬

浮屠最上饱风光，佳会追陪法雨堂。古刹又看人后胜，老僧时供佛前香。莲穿净土根应浅，树阁斜阳景漫长。把酒低徊怜治创，黄虞心事肯猖狂。

——《闽都记》卷五

登定光塔留题绝顶

［明］高　瀔

飒飒悲风满，棱棱宝刹停。日开天广大，云度海微溟。八面宏王造，三时直帝廷。本无烦恼结，高啸俯禅林。

——《石门集》卷三

登万岁塔

［明］林　垠

架木似云梯，白云色与齐。城围万户小，天尽众山低。归鸟来霞外，残云没岭西。海门兵未息，极目更凄凄。

——《全闽明诗传》卷二十一

万岁塔灾后重修眺览

［明］林懋和

宝塔因初地，金轮现劫灰。高标一柱观，圆削九层台。慧日环空近，慈云拂牖回。威音行道处，亲见聚沙来。

——《全闽明诗传》卷二十三

登定光塔

［明］王应山

九山耸龙角，百丈浮金光。晴春发幽兴，我友迭相将。徙倚历七级，旋转迷四方。挂影出峰峦，挥手摩苍穹。俯视周人天，烟霭何迷茫。于焉超法劫，佛日耀八荒。

——《闽都记》卷五

游万岁寺

［明］林　烁

绿树乱鸣蝉，空门绝巘前。风光当五月，人境接诸天。过雨驱炎燠，飞花蔽午烟。慈航如可借，愿断此生缘。

——《闽都记》卷五

登定光塔

［明］邵 傅

登塔意如何，观空醒醉魔。千江春树杪，万井曙烟多。宝顶聆清磬，盘梯挽绛河。恐惊云际雁，不敢纵长歌。

——《闽都记》卷五

同叶进卿太史登万岁寺塔

［明］邓原岳

宝刹摇空界，孤标出上方。星躔分景色，岛屿入微茫。铃逐残云落，旛随去鸟长。初疑金粟影，忽见玉毫光。月隐晨曦动，烟销海气凉。何缘脱尘网，于此度津梁。

——《西楼集》卷八

邀黄仲高、张孺愿、钱赤达、张公鲁、陈女大、陈女翔、陈惟秦、王玉生、陈幼孺、王粹夫、颜廷愉、曹能始、兴公弟雨中集万岁寺，即席送徐仲和归钱塘

［明］徐 熥

共酌醍醐送客还，晚风吹雨暗禅关。绿波春草长途别，自社莲花半日闲。家望雷峰烟外塔，梦回天竺月中山。净瓶分得杨枝赠，垂柳临歧不用攀。

——《全闽明诗传》卷三十二

登万岁塔

［明］徐 熥

宝塔凌霄迥，登攀俯九垓。山河天际绕，楼阁日边开。旛影依檐落，铃声拂槛来。马江波浩渺，雉堞势萦回。隔岭流残照，遥空度晚雷。炊烟生下土，禅诵出香台。云自山腰起，人从树杪回。迷川今日渡，劫火往年灰。上界疏钟动，孤城暮角催。几思题偈别，古壁半苍苔。

——《幔亭集》卷十三

八月十四日夜，招张孺愿、钱叔达、谢修之、陈汝大、王玉生、袁无竞集平远台，观万岁、神光二塔灯，分得八庚

［明］徐 熥

良夜高台露气清，遥空灵籁送秋声。桂枝先自轮中满，莲炬还从镜里生。隐隐七层标舍利，双双百宝放光明。龙膏烛与蟾蜍影，同向人天照化城。

——《幔亭集》卷九

登万岁寺塔

［明］徐 𤊹

宝塔凌虚起，凭阑望渺然。玉毫三界现，金铎半空悬。梯出云霞外，窗开星斗边。高旛飘落日，清磬出孤烟。浦树青围野，江潮白接天。莺花迷绮陌，杨柳暗荒阡。岛屿回眸尽，瓯闽指顾全。翻身旋七级，仿若度迷川。

——《鳌峰集》卷十二

中秋夜，邀张孺愿、钱叔达、谢修之、曾波臣、陈汝大、俞青父、袁无竞集揽鳌亭，观万岁、神光二塔灯，分得七虞

［明］徐 𤊹

永夜婵娟莹玉壶，半天金粟落浮图。千花舍利空中相，百宝牟尼藏里珠。清影并辉忘色界，慧光双照悟迷途。莲花漏尽从生灭，还有山河大地无。

——《鳌峰集》卷十四

定 光 塔

［明］徐 𤊹

七级浮屠故郡东，幻成文笔卓秋空。盘梯反踏金莲影，俯槛低闻宝铎风。欧冶山河残霭外，无诸城阙夕阳中。擎天一柱标南土，却忆闽王创造功。

——《鳌峰集》卷二十

登万岁浮屠

［明］陈　椿

珠林开净土，宝塔屹孤标。锐比青莲吐，光含祇树摇。层梯低粉堞，飞寞逼青霄。十地看何极，三天到岂遥。经营须胜果，攀跻出尘嚣。

——《闽都记》卷五

三日同诸子登万岁浮屠得难字

［明］谢肇淛

高台突兀俯层峦，百丈悬萝客到难。海上东风春意早，山中归鸟夕阳残。云连塔影摩天近，松撼潮声入寺寒。欲借空门息尘累，从君醉倚石栏干。

——《小草斋集》卷十八

登万岁寺塔

［明］陈价夫

宝腾祇园树，金标屹化城。只疑初地涌，转觉下方明。暂使尘劳息，能令暑气清。山僧相见熟，不用更题名。

——《全闽明诗传》卷五十四

中秋直社冶园观定光塔灯得三肴

［明］邵捷春

平分秋色到衡茅，尊斝偏寻笔研交。宝镜扬辉升水际，玉毫摇彩出林梢。不惊长袖鱼浮渚，为和清音鹤应巢。刻烛尽夸才思健，徒令观海愧堂坳。

——《剑津集》卷六

中秋社集鳞次山房看双塔

［明］陈一元

宝塔双双驾海鳌，灯花万朵照天高。风回萝径翻红袖，月满松亭泛翠涛。自是清明饶豫乐，敢云吾党擅诗骚。年年此夕堪娱赏，霜鬓何须叹二毛。

——《漱石山房集》卷六

七月朔日，徐兴公直社九仙观，赋得定光塔兴公诞辰

[明] 曹学佺

于山东南胜，寺观亦纵横。际此新秋候，来询古塔名。千花朝影合，片雨晚凉生。社酒原无禁，长歌介寿倾。

——《全闽明诗传》卷三十五

郑汝交招集南园，仍过万岁寺看塔灯

[明] 曹学佺

繁星灿灿出丘陵，落叶商飈思不胜。太白已惊能敌月，中秋虽过尚燃灯。东西塔似双虹绕，今古江为匹练澄。客散独归林际宿，知君踪迹半依僧。

——《石仓全集·西峰集诗》

八月十二日，郑汝交直社南园看塔灯

[明] 曹学佺

四照江山百尺梯，开尊仍傍古招提。塔轮万岁光常转，曲部双文调始齐。日月珠囊垂处合，云霄彩笔望时题。民间需雨方如渴，何事轻阴忽吐霓。

——《石仓全集·西峰集诗》

登白塔

[明] 艾逢节

塔意欲到天，来登苦不前。如何频陟级，又复见村烟。人世无穷事，吾生有尽年。积书六千卷，聊以伴华巅。

——《全闽明诗传》卷五十四

登万岁寺塔

[明] 释至刚

千尺浮屠倚梵宫，恒河世界有无中。乘闲试出青霄望，一片禅心不碍空。

——《闽僧诗抄》

榕城古迹杂咏·定光塔

［清］杨庆琛

钟鼓闽王礼石坛，浮屠七级卓雄关。乱红照夜灯痕重，虚白生空日色寒。人比游山盘木杪，阶如旋磨入云端。雨衣三拜遗文在，翘首难寻铁釜看。

——《绛雪山房诗抄》卷十八

榕城元夕竹词十二首之一

［清］杨庆琛

双影浮图泻月波，菩提沙数比恒河。一声弟子一声佛，齐唱儿童拜塔歌。

——《绛雪山房诗抄》卷十二

登定光塔

［清］刘萃奎

古塔此为最，平临天四围。人烟从地起，雁影挟秋飞。苍屿渺如发，白云凉到衣。九仙招不到，空盼老僧归。

——《琼台吟史诗初编·宾莲塘集》

登万岁寺定光塔

［清］魏　杰

万岁名山寺，千秋说法堂。浮屠攀七级，瑞气映三坊。树表传闽粤，开基纪汉唐。风铃摇斗柄，劫火历星霜。直耸凌云汉，孤标镇海疆。夕阳移倒影，夜月漾神光。曲窦盘高顶，危栏看下方。登临堪作赋，怀古思茫茫。

——《逸园诗抄》卷二

万岁寺塔

［清］郭柏苍

俯视见乌塔，对峙无尘土。少时快先登，余勇犹可贾。今成伛偻翁，隍焉谁肯伍。渺渺出万象，停停际千古。七城烟树合，暑月不知午。飞鸢屡盘旋，遗影落天宇。新晴江海明，远山净可数。凉飚举客衣，蝇蚋那得侮。既无凌云翮，但避俗眼睹。进退不我讥，远近随所取。巍然屶巅峰，定当作云雨。

——《沁泉山馆诗》卷下

登定光塔日本仍迫凤山

［清］郭柏苍

遥欲临三岛，高能瞰七城。市声繁不辨，山势远皆平。归鸟极天没，斜阳在地明。开边仗群策，大将已回营。

——《三峰草庐诗》卷下

榕城杂咏·定光塔

［清］曾兆霖

七级高标出半天，烛光灿上道山巅。摩崖绝顶铃声响，犹忆闽王礼佛年。

——《鸦里曾氏十一世诗·咬菜根斋诗》

福州竹枝词三十五首之一

［清］王式金

东西对峙两浮屠，各插云霄势不孤。多少游人携手看，中秋灯火照城隅。中秋夕，左万岁俗呼白塔，右坚牢俗呼乌塔，灯火万支，双擎天半。

——《梦竹斋诗集》

九日登定光塔用岑参《登慈恩寺塔》韵

［清］蒋 仁

梵僧善鸠葺，古塔新禅宫。始登阒蛇窦，转转升虚空。栈梯鸦衔尾，斧凿疑神工。四檐压岚翠，六牖开高穹。倚栏拾海日，循楯乘大风。一峰蹲芳巅，昂头窥自东。台市如棋秤，罣画何玲珑。剑津秋水满，蚕吐万山中。阴晴桃枝岭，间壑常空濛。一尊足遗散，饶舌谈南宗。胜会不可再，感怀况无穷。

——《述梅草堂遗集》

会城双塔诗

何振岱

巍垣涌双虹，并起凌霄汉。神龙翘杰角，吐光互璀璨。盘石始瑞征，白马嗣宏愿。铭垂庚文古，碑勒黄笔健。垩甃虽殊工，功德总一贯。遂作八闽雄，岂从吾郡冠。我家乌山麓，节序中秋半。铃铎远相闻，香烟喷四散。夜游趁城闉，东西两禅院。月笼层影圆，星缀千灯灿。家家范盘盏，雕镌罗宝玩。烛影紫金釭，穲香青玉案。惟佛大光明，璎珞照震旦。兹州五季中，七塔皆华峻。峨峨此对峙，易世久不变。恩施江海客，高标树遥岸。去舟悲渐遥，来舸喜早见。蔼然两尊宿，寒拾齐示见。无垢今稍圮，气势不少逊。梵宇镌唐砖，拓本未漫漶。定光经重修，榱桷独新焕。年前阅烽爨，神力完雕墁。乘高笑猱升，益上爱蚁旋。人烟罗万灶，庶矣足兴叹。孰司民牧责，兴革准前彦。渊渊邹鲁风，莘莘李常训。二公双塔同，灵禋此永荐。

——《觉庐诗稿》卷二

会城双塔

郑　容

一龙西北来，趋南双角锐。乌于低敛翼，让彼张厥势。梵王法大雄，破空谋巨制。居高逼云霄，临下阅人世。定光有神光，俗呼定光塔为白塔。无垢亦无翳。俗呼无垢净光塔为石塔。以此旌功德，坚牢抵带砺。影池横大笔，唐时石塔旁有塔影池，塔影横卧望之如笔。若与人校艺。铁鼎坠风雷，尝闻佛留偈。定光塔顶覆铁鼎，有谶占云：鼎坠必风雷。后果然。吾闻板荡朝，禅说始妙谛。所以魏造像，其文求脱系。但愿来生乐，不悯当前逝。忆昔少年时，嬉游双塔际。七级万枝灯，金碧摇壮丽。陈迹略变迁，人道多乖戾。哀哉战事新，修葺谁为继。闲来诣寺门，与僧话兴替。

——《无辩斋诗》

寺僧重圬定光塔

郑　容

塔下行人有所思，世间兴废正难知。朱霞天半明金碧，不似苍烟暮霭时。

——《无辩斋诗》

登定光塔

郭毓麟

三年此塔未曾登，乘兴来游共旧朋。自笑诗篇犹俗子，颇疑经卷误山僧。春城入眼无余景，落照前村半上灯。下去方知平地稳，置身莫在最高层。

——《百年闽诗》

“五一”之夜在南门广场眺望东西两塔

陈毓淦

东西两塔耸云端，想见先民营造艰。千载飘摇今换世，良宵灿烂似灯山。

——《耆献集·潮汐集》

涵碧亭

秋日访涵碧亭

［明］王应山

乘秋发幽兴，看竹入谁家。梵刹诸天近，衡门一径赊。亭虚交草树，洞古闷烟霞。何日逢重九，还来就菊花。

——《闽都记》卷五

初夏集王氏南园涵碧亭

［明］徐　熥

南园开胜地，结伴共盘桓。曲径依精舍，疏钟出戒坛。山光低雉堞，树色隐岩峦。弱柳垂芳沼，名花映画栏。浮屠高七级，石磴折千盘。帆影云中细，蝉声雨后残。侵衣松露湿，夹座竹阴寒。铃铎凭虚听，川原人望看。明霞散林际，初月挂檐端。啸咏情方洽，酣歌夜未阑。此中足幽赏，长愿接清欢。

——《闽都记》卷五

饮王氏南园

［明］徐　熥

南园精舍远尘嚣，宴坐松阴暑气消。鹫岭云光连古堞，马江帆影遂归潮。乍闻金铎当空断，遥见珠旛隔寺飘。日晚寒鸦栖欲尽，海风吹月上山椒。

——《幔亭集》卷七

集王氏南园涵碧亭

［明］陈仲溱

深树隐紫荆，登临暑地清。地分兰若胜，人结竹林盟。宝塔侵花影，娇歌杂梵音。当杯休惜醉，应待月华生。

——《闽都记》卷五

九日郑汝交南园登高

［明］曹学佺

不到南园饮，其如九日何。塞音闻雁少，寒色授衣多。老去怜余病，狂来与客歌。秋光能几许，宁忍负烟萝。地是于山麓，登临莫厌劳。穿城犹不觉，傍寺益能高。菊意随人懒，藤根刺石牢。□云如极目，胡骑奈周遭。

——《石仓全集·西峰六一草》

十一日集汝交斋头有赠

［明］曹学佺

旬外春寒犹未解，当歌对酒不教停。人如绝代真难得，雨近元宵最怯听。河水已看流处白，山光终待霁时青。郑公书带垂垂草，长在阶前欲过庭。

——《石仓全集·西峰六一草》

郑汝交南园新居落成，余携具至，同集者会稽赵孟迁、同安杨能玄、霍童崔玉生，社中徐兴公、陈叔度、林懋礼、陈有美诸子分得八庚韵

［明］曹学佺

山僻能邻寺，亭开乍列楹。塔轮称万岁，崑体辩三成。晏衎朋樽乐，蹉跎吏隐情。郁林无石载，扶荔尚冬荣。雅奏吴趋曲，言寻越社盟。林僧时杂梵，海客不谈瀛。寒吹徐徐减，灯花朵朵倾。支提仍有约，茶笋近清明。

——《石仓全集·西峰集诗》

南园梅社分得暗字

［明］曹学佺

欲探梅胜处，只在山之半。清樽对月光，素壁横枝干。峰疑积雪明，萝覆诸天暗。梵罢起疏钟，超然悟禅观。

——《石仓全集·西峰集诗》

花朝郑汝交南园宴集

［明］曹学佺

入年四十五春光，惜此佳辰为举觞。花向美人如解语，茗分僧供到来香。林阴演泳看盈亩，月色微茫忆上方。试问今朝晴雨意，几翻游兴阻仍狂。

——《石仓全集·西峰集诗》

郑汝交宅有美人蕉，吴客薛君许为作画

［明］曹学佺

右丞画蕉多画雪，雪中时见芭蕉折。间或有人蕉下眠，梦醒忽惊白雪白。闽中无雪蕉转新，别竿如玉碎成阴。莫言海错筵间少，东望扶桑半绿林。

——《石仓全集·西峰集诗》

集郑汝交维摩室避暑

［明］曹学佺

不问维摩疾，来乘列子风。树衣浮湛碧，荔颗擘轻红。下上诸天直，微茫沧海东。弈棋疏簟看，何似杜陵翁。

——《石仓全集·西峰集诗》

野意亭

题野意亭

［宋］李　觏

福唐城郭掌中窥，旭日登临到落晖。谁在画帘沽酒处，几多鸣橹趁潮归。晴时海色依稀辨，醉后乡愁逐渐微。山鸟不知红粉好，才闻歌板便惊飞。

——《石仓历代诗选》卷一百六十五

夏日集野意亭同惟秦、叔度

［明］徐　𤏡

结屋峰之北，终朝上此亭。草痕眠渐软，松影踏还青。野马絪缊见，鸣蜩远近听。石间摹古刻，最好是熙宁。

——《鳌峰集》卷十一

同兴公乘霁登野意亭

［明］邵捷春

雨霁衣初换，亭高酒重携。马江连汉淼，雉堞接烟低。作赋才何忝，支筇望不迷。春风偏撩客，处处送莺啼。

——《剑津集》卷四

九日社集于山野意亭登高，分得九佳韵

［明］曹学佺

陶公九日最舒怀，山气偏宜向夕佳。处处煙江迷白雁，层层云树踏青鞋。霜凝夜玉寒生袂，菊吐秋金色夺钗。两度登高皆故里，飘蓬不复叹天涯。

——《石仓全集·赐环篇》

上九仙山野意亭寻韩蕲王遗庙

［清］刘永标

自古清君侧，惟王独老成。庙堂安匕鬯，肘腋靖戈兵。不抗南迁议，坚持北伐名。济危有定识，宋社一长城。

养勇终王事，全身任主忧。岂徒能触佞，亦复善安刘。太息诛彭越，深心望邺侯。清凉居士意，真合赤松游。

贼垒余闽海，戈船下建溪。早曾忧血肉，只取戮鲸鲵。妖祲蛮天豁，阵云剑水低。王师原不杀，功德在遗黎。

遗庙于山顶，萧然野意分。飞腾大仪战，全胜背嵬军。冕服间秋色，灵旗卷暮云。神光想离合，来往李公坟。

——《盥白斋诗抄》卷二

秋日登九仙山野意亭

田毕公

孤亭南望草场宽，烟缕风痕动浅寒。尚有萧萧马鸣意，青山不似旧时看。

——《四有堂诗》

舒啸台

［明］高瀫

散愁临高台，极目烟云上。清风万里来，鸾鹤音同往。

——《雁门集》卷五

奎光阁

题九仙别墅荣社奎光阁有引

［清］魏杰

癸卯元日，登鼓山谒涌泉寺，游喝水岩，日暮而归。夜深而睡竹榻间，梦见德新表兄，手执一卷付余。曰："此乃荣社山图也，诸公题咏焉。"既醒，忆得旧岁德和高君诸昆仲议建魁阁于九仙别墅书斋，命余卜兆。因赞美之，故有是梦焉。披衣起坐，因赋一律以志。

超然高阁倚云开，奎璧辉煌育大才。雁塔题名登九鲤，鳌峰焕彩拱三石。阁依于山麓，坐对定光塔，庭左状元峰，邻右仙迹境。阶前丹桂堆金粟，屋角乌山绕翠台。前案金粟台，续连乌石山。城市嚣尘飞不到，此中风景似蓬莱。

过鳌峰书院登奎光阁

［清］刘永标

池水晚逾碧，山花秋更红。拂尘开小阁，决眥入层空。淡荡孤云影，萧骚九月风。此间天阙近，呼吸可能通。

——《盥白斋诗抄》卷一

金　粟　台

金粟台怀林、郑二子

［明］高　瀔

平远台为迥，幽传金粟名。断云尊佛塔，崩石次山城。鸟下依人静，梅开照眼明。长途有兄弟，欲折寄深情。

——《石门集》卷三

重　游

［明］高　瀔

幽兴每不惬，高台屡见临。采芝当岁暮，羡鸟傍云深。盘石三山秀，游入万里心。艰难悲世故，梁父入长吟。

——《石门集》卷三

金粟台秋望

［明］郑善夫

鳌峰乌石宛相对，越王城中亦壮哉。正堪乘此黄花节，况得销忧金粟台。斜日远天寒雁到，绪风高树暮鸦哀。芙蓉冷落秋江净，故园惊心白发催。

——《郑少谷先生全集》卷七

清明日同孙宪吉、薛子夔登金粟台

［明］许　珌

荒台临百雉，寒食满江天。古巷门垂柳，春村人种田。饥鼯衔刹日，归马动墟烟。遥望北陵上，空山惟杜鹃。

——《全闽明诗传》卷四十七

同丁戊诣金粟台因哭石月李舅

［明］林　钎

金粟禅幽台路微，并君扳眺紫光飞。旧同探胜幽荒下，今得看花绝岛归。坐石深宵延海月，采芝悬岳落山衣。临觞细忆同游事，抚鹤招云双泪挥。

——《长林世存录》卷十八

金粟台留别高傅二子

［明］林　钎

石台不遣荆榛地，巾舄相同薜荔清。今日出山愁道路，古梅幽篆旧心情。

——《长林世存录》卷十八

重九后一日同林文善、方具豪、林孔硕上金粟台

［明］林　垐

秋事登高少，山行尚可栽。依然寒色在，也有雁声来。枫叶无聊甚，菊花有待开。每怀虚度感，能负此高台。

——《居易堂诗集》

鳌峰书院

留题鳌峰书院有序

［清］李光地

趋朝，道经三山观。所谓鳌峰书院者，此地辟自仪封张公，而海康陈公继之。二公皆以宿学清修建棨于兹，下车之日，首注意于文事，是闽学将兴之祥也。陪宴讲论竟日，留此志喜。

扶杖趋朝命，停车采国风。诸姜齐稷下，三峡待文翁。倡道中州杰，尊师百粤雄。有虔初秉钺，主静日销戎。媢学招韦素，贤僚倚帐红。葱青环藻棁，幽翳满芹宫。我老迷非是，群徒质异同。抗颜愁笏曳，写腹已瓶空。白首惭嘉会，虚心竚圣功。作人天子意，翙羽戾朝桐。

——《福建续志·艺文十四》

丙申初秋鳌峰书院有感兼示诸同学

［清］蔡世远

忆昔鳌峰吟弄时，先人曾此设皋比。晨昏最极天伦乐，趋立常忘日影移。两弟侍书轮检阅，一堂聚讲判危微。析薪弗荷今何怙，手泽翻来涕泪垂。

闽州学业本师朱，邹鲁名邦泽未孤。道脉传来今孰继，脚根立定即吾徒。光阴冉冉驹过隙，羽翰翩翩凤集梧。努力诸君加逊敏，灵修觉我在前途。

——《福建续志·艺文十四》

鳌峰书院九日偕林肃斋同年并诸同学泛舟池中兼陟假山观眺步袁子楚韵

［清］蔡世远

高阁风清日未斜，登临不倦兴方嘉。三山星聚多名彦，千里云深是故家。台畔欹倾横古石，秋容淡荡寄黄花。且须细认源头水，莫把雄心问泛槎。

——《福建续志·艺文十四》

鳌峰书院九日偕林肃斋同年并诸同学泛舟池中，兼陟假山观眺，步袁子楚韵

［清］蔡世远

高阁风清日未斜，登临不倦兴方嘉。三山星聚多群彦，千里云深是故家。台畔欹倾横古石，秋容淡荡寄黄花。且须细认源头水，莫把雄心问泛槎。

——《鳌峰书院志》卷十六

登鳌峰书院藏书楼楼为大中丞仪封张公伯行建

［清］王 道

振衣蹑高楼，牙签纷插架。茫茫万古心，即此启长夜。经训乃菑畬，播获宁不稼。流览古大儒，虫鱼犹未卸。石渠天禄间，贾董有声价。南来此一时，昌明无假借。伟矣大中丞，功接紫阳下。

——《福建续志·艺文十二》

安溪李相国鳌峰书院讲学赋诗步原韵

［清］王 道

硕辅趋朝日，谈经见古风。发蒙推洛下，过化迅文翁。霁月依春爽，皋比拥坐雄。博淹开武库，清辩薄阿戎。窗草除犹绿，亭花绽欲红。鸣钟随大小，听乐识商宫。诸子参纯驳，群言较异同。若河终底海，如日

丽当空。百代源流合，千秋羽翼功。鳌峰多士集，蔼蔼诵梧桐。

——《福建续志·艺文十四》

游鳌峰书院

[清] 林 英

多方造士大中丞，共仰鳌峰绛帐新。堂上席连皆豹蔚，池中浪鼓悉龙鳞。书藏搜辑千年秘，雨化栽培九郡人。自是英奇夸翼北，长留棫朴荫南闽。

——《长林世存录》

鳌峰书院感赋

[清] 朱 珪

九山实隩区，鳌峰搴其秀。忆我庚辰来，日月在龙豮。披文薄书隙，四鼓下谯漏。豁眸剪檠灯，幽芬得兰臭。远惟李常泽，饮食尚闲豆。五年进诸生，根本相勤懋。中间试福州，奇髦擢童幼。尔来蔚成才，磊落明光奏。每当春明新，频问风雨旧。敢云靦抗颜，念此真意厚。老我久荒芜，经史疏句读。恭膺使命荣，作人歌薪槱。重攀霞岭枫，又揽冶城柚。居民识使君，所愧非郭寇。瑮闱七千卷，五夜静校紬。所掇尽骊胎，岂免遗风噣。相逢杂悲愉，挚手同解后。邀我讲堂中，清池照碧岫。不辞一樽酒，心醉真饮酎。廿载感存没，林蔡草已宿。新交与故知，努力勉将就。此邦绍邹鲁，岂独夸组绞。相期德日新，莫患贾不售。我今如楖钟，曷以当撞扣。嘉兹重殷勤，为尔聊宿留。昌时连汇拔，大府勤拭揉。师资有典型，丽泽宜奖救。百行苟不訾，信顺天所佑。我行遂星槎，去去不可又。回首隔层云，望望湿襟袖。不见延津光，离合谁能究。何用为赠处，三言不远复。

——《知足斋诗集》卷六

鳌 峰

[清] 翁振缨

郡城如带郁周遭，城内山临城外濠。国合众香金粟满，堂开初地宝轮高。道人早控琴仙鲤，海客谁连太白鳌。剩有一峰时鬖髿，碧岚青嶂卷飞涛。

读书日日仰层峰，养士还钦圣代逢。敞鹅湖真道脉规，传鹿有儒宗宸章。屡洒中天翰秘籍，频承内史封多少。诸生同载笔高山，不尽景行从又张。

——《鳌峰书院志》卷五

鳌峰感旧四首

［清］孟超然

少日从师地，重来四十年。亭台新绮丽，水木本清妍。都讲今何在，藏书尚俨然。怀贤兼感旧，唯觉梦魂牵。

元献求师日，希文读礼时。昔贤留故事，贱子愧何知。超然自甲午后，当事诸公以书院见委，皆陈情辞谢，去腊服阕，始应中丞徐公之聘。袯襫春风暖，残灯夜漏迟。鲜民思少贱，犹有涕连洏。少居鳌峰，先君子数日必来视，追思凄然。

临桂谈经最，河阳爱士深。谓潘敏惠公、陈文恭公。山中求散木，爨下得知音。德业终须继，风流直到今。江东徐孝穆，开府重儒林。谓中丞徐公。

国士吾何敢，师门谊不忘。扬亭空寂寞，鲁殿几灵光。少日希狂简，今来叹老苍。唯留香一瓣，礼罢愧升堂。超然在书院时，山长傅阆林、鲁秋塍、游心水、范浣浦、林青圃、洪艮堂诸公皆荷器重，今老无成，徒滋愧耳。

——《瓶庵居士诗抄》卷四

乾隆戊辰，超然年十八入鳌峰读书，明年己巳，会稽傅玉笥师主讲席，大中丞潘敏惠公以贡余荔枝四株，分植书院，其二在鉴亭池上，其二在讲堂后庭，长才四尺余。越乾隆丁未，超然重来，则树已数围，朱实累累。俯仰今昔，阅四十年矣。超然早岁受知于河阳、玉笥二公最深，婆娑树下，不胜感叹，得断句六首，聊以写怀，并请院中诸君子次和焉

［清］孟超然

夏木阴森逭暑宜，一林朱实更离离。旧时桃李彫零尽，谁记河阳手植时。

锡贡枫亭品最良，要分缝掖饮天浆。成林已作莱公柏，勿剪真如名伯棠。

当时师友极难忘，啖荔曾随选佛场。吟断玉壶香沁句，碧天云在思茫茫。尝同诸友从玉笥师至长庆寺、开化寺啖荔，庚午六月，敏惠公觞师于云在轩，师即席赋诗，有“荔枝香沁玉壶清”之句。

电掣飚驰四十秋，元都观亦许重游。绛襦玉貌浑如昨，无那分甘已白头。

擘荔当年话壮游，嘉州南去复戎州。衰龄犹认将军树，摘共黄蕉荐故侯。在蜀时，惟嘉定、叙州有荔枝，宋陈文惠在惠州手植荔枝，人称“将军树”。

——《瓶庵居士诗抄》卷四

二月晦日展墓晚归鳌峰

［清］孟超然

当时出入趁晨昏，蛾术能承色笑温。老去升堂空讲学，年来上冢已携孙。九京还厘犹来痛，三釜焉酬罔极恩。为听诵弦声满屋，蓼莪诗在忍重论。

——《瓶庵居士诗抄》卷四

鳌峰鉴亭观浚池二首

［清］郑际唐

人心恶茅塞，有如山径蹊。苟不勤芟荑，举足皆蒿藜。矧彼清池水，岁久积淤泥。淤泥脱不治，或为涸与畦。昏浊不可道，难免众排挤。搰搰千夫力，晨兴荷锸齐。功当一篑始，细流渐澌澌。盈科在转瞬，瀵涌若深溪。令我肠胃间，宿物绝纤翳。胸有源头水，空灵一点犀。

昔闻此池水，一鉴开泓澄。谁淆之使浊，一往不复清。感此祛浊黑，还我旧虚明。因知蒙垢秽，本非初生成。填塞柴其内，滑乱撄其宁。汩然不自觉，殊失物之情。凭栏一俯眺，洒然脱烦醒。

——《须庵诗集》

鳌峰栽桂沈夫子命赋

［清］林乔荫

累累金粟灿成丛，百和浓香一片融。羡汝栽培今得地，绛纱终日有清风。

高人兴致爱凉秋，授简齐将雅绪抽。谁赋淮南招隐句，连惓新看小山幽。

板枝一一漱芳馨，裙屐歌吟见典型。肯许花时沾剩馥，秋风载酒上扬亭。

——《樾亭诗稿》

人日游彤卣山长招饮鳌峰书院

［清］萨玉衡

犹记当年砚北身，转头瑶圃笑音尘。开樽酒续三元酒，高会人逢七日人。银烛先烧防有睡，金钗未醉已添春。几回作达同吾辈，相对成翁丙戊寅。

——《白华楼诗笺注》卷五

九日抱疾，鳌峰书舍黄鲁容馈酒食至

［清］刘永标

闲居过重九，抱疾已经时。令节空游兴，荒斋冷爨炊。故人具鸡黍，挈榼到茅茨。对此忘忧物，能无采菊诗。

——《盥白斋诗抄》卷一

风雨宿鳌峰书舍

［清］刘永标

几年挟瑟厕齐门，斗账匡床殢梦魂。旧恨新愁忽枨触，秋风秋雨又黄昏。

窗风猎猎雨萧萧，小院回廊闭寂寥。何似去年文酒会，联吟射覆坐通宵。

——《盥白斋诗抄》卷一

夜过鉴亭

［清］刘永标

夜气含曛黑，乘凉到此间。天光连树动，池影带星闲。仄步怯幽径，遥情属远山。虚亭无俗物，荧火逐人还。

——《盥白斋诗抄》卷一

鉴塘招饮鳌峰书院啖荔追步孟瓶庵师鳌峰荔枝

［清］梁章钜

论文何止一樽宜，最快轻红擘陆离。底事调冰还雪藕，荷塘恰是纳凉时。

移得枫亭易地良，分来贡树即天浆。干霄已判寻常物，况是当年蔽芾棠。

绛纱风矩耿难忘，我亦曾随角艺场。饮罢琼浆齐有感，海山旧梦已苍茫。

剧忆分甘三十秋，冰清堂畔几追游。重来独有韩门泪，李汉于今也白头。嘉庆癸亥，外舅郑苏年师主讲席，荔时辄承招饮。

三山此会盛遨游，那数嘉州又惠州。我亦有园堪买夏，相期重作醉乡侯。订以后三日重集余荔香斋。

此间花果共关情，难得今年暑雨清。鉴塘新来主讲，馆政一清。敛尽炎威消尽渴，肯教人笑老饕生。

——《退庵诗存》卷二十三

鳌峰书院十景

［清］王式金

于山割一阜，分作育贤薮。胜地天特开，鬼神相与守。人文萃七闽，书史藏二酉。良由灵气钟，山脉通鳌首。秀分鳌顶。

群峰笋争出，布置疏复密。上欲摩穹苍，下已瞰水黑。山固不在高，灵秀斯罕匹。当与九仙山，千古相对立。灵对九仙。

半屋拥图书，昼永人声静。雕槛与疏甍，寒光摇水影。水固有源头，学亦无止境。如游洙泗间，渊然心自领。讲院临流。

方塘一鉴开，孤亭翼然峙。四面浸涟漪，天光云影里。荷残入秋千，萍枯黏石紫。俯仰心自闲，风约半池水。鉴亭峙水。

秋静水逾净，寒塘卧明镜。照人生清辉，妙悟彻心性。时有鱼往来，忘机恣游泳。独立久不知，一片新月印。方塘鱼跃。

苍苍树色晓，历历闻鸣鸟。鸟声杂书声，不知鸟多少。歌成一串珠，歌罢余音绕。但觉绿阴齐，危巢出树杪。丛树鸟歌。

高阁耸云端，俯视众峰碎。池馆入画图，林木多苍翠。日落海门秋，烟合江城晦。兴高发长吟，星斗随声坠。奎章眺望。

井废空山中，丹成仙入劫。秉烛叩铁门，幽深心胆怯。如入桃花源，中宽外反狭。银床字模糊，荒藓重重压。仙井闻奇。

危亭乱石支，老树相环列。想当暑月时，垂天翠影结。凉风飘然来，枕簟凝冰雪。一梦傲羲皇，流泉声细咽。交翠迎风。

风吹木叶干，萧萧下如雨。石榻自安排，棋盘制更古。人影瘦倚秋，月色凉亭午。忽闻读书声，灯光出窗户。棋盘玩月。

——《梦竹斋诗草》

过鳌峰怀陈恭甫山长

［清］刘　勷

绛帐飘零久，谈经望大儒。先生同马郑，弟子愧欧苏。荐士千秋眼，忧时七尺躯。峰头不忍望，书带草痕孤。

前题

［清］陈文翊

但以文章论，姓名左海孤。诗开闽正派，经述汉诸儒。化雨群才育，名山大雅扶。瓣香谁爇得，绝业即今无。

前题

［清］谢章铤

铁网入珊瑚，横经遍海隅。怜才双巨眼，忧世一狂呼。东越儒林传，西京礼器图。孤零齐下泪，鳌顶月模糊。

前题

［清］刘三才

再世师门感，伤心讲舍芜。文章谁作者，荆棘又当途。倘使斯人在，能怜我辈无。只今沧海月，夜夜泣明珠。

——《过存诗略》卷一

游鳌峰书院

［清］蔡大鼎

三山养秀集群贤，“三山养秀”额匾。十郡英才乐育年。司马文章推独步，江淹词赋构新篇。堂称正谊光风爽，祠奉名儒霁月鲜。碌碌远人何所愿，得沾化雨阐薪传。

——《闽山游草》

鳌峰仙井

［清］林　藩

石甃鳞鳞古藓苍，中涵云影与天光。成蹊桃李春千树，一水长留翰墨香。

——《击钵吟四集》卷下

鳌峰仙井

［清］郭柏荫

仙泉迸作乳花凉，倒影奎楼面讲堂。苦费前人商位置，分明东井接文昌。

勺波遥接海澜苍，时有潮音到讲堂。谁是三山鳌背客，一丝连钓策扶桑。

——《击钵吟四集》卷下

鳌峰书院夜坐

［清］郭式昌

开尽荷花叶亦香，鉴亭清爽胜潇湘。阑干人倚新秋月，水竹风生半夜凉。往事回思如梦觉，旧书不读似田荒。林泉供养知难得，转为闲居爱景光。

——《说云楼诗草》

憩鳌峰书院鉴亭奉郑监院

［清］符兆纶

名邦盛文藻，登此大雅堂。堂空二鉴明，环以半亩塘。竹阴得秋意，荷气生夏凉。宴坐池上亭，万象在我旁。突兀入吟格，石瘦山苍苍。忆昔角文战，香柟树麾幢。雷电奋驱策，骐骥超腾骧。自作风尘吏，强弓弛不张。见猎即心喜，流汗走且僵。幸此惬幽赏，洗眼云水光。更寻郑广文，庭阶书草香。

——《卓峰草堂诗》卷二

子瑜同年以鳌峰书院旧卷纸作函云："旧藏箧中，取出以记丙子前事。"余与子瑜丙子同乡榜，是丙子以前，余二人固鳌峰书院生也

何刚德

五十年来物，突然在眼前。鳌峰书院卷，取作邮筒笺。故人说旧梦，谓在乡荐先。与君同丙子，言之意惘然。忆当应课日，年少各翩翩。院中课生童，诗文各一篇。八股七百字，诗以八韵联。七百有余字，一卷方完全。卷页各六行，二十五格连。誊真即投卷，超特等相权。高标得特奖，时可充酒钱。官师月三课，课简心易专。寒儒有活计，消受非一年。学校旋改制，旧学坐弃捐。鳌峰遘兵火，讲舍摧烽烟。前岁寻废址，万感心为煎。今复得此纸，故意逾拳拳。千金且享帚，资以娱华颠。按每课生员超等为内课，膏伙二千三百；特等为外课，膏伙稍逊，皆有定额；一等为附课，无膏伙。童生以上取为内课，膏伙一千三百；次取为外课，膏伙亦递减；又次取为附课，亦无膏伙。每月官课一课，官给特奖，丰啬不同，名额亦不定；师课二

课，前三名亦有特奖，但出自公款，为数甚微耳。

——《平斋诗存》卷二

鳌峰书院遗址

包树棠

名臣理学昔相望，此地鳌峰旧讲堂。遗响何人嗣清恪，数株衰柳立寒阳。残碑不忍读泉山，鳌峰书院毁后，残碑移嵌泉山壁。收拾寒灰泪欲潸。往事百年感兴废，我来经月掩柴关。

——《笠山诗抄》

寺庙宫观诗词

寺　　观

同涂子是过于山庵

［明］徐延寿

鳌峰深巷路，花竹护禅扉。佛嘉新年拜，人逢旧雨飞。一峰攒树立，独鸟认巢归。厌桑门馔，春畦菜正肥。

——《尺木堂集·五言律诗》

集于山观音阁

［清］翁文达

山空遥接海门秋，入望天光涌碧流。塔外钟鸣云鸟□，松间月上酒当楼。灯传古佛参三昧，迹访金仙渺小洲。漫说普陀今未远，昙花欲现在心头。

——《六桂堂诗抄》卷二

宿于山禅院

［清］翁时穉

秋色渡江来，林木含萧爽。绝壁翳藤萝，风高百虫响。静对明月光，顿生紫霞想。前山犬吠声，枯僧自来往。

——《金粟如来诗龛集》卷二

九日过于山禅院兼怀谢樵云明经宗善

［清］翁时稺

去年重阳惨远别，离亭风笛声凄咽。芦花浅水秋兴长，暝色苍茫正愁绝。枣糕蓬饵无人问，日夕归来话禅悦。今年访古到瓢堂，积叶霾丹风乱掣。凭栏远望行人稀，但见僧雏汲井洌。兴酣携屐凌孱颜，一片青山如削铁。叶叶枫林烧远空，中有啼鹃千古血。登临却忆程师孟，纪游好事镌残碣古人往矣空留碑，踉肘谁为辨蠡颉。山川清赏能须臾，只合新诗事骚屑。颇闻桓景图辟灾，选地龙烹紫玦砂。飞铅走，何处寻，未信姮娥许偷窃。菊花酿酒茱萸囊，仙人医俗甘饶舌。归家鸡犬亦已仙，人间亦有长生诀。蹇予安敢希封侯，要向卢生求枕穴。传闻灵药满空山，好劚茯苓煮残雪。长房秘术今谁传，黄楼韵事休重说。惟余秋色天边来，千年岚翠无磨灭。［卧游我忆谢东山，登览亦应屐齿折。何时绝壁共搴萝，吟心誓与山灵结。

——《金粟如来诗龛集》卷四

冒暑同徐少莱、倪粹卿往城南访紫臣，又登于山，憩禅院

［清］曾兆霖

王子家在城南隅，三人携手趋其庐。游山旋来登危峒，九仙仙迹疑有无。入门诸佛皆跏趺，绘出西天极乐图。四围密荫松竹梧，好风当楹摇葵蒲。北窗高卧徐孺俱，催归忽尔来倪迂。一出寺门红日铺，诸友长揖咸分途。我亦还家烹一盂，汗流浃背解罗襦。把笔纪游聊自娱，诗成正呼村酿沽，一斗未尽日已晡。

——《鹦里曾氏十一世诗·咬菜根斋诗》

化　城　寺

小憩化城寺三日留别山灵

［清］李剑潭

蒙茸草根下，幽泉漱余沥。飞雨乱霏霏，含风疏淅淅。蚤岁仙岩游，岩流清彻天。门开碧汉近，醉弄明虹鲜。神仙旋引去，安期渺无处。五月化城宫，解衣泛吾虑。坐石俯清泠，乘高窥杳冥。鱼明兼水赤，鸟灭觉天青。夜归独不寐，历历平生事。观梅南郭峰，下榻西溪寺。山灵其

何如，几获老山居。晨钟来木末，群动却愁予。送别云残星，落落鸡三号。醉起出门秋气高。小别原非感行路，水国寒深落雁毛。垂老还山终有托，期君先事扫蓬蒿。

——《停云阁诗话》卷三

游化城寺

［清］刘苹奎

短垣围仄径，古刹傍高峰。楼阁花时雨，阇黎定后钟。云霄双塔直，烟火万家浓。笑指鳌头石，榕阴第几重。

——《琼台吟史诗初编·浣香榭集》

于山化城寺

［清］郭柏苍

日斜窗树影交交，睡醒残书手未抛。清磬不闻僧补衲，枯枝时坠鸟添巢。岩间石铫茶已熟，竹里柴扉风屡敲。一领桃笙过长夏，更无余事到山坳。

——《沁泉山馆诗》卷上

九日同外孙叶在诚、陈常铧游于山化城寺、跃马岩、平远台、浴鸦池、白云寺

［清］郭柏苍

寺僧笑我骨坚玩，又看去年今日山。终古避灾谁独在，千年化鹤几曾还。眼中流水辞人急，天外浮云出岫闲。霸业不如一杯酒，石尊无恙在岩间。

——《沁泉山馆诗》卷下

于麓八十一阶化成寺前同人望月

陈　衍

东岭生明月，东湖起暮烟。两三人影聚，八十一阶前。霜意衣微觉，秋声叶渐传。谢公有别墅，题句爱翛然。阶前可俯枚如先生山庄，梅生诵庄中楹贴云：“青山自是吾家物；老树不忘天下春。”佳句也。

——《石遗室诗集》卷六

化城寺晚眺

龚乾义

一

招邀即萧岑，瞻瞩得夷旷。不云城郭间，具足郊野象。斜阳未遽落，圆月隐已上。一线初峰明，精如珠在蚌。微升看渐高，指顾俄成丈。佳景故适然，诧赏还成怅。输入一著先，坐叹多峰障。陇蜀那可极，有悔龙用亢。多少屋山下，盈盈不得望。

二

幽寻爱闲寂，兹境俨人外。亦将藉风景，聊以消芥蒂。何知举目顷，辄有河山慨。比邻谢公墅，三过复谁在。亭馆近可呼，林木寂犹籁。废兴人世有，理故无小大。苍苍暝色来，凉月乱笳吹。山椒烟雾升，村落入罨暧。清光不堪行，蛟虎夙闻戒。凛然不可淹，趣饭䂓归辔。

——《慎埏庐诗稿》第三册

大　士　殿

邱雨岩瑞云招饮于山大士殿，长句奉赠，并示陈东村

［清］郑振图

普门大士居葱岭，示现旃檀压鳌顶。荔圃祇林相次开，慈云遍护丹砂井。*旁有何氏九仙丹井。*堂颊横招江海风，檐牙远隔炎熇景。但坐蒲团足忘饥，况逢河朔来招饮。廿年未蹋拈花室，三伏宜携榴叶枕。素交北道玉颓山，旧侣南皮雪垂领。脱祛绳检各安便，五百阿难罗汉品。谁麈玉麈洒芳芬，谁衍雕龙发苕颖。云间笑疾彼何因，次公酒狂兹独醒。谢傅偏寻羯末棋，东坡聊试杭湖茗。六州从事有偷尝，四脚弈盘从独寝。赪珠忽捧冰盘出，顷刻爔炎变凄凛。东村典数亮功红，南安兼溯芝田锦。*亮功红为余丞相深手植，南安锦荔则傅锦泉宅中树也。*瞥见片云头上黑，雨不催诗诗欲迸。何来细竹与清丝，直送柔肠入吟境。传杯未用牛心炙，冷酪甘瓜足呼请。岁穰顿觉酒浆便，地美都教冠盖静。不有新诗编曲水，他日兰亭谁见影。披襟归去乘长风，凭语林乌凫乐甚。

——《观澜堂诗抄》卷十一

秋日登于山大士阁

［清］蔡鸿儒

觅得招提境，肃然佛地闲。石门争塔耸，山径抱城弯。归鸟平沙际，残花落照间。白云沧海胜，旧约记跻攀。将游鼓山未果。

——《福州西湖宛在堂诗龛征录》卷十七

于山大士殿

郑式金

法雨慈云遮，此山多灵气。相传祈祷雨屡有灵验。幡幢拥莲花，香与南海似。救苦出尘沙，白衣岩下住。咒语吟法华，金光度无数。佛堂日已斜，蒲团渺何去。入殿鼠咬牙，蠢蠢枉相妒。翳昔火千家，于山之役。岿然独如故。圣悲散玉葩，总莫洗劫污。

——《酒狂吟草三百首初集》卷三

辛亥光复于山战事

郑式金

九月十八夜，忽来霹雳声。闻报于山顶，炮火烈轰轰。市街牛马走，纷纷乱流莺。火焰冲满天，十家九户惊。两军争胜仗，肉搏到天明。亭午歇蓊饭，满虏大鏖兵。健儿冒弹进，将军困穷城。八旗众千百，捷胜守孤营。背水思一掷，驻镇节麾征。宁死封疆日，不肯挂白旌。钲鼓咚咚响，督帅计不平。人马声呐喊，四面楚歌鸣。松寿知势去，朴寿犹相迎。吞毒且殉难，斩馘顺群情。谓灭此朝食，揭櫫抚民生。百姓聆此语，如醉方初醒。勇气震河岳，丑氛悉扫清。箪食壶浆继，个个愿牺牲。君不见，旗街半壁无完卵，破瓦颓垣靖枭鲸。于麓山上看，胡笳已绝铿。彼族拚巷战，惨尸暴露倾。何弗早反正，投汉作编氓。昧几丧身命，鸟雀抗鸱鹏。汝既莫知止，幸有出豪英。立功垂隽绩，赫赫靖妖精。吾乡二三子，克复播光荣。

——《酒狂吟草三百首初集》卷四

宿于山大士殿

何振岱

衔峰月明非天明，撼枕笳声如叹声。殿高鸦雀喜呼噪，床古蚤虱纷纵横。山中一夕眠难成，老僧心身殊太平。茶温饭熟唤我起，坐看榕叶悬崖青。

——《觉庐诗稿》卷二

护　国　寺

七夕与杨二松坚宿九仙山护国寺

王葆图

终宵风雨感前年，凉月沉沉醉未眠。今夜九仙山上客，茗香相供影相邻。

神床安稳梦休醒，户外阴阴草木青。牛女相逢终有恨，满庭秋雨莫看星。

银河一水自盈盈，脉脉难通别后情。触得天孙无尽感，秋风也作不平鸣。

——《适园诗稿》

夜宿护国寺

王葆图

寂寂中庭可养神，徘徊静听柝声频。恨无一片多情月，照尽荷花叶底人。

——《适园诗稿》

白云寺（法云寺）

题白云寺

［明］周　宣

十日春山两度游，坐临平野著吟眸。城烟近带千山雨，岛树寒生六月秋。尘梦岂知沧海变，野心纯被白云留。便须跨取天风去，飞上孤峰最上头。

——《全闽明诗传》卷十四

游法云寺

［明］王　佐

巍巍绀殿拥层岗，此日登临野趣长。贝叶独听双树法，金猊晴吐一炉香。云腾瑞气连禅榻，雨落昙花满石床。惆怅忽闻钟梵定，数声啼鸟背斜阳。

——《闽都记》卷五

法云寺夏日坐德云上人房

［明］俞安期

扶藜过兰若，岸帻坐松房。炎日影差薄，法云阴已凉。龛花香不落，庭树绿无章。习习风吹顶，真如灌露浆。

——《翏翏集》卷二十八

赵子含邀同王玉生、周乔卿、王叔晦、徐兴公、高景倩、郑孟麟集法云寺古香书舍

［明］俞安期

梵天逃暑日，书室作糟丘。荫以淮南树，成兹河朔游。天空山近远，江出地沉浮。醉起凭阑望，飞来片雨秋。

——《翏翏集》卷二十八

法云寺对月怀蔡使君

［明］赵世显

西望烟云晚尽收，银蟾如镜挂飞楼。数声砧杵千家夕，万里关河一雁秋。古寺清钟醒鹤梦，空林寒露湿貂裘。何时得共焚香侣，载酒重来此地游。

——《芝园稿》

三山杂咏·法云寺

［明］赵世显

崚嶒白玉台，窈窕法云寺。绝顶两穹碑，谁坠羊公泪。

——《芝园稿》卷二十五

三山杂咏·千佛阁

［明］赵世显

松竹两崖幽，中悬千佛阁。昼静法云飞，日晚天花落。

——《芝园稿》卷二十五

秋日居法云寺喜瀚上人见访

［明］徐　熥

门掩苍苔一径幽，白云应为远公留。疏钟隐隐诸天暮，残叶萧萧满地秋。竹院又逢今日话，芝山犹忆旧时游。此中传偈多禅侣，何必浮杯到沃州。

——《幔亭集》卷八

同王元真读书法云寺赋赠

［明］徐　熥

精庐高傍玉蝉峰，采葛歌成意更浓。把臂共挥花下麈，连床同听佛前钟。覆棋怜尔如王粲，倒屣何人是蔡邕。白首交期谁得似，寺门遥指岁寒松。

——《幔亭集》卷八

春日居法云兰若

［明］徐　熥

移来书舍傍琳宫，隔断红尘路不通。游屐半闻新雨后，佛幡高挂乱云中。夜深松偃疏帘月，春尽花飞晚磬风。漫谓空门人迹少，相寻日日有支公。

登临正及看花期，青草葳蕤步屐宜。雨翳鲸音过院冷，风传莺语出林迟。闲寻缁锡谈三昧，偶伴黄冠礼六时。自是山中堪避俗，更无踪迹世人知。

古路苍苍入鹫峰，烟霞断隔往来踪。时将真诀灯前课，每与游僧竹下逢。满架瑶函藏贝叶，远村山色绚芙蓉。闭门宴坐尘缘息，又听云堂起暮钟。

满径苍苔过客稀，疏钟才动暝烟飞。轻敲竹院残僧返，乱落松花一鹤归。夜静石灯分佛火，春寒山罽借禅衣。上方万籁已俱寂，但有经声出翠微。

——《幔亭集》卷八

法云寺对月

［明］徐　熥

空界云阴敛，祇园月色澄。光生初动磬，影送未归僧。入水悟禅意，照林疑佛灯。更阑纵吟眺，衣上露华凝。

——《幔亭集》卷五

过白云寺

［明］徐　熥

寻僧到白云，便觉远尘氛。古道少人迹，流莺处处闻。泉声归涧寂，山色过桥分。坐听疏钟起，空林正夕曛。

——《幔亭集》卷五

广陵朱敬甫文学客居法云寺，以诗见赠，赋答

［明］徐　𤊹

莫愁作客畏途赊，且寄游踪瘴海涯。半世虚名秦博士，千秋大侠鲁朱家。松窗对客时挥麈，兰若寻僧夜结跏。正尔心知足相乐，莫将魂梦恋琼花。

——《鳌峰集》卷十三

题惟扬弟法云寺书馆

［明］徐　𤊹

禅宫堪习静，一径暮云封。蠹简收龙藏，鸡窗借鹫峰。灯分三昧火，吟答数声钟。坐到忘言处，月光生古松。

业以三冬足，钟多五夜闻。惜阴贪佛日，凿壁破慈云。读准莲花漏，功参贝叶文。阶前苾刍草，一半是香芸。

——《鳌峰集》卷十

题赵子羽法云寺书舍

［明］徐 𤊹

薜萝深翳古墙青，寂寂柴门昼亦扃。满地白云闲不扫，五更清磬梦还醒。竹间片月窥窗纸，松际微风语塔铃。读罢更寻僧对坐，半炉沉水一函经。

——《鳌峰集》卷十八

元日郑孟麟携觞法云寺，归过风雅堂小集，分得十四盐

［明］徐 𤊹

台上条风柳草纤，共寻禅窟礼庄严。胜游正值春初到，小集何妨夜已厌。瓶供梅花寒更瘦，杯倾柏叶暖频添。晨兴蜡屐宵燃烛，尽日留连乐事兼。

——《鳌峰集》卷二十

是夕憩法云房，再和前韵三首

［明］徐 𤊹

入夜分题借佛灯，闲身依法复依僧。半宵清语炉香烬，一片禅心钵水澄。开社请从今日始，登山犹记去年曾。直教坐尽莲花漏，宗旨还须问惠能。

宗旨还须问惠能，尘开明镜拂何曾。悟将南赡三车法，传得西来几代灯。草长苾刍青若黛，花开薝蔔气如蒸。虚堂一点琉璃火，夜冷浑忘室似冰。

夜冷浑忘室似冰，幢幡高挂法云凝。一时绮语都成偈，数尺禅床总是绳。莲社可容陶处士，檀林偏爱佛图澄。瓦炉小试旗枪茗，疑是松风响沸腾。

——《鳌峰集》卷二十

将游豫章，诸同社邀集法云禅房，赋诗见送，分得潭字

［明］徐 𤊹

远游尚未动征骖，且对琉璃火一龛。客路不堪千里别，僧房聊借半

宵谈。折残衰柳霜条脆，吟傍新梅雪片含。后夜相思劳梦寐，悠悠云影隔寒潭。

——《鳌峰集》卷二十

初春二日，赵子含携酒同集平远台，因过法云禅房，共用僧字

［明］徐　𤊹

见说新年乐事恒，相携共向古台登。杯浮余柏香犹馔，树剩残梅雪尚凝。兴到何嫌频约客，身闲应喜不输僧。更寻十笏袈裟地，入夜分题借佛灯。

——《鳌峰集》卷二十

游法云寺

［明］陈　椿

蹑屐初辞朝市喧，衔杯况复傍祇园。风声半起鲛人室，暑气全消鳌顶门。上界散花香欲坠，半林归鸟日将昏。摩崖细认题名处，年代凋残碧藓痕。

——《闽都记》卷五

集法云寺

［明］王　湛

秋深何处共登扳，宝刹香台出雾端。白社从来尘外结，青山况是雨中看。空亭昼静天花落，绝壑秋深古木寒。良会百年能几度，不辞待月尽君欢。

——《闽都记》卷五

题徐惟扬法云寺书舍

［明］陈荐夫

习静结缁流，陈书汗白牛。韦编三藏积，环堵十方修。尘拂杨生肘，文成石点头。谈经双树里，训虎误相投。负笈去无踪，飘然隐鹫峰。微言倾上座，捷悟胜南宗。简蠹同僧译，斋寒对佛供。多因忘食久，不听饭前钟。

——《水明楼集》卷三

法云寺访僧

［明］康彦登

满目红尘何处稀，寻幽来叩远公扉。碧霞绕径虚人境，黄叶迎风点客衣。古刹烟随孤磬发，长空鸟共片云飞。对君不尽登临兴，散发狂歌送落晖。

——《闽都记》卷五

次早游白云寺

［清］刘萃奎

暂隔红尘路，重寻白社禅。松云扶晓日，花雨散晨烟。高阁题千佛，名山访九仙。含香吾乏侣，载酒亦陶然。赵世显诗："何时得共含香侣，载酒重来此地游。"

——《琼台吟史诗初编·梦石轩集》

于山白云寺

［清］郭柏苍

古寺规岩壁，藤萝面面垂。门闲见月早，树老得秋迟。尘世何多事，僧寮但有诗。更应倚家庙，还往日无期。寺与予家庙相背。

——《沁泉山馆诗》卷上

万岁寺（白塔寺）

万岁寺与定上人清话

［明］林　烨

金粟台高瞰衤卜山，十年前忆共云关。眼中渐觉交游少，静里方知岁月闲。

日落空庭悬塔影，雨余荒径匝苔斑。南能老子禅心定，曾向东堂结习还。

——《全闽明诗传》卷十九

次参知黄时晋《秋日登万岁寺》

［明］王应钟

芙蓉七级俯榕城，城外潮生江自平。菊绽绀园迟令节，雁来紫塞带秋声。地非戏马奇堪眺，山似游龙画不成。极目南溟千万里，微茫是处隔蓬瀛。

——《全闽明诗传》卷二十三

徐兴公、高景倩、陈叔度、王永畏、赵子含、郑孟麟，元夕结社万岁塔寺，同社者吴叔嘉、陈振狂、陈惟秦、王玉生、陈汝翔、王粹夫、陈诚将、张集虚、陈长源、蒋子材、郑思黯、黄伯宠分韵作

〔明〕俞安期

绀园祇树拥金沙，白社重依梵帝家。灯借神藜吹幻火，人携梦笔散天花。轮光绕殿衔朱曜，塔影标空挂赤霞。谁道桑门幽寂地，骤令今夜变繁华。

——《翏翏集》卷三十四

元日饮华封堂

〔明〕林彦弼

元日招携结梵缘，椒花纵饮醉尧年。不辞白发居人后，为爱青山满座前。彩笔题春迎淑气，辛盘破腊敞初筵。远公好客容苏晋，长得皈依绣佛前。

——《闽都记》卷五

暮春同邵肇复诸君万岁寺访静庵上人，随过汝交别业小酌

〔明〕徐　𤊹

招提颓废历年多，双径重开入古萝。宝铎战风高窣堵，金经哮月习禅那。种蕉习字庵偏静，剔藓题名石可磨。花木幽深邻郑圃，一尊还喜客相过。

——《全闽明诗传》卷四十

邀黄仲高、张孺愿、钱叔达、张公鲁及同社诸子集万岁寺，因送徐仲和还钱塘

〔明〕徐　𤊹

未向长亭折柳条，看花犹且憩僧寮。人天佛日空门静，瘴雨炎风去路遥。驰道青骢苏小墓，腾江白马子胥潮。与君不是无期别，醉后离魂也尽销。

——《鳌峰集》卷十四

万　岁　寺

［明］徐　𤊹

金粟台前古化城，法堂清净佛灯明。珠幡远见凌空出，宝塔曾闻涌地成。寺额常存前宋赐，鼓声犹作后梁鸣。碑文细记前朝事，不朽西台御史名。唐黄滔御史作寺碑。

——《鳌峰集》卷二十

元夕开社于万岁寺，分得七虞

［明］徐　𤊹

一时词客集闽吴，白社初开傍给孤。宝扇影摇新列炬，玉毫光射古浮屠。绿醅次第传鹦鹉，红粉低徊唱鹧鸪。欢赏漫听莲漏急，此宵元不禁金吾。

——《鳌峰集》卷二十

夏日同林守一、李元仲、陈昌箕社集万岁寺陈道掌寓园分七虞韵

［明］曾异撰

半里篮舆病暂苏，所思俟我古城隅。文坛浑一东西帝，佛国消除小大巫。风筱有心当户立，旱鸠无赖学人雩。醉吟选石留题去，山月随筇影未孤。

——《纺授堂集》卷五

万　岁　寺

［明］陈　衎

乱云飘塔影，山路入清晖。左右园林秀，朝昏蝴蝶飞。梅枯僧晒衲，石冻客添衣。岁岁新春日，浮生此息机。

——《大江草堂二集》卷四

九日晦日林懋礼社集万岁寺送秋，限八韵，同用十二侵

［明］陈　衎

古迹城隅寺，幽栖有荔林。暑中曾坐卧，秋尽更登临。宿雾蒸崖影，凄风堕铎音。缅怀烽火乱，欲向水云深。箕翕长垂舌，星妖好守心。四

时冬又至，双鬓白相侵。藜杖踌蹰步，匏樽潦倒斟。含愁同作赋，终是愧高岑。

——《大江集》卷五

古塔秋灯

[清] 谢士骥

矗耸光明藏，金轮镇巨鳌。秋空天越净，灯灿月偏高。扶杖谁游侣，登楼酌浊醪。许为乘兴者，吟首许同搔。

——《春草堂诗抄》卷五

万岁寺雨后登楼

[清] 林光天

雨后涛声出短垣，楼前独立镇黄昏。花唯无语著苔艳，雀欲归巢绕树喧。日落鼓旗迷海雾，烟沈舟楫集江村。怀人正有关河思，塔上题诗拂泪痕。

——《冶麓草堂诗抄》

白塔寺

[清] 郑 琮

一塔耸诸天，千家绕暮烟。楼台缘磴转，钟磬隔花传。古刹开唐代，残碑记宋年。凭高无限感，落日噪寒蝉。

——《樗云诗抄》

宿白塔寺

[清] 刘苹奎

仙迹今难睹，禅堂晚不扃。塔光双牖白，山影一灯青。梯古秋横月，坛空夜礼星。卧闻清磬动，起坐读遗经。

——《琼台吟史诗初编·梦石轩集》

题万岁寺斋堂

[清] 魏 杰

万岁封禅寺，千秋供佛堂。莫嫌麻饭淡，最好菜根香。板响云初集，钟鸣日未昏。窥斋诸鸟雀，得食乐回翔。

——《逸园诗抄》卷二

游万岁禅寺

［清］蔡大鼎

凌霄佛殿构榕城，尚忆唐时宝塔成。万岁寺前花雨降，九仙观里竹风鸣。虚廊罢磬霜初落，高阁敲钟月始明。为伴远人相赏处，娑弥饮茗汲泉烹。

——《闽山游草》

于山香坛怀楞公

［民国］何振岱

香坛榕鬣郁支离，钟定寒云出树迟。只觉公来吾意好，不曾放下也心夷。公语予放下心。花遍山中树树梅，公来已是后春来。薄帆沧海关乘兴，未是吾诗力可催。

——《觉庐诗稿》卷三

白塔寺楞公留饭，同墨泉、雨渔

何振岱

佳城有美膳，我佛弹指中。今宵逢佳筵，精绝将毋同。菜蔬亦恒有，山厨诚良工。善奇不改常，善淡能为浓。酸咸在味外，道与禅修通。既饱遂无事，烧香闻夜钟。

——《觉庐诗稿》卷三

福州白塔寺文艺厅前，为严复读书处，瞻仰感怀

林鲁学

伊毗梵呗久无声，塔影山光更见明。法雨堂前勤读诵，英伦岛上显峥嵘。藤乎归去兴明治，复也折腾病帝清。一语难谐挠壮志，卷怀译著岂生平。

——《野芳》

法 海 寺

法 海 寺

［明］赵世显

赵岐读书处，仍作法王居。忽对三花树，还思十载余。闲云禅榻静，

清磬佛堂虚。为爱珠林胜，尘缘积渐疏。

——《芝园稿》卷十二

冬日邀吴非熊、陈元朋、丘伯几、曹能始、林子真、林茂之集法海寺，得边字

［明］徐　𤊹

一片罗山隐市廛，黄金重布旧诸天。闲阶树老常增腊，古刻苔深不辨年。客到晴窗看竹雪，僧归香积起茶烟。共探数点梅花早，折得南枝怪石边。

——《鳌峰集》卷十五

六月十五夜，过法海寺，荔阴坐月分赋

［明］徐　𤊹

清光斜照布金园，踏月相携扣院门。蜡屐乱穿深竹影，蒲团分坐古苔痕。香酣宝鼎双林绕，铃语浮屠半岭喧。残荔垂红还可掇，漏深犹自卧云根。

——《鳌峰集》卷十七

月夜访张叔弢于法海寺，对酒话旧

［明］徐　𤊹

灯前话旧见情真，回首论交二十春。饮酒不曾三日醒，归田宁厌一官贫。静中随喜皈诸佛，眼底同游少故人。入夜钟声林外落，坐看银汉转冰轮。

——《鳌峰集》卷十八

过法海寺感怀

［明］谢肇淛

当年甲第倚云开，此日惊登般若台。金地已成新法界，罗山还属旧如来。春深别院无歌舞，水落寒池有劫灰。二十年前读书处，题名强半没苍苔。

——《小草斋集》卷二十二

六月十五夜，过法海寺，荔阴坐月分赋

［明］谢肇淛

罗山山下古琳宫，月色炉烟散远空。岚气暮凝金阙紫，荔云高映玉波红。隔林残霭微催雨，拂坐寒香暗度风。更到上头磐石卧，万家灯火漏声中。

——《小草斋集》卷二十二

法海寺重建，赠住持悟宗上人

［明］陈荐夫

琳宫初启翠微间，更喜春城一衲还。锡杖遍参应出世，法轮重转又开山。云传故院灯光远，月送空廊塔影间。旧宅与师方丈近，至今摩诘笑人悭。

——《水明楼集》卷六

法海寺净业堂

［明］曹学佺

净业门中好是闲，尘劳俗念不相关。谁为长者称流水，更约高僧在半山。惠远昔传开社胜，遗民何意值时艰。举头万绿阴浓甚，堕向僧房片不间。

——《石仓全集·更生篇》

人日到法海寺，伤悟宗上人

［明］曹学佺

开山功德大，谢世俗缘轻。夙解空门理，曾无下榻迎。韶光人日胜，法雨梵天晴。愧我为檀越，徒存外护名。

——《石仓全集·赐环篇》

佛日步月过法海寺，观焰口佛事，示云柯禅者

［明］曾异撰

四月浴佛夕，澄月皭如昼。病步访邻缁，瞑衲定哦咒。云有饥鬼呻，煽喉焰烧咮。大士现肉身，危坛直北首。手目两化千，森然坐营救。弹指香灯果，撮空幻途糗。不但燕馁骼，果然饱登豆。亦召仙祇神，普以佛法授。侍坐者髡四，护坛讽左右。坛左曰云柯，舌本藕花幼。上座趺

止观，伷穆语无漏。左右宣扬之，猛狮绕坛吼。譬彼大师严，道尊冥唱酬。侍者即导师，苦口申句读。我息诸见闻，屏气立其后。肃肃器钵间，如有物可覯。琐细余子魂，但能歆劝侑。亦有毅魄嗔，骓铠蹴天骤。拔山盖世雄，投戈忏争斗。韩彭何英英，迅卢裔罢狩。辟谷负前知，救头齿临柩。乃至才鬼流，亦悔章句陋。□命屈吟骚，介雉诩羣雊。腐史酒肉簿，鼠肝大刀镂。李杜俯三唐，开荒赵镈耨。太白赵女舞，甫也瞽旷奏。庄周稍通达，尧舜遭厉诟。道家之仪秦，五十步亦走。丈夫秉精灵，三立哄小就。偕彼五月螽，动股争气候。譬则万石弩，乃为小鼷彀。大千厝火寐，高悬净瓶溜。我亦七年病，方将畜艾灸。

——《纺授堂集》卷二

至后过法海寺尔和禅房，同慵和尚次韵

［明］曾异撰

其一

访衲问梅信，闲心不记春。萧然吾与汝，同是世间人。只觉添些发，便如多此身。欲将妻肉淡，特共佛为邻。

其二

入寺冬新霁，寒轻似早春。百年天下事，此日佛前人。闲失忙中我，病分僧半身。不辞来往数，家只在西邻。

——《纺授堂集》卷四

因问恒如闭关信息，仍次前韵

［明］曾异撰

未有梅消息，或云天已春。此中无脚线，欲问度针人。落木观花事，生香见死身。四边泥水障，谁是一僧邻。

——《纺授堂集》卷四

春日重过尔和禅房因观种兰是日骤雨仍次前韵

［明］曾异撰

乍习山光静，方知错过春。欲寻前日事，已是隔年人。炉陷除香味，花分减色身。晦明从变幻，吾共一灯邻。

——《纺授堂集》卷四

二月十五夜过法海寺，同慵生、尔和坐月，仍次前韵

［明］曾异撰

春三病失半，并夜准三春。一客两僧影，闻钟倚树人。茶香匀石气，月魄在花身。静对声光满，方知佛有邻。

——《纺授堂集》卷四

病中无寐，闻法海寺晨钟，仍次前韵

［明］曾异撰

其一

世无病老死，譬则卉长春。地不长他树，天惟阅旧人。只应生便已，何处有吾身。念此省贪怖，晨钟发比邻。

其二

钟淡烟花气，已深天地春。径来近寺宅，先觉独醒人。顽倚空为舌，声因闻有身。树头鹂又醒，一枕寂喧邻。

其三

只此消晨夕，敲残岁岁春。回头前日事，洗耳五更人。来暂衰偷梦，眠清病剩身。一钟孤远甚，特共睡乡邻。

其四

百草陨霜杀，因之岁复春。死薪生活燧，旧鬼长新人。鹜诩万钱味，鹤矜半李身。清奢贪着等，臧读谷嬉邻。

其五

正好憨憨寐，寒敲睡破春。渐生醒后事，忙尽梦回人。瞑去观无眼，闻来耳累身。似于孤枕畔，多此两边邻。

其六

老失昼之晨，惊如耗一春。听余三万遍，淡过百年人。日月能盲眼，山河传肉身。况于吾齿发，禁得菀枯邻。

——《纺授堂集》卷四

浴佛日过法海寺

[明] 曾异撰

深巷雨疏疏，读书闻木鱼。因知近寺梵，肯过静人居。茶罢寻僧去，兰新浴佛初。蒲团容定客，暂许习心除。

——《纺授堂集》卷四

游罗山法海寺有感

[明] 释元镜

常怀昔日罗山老，把断岩头也大奇。不肯两师当路虎，箭穿红日许阿谁。

——《晦台镜禅师语录》卷一

冬日同陈元明、丘伯凡、曹能始、徐兴公、林子真、茂之集罗山法海寺

[明] 吴 兆

腊尽还家未有时，空门寥落赴间期。山光满郭流寒翠，梅影横岩发旧枝。清磬不惊霜鸟下，斜阳犹照晚尊移。天涯且喜多知己，吟眺无妨日日随。

——《新安二布衣诗》卷二

法 海 寺

[明] 陈 衎

兴建殊云久，金绳界道斜。虽然阛阓里，闲静自僧家。斫石安蒲草，开窗俯桂花。夜深灯火烂，群坐听瑜珈。

——《大江草堂二集》卷四

法海寺访空生上人

[明] 徐延寿

随身瓢与笠，此外更无余。懒补破衣着，爱寻贫寺居。香厨三顿粥，木榻半边书。日见禅窗下，芭蕉绿渐疏。

——《尺木堂集》

过于山维摩室

［清］张　远

连朝怀抱托林丘，两过维摩寺里游。海国凋残多作雨，闽山萧瑟独宜秋。螺江涌浪通南郭，鳌顶分云上小楼。我亦谈空病居士，天花乱落石床幽。

——《十闽名胜笺》卷三

七夕法海寺罗山雅集

［清］谢道承

闽山越水一尊同，忍使佳期酒盏空。好似移牛兼掇女，杂陈瓜果梵王宫。

罗山堂上鹊南飞，金粟台前兔未肥。等是羁人爱良夜，卧听箫鼓不须归。

——《小兰陔诗集》卷八

榕城古迹杂咏·法海寺

［清］杨庆琛

一辟罗山万绿丛，沙门争说孟司空。代传石晋迁移迹，家有萧梁布施风。法雨香中瞻宝像，海潮音里捧花宫。当年甲第连云地，巢燕何从访社公。

——《绛雪山房诗抄》卷十八

法海寺题壁用赵世显韵

［清］刘苹奎

独怅空王地，曾传显宦名。诗心曹谢后，劫火宋明余。山近云痕冷，堂深月影虚。祇园金散否，石笋亦萧疏。寺有金积园诸胜，今惟石笋尚存。

——《琼台吟史诗初编·采陔集》

福州法海寺

赵朴初

庄严妙相重重见，隐显因缘信有时。不见菩提树三折，垂天盖地挺此枝。

——《福建诗词》第三集

安福院（大觉寺）

游安福废寺二首之一

潘 淳

苔满残碑绝可怜，兔狐跳跃夜曾眠。前朝古寺今何在，金碧重施望后缘。

——《南屿潘氏族谱》

晚步丁戊山麓见大觉寺重兴有感

林钟蔚

古寺残墟丁戊巅，残阳荒草已多年。如今木石重兴建，金碧辉煌属有缘。

——《城门水集》卷二

玉 皇 阁

玉皇阁新成志喜

［明］王应山

九仙龙角耸东隅，飞阁嵯峨与旧殊。百粤山川归指顾，半空烟雨入虚无。玲珑天畔开阊阖，丹碧云中展画图。海甸由来称福地，神楼谁复羡蓬壶。

——《闽都记》卷五

玉 皇 阁

［明］邓原岳

杰阁岧嵬接混茫，飞甍缥缈驻斜阳。遥空日月开银牓，天地山河护玉皇。江上潮平无宿莽，城头烟暝有垂杨。凭栏极目浮云细，西北天高是帝乡。

——《西楼集》卷五

玉 皇 阁

［明］邓原岳

梅雨初收山吐云，白毫光里气氤氲。偶从洞府寻真诰，便叩天门谒帝君。

旛影摩空虹掩映，香烟吹雾鹤缤纷。尘心未尽空惆怅，绛节瑶笙杳不闻。

——《西楼集》卷七

登玉皇阁

［明］徐　熥

杰阁开灵境，瑶坛接太空。层甍青嶂里，飞槛白云中。海上蓬莱岛，人间太乙宫。六鳌峰逶迤，五虎势巃嵸。渐与尘寰隔，还于帝座通。天都低日月，地轴隘华嵩。远眺龙台古，回看雉堞雄。阶生瑶草绿，炉伏火丹红。妙诀传金母，高幡捧玉童。骖鸾逢子晋，骑虎揖韩终。自识玄关妙，因知道教崇。九仙遗迹在，何必访崆峒。

——《幔亭集》卷十

雨夜登玉皇阁

［明］徐　熥

鳌顶秋深起夜凉，飘飘云气黯虚堂。丹烧九转成金母，阁耸千寻礼玉皇。灯影乍沉孤嶂雨，磬声微度半林霜。古坛坐久天花落，不觉余香满石床。

——《幔亭集》卷七

七夕邓汝高民部招集玉皇阁，同佘宗汉、谢修之明府，邓道鸣阃帅，钱叔达、王粹夫山人，陈汝大、康元龙、袁无竞秀才，陈幼孺孝廉，兴公舍弟赋，分得五歌

［明］徐　熥

高阁开樽对薜萝，风吹零露下庭柯。三秋白帝司权早，一夕红妆乞巧多。夜杼暂停机上锦，凉衣初试箧中罗。少微历历干天象，不独双星夜渡河。

——《幔亭集》卷九

登玉皇阁

［明］徐　𤊹

杰阁千寻耸，层甍接太空。仙家碧霞观，人世蘂珠宫。绛节飘明月，瑶笙度细风。雕栏环逶迤，朱拱巧玲珑。势俯三山壮，标高八郡雄。帆樯邑水外，甲第冶城中。古殿春花绕，空山暮霭笼。楼台分上下，旗鼓列西东。呼吸通群帝，遨游揖八公。神京何处所，稽首此呼嵩。

——《鳌峰集》卷十二

十三日郑孟麟招集玉皇阁荔枝会，分得数名诗

[明] 徐　𤊹

一从寻胜会，几度到玄都。二水分襟带，群峰列画图。三山依古堞，两寺插浮屠。四面云光绕，诸天海色扶。五松常驻鹤，独树乱啼乌。六月炎威煽，千岩秀色糊。七贤林竹茂，千颗荔香腴。八柱龙盘影，双飞燕引雏。九仙登玉座，孤月朗冰壶。十万人家里，笙歌几处无。

——《鳌峰集》卷十二

七夕邓汝高计部招同佘宗汉、谢修之明府，邓道鸣阃帅，钱叔达山人，陈汝大、王粹夫文学，陈幼孺孝廉，康元龙、袁无竞秀才，惟和家兄集玉皇阁，得珠字

[明] 徐　𤊹

帝座溟濛近可呼，拍肩同到太清都。天孙佳会停双杼，地主留罏送百壶。乌鹊正填桥上路，骊龙谁得掌中珠。凭栏忽听金风起，剪断疏林一叶梧。

——《鳌峰集》卷十四

雨中登玉皇阁次韵

[明] 徐　𤊹

雨后丹梯不易攀，且寻高阁启云关。数千宾从秦人宴，十二仙衔汉代颁。风卷虚皇天上节，雾迷玉女镜中鬟。一丘一壑皆堪赏，不放寻山两屐间。

——《鳌峰集》卷十七

雨夜登玉皇阁

[明] 陈仲溱

画阁岧峣接太清，萧萧落叶送秋声。云浮古洞千峰隐，雨散悬崖万壑鸣。宝磬敲残人境寂，金丹炼就道缘成。寻真不用过蓬岛，只向鳌山顶上行。

——《闽都记》卷五

登玉皇阁

［明］陈仲溱

杰阁称雄据，登临望眇然。平台出霄汉，古树入云烟。玉座红霞拥，珠宫绛节悬。鳌峰形岞崿，雉堞势盘旋。八郡双门锁，三山万井连。马江环似带，乌石小如拳。吞吐璚河月，微茫碧海天。香花飘夜夜，瑶草灿年年。青霭沉钟磬，丹炉锻汞铅。茫茫尘世里，那识大罗仙。

——《全闽明诗传》卷三十一

七夕邓汝高民部招集玉皇阁，同钱行道、佘宗汉、谢修之、邓道鸣、陈汝大、康元龙、王玉生、徐惟和、惟起、袁无竞分韵。时汝高以督饷使浙，便道过家

［明］陈荐夫

画阁朱栏爽气多，胜情良会夜如何。新诗暂借云中锦，小扇轻翻月下罗。只畏贪欢惭玉帝，谁同乞巧效青娥。使君莫更凭高望，恐有星槎犯绛河。

——《水明楼集》卷五

登玉皇阁

［明］陈荐夫

飞阁倚岧峣，攀跻出绛霄。梯盘千级峻，山接九仙遥。上帝垂衣处，诸灵拥节朝。炉烟将雪卷，旛影隔花飘。粉堞光回合，浮屠势动摇。双门金作阙，万寿玉成桥。俯挹鳌峰秀，平吞马渎潮。江遗螺女珮，台建越王标。貔虎疆场集，鲸鲵岛屿销。花封分九邑，柳陌会千条。魏阙天非远，长安日可邀。所希呼吸里，同此祝神尧。

——《水明楼集》卷四

榕城杂咏·于山三清台

［清］叶观国

三清台阶玉重重，笃褥香烧晓露浓。欲问宝皇旧宫殿，天明听取九仙钟。三清台、宝皇宫皆王氏建，今九仙观即宝皇宫旧址，中有玉皇阁，钟声极亮。

——《绿筠书屋诗抄》卷十

登玉皇阁

[清] 魏　杰

高阁五云齐，登临万象低。此山非俗境，道是九仙栖。

——《逸园诗抄》卷二

登玉皇阁

[清] 魏　杰

嵯峨楼阁半天开，八面岚光入眼来。听讲阶前蹲五虎，通明殿上列三台。名山旧说神仙隐，胜地曾经劫火灰。此日登临多感慨，凭栏怅望独徘徊。

——《逸园诗抄》卷三

与魏耕蓝瑛、何春岩森林、孙而波瀚、黄鲁容玙登于山，憩玉皇阁

[清] 刘永标

峨峨九仙山，屹屹玉皇阁。灵宫俨清闷，长廊绕花药。院铃声丁当，檐牙形戍削。竭来值卓午，登眺极寥廓。林际爨烟浮，隐隐辨村落。天风吹长松，山云起丛薄。道人未绝食，清斋煮不托。苦荈山泉烹，饱噍信可乐。子瞻过寒碧，窗间写奇作。诸君能纪游，胸中自丘壑。而我踏红尘，何时解缠缚。暂喜免灾暍，解衣气盘礴。暇日重招要，此景颇不恶。

——《盥白斋诗抄》卷一

同上玉皇阁

郑式金

执笏朝天立，伏阶拜玉皇。仙尊班两庑，神将位中央。阁似灵霄壮，箓征太上昌。愿邀情隐达，寰宇息灾殃。

——《酒狂吟草三百首初集》卷三

九 仙 观

游九仙观

[宋] 王 孜

汉唐兴废犹昨日，沧海茫茫天一碧。西风杯酒须尽欢，当年九鲤成陈迹。

——《闽都记》卷五

九 仙 观

[元] 陈 旅

力士持兵守绛宫，吹笙人去斗坛空。白榆城阙秋云上，红树楼台夕照中。鸿宝昔疑丹井谬，龟泉今悟玉池通。他年不跨芝田鹤，会向清虚学御风。

——《闽都记》卷五

题九仙观

[明] 林 鸿

仙山有楼观，虚爽轶浮埃。昔日九仙人，跨鲤兹山来。赤鲤去不还，仙人安在哉。空余弹棋处，白石生苍苔。至今羽人居，往往闻风雷。橄羽古坛暝，礼星寒殿开。尝闻至人言，内景融春台。群生若刍狗，大道如婴孩。飚车与天接，岂但登蓬莱。

——《鸣盛集》卷一

登九仙观梅崖

[明] 黄仲昭

老梅奇崛石崚嶒，千古风霜共结盟。世态炎凉少知己，不妨尊酒伴双清。

——《未轩文集》卷十

登九仙观

[明] 林春泽

九鲤停骖海上山，夹城路绕雨花间。落霞零乱朝元阁，古木萧森函谷关。杖影飘飘龙化去，箫声隐隐凤飞来。东楼忆昔琴书静，坐拥天风十二栏。

——《人瑞翁诗集》卷五

游九仙观

［明］林 炫

绀殿高标沧海近，玉旌遥下白云台。空山霜日寒风静，万里烟沙朔雁来。锦瑟清风传逸响，金茎凉露泻余杯。鸣阳早见高岗凤，倚马谁当作赋才。

——《林榕江先生集》卷八

登九仙观

［明］林 恕

绛节乘云下碧岑，春风踏破紫苔深。天鹅声断虹桥晓，丹灶烟沉玉洞阴。珠树独栖辽海鹤，山灵长护石亟金。星台几度箫笙沸，赤鲤犹期跨月临。

——《十闽名胜笺》卷三

平远台九仙观

［明］周仕堦

鳌亭深处绝尘埃，独夜扶筇步月来。万井风烟浮上界，一天星斗落平台。碧桃花下青芝草，白玉楼前紫石堆。何必寻仙皆九漈，超然人已在蓬莱。

——《全闽明诗传》卷二十八

辛卯元日同谢在杭饮九仙观，访赵道士

［明］徐 𤊹

不随乡俗拜新年，独上高台谒九仙。已挟毛公争举白，还寻羽客细谈玄。阶蓂乍绿圆如璧，园柳初黄软似绵。胜日何妨拚潦倒，人生能几艳阳天。

——《鳌峰集》卷十三

六月三日集惟秦、伯孺、在杭、乔卿、性冲、景倩、元化、孟麟、本宗诸子九仙观，避暑食荔，分得回文

［明］徐　𤊹

东城古树远苍苍，目极云天夏气凉。风卷翠涛松泻响，日薰丹颗荔生香。通灵有梦仙遗迹，共乐行吟客绕廊。空尽俗缘间结社，胧胧月影透疏篁。

重重碧岫远含光，寂寂何仙九转方。松挂月扉岩滴翠，竹摇风壑洞生凉。龙归暮雨秋潭暗，鹤睡晴烟午篆香。峰是石鳌鞭已久，逢人几日醉传觞。

——《鳌峰集》卷十七

夏日郑孟麟招集九仙观啖荔枝，同赋数名诗

［明］谢肇淛

一骑尘飞日，层云客上时。二龙盘宛转，百雉控逶迤。三世灯犹照，诸天景乍移。四郊香稻熟，万灶午烟炊。五色珠摇水，繁星玉满枝。六时僧礼遍，独树鹤归迟。七曜光先到，群峰秀欲窥。八窗松翠落，孤塔薜云垂。九夏行将尽，经旬兴未衰。十年归始得，不醉复何为。

——《小草斋集》卷十六

徐兴公招集九仙观，避暑啖荔枝，赋得回文二首

［明］谢肇淛

萧萧落木古空坛，剧暑尘忘尽日欢。桥对寺门松绕碧，郭围山殿石生寒。潮归晚浦秋风远，树隔晴岚夕照残。消渴病知应漱玉，娇枝荔颗万蘘丹。

春城野木紫藤枯，卧对闲僧一事无。驯鸽绕砖苔像古，老龙蟠柱石灯孤。人归湿露摇珠树，鹤梦惊风撼碧梧。尘界远消初地净，新松挂月夜啼乌。

——《小草斋集》卷二十三

避暑九仙观共用开字

［明］陈一元

蹑屐层峰上，凉风拂面来。尽驱烦暑去，不觉旷怀开。香气绕星殿，膳部林子羽有“檄雨古坛暝，礼星寒殿开”之句，榜于殿柱。山光落露台。行杯吟丽句，共羡大夫才。

——《漱石山房集》卷三

同安仁宗侯集九仙观

［明］陈一元

西园伏日税游踪，王子风流喜乍逢。访古共过乘鲤观，纳凉多上揽鳌峰。千家烟火依危堞，百尺星坛响乱松。歌罢酒阑闲眺望，夕阳无限绿重重。

——《漱石山房集》卷六

九仙台怀古

［明］沈德琛

秋树迎霜节序开，扶筇同陟九仙台。欲挥写景登高赋，且醉当筵萸菊杯。醉余乘兴登山麓，芒鞋踏破苔痕绿。烧丹人去迹俱陈，废井千年水犹渌。忆昨山门全盛时，嵯峨金碧绝称奇。晴曛鸱尾天花散，云护龙头日月低。而今星物属谁主，绀殿凄凉总非故。磊老空埋金积园，名山半入荥阳路。神仙窟宅无定期，百年兴废会有时。鹧鸪啼罢伯劳语，华屋芳园竟是谁。

——《闽都记》卷五

九　仙　观

［明］王建中

仙观高楼天畔开，金莲绛节净浮埃。真人不至虚丹灶，明月无心上翠苔。山色云中双殿迥，蝉声松里早秋来。凭高便欲凌霄去，何处翻将箫鼓催。

——《闽都记》卷五

闽中九仙观用李惟正、杭世卿二卿长韵二首

［明］张 羽

寻真初识郭门山，二月春深古观间。仙去碧桃空错落，客来黄鸟故间关。经楼出堞看潮坐，道院迷云认树还。更羡留侯能辟谷，只从松子住人寰。

荒碣依微认晋唐，荔枝榕叶暗回廊。峰霞晚结烧丹气，涧溜春寒煮石香。云外紫坛穿树觅，林间瑶席拂花张。夜归欲假仙游梦，只恐灵修吝发藏。

——《东田遗稿》卷上

入九仙观访黄未轩，读丁郡守所寄诗，次韵二首

［明］周 瑛

卷阿遥想凤凰声，汉室何人识贾生。四海治安心独计，百年得丧发同轻。沧波白鸟甘遗世，绿树黄鹂正满城。天子屐元消息好，知君未得谢浮名。

十年不听禁钟声，坐对南山野趣生。有道也知当世重，无官应觉此身轻。石台晚啸云归树，仙观夜吟月过城。文物传中劳去取，几人笔下可全名。

——《翠渠摘稿》卷七

三山九仙观

［清］方 綖

不见九仙至，空余九日山。礼星坛寂寂，炼鼎月闲闲。赤鲤虚疑际，丹砂缥缈间。桂花飘井臼，吟眺辄应还。

——《莆风清籁集》卷三十九

秋日偕同人游九仙观归，短述三首

［清］谢道承

寥寥山馆锁晴烟，挈伴平台访九仙。古殿苍茫残照外，秋衫冷落乱峰前。欲寻遗迹征前史，摸读穹碑感昔贤。寂历空山人迹绝，白云黄叶

雁来天。

丹灶仙床旧福庭，独留杰阁镇岩扃。遥天鸟啄玉台篆，上界云封金字经。松老微飘千障雨，月明谁步一坛星。拟招羽客参无始，断鼓灵钟入杳冥。

萧寺归来即闭关，自随史局事增删。神仙奥宅虚无里，上帝高居咫尺间。予志局在罗山堂，轩楹中望见仙台、道观诸胜。冲祐奉祠无引退，洞霄提点亦投闲。山云期我闻丹诏，便换头衔领此山。是日与诸同志戏言，愿得如李忠定、朱考亭故事提举九仙观云云。

——《小兰陔诗集》卷六

秋日同黄养丸、陈酉山、林旸谷游于山，憩九仙观，得开字

［清］林光天

览胜有伴侣，秋风散步来。泉声过别涧，松影落荒台。天迥山禽乐，草枯野菊开。游踪留古观，日夕老僧回。

——《冶麓草堂诗抄》

游九仙观

［清］黄　铨

万家烟火对青山，平远台前路几湾。幽兴乘秋时独往，仙人骑鲤不知还。姓名石上凭谁勒，鸡犬云中笑客顽。知有丹砂遗诀在，七旬道侣尚童颜。

——《寄舫诗抄》卷一

榕城古迹杂咏·九仙观

［清］杨庆琛

骑鲤仙人不可招，清虚古观耸岧峣。近依水郭参差堞，远挹台江上下潮。礼斗坛空秋月冷，吹笙人去碧云遥。湖光山色年年在，绛节何由下紫霄。

——《绛雪山房诗抄》卷十八

九仙观老松歌

[清] 刘萃奎

海天一夜飞蛟龙，腾跃上耸青芙蓉。霹雳当头不敢劈，化为槎枒偃蹇之长松。人言松实仙所饵，炼汞烧丹即其地。骑鲤仙人去不还，底事风涛撼山翠。岂知松寿多千年，或数百载相后先。汉柏唐槐亦时有，华山且溯商周前。泰山有汉柏、唐槐，而华山西岳庙有商柏抱周槐，则尤异矣。自唐以还复有宋，殿观祈年典弥重。岳庙莲盆和露擎，于峰松树擘云种。想当建观崇宁时，金碧丹漆交迷离。篆额大书万岁字，亭台独占三山奇。三山灵迹本无数，任井虞庵已尘土。金粟飘零银杏凋，秦封不到独千古。沧桑阅历春还秋，上有元鹤巢苍虬。琥珀精莹下久孕，藤萝蓊郁旁交抽。我今登陟览秋色，手抚是松长太息。赵氏九陵尚变迁，冬青一树何人识。遗孤航海还南来，品石苍凉吁可哀。羽客黄冠总无益，珠宫琼室胡为哉。大千世界一窠臼，富贵神仙亦速朽。天幸不遭尘劫灰，松兮松兮汝知否。

——《琼台吟史诗初编·餐荔社集》

过九仙观

[清] 翁时穉

百丈飞梯石骨癯，觚坛紫翠藓摹糊。此行料有丹邱访，相见翻愁羽客孤。四壁灵风来赤鲤，半龛香火守妖狐。分明白鹤重游地，隔院棋声入梦无。

——《金粟如来诗龛集》卷一

登九仙观在水部门东南，自柔远驿可望之。

[清] 蔡大鼎

揽胜身临百尺楼，神仙已往迹犹留。人家树影环城郭，柳岸波光动画舟。乌石山边千嶂夕，莲花峰外一天秋。闲谈戏马销沉事，遥见高僧狎白鸥。

——《闽山游草》

宿于山观阁

龚乾义

拟凭灵胜发尘蒙，暂挈闲身托梵宫。万物于吾元楚越，胡床有梦自西东。门阑钟鼓江山月，殿阁琅珰竹柏风。得意把茅从所寓，何居三宿特忿忿。

——《慎垤庐诗稿》

游九仙观赠崔道人

林　苍

一枕邯郸梦未曾，五云深处有神灯。淮南鸡犬皆仙去，几度丹成不肯升。

——《天遗诗集·壬子集》

九仙观后亭

王葆图

皓月挂岩巅，云清欲曙天。诗人共瘦马，相对未曾眠。

——《适园诗稿》

天　君　殿

六月六日，集鳌峰玉真院限韵

［明］徐　𤊹

松风谡谡乱吹衣，山上台高暑气微。古树蝉冲残霭咽，远林鸦背夕阳归。竹流翠影诸贤集，荔剥红尘一骑飞。郭外澄江清似练，几人诗句比玄晖。

——《鳌峰集》卷十七

六月十五夜，偕坦生游于山天君殿

［现代］陈毓淦

于山葱郁月华清，善女信男载拜行。赤县已无干净地，天君何以慰蚩氓。

——《秕糠集》

坊巷名居诗词

鳌峰坊

榕城古迹杂咏·鳌峰坊

[清] 杨庆琛

少谷兴公此避喧，坊廛遗址剩颓垣。过闾合式诗人里，养秀同登哲匠门。讲院芙蓉秋烂漫，仙台笙磬月黄昏。金鳌峰下传经地，从古科名艳状元。

——《绛雪山房诗抄》卷十八

过鳌峰坊访荷花

[清] 谢章铤

隐屏山远水犹清，绛跗花明月又新。虚谷久销三里雾，澄池长汇万家春。莫谈开落惊尘劫，但愿风云起替人。一色盈盈香冉冉，我从鳌顶结芳邻。

——《赌棋山庄余集·诗》

过鳌峰坊访荷花

[清] 陈宝琛

风云人世朝朝变，绨椠山斋岁岁新。有月肯临池上酌，与花同享坐中春。难从残劫征遗献，惭对凉波托幸人。独树童童亭九曲，偕寒许结后凋零。

——《沧趣楼诗集》卷五

鳌峰坊高舅氏家露台同女伴夜坐，怀懒云女士

林韵芳

山外楼台花外墙，留人贪坐夜深凉。荷衣吹度鳌峰月，桂影思飘鹫岭香。扇染露华怜皎洁，灯摇书味忆缥缃。前清时，先翁镜泉公曾掌鳌峰书院，即今校所悬灯处。何时杯酒论文处，约与蒹葭水一方。

——《小谟觞诗存》

迟清亭

少谷山杂兴

［明］郑善夫

輶车入城府，不染市道尘。买山水部巷，石壁争嶙峋。嘉果自四时，桔柚及枣榛。树木更茷骫，梅竹逾精神。茅亭覆石上，风月为主宾。芸轩矮且陋，著书掩柴门。褦襶非我明，心知远见亲。神闲多暇日，棋局见本真。虽居赤县会，每结青山云。鳞鳞十万家，刀锥忘夕昕。兹山岂遥远，烟容自津津。四郊愿宁谧，永作草茅臣。

——《郑少谷先生全集》卷一

迟清亭至日见梅

［明］高　瀫

自惭二十二年矣，伏枕危时可惜过。寒梅隔水看又发，至日见花开更多。绝知春色原来早，恰使我愁其奈何。风景不殊人事恶，迟清亭上一长歌。

——《全闽明诗传》卷十八

过　少　谷

［明］高　瀫

少谷峰头好，寻诗过草堂。独行地自僻，相对意何长。客礼容疏懒，朋情任渺茫。深杯吾不厌，白日到羲皇。

——《全闽明诗传》卷十八

月下过少谷草堂

［明］高　瀫

为爱草堂静，留欢夜已阑。主人能爱客，领我上看山。月色寒侵骨，杯光淡破颜。请君须一醉，时事每多艰。

——《全闽明诗传》卷十八

送郑少谷归鳌峰次韵

［明］王凤灵

渡头喧欲发，谷口远将归。祖席歌初散，东风帆正飞。北来稀伴侣，君去失亲依。明日沧江上，烟波处处违。

贫病今如此，远游意若何。冥鸿归路杳，芳草故园多。鸠署渐何补，鳌峰好寤歌。无能共把臂，长笑入烟萝。

——《全闽明诗传》卷十六

过少谷公鳌峰草堂有怀

［清］郑芳楷

共道鳌峰胜，登临半不禁。地灵留古迹，堂废入林深。芳径思延客，余香忆在阴。陟峦频顾睇，缓步细沉吟。不尽帘栊杳，无穷文藻森。南湖培世泽，书剑百年心。

——《郑少谷先生全集·附录》

怀郑少谷迟清亭故址

［清］刘萃奎

群鹿山碣摩苍穹，金鳌石脊悲秋风。园林二百卅余载，过者犹说高湖公。我闻郑吏部，逮事明武宗。为谏南巡疏直入，君威莫鉴孤臣衷。孤臣热血洒天地，遑恤拜杖当廷中。白日昏黄暮云黑，肉雷如鼓飞猩红。太阿倒持有阉寺，谏草同上皆英雄。狐兔鹰犬立朝右，黄船快马还张篷。龙江钓鱼豹房亏，只狎八虎忘臣忠。臣志不行请辞去，芒鞋踏遍榕城东。榕城山色亦殊绝，人迹几与仙迹通。小倚柴门望明月，梦魂犹绕法王宫。迟清二字署亭榜，坐看天意回宸聪。踞石折梅共高咏，言官聊且为诗翁。西邻更有少参宅，楼间图画非人工。相距里居不数武，鼓旗左右排长空。生平知己许给事，手挟白简乘花骢。抗疏锄奸竟被戮，假山空负安南封。黄门英烈足千古，公有大节将毋同。文字丹青在人口，日星河岳光熊熊。当时海内已倾倒，识与不识咸推崇。千里入闽理丧具，子衡交谊全其终。君不见三百皇庄泣寒雨，江南花亦成丹枫。回首故园有桑芒，至今佳气何茏葱。

——《琼台吟史诗初编·岁余补拙集》

正月十五日，叶十七荀卿招同人集天开图画楼饯余，遂至郑少谷迟清亭故址

［清］张际亮

三百年来郑继之，眼中谁似昔人奇。为君痛饮高楼上，万里轻行要有诗。

——《思伯子堂诗集》卷十二

八月十五日同芑川孝廉访少谷先生迟清亭故址归饮寓斋作

［清］张际亮

倦客徒怀千载哀，海天不见雁鸿回。时久不得少穆先生消息。忧时尚识悲歌地，吊古仍怜凯宴台。亭近平远台，明戚少保平倭凯旋，曾饮于此台。泉石风流人代改，江山秋色雨声来。亏盈抵月轻身世，看取尊前磊落才。

——《思伯子堂诗集》卷二十八

游少谷子迟清亭

［清］郭柏苍

高傅去来处，柴门自昔幽。空亭向山立，暗水背人流。才大无寿夭，诗高足唱酬。武夷冒雪后，有梦还林丘。

——《沁泉山馆诗》卷上

迟清亭怀郑少谷

［清］李应庚

抗疏南巡杖后回，海天痛哭此诗才。尺邱自署山人号，一卷如闻杜老哀。十子已亡坛坫续，群贤宛在草堂开。萧萧榕叶鳌峰路，无复孤亭碧草隈。

——《过存诗略》卷二

前　题

［清］刘绍纲

抗疏直声振九垓，题诗回首望蓬莱。不忘天宝忧时作，长自杜陵得法来。当代李王推劲敌，及门高傅亦清才。金鳌顶上凄凉月，如此人间更可哀。

——《过存诗略》卷二

前　题

［清］谢章铤

牛耳纷纷大将台，鼓旗君自辟蒿莱。高情在世风云淡，血性为诗肝胆来。何必并肩承十子，可怜回首望三台。江湖去后余华发，抗疏谁知干济才。

——《过存诗略》卷二

天开图画楼

七月廿七日，登天开图画楼，慨然作诗

［清］张际亮

海天风色入新秋，鬓短心长感倦游。似有凉蝉解相惜，数声先傍夕阳楼。

天际微红一角霞，碧山西更有人家。月残风晓催秋早，不见湖阴白藕花。

石瘦松苍对寸心，夜蛩何意学孤吟。萧萧一片风吹竹，始觉秋来已许深。

四海今余几故交，分飞夕鸟各营巢。对他独觉无归处，欲问明夷第五爻。

——《思伯子堂诗集》卷二十二

秋日与王子希同登叶旬卿天开图画楼

［清］谢宗善

芳园遥指翠微间，几曲楼台一阜山。人代沧桑成小劫，尚留画栋看云还。楼为明郑少谷遗址。

疏林萧槭夕阳天，处处人家起暮烟。千树秋云凉不散，西风吹紧四山蝉。

山光近接旧乌衣，门巷犹留夕照稀。未免登临成感慨，仲宣多病况无依。山南即先人梅花小隐山房。

感君杯酒共论文，剔尽秋灯漏未分。不及仙人王子晋，山中尚宿一宵云。是夕王子希留宿，余先归。

——《吟秋山馆诗草》卷一

癸巳花朝，叶卓人招饮天开图画楼，偕叶甸卿、蔡锡五、刘炯甫、黄漱六、郭秀农即席赋赠

［清］谢宗善

主人翩翩贵家子，好山坐拥城南隅。芳春无事日沽酒，林花饱看红珊瑚。良辰约我入高会，百杯醉倒玻璃壶。座中佳士尽松竹，意气磊落非凡夫。楼栏亚翠山色浸，帘波袅白炉烟孤。回风吹散日如水，涧泉坠响棋声俱。园亭曲折入幽境，幅缣欲倩倪迂摹。人生及时贵行乐，林泉盛事安可无。嗟予经岁坐岑寂，一弓苦对庭前芜。三年清赏结魂梦，诗情冷落吟怀粗。庚寅花朝在郭远堂家小集。花前有幸再欢聚，莫辞狂醉倾琼酥。请君作歌纪佳约，淋漓墨渖吾先濡。

——《吟秋山馆诗草》卷二

二十九日，西堂、梅友、乾生、薇卿、雪樵同集甸卿天开图画楼

［清］张际亮

凛凛逢寒露，悠悠阅岁时。江山回旅望，风日动秋悲。旷野群鹰厉，孤云独雁迟。东篱一杯酒，闲与菊花期。

天气清如月，苍苍未可穷。炎荒晴少雨，秋海晚多风。短鬓高楼上，羁心落叶中。连蜷幽桂在，深负故山丛。

古堞明斜日，平畴带远郊。牛羊嬉水草，鹳鹊点秋巢。高下观生意，穷愁恋故交。昔贤风雅地，载酒且频教。

季女斯饥久，佳人怅望频。空山浩将夕，远道若为邻。欲寄瑶华晚，相思蕙草春。芳馨空满抱，冉冉及兹辰。

倚栏愁奈何，相对且高歌。天上月华尽，人间秋思多。栖鸦语云木，荒蟪吊烟萝。风露低徊处，他时应再过。

——《思伯子堂诗集》卷十二

三月廿五日，叶旬卿招同林梅友、林价岩家西堂及余饮于天开图画楼

［清］刘苹奎

百年坛坫冷闽南，犹有遗楼记少参。楼为明少参郑逑故居。过雨天真开画幨，饯春人共集诗龛。山光入座灯初上，花气薰衣酒正酣。此地俗尘飞不到，要拚狂醉恣高谈。

石林年少擅风华，为扫苔阶载釉车。子墨和烟都入画，旬卿书画俱佳。丁香如雪正开花。红云又结山边社，绿玉深藏竹里家。归去好随残月影，琼枝笑压帽檐斜。

——《琼台吟史诗初编·乌石携尊集》

初八日，招同西堂、梅友、杰夫、旬卿小集天开图画楼

［清］张际亮

四友高才各一时，野人意气亦雄奇。即论万古名何好，且尽千杯醉莫辞。客里园林原有主，画中岁月了无诗。松疏石瘦清尊外，共爱云峰送黛眉。楼为旬卿家别业。六月来会城，旬卿以馆余尝索诗，而余久无一字，故戏之。

——《思伯子堂诗集》卷二十三

是夜，再同梅友、井文、杰夫、叶孝廉语年、张同年鸿图集饮旬卿宅，并柬其弟季韶、卓人

［清］张际亮

石林池馆最清华，向晚烧灯照落霞。万里劳人将北去，半空皓月亦西斜。谁传骂坐眠无碍，自惜离觞兴有涯。扶醉出门君莫问，古来身世一恒沙。

——《思伯子堂诗集》卷二十三

于麓天开图画楼前老梅二树，传为明郑少参述手植，空嵌伛偻于岩石之上，近并二古松槁矣。癸酉补种二梅，远逊于旧，感而赋之

［清］郭柏苍

岩间老梅尔何狂，九曲低垂不盈丈。岩下一树若虬龙，盘屈上承作俯仰。形势向背天所图，瘦削孤危泉不养。清香入室曙光动，疏影横窗新月上。柴门霜晨来佳客，林间烹茶足幽赏。枯根抱石死可嗟，嘉卉重栽势相仿。闲以竹柏有画意，璀璨易得路人奖。老夫恨事满胸中，默默无言独倚杖。

——《沁泉山馆诗》卷下

饮天开图画楼梅树下明郑世美植二梅，俯仰岩间，近枯其一

［清］郭柏苍

天皇寿峨峨，酒熟不在座。今我无丹砂，酒醉还高卧。柴门闭朔风，一树梅花大。京洛多缁尘，时从花下过。

——《三峰草庐诗》卷上

秋日同汝翔、伯孺、惟起集汝大山斋

［明］徐　熥

高斋秋气清，残暑坐来轻。竹外商飚度，松间天籁生。一杯桑落酒，千载薜萝盟。我辈疏狂甚，谁当嵇阮名。

——《幔亭集》卷五

十七夜，集于山草堂，用杜韵

［清］黄鹭来

草堂今夜月，宴集共闲身。白满四山树，清怀千里人。拂云金桂晓，浥露绮筵频。相送柴门外，光华似昨新。

——《友鸥堂集》卷三

秋日晚晴，登于山楼同秩庭

［清］林昌彝

秋声起天末，黛色失烟鬟。梅落风前笛，钟飞雨后山。故人同菊淡，

暮鸟逐云闲。百尺危楼迥，登临此改颜。

——《衣讔山房诗集》卷一

冶　园

夏日柴吉民、刘鱼公携酌肇复园亭

［明］徐　𤊹

莫道门闲雀可罗，携尊问字客频过。日当密树炎威减，云作奇峰变态多。黄鸟度枝娇弱柳，红鳞唼水戏新荷。高楼正对鳌峰近，黛色青青映翠娥。时有二妓侑觞。

——《全闽明诗传》卷四十

初夏，同文启美集邵肇复冶园，次启美韵

［明］徐　𤊹

饷客王瓜正及生，榴花照眼渐分明。塘回燕寝香凝在，门对鳌峰玉削成。鹦鹉见人应解语，鸰鹏求友亦多情。当杯细数吴都彦，词苑争高小陆名。

——《鳌峰集》（抄本第一册）

乙亥正月三日，能始、兴公过予园池

［明］邵捷春

初春风雨两经宵，兀坐幽斋不自聊。今日喜晴人忽集，一时同调客堪招。新泉蟹眼浮茶鼎，纤月蛾眉入酒瓢。未必能朝仍此景，去年雷发笋抽条。

——《全闽明诗传》卷四十二

福唐、玉田二令君过饮邵肇复园，次茂之韵

［明］曹学佺

名园却傍冶城过，文酒淹留不厌多。自是清音胜丝竹，宁妨墨绶寄烟萝。鹤知雨意舒寒啸，鱼戏桥心聚乐窝。正值夜长堪秉烛，醉归仍唱接篱歌。

——《石仓全集·西峰六一草》

邵园同徐兴公、高景倩、陈叔度、林懋礼、叶君节饯别茅止生，得十一尤

［明］曹学佺

君于湖海盛交游，谓我三山气味优。伒可相依修艺苑，漫云归去减乡愁。客程红叶初酣昼，篱落黄花已谢秋。欲遣离情浑不易，何如尽醉习池头。

——《石仓全集·西峰集诗》

正月十五夜，邵肇复冶园观灯

［明］曹学佺

元夕名园乐事并，也须天意顺人情。灯初上日犹多雨，月到圆时始放晴。火树鱼龙相竞戏，陇山鹦鹉自呼名。薰风恰坐薰亭里，吹遍九衢连袂行。

——《石仓全集·西峰集诗》

题赠邵肇复冶池园

［明］曹学佺

筑土成山似断云，九仙相揖避尘氛。冶池时辨新潮色，丹井还存古甃文。怪石形模皆作侣，灵禽胎息已离群。知君剩有匡时思，日取山公启事闻。

薰风解愠阜民生，静日携琴入洞鸣。凿井未能忘帝力，瞻天何处是神京。暂宜取醉邀山简，岂即为园学邵平。我欲留题非故恡，临渊徒有羡鱼情。

——《石仓全集·赐环篇》

春日同李子述、陈轩伯、高景倩集兴公汗竹巢

［明］郑邦祥

山径春阴阁宿云，寒窗留客竟朝昕。新知方喜无期合，别袂翻愁远道分。节后雨余催谷种，风光花老坠苔纹。行吟莫厌西隅日，还续兰膏竹下焚。

——《全闽明诗传》卷四十一

邵园看梅

［明］陈日浴

西园踏遍又东庄，百树杈枒入小冈。无限寒香来水面，一般冷艳衬山光。天留残雪千山白，我亦幽人两鬓霜。安得醉眠呼不醒，布衾林下梦羲皇。

——《全闽明诗传》卷五十

红 雨 楼

元日过徐兴公即事

［明］曹学佺

去岁相过雨，兹晨喜霁临。不知元旦食，但觉午时阴。荔瘁残冰色，桐留未爨音。是何萵壁内，亦有妒书淫。时兴公所积书为人盗去甚夥。

子昨期出门，恐于贫无补。余虽蓄此念，未由申一语。干谒向人谁，过从聊得主。亦罔恤其余，陶陶酌春醑。

——《石仓全集·六四诗集》

过朱氏园林说徐兴公红雨楼旧址

［清］郑廷莅

百年犹自忆风流，石磴重寻草径幽。七子闽中留逸事，九仙山下剩虚楼。篆香孤磬皆成幻，晚雨凉云散作秋。叹息当时同宛羽，缥缃零落果谁收。

——《书带草堂诗钞》卷上

又集徐兴公故居

［清］郑廷莅

绿玉荒斋夜不扃，萧萧如画见图经。云开龙角露双塔，月落鳌头沉七星。词客飘然成往梦，名花依旧笑幽亭。细思人世几行乐，满眼青山酒半瓶。

——《书带草堂诗钞》卷下

榕城杂咏·红雨楼

［清］叶观国

红雨楼通宛羽楼，牙签缃帙积山丘。可怜万卷随风散，一一兴公小印留。红雨、宛羽二楼皆徐兴公㘵藏书处。兴公聚书极富，后皆散落人家，往往购得之，丹黄满纸卷，钤有兴公小印。

——《国朝全闽诗录初集》卷十五

红雨楼遗址

［清］孟超然

秋风萧瑟过颓垣，凭吊诗人一断魂。莫问高楼临大道，更无红雨下荒村。机云声誉真无愧，曹谢风流那忍论。谓石仓、在杭二先生。南望潇湘兰芷好，幔亭何处唤曾孙。徐存永，幔亭子，国初移家入楚。

——《瓶庵居士诗抄》卷一

访红雨楼故址

［清］王廷俊

芳草芊芊绿满园，金鳌峰麓觅柴门。颓垣断础余斜照，古磴残苔有屐痕。花落三春谁问主，竹存半径尚生孙。迟清亭子同凋谢，枯树啼鸦山色昏。

诗人已散红云社，红雨犹传旧有楼。杰阁三楹围雉堞，层梯百尺驾山丘。弟昆忆昔同登览，风月经今又几秋。蹑屐我来寻故址，夕阳城外水空流。

——《樵隐山房诗抄》卷二

榕城胜迹杂咏·红雨楼

［清］曾兆霖

红雨来时诗兴豪，流莺宛羽乐陶陶。山人占尽神仙福，不羡琅嬛得地高。

——《鸦里曾氏十一世诗·咬菜根斋诗》

徐兴公红雨楼旧址

［清］廖 英

平远山前红雨楼，白云芳草春光幽。兴公已去百余载，竹阑半折帘无钩。闲庭旧是读书处，曹谢同时互来去。晨饮频将书味浇，夜吟那觉晴窗曙。只今苔藓侵檐牙，回廊灯火何人家。岚烟四面滴空翠，鹧鸪鹎鵊啼落花。楼外维摩居士宅，古刹寒钟近日夕。老佛不知生死情，却笑香山易头白。汗竹巢边春复秋，我来怀古空烦忧。藏书易散人何在，一树桃花相对愁。

——《兰修庵避暑抄》卷四

大风宿红雨楼，悼亡弟蔼亭

何振岱

荒荒烛焰寒初大，默默窗纱梦不分。小榻呕心犹殢病，空箱叠泪有遗文。二徐并老真堪羡，独雁哀鸣那忍闻。门外北风吹屋动，夜深何况汝孤坟。

——《觉庐诗稿》卷一

绿 玉 斋

与瀚公宿绿玉斋

［明］徐 熥

几年踪迹各西东，一点禅灯此夕同。对坐空山天籁寂，满林花雨月明中。

——《幔亭集》卷十三

夏日园居和兴公韵

［明］徐 熥

荒园四面绿阴齐，菜甲纵横剩几畦。络架瓜藤青不断，亚檐柽叶翠难低。石堪清听敲灵壁，茶可消烦煮建溪。坐对博山香渐灭，数声归鸟过窗西。

一条邛杖绕疏篱，正是闲行得句时。缚帚竹寻将槁叶，插瓶花爱半开枝。多清乳燕梁间垒，无意蜘蛛屋角丝。树影临窗遮欲尽，画长真与睡相宜。

——《慢亭集》卷九

山居杂兴

［明］徐　𤊹

雨后空山剥啄无，满阶苔色绣氍毹。开门忽讶新痕破，知是双双过鹤雏。

呼童洗砚写黄庭，手自摩挲旧日铭。渐露满池鸜鸲眼，犹余残绣上金星。

桐阴如盖午风凉，沉水香销白昼长。触手残编随意看，一时书卷乱堆床。

几年心与世缘踈，独有雕虫癖未除。赋就一篇诗得意，人来喜向扇头书。

为躭禅悦久皈依，饭贮山瓢施鸟饥。总是道人机事息，近前饮啄不惊飞。

林深无数鸟争啼，独立花间自品题。毕竟流莺声第一，画楼东畔柳阴西。

云边松影挂斜阳，上下禽声到竹床。半醉半醒开斗帐，微风吹送玉兰香。

闭却重门竹影疏，日长闲叠架头书。放生不守空王戒，故蹴方鞋杀蠹鱼。

万竿新竹傍檐牙，八面青山一带遮。斩却当门三四个，隔云峰影露莲花。

一夜霜风叶满庭，黄花三径尽飘零。山房不放秋光去，犹折残枝插胆瓶。

新裁斗帐白生绡，百种奇花五色描。凤蜡低悬通夜照，有人双度可怜宵。

金炉残火宿沉檀，万绿阴中拥合欢。啼鸟一声秋梦觉，侍儿刚进小龙团。

美人蕉下立红裙，磨得玄精满砚云。按写江南桃叶曲，指尖香粉印罗纹。

小词闲制曼声歌，写出春闺幽恨多。懒把九宫翻别谱，花间占得忆秦娥。

碧纱窗冷昼常关，丘壑移来枕簟间。几上石屏岚翠满，分明一片点苍山。

何事柴门午未开，落花依旧满苍苔。只缘欲了分题债，暂禁山童报客来。

——《幔亭集》卷十四

五月十三日从罗山堂分得黄金间碧玉竹栽植小园戏作

［明］徐　熥

栽竹须乘醉日栽，移将奇种出香台。贫家莫道无珍玩，多少黄金碧玉来。

——《幔亭集》卷十四

丙辰五月雨水方天树绿玉斋听雨

［明］徐　𤊹

雨节偏逢雨，风鸣少女齐。匡床连牖北，残烛剪窗西。淅沥承蕉响，廉纤醉竹低。共拚长夜饮，莫使屐沾泥。

——《鳌峰集》卷十一

庚寅元日岭南曾人倩集小斋分韵

［明］徐　𤊹

东风披拂到林丘，辨得椒觞客暂留。已信韶华如转毂，谁知人世只虚舟。青山我欲庞公隐，长路君为陆贾游。莫向尊前思故国，梅花香处即罗浮。

——《鳌峰集》卷十三

秋日陈汝大、邓汝高、陈振狂、陈子卿、陈幼孺、袁无竞、惟和兄集绿玉斋，时子卿、幼孺、惟和下第归自燕都，汝高将奉使入浙，余亦吴越之游

［明］徐　𤊹

门掩空山黄叶飞，同心聚首此应稀。尊前客是销魂别，天末人非得意归。一曲离歌催去马，几行清泪湿征衣。他乡后夜相思处，秋水芦花梦钓矶。

——《鳌峰集》卷十三

初夏斋居

［明］徐　𤊹

单袷新裁白苧鲜，日长孤坐小窗前。盆供怪石鸿濛色，鼎爇名香缥缈烟。斑笋出墙排画戟，绿苔沿砌撒青钱。架头偶阅京房易，闲与儿曹解一篇。

——《鳌峰集》卷十六

谷雨日邀四明李子述集绿玉斋，同叔度、景倩、孟麐、道掌分得八齐

［明］徐　𤊹

三径花深蹋作泥，故人来自禹陵西。山前蜡屐登如阮，囊里新诗佩有奚。占候雨晴农播谷，留宾烟起妇蒸藜。枝头戴胜声初好，知是柔桑绿已齐。

——《鳌峰集》卷二十一

山居杂述

［明］徐　㶿

春眠袱被拥香温，花气当帘琐梦魂。来客惯知慵懒性，日高三丈始敲门。

夜静空阶坐晚风，萤光点点过墙东。少时好弄心犹在，更觅轻罗出竹丛。

画债诗逋苦应酬，更无心事问冥修。自知笔砚缘难断，清事应劳到白头。

手翻千卷架头书，自笑真同獭祭鱼。读罢依然编甲乙，更无残帙乱山居。

夜窗觅句写闲心，更出花阶缓步寻。只为篇中穷一字，月斜支枕尚沉吟。

上下词人几百年，研硃随意选诗篇。骚坛莫道无三尺，彤管能操五字权。

秋风先报菊花时，黄满阶除白满篱。三径品题谁第一，就中惟爱醉西施。

最爱阶前一片苔，西风黄叶乱飞来。却嫌点破重重绿，竹帚亲持日扫开。

小房高瞰竹青青，纸帐匡床对石屏。一切陈编都罢览，独留香谱与茶经。

修篁瑟瑟尽凌霄，重土轻移缓水浇。种法昔传宜竹醉，今逢五月十三朝。

一夜轻寒到竹扉，风吹微霰满林飞。御寒不用鹴裘着，新制僧家百衲衣。

——《鳌峰集》卷二十四

夏日过徐兴公绿玉斋啜新茗，同赋建除体

［明］谢肇淛

建州瓷瓯浮新茗，除尽烦忧梦初醒。满园枯竹根槎枒，平头小奴支石鼎。定知此味胜河朔，执杯劝君须饱酌。破屋依山带远钟，危峰吐云来虚阁。成都不数绿昌明，收却春雷第一声。开口大笑各归去，闭门卧听松风生。

——《小草斋集》卷五

同陈汝翔集绿玉斋兼怀惟和

［明］谢肇淛

一榻群峰对白袍，千竿寒玉照葡萄。山中客到星应聚，坐上诗成月渐高。花气晴生阴洞雾，天风夜送海门涛。遥怜双剑何时合，潦倒尊前首重搔。

——《小草斋集》卷十八

饮徐惟和绿玉斋得喧字

［明］谢肇淛

绿玉斋头酒一尊，桃花疑是武陵源。飞云片片时留榻，山色青青半在门。海国秋风闻落叶，鳌峰凉雨送黄昏。沧洲白眼愁看汝，若个于今可避喧。

——《小草斋集》卷十八

八月十四夜，同陈汝大、陈伯孺集绿玉斋

［明］谢肇淛

秋色将分夜更凉，斋头绿玉似潇湘。风敲松韵浑成籁，衣过花阴别有香。海上孤峰先吐月，山中万木早含霜。剧怜老子情非浅，还向南楼纵酒狂。

——《小草斋集》卷十八

秋日陈汝大、振狂、幼孺、子卿、袁无竞集徐惟和、兴公绿玉斋，时子卿归自长安，幼孺自吴，兴公将游秣陵，余以使事之浙

［明］邓原岳

高斋雨过散秋云，三径萧条易夕曛。双剑相逢怜去住，尺书何处寄殷勤。蓟门雁向闽山落，白下江从浙水分。唱罢阳关各南北，城头哀柝岂堪闻。

——《西楼集》卷六

冬日过徐惟和孝廉绿玉斋

［明］邓原岳

风流且莫叹漂零，独向青山结草亭。花下开尊空翠落，竹间岸帻冻云停。人家残日堪萧瑟，仙观疏钟乍杳冥。怪尔公车方待诏，行人错指少微星。

——《西楼集》卷五

雨中过绿玉斋，看惟和兄弟

［明］邓原岳

斋头小雨酿新寒，短策悠然问考槃。别后青山成隔岁，到来白社念同欢。云迷曲径层阴合，风过疏林落叶干。阶下箨龙看渐老，凭君裁作竹皮冠。

——《西楼集》卷五

宿惟和绿玉斋，同伯孺作

［明］邓原岳

入林欣把臂，招隐得同心。白社吾将老，青山尔共寻。窗虚萝月动，榻冷竹风侵。梦浅断残磬，情多愁远砧。寒蛩依砌静，宿乌择枝深。晦迹甘云卧，浮生愧陆沉。从来丘壑相，不负紫芝吟。

——《西楼集》卷八

重过惟和绿玉斋感赋

［明］陈荐夫

昔我来山中，高谭彻昏旦。诗书闭广皭，恣意随所玩。滔滔逝水流，霭霭停云散。星霜八九移，重来值秋晏。落叶蝉屡哀，陈根芋初蔓。曲

榭为我开，凝尘使之暗。欲接梦魂遥，神理良已诞。怀哉邻笛音，山阳有余叹。

死者日已远，生者徒凄其。人生苦鳏独，戚戚含酸悲。君今有妇子，还为没世嗤。一挥聊百万，四壁空无资。良田既以更，广厦复已移。平生所爱物，弃置行向谁。触目感不浅，伤心良在兹。不如泉下人，窅窅无所知。

——《水明楼集》卷一

题徐兴公绿玉斋

［明］邵捷春

屋后琅玕绿，斋头暑不知。撼秋声飒飒，照夜影离离。密蔽鳌峰入，疏容雉堞窥。中宵见明月，相过榻频移。

——《剑津集》卷四

徐兴公绿玉斋少坐，喜其幼郎存颖

［明］曹学佺

余归已缓在君前，得到斋头即是仙。字体忘时看藓壁，文机熟处验花砖。槐生兔目如窥客，月映蛾眉乍上弦。简点琴书多故物，承家真有季方贤。

——《石仓诗稿·更生篇》

集绿玉斋，听游元藻谈流寇有述

［明］曹学佺

莆阳称三游，兹复逢二雅。声名籍词坛，踪迹遍天下。奈何丁运衰，游道不相假。汉廷公与卿，谁为长揖者。去岁客灊山，寇贼满郊野。号令疾于雷，火光烂若冶。城破邑为墟，肉糜人作鲊。苍茫天色黄，漂没河流赭。当其杀戮豪，笑歌上胡马。但夸得意词，鬼多人听寡。君虽在乱离，记忆犹不舍。叙述杯酒间，盈盈泪堪把。始愿怀首丘，讵云得修社。残春在竹林，新绿透窗瓦。莺啼睆而人，客心为之写。

——《石仓诗稿·六四诗集》

同周爰粲、周方叔、薛当世、林恬生诸子过绿玉斋，时兴公客古田未返，其子存颖、孙器之陪侍

［明］曹学佺

客到偶成社，梅开仅一枝。断冰沾履迹，寒日上书帷。春信迫残岁，主人归尚迟。儿孙能好事，不令叹凄其。

——《石仓诗稿·西峰集诗》

过绿玉斋，为雪关上人书字

［明］曹学佺

新诗吟甫就，试笔在山斋。正值高僧乞，欣然当我怀。藤萝垂玉筋，池水落金钗。为问宗门旨，能禁几度排。

——《石仓诗稿·西峰集诗》

绿玉斋看菊，饯送陈昌基北上

［明］曹学佺

北阙人方上，东篱花正时。青云何处是，黄鹄以为期。昭代人文盛，君家祖德垂。木天与秘省，相继复摛词。

我爱郊居好，年来闲入城。相寻无几友，之子与斯盟。言驾公车好，其如祖席情。竹林遥忆日，已听上林莺。

——《石仓诗稿·赐环篇》

陪曹能始先生集徐兴公绿玉斋

［明］陈　衎

红日出远林，丛篁交庭阴。玉芸娱幽独，快睹轩东临。丹泉阳羡月，古调峄山琴。之子具玄远，旷然澄素心。瑶华若天雨，相将秉烛吟。

——《大江集》卷二

兴公绿玉斋画竹，是日秋望无月

［明］陈　衎

一年月色几回明，每到高斋待晚晴。半亩筼筜看不尽，更将纨扇写秋声。

——《大江草堂二集》卷八

集徐兴公绿玉斋，分得初字

［明］周之夔

斗室维摩结净居，倦游归自豫章初。日长共坐千竿里，年少争推七步余。时崔殿生诗先成。华盖志成疑宛委，兴公为崔征仲修志。醮坛杯出胜璠玙。嘉靖窑。一时高会真难再，犹向林梢待望舒。

——《弃草集》卷五

同曹能始、陈轩伯、林异卿集徐兴公绿玉斋，因怀惟和先生

［明］邓庆寀

八年别去九仙山，此日重来一叩关。但有苍苔生石上，依然绿竹拥窗间。先人交道知仍在，伯氏吟魂吊不还。自逐微名奔走夜，清尊犹愧洗尘颜。

——《全闽明诗传》卷四十五

绿玉斋偶作

［明］徐延寿

插架书多懒自开，断蝉声急夕阳催。疏疏桐树迟迟月，坐待墙东送影来。

——《尺木堂集·五言律诗》

霖臣过绿玉斋，同克张小饮

［明］徐延寿

柴门雨歇屐声闻，径草春香尽种芸。绿酯花前消永昼，白衣天外看浮云。三人入座无他客，终日开窗有此君。芳草不堪怀远道，梦中金虎闼闾坟。

——《尺木堂集·七言律诗》

仲春积雨，同异卿、开仲访西泠陆骧武于徐无量绿玉斋次韵

［清］林之番

傍云依树插危楹，石壁窗间带翠横。万卷缥缃终岁老，一天烟霭几时清。元龙湖海心犹壮，司马山川眼倍明。茗碗淹留为好友，黄鹂亦自逗春声。

附：陆骧武原唱

绿玉斋头书满楹，座中回见北山横。忘年不为兰亭禊，寒食何知榆火清。客有筠心看竹醉，庭无日影报春明。人间何世能兹会，莫听梨花涧雨声。

——《藏山堂文集》卷二

廖攻瑕、陈龙季偶过山斋

［明］徐延寿

客趁春初至，山宜雪后看。偶来原不速，小饮亦成欢。炉炽茶生浪，楼高竹送寒。交情遍天下，得此素心难。

——《尺木堂集·五言律诗》

榕城古迹杂咏·绿玉斋

［清］杨庆琛

金鳌峰下敞轩楹，地为徐公代擅名。深径琳琅秋有韵，重帘烟雨绿多情。名山事业千图卷，福地神仙两弟兄。好衬小楼香影暮，桃花消瘦碧筠清。

——《绛雪山房诗抄》卷十八

绿玉斋怀徐氏兄弟

［清］李彦彬

琳宇花宫话旧游，书声新写鉴亭秋。谁知修竹浓云地，中有诗人宛羽楼。

诗声吟倚竹窗幽，山色鳌峰翠欲流。想见对床风雨夜，万竿绿泻一庭秋。

——《击钵吟偶存》卷下

绿玉斋观雨

［清］刘苹奎

名山子墨冷苍苔，剩有危楼眼界开。海气嘘云当槛上，天风挟雨过墙来。垂檐水急森银竹，破壁烟浓黯绿槐。明日萧斋倘新霁，笑吟平远最高台。

——《琼台吟史诗初编·宾莲塘集》

绿玉斋

[清] 徐一鹗

九仙山下城南隈，人境犹是无尘埃。昔贤偃卧意自足，高斋盘构临崔嵬。山中卉木甚繁富，筼筜万介亲为栽。潇潇美人振瑶珮，左右佳士分琼瑰。满堂空翠如可扫，仿佛六月深秋来。当时舒啸出金石，今日行歌伤野莱。百年人事如反掌，碧玉琅玕日不长。宛羽楼头空载书，红云社事谁留赏。风前啸凤无来音，露后鸣琴辍清响。曹谢风流不复知，彤竿素笋犹飘荡。昔贤已没空山空，空山依旧横荆莽。安得海上叩竹枝，截作仙人绿玉杖。不将世运感沧桑，时驭苍龙独来往。

——《宛羽堂诗抄》

访绿玉斋徐山人旧业，久废为尼庵，今归余友李霁塘、方溪兄弟

[清] 林寿图

一径苍烟入，窈然山气凉。龙吟罢风雨，鱼梵送斜阳。忆囊归燕赵，故人过范张。联床足歌啸，冠盖谢飞扬。

补种琅玕竹，依然戛玉闻。主盟孰曹谢，继唱再机云。诗味余禅悦，尘声远市氛。金鳌峰咫尺，登眺约偕君。

——《黄鹄山人诗钞》卷五

访徐兴公绿玉斋

[清] 林寿图

山人种竹此西偏，半亩荒芜带绿烟。竹已化龙悲作雨，人能幻鹤返何年。履声蓬径来求仲，诗梦池塘入惠连。异代相思渺秋水，为君吹笛幔亭天。

——《笃旧集》卷十五

榕城胜迹杂咏·绿玉斋

[清] 曾兆霖

金鳌峰下小斋营，仙境诗心分外清。修竹千竿书万卷，一帘花雨隔溪声。

——《鹗里曾氏十一世诗·咬菜根斋诗》

偃曝轩

宛羽楼右偏先人新筑小堂命名偃曝，未落成见背，寿葺旧茅，用续先志，适曹能始先生枉过，贻诗依韵答之

〔明〕徐延寿

翠色初开径，车音忽叩关。纵营新白屋，不离旧青山。交谊联生死，诗篇数往还。庭前有修竹，长染泪痕斑。

——《尺木堂集·五言律诗》

暮春同林异卿、陈昌箕开社，邀崇德朱君开、钱塘宋讱铭、嘉善叶臞仙、天台王五玉、缙云李元功、盐宜汤芳侯、维扬罗云汉集偃曝堂分韵

〔明〕徐延寿

径扫荒蒿榻扫尘，四方萍迹定交新。共言于越多君子，更喜维扬有俊人。轩冕亦同贫贱士，干戈俱是乱离身。当筵却笑长醒者，容易看花过一春。

——《尺木堂集·七言律诗》

宛羽楼

曹能始捐赀助予构书楼，颜曰“宛羽”，取“宛委羽陵”藏书之义，落成日感而答谢

〔明〕徐 𤊹

片石孤峰削不如，仙台一半入楼居。南窗稳卧邯郸枕，东壁深藏宛羽书。旧种荔奴争掩映，新分竹祖待扶疏。巢由岂必寻山隐，人境从来可结庐。

老营书屋抑何痴，白首那能更下帷。八面登临堪纵目，四时吟咏独支颐。石灯照壁光遥射，宝塔窥墙影倒移。多谢锦江王录事，欣然先赠草堂赀。

——《全闽明诗传》卷四十

徐兴公新楼落成问名

［明］曹学佺

草堂赀寄漫嗔余，结构凌云类子虚。巢父何曾买山隐，仙人原自好楼居。曝衣岂必夸南阮，题额依然问晋书。从此鳌峰日相对，出门应懒叹无舆。

群玉为山非是宝，千箱充栋始称奇。多闻取友成三益，漫说还山当一嗤。老景偷闲犹未遂，人生乐此不为疲。羽陵宛委寻真遍，待副名山子墨期。

——《石仓全集·西峰六一草》

人日兴公宛羽楼

［明］曹学佺

新楼已落待樽开，诗句先题客后来。人日倚楼频眺望，阆风吹袂向蓬莱。神仙孰跨云间鲤，士女同游石上台。若就此中借书读，宁论尘世首低回。

——《石仓全集·六二诗集》

徐兴公宛羽楼成和曹能始韵

［明］邵捷春

新成杰构更谁如，不用他山别筑居。园拓东西分易地，楼题宛羽合藏书。好风入枕钟声近，斜月当空荔影疏，莫把鳌峰都占却，津门瓜圃旧吾庐。

频借青箱不讳痴，百城还下董生帷。课儿读易频占象，对客谈诗尽解颐。红雨低从山下落，绿筠高向槛中移。草堂独我相过近，投赠何辞录事赀。

——《剑津集》卷六

游鳌峰怀徐氏兄弟读书处

廖毓英

山人不可见，山阁挂斜曛。左海称才子，幽庐说隐君。诗名元并驾，劫火又斯文。绿玉斋何在，从篁影拂云。

——《闽百三十人诗存》卷六

游鳌峰怀徐氏兄弟读书处

林涵中

二徐今不作，遗迹有谁云。平远无诗派，风流剩旧闻。九仙何处所，左海几人文。八十一阶上，半天唯白云。

——《闽百三十人诗存》卷六

题宛羽楼为徐兴公藏书处

［明］陈 衎

觚棱四角翼如翚，正对仙山接翠微。隙地尽堆黄卷满，疏窗长有白云飞。曾闻李峤真才子，又见南州老布衣。充栋韦编皆屡绝，无须辟蠹泥芸辉。

——《大江集》卷六

徐存永招集宛羽楼得庭字，时兴公客游未归

［明］陈 衎

重重幽磴叩岩扃，尚有残梅落户庭。春色天涯芳草绿，年华风景远山青。行厨竹里开银瓮，秘笈楼中勘石经。元夕虽当荒歉后，家家箫鼓不曾停。

——《大江草堂二集》卷六

题徐兴公宛羽楼

［明］周之夔

巨灵擘石创飞楼，遂割鳌峰腹背幽。千佛殿中花雨迥，九仙山顶药泉流。灯光吐影疑奎璧，剑气冲宵即斗牛。早晚凤凰巢阿阁，传经羡尔好贻谋。

——《弃草集》卷五

午日直社宛羽楼

［明］徐延寿

开径来群彦，登楼揖九仙。山歌行互答，社酒酌谁先。短发争簪艾，新声竞采莲。缕因长命续，符为辟兵传。墙缺生初月，篱疏补淡烟。香

芸驱落蠹，残柳挂鸣蝉。稽阮林中至，羲皇枕上眠。相期须尽醉，莫问义熙年。

——《尺木堂集·五言排律》

罗源章次弓大令过集宛羽楼

［明］徐延寿

曲巷何来上客车，为怜先世问藏书。家贫无物堪供馔，四壁萧萧只蠹鱼。

——《尺木堂集·七言绝句》

姑苏周玉凫仪部过别宛雨楼看残梅

［明］徐延寿

朔风入户天宇清，炎方腊暖如春晴。仙台近接小楼外，岚光分翠排疏楹。剪除蓬径枉上客，輶轩来自金阊城。市远盘餐聊草草，茅容蔬馔非侯鲭。寒梅半树舞轻雪，吴盐撒地闻无声。当空况有冰蟾吐，照来瘦影殊分明。良会不辞文字饮，呼庐交错飞银觥。夜色何其醉休问，只愁玉笛吹三更。天末新知正为乐，南宫粉署催归程。梅□已落客将行，酒罢欲歌歌不成，旅魂凄怆花魂惊。留得一枝开陇上，他时相忆遥传情。

——《尺木堂集·七言古诗》

过徐器之宛羽楼，与何幼秋小饮，用壁间前韵

［清］黄若庸

何以清尘虑，言过高士庐。避人三亩竹，留客一篱蔬。山静时无鸟，楼闲半是书。有朋堪永日，已觉世情疏。

——《国朝全闽诗录初集》卷五

补蕉山馆

于麓天开图画楼，为明郑少参逑所建。戊戌，得其地而修葺之，祀公于前堂。老松偃蹇，各具奇绝，勒石落成，随作五咏

［清］郭柏苍

双松在岩间，藤萝远相向。虬枝擘空高，引蔓亦无量。云涛藉声施，苍翠眩眺望。小草得深阴，不知谁所障。岁暮风霜深，天心独有尚。石上

双松。

种蕉识代谢，结果不重荣。可知造化意，相与在有成。老蕉败叶折，欹侧挂檐楹。新蕉舒夕露，卓若翠旗明。长觉窗几暗，那知庭院晴。夕阳满墙角，忽作风雨声。补蕉，堂前隙地补之以蕉。

老柏倾欹阴行路，屋里见根不见树。柴门只合闭桃李，此树要与风云遇。长年葱郁万绿羞，一望萧森凡鸟惧。居高独受雨露恩，瓜葛藤萝乌敢附。山中直木近应童，论材屡得良匠顾。世间绳尺漫短长，矮巷穷檐那得厝。但愿长依里社青，不堪终傍庙廊蠹。老柏。

山园岁久宿根深，蓬艾阴阴不可寻。十日春雷又春雨，半空看汝作龙吟。老竹生笋。

高人赏识动咨嗟，奇古从来怯画家。汪志周、杨铎皆累图不能尽其状。甘向岩间同俯仰，传为明郑少参逑手植。雪中时着数枝花。岩间二梅，空嵌伛偻，措以数木。

——《补蕉山馆诗》卷上

画师浦城汪君志周假寓于麓补蕉山馆

［清］郭柏苍

瘦躯抱古琴，弹向乔松阴。高馆自作画，十日无人寻。琴罢复叹息，画成乃长吟。遥遥视人世，泠然云鹤心。

——《补蕉山馆诗》卷上

于山补蕉山馆双松

［清］郭柏苍

柳树得春光，一雨条已绿。黯黯石上松，生意若不足。微月在疏枝，清籁每相属。沾渥不能荣，高亢不得辱。独立见根株，百匠憎盘曲。凡材藉粪壤，砍伐随世俗。老死青山阿，有鹤独踯躅。

——《三峰草庐诗》卷上

秋晚访郭五蒹秋于九仙山种蕉山馆

［清］林 熙

年来面目障尘埃，寂壑深林渐欲灰。此会也仍乘兴至，可人应笑不期来。四更石影亦分坐，馆右郭五曾题“黄肖岩、郭蒹秋四更坐月”，勒于石上。九月蕉声爽举杯。一洗烦襟期净尽，可能重访到寒梅。

——《井窗蛩吟集》卷一

自九仙山归，过苏庚麟宅，留饮和何春岩韵

［清］刘永标

一迳下于山，仄滑不可步。曲折转山麓，暝色辨归路。相逢小东坡，邀遮留少住。入门荫藤竹，隐隐新月吐。须臾具肴馔，觞酌更无数。翩翩孙公子，而波。长笛发清趣。群公喜醉歌，迭和何郎句。气酣凉飔来，欢谑颇不顾。主人复留髡，促席款情愫。笑我酒力弱，如鸟辄溢嗉。几欲逋筹走，时亦被肘屡。更阑相送归，长街剧风露。回首鳌峰头，晴云抹高树。

——《盥白斋诗抄》卷一

赌棋山庄

戊寅春分集赌棋山庄

［清］高望曾

行尽东城路，城阴有草堂。径随山脚转，兴逐雨声长。坏榜穿邻寺，疏篱界女墙。数椽新结构，纵览极苍茫。

宣城诗笔健，别我六年余。曾献上林赋，饱撢中秘书。高情缔猿鹤，结癖恋虫鱼。为有岩栖胜，翛然乐遂初。

客来俱不速，相对各忘情。忆友披诗卷，呼童设酒铛。平分春正富，久坐雨还晴。徙倚层台上，江流空外明。

匼匝山三面，纵横地数弓。泥香知菜美，烟淡觉林空。倚石新添竹，疏泉便洗桐。秾桃无剩蕊，着意笑春风。

地迴春声聚，窗虚暝色迟。闲云留竟日，归鸟语移时。照座烧银烛，传餐进玉匙。谁看陈异味，烂醉不须辞。

客游寻旧侣，灾状述新闻。梦里中条雨，衣边太华云。升沉原有数，忧患更谁分。议赈频颁诏，畴咨累圣君。

西北频年旱，东南雨泽偏。仓储劳转运，园府赖输捐。况复卮多漏，何堪磬尽悬。新来多疏凿，徒费水衡钱。

胜地春长住，清潭夜渐深。柝声喧小巷，灯火出疏林。漫折东山屐，应题南国襟。明朝有晴意，走马再相寻。

——《课余续录》卷三

壶中天题谢枚如赌棋山庄图

［清］勒方锜

冶城东畔，有精庐小筑，高凌层巘。薜壁萝屏围卧榻，还喜烟岚迎面。磴仄穿云，台平伫月，胜概随时选。天成图画，地偏元为心远。　回念往日乌衣，芸辉玉照，弹指沧桑变。近市翻饶丘壑美，谁计归山深浅？旧烬搜余，新巢营就，三径都幽蒨。棋声何处，夕阳红上藤扁。

——《课余续录》卷三

凤凰台上忆吹箫题谢枚如赌棋山庄图

［清］张鸣珂

一月垂天，万山窥牖，借大著《酒边词》中句。谢家词笔清空。认草堂何处，乔木青葱。世事枯棋一局，还记否、赌墅争雄。从今后，楸枰敛手，得失鸡虫。　匆匆。客游去也，花底几楼台，蛛网尘封。况鼓鼙声急，渐少欢悰。剩有池边疏柳，开倦眼、犹带春风。春风到，元亭问字，载酒相从。

——《课余续录》卷三

过赌棋山庄

佚　名

鳌顶峰前路，依稀别墅幽。先生留地望，我辈仰风流。北斗高名重，东山往事悠。冥冥看世局，急劫未曾休。

——《闽百三十人诗存》卷六

同庶古、孟玺、义耕访赌棋山庄不得，旋晤陈丈心轩，为详赌棋山庄形势，归来感

张子仲

九曲亭前路，般若井边咫。衰草侵斜阶，乱鲜蔓坏壁。拾级久逡巡，瞻顾慵登陟。化城寺前立，遥翠接芳萴。山路直如绳，眼尽平畴碧。寺前折数武，颓垣丛荆棘。山庄果在兹，然疑情未释。邂逅心轩叟，心轩丈为赌棋先生外孙。为我详形式。一亭翼岩巅，孤荔撑石隙。连楹敞窻牖，书史纷堆积。赌棋山庄额，隶书遒镌石。风骚独管领，文会无虚夕。公薨裔亦微，山庄主屡易。我闻殊感伤，天道渺难测。沧桑五十年，销沉成陈迹。幸有文章光，千秋炯不戢。

——《河西精舍诗存》

于麓山馆

代人寿杨退尖

陈　震

九仙山之隈，中有一亩宅。楼上藏图书，楼下列花石。楹联手自题，颂祷靡怪特。五福所不废，讳者徒寡识。伊人众称奇，其正则不失。不夷不惠间，贤者固莫测。士方困阨际，生计或偪仄。更怜非丈夫，肯寄王孙食。师以贤得民，先难后有获。陈酒执修人，请业更请益。亦复精鉴别，兹事关目力。蓄得豳风图，千金弗与易。旁搜绉瘦透，不减米家癖。丘壑具方寸，烟云生咫尺。平生峻风规，三代存遗直。心有所不平，义则形于色。迩来敛锋芒，绳己弥谦抑。岂伊忍冻吟，自号寓自克。相交久而敬，追忆犹历历。去年寿我母，长句照四壁。草长莺乱飞，揆辰乍半百。芦帘著逸妻，荷衣拜严客。不报理则那，辱书颜发赤。谅我诗成迟，尘劳方未息。

——《首邱集》

别于麓山馆

沈　桢

越王城南劫火红，射天巨炮交丰隆。山花不发飞鸟空，铁翅独掣蓬莱风。我居初傍海月亭，江流漭漭松风青。六鳌纶断仙无灵，移家来观于麓铭。一月二月放梅桂，三树两树斗龙荔。小楼人去正春归，四面文窗一时闭。

——《繁霜榭诗词集》

于麓草堂书感

［清］宋　谦

忆自甲辰僦居斯土，计今十年。名山一席，已更初地；草舍三椽，尚仍故址。心与时违，事由境迁。伏念文章久阨，骨肉中乖；去日已多，闲居不易。虽犊裈阮氏，添此家具；而牛衣王郎，益我酒悲。百忧煎今，千绪抽昨。车辙穷巷，灯光敝庐。世故道情，迭相消长。抱书欲哭，握槧何言？走笔书此，用述己志，不自知其为工拙也。

昔吾居名山，宅与九仙迩。磴道修逶迤，去山无尺咫。女墙环其前，牙牙如列齿。古榕蟠邻东，凉翠滴窗里。屋后架层峦，观阁出岌嶬。西瞻白马祠，旛竿矗云倚。中有读书堂，杂植覆垣阯。岩泉朝洗心，松风夕韵耳。闭门清尝足，吟啸渺停晷。胜地奄不常，饥躯速尘轨。囊乏买山钱，罔克一椽庀。荒荒罗汉园，荆榛薙遗址。盖茅临清池，开径俯清沘。微波泼剌鸣，露晨跃红鲤。拨草窥城堙，藤萝蔓柔藟。丛林剥枣声，树杪人语起。沿流湔素衣，隔叶接芳蘼。虽微容膝安，颇觉野意美。归卧蓬牖中，夜深一抚髀。物我殊亨屯，今昔易泰否。时光疾似梭，人情薄于纸。上书艰识韩，灭刺忍怀祢。落落文字交，难为胶漆譬。寥寥平生知，易作参商视。分羹嫂亦愁，啜菽母何恃。有兄抱烦疴，沉绵恋床笫。一身勤笔耕，辛苦供食指。砚田无丰年，灌溉信徒尔。饔飧鲜恒资，况乃需药饵。雁行倏分飞，抚棺痛曷已。茅檐丹旐飞，楮帛奠灵几。凄凄手足情，顷刻判生死。门户独立支，百事逼经理。茕茕孤行伤，流离困转徙。幸赢卖赋金，卜筑及故垒。小扉低缚柴，短篱密编枳。风停南州榻，雪消东郭履。鸡虫得失间，稍稍洞元旨。俗见夸登鳌，热肠贵射雉。身非田舍翁，斛麦窃自揣。朱陈旧村芜，末习竞丽靡。深山共裘葛，何取袭罗绮。悠悠皋庑人，令德夙所企。婉婉桓少君，鹿车挽归里。志甘竹笥贫，意惕练裳侈。蘋蘩劳手撷，春夏湘釜锜。酒食累心议，晨昏给滫髓。绿窗篝火红，佐读晚治枲。牛衣病泪干，危言藉砺砥。识争诸葛先，学窃乐羊比。德盛招群疑，行高召众毁。赠袍绝故人，割肉靳孺子。英雄遭遇悭，偃蹇古如此。庭萎韩琦花，泽彫屈原芷。触藩洵类羝，率野宁匪兕。赫赫簪缨家，金碧焕阶陀。未倾孔融尊，遑倒蔡邕屣。鸡鹜叨俸粮，驽骀荷鞭棰。昂昂七尺躯，肯效辽东豕。峰腰刈青刍，扫栈喂騄駬。戍楼画角声，吹裂暮云紫。牢骚方寸心，阅世更悲喜。蚌月齐亏盈，木雁各非是。附骥名何彰，牧犊业何耻。衣冠不荣身，登场犹傀儡。岂乏姻娅亲，琐琐共膴仕。邱园养迂拙，所惜迩泥滓。仰觇牛斗墟，光怪秘恢诡。神剑违张华，终埋丰狱底。俯披毕镐图，符谶杳祥址。灵璜弃姜尚，讵出渭川涘。伊古名公卿，卓卓见闻士。薮麟斤斧伤，海鸟鼓钟祀。升沉吏版淆，颠倒朝章拟。推恩遍植槚，贼性动戕杞。皤皤虞大夫，逋生溷宛鄙。桓桓楚亡人，乞食走濑水。丧乱章贞臣，坎壈炼奇技。落落罹百忧，辉辉亘千纪。庙廷纵屈之，造化卒伸彼。忠奸播轶谈，历历载前史。讨论搜遗篇，香躅私独跂。凉飔摇空帷，牙签忽飘缅。蓬庐寒雨过，高歌激流征。采兰欣循陔，负薪快适市。持壶偶零沽，兀坐泛绿蚁。考槃同硕人，涧谷思永矢。敢嫌匏系踪，牢寞守桑梓。陆庄防岁荒，灿灿树桃李。传经绛帐悬，展卷乌皮庋。庭希沦茗奴，室鲜能诗婢。娇号恤陶儿，怒詈信屈姊。跅䨲不羁材，负气若天使。只惭多受恩，讵恨少知己。绕舍苔苍苍，环除草薿薿。幽岩俗驾回，乱石奚崀垒。回头顾山妻，一笑忘所以。卷帘窥重岚，睥睨小岗屺。胸怀高凌峋，璺岫卑岃嶐。修途亡险巇，焉惧世路圮。乾坤仁宇宽，旷然安汝止。游神栖太虚，悟道见无始。清净印禅宗，元妙超外氏。毋庸寻丹邱，闭关吾老矣。

——《剑怀堂诗草内编》

于麓家庙成在太平街古井之左

［清］郭柏苍

翠岩列屏障，群木冠其巅。可以开堂构，兼能接后先。山光千嶂日，树色七城烟。泽朗田庐在，渊源沧海边。

——《鄂跗草堂诗》卷上

艺　文（三）

楹　联　选

于山万岁寺

十二因缘，入吾门皆大欢喜；三千世界，愿众生各自慈悲。

光绪癸卯年冬吉旦，鼓山涌泉寺兼白塔寺住持释妙莲募建

（楷书，天王殿石柱）

浑坚法，不坏身，虎豹惊驯安南土；乱坠花，瀰空雨，人天瞻仰指西方。

前怡山住持春锦、比丘证明、镜明同敬献

（行书，天王殿石柱）

甘露门开，合十齐登欢喜地；宝莲座涌，大千普荫吉祥云。

大清国光绪癸卯年仲冬日吉立，

钦加二品衔赏戴花翎候选道信官林宝康领男步月敬献

（行书，天王殿石柱）

扫尽红尘归万法；磨开明镜见诸天。

汀州府连城县林仲发 妻陈氏法名普遍 观同叩

（行书，天王殿石柱）

南方见宝相佛，三百六十场，朝朝结欢喜；西土拜阿育王，四万八千塔，夜夜放光明。

前怡山长庆寺住持明光敬献

（行书，天王殿前石柱）

一杵震天威，四种魔军皆返旆；寸心酧夙愿，三洲梵宇作干城。

佛弟子圣 复 珠 清同敬献

（楷书，天王殿石柱）

宝历长绵，福地辟九重寿寓；梵轮大转，沙门结万古灵缘。

大清国光绪癸卯年仲冬吉日，信官林廷斌领男德潮 树 炳敬献

（行书，大雄宝殿石柱）

慧海净无尘，万里灵光春似阔；名山新有主，一教禅偈暮云深。

前鼓山涌泉寺住持善泉
善庆敬立

（楷书，天王殿石柱）

作善余庆，自求多祜；修身行道，唯以永年。

比丘僧鼎峰敬书

（行书，天王殿石柱）

典御十方，说法西来开梵宇；祝厘万岁，驮经东返奠榕疆。

光绪癸卯年季冬吉旦，仙邑木商郭义和领男士宜
聪敬献

（楷书，天王殿石柱）

慧海净无尘，万里灵光春似润；名山新有主，一声禅偈暮云深。

前鼓山涌泉寺住持善泉
善庆敬立

（楷书，天王殿石柱）

礼觉皇十号，祝天子万年。

（篆书，大雄宝殿石柱）

三教庄严居第二，光明遍照十方；一心清净本无双，普利永垂万祀。

光绪己亥孟春吉立，延平府开平寺住持信元监院莲茂
副寺善松同敬献

（楷书，大雄宝殿石柱）

妙地得参禅，且喜大振宗风，看迩来弥天花雨；莲台如授教，即今重光梵宇，使若辈见性悟源。

时光绪辛丑年仲春吉旦，监院弥见拜撰并书

（行书，大雄宝殿石柱）

不二守宗风，三教原无门径别；大千开法界，十方总托地天空。

光绪岁次癸卯季秋吉立

钦加二品衔赏戴花翎候选官信官林梁材领男宝康敬献

（楷书，大雄宝殿石柱）

皇矣能仁，自天竺降生，庄严有象；浑乎其化，奄大千说法，开辟无遮。

道光丙申年仲春谷旦，钦加升衔前江西海州府署
苏州府知府，里人陈经率男鹤书敬立

（楷书，大雄宝殿石柱）

十行同圆，妙入三摩之地；九根无碍，净超四大之中。

道光丙申年蒲月吉旦，钦加升衔前江西海州府署

苏州府知府，里人陈经率男鹤书敬立

（楷书，大雄宝殿石柱）

堂结万缘，深喜梵宇重修，慈云留荫；庭补白塔，涌看法轮常转，慧日增辉。

光绪己亥孟春吉旦，比丘鼎峰敬献

（行书，大雄宝殿石柱）

五蕴皆空，半偈钟鱼开法界；六根同净，一龛香火捧慈云。

光绪二十五年吉旦立，建郡小松西瑞寺僧信海、徒绍铭同敬献

（楷书，大雄宝殿）

寿无量，法无边，无是无非无烦恼；度有缘，救有难，有因有果有菩提。

宣统元年岁次己酉四月佛诞立，比丘惠定敬献

（楷书，大雄宝殿石柱）

自在大观，共仰尊严之莲座；定光守护，咸钦名胜于榕垣。

宣统元年仲夏吉旦，钦加同知衔秦卿信官杜汉淮敬立

（行书，法雨堂前廊石柱）

听说法，可为吾身证因果；请登堂，恍如此地出尘凡。

宣统己酉年四月浴佛日，鼓山涌泉寺住持振光敬立

（篆书，法雨堂石柱）

宝塔巍峨，高出大千世界；梵宫清净，广开不二法门。

宣统元年，岁次己酉四月佛诞日，

赏戴花翎三品衔候补道南靖信官郑金榜敬献

（楷书，法雨堂石柱）

废址现楼台，须知五蕴皆空，亿劫不磨圆觉相；浮图俯城郭，恰喜九仙伊迩，万家共祝盛平时。

钦加同知衔，林廷斌领男焕建汉秉章孙浦启揖光敬立

（行书，法雨堂石柱）

浮图七级耸云霄，宝铎乘风，静听法音宣妙偈；古刹十年更面目，琳宫蔽日，俄看佛土壮新观。

光绪戊申年吉旦，赏戴花翎二品衔信官林宝庆领男步青云敬立

（行书，法雨堂石柱）

宫殿庄严，即庄严，离庄严，便登极乐；金容相好，非相好，名相

好，顿见真如。

宣统元年四月浴沸日，鼓山涌泉寺监院宝月敬献

（楷书，法雨堂石柱）

塔耸云霄，文笔峰高，十邑广开文运；寺临城郭，福田土沃，万象共结福缘。

光绪三十三年岁次丁未腊月佛诞日，

鼓山涌泉寺兼白塔寺住持妙莲 古月领监院祥云 一庆副寺泉扬同敬募重建

（行书，法雨堂石柱）

佛土庄严，普愿人天拥护；法筵清净，伫看龙象骈臻。

光绪戊申四月浴佛日，比丘鼎峰 慧熙同敬立

（行书，法雨堂石柱）

法器一喧，大梦虽浓皆醒觉；堂基不朽，众生相继得逍遥。

宣统己酉年四月浴佛日，比丘真觉敬立

（篆书，法雨堂石柱）

罗山法海寺

万派朝宗归法海；千峰环峙拱罗山。

寿山□敬书

（草书，山门）

法云地，获金刚乾慧地，救护亲因入遍知海；罗汉道，证菩提无上道，安住不动如须弥山。

光绪己卯仲春，前云南布政使、里人陈景亮敬书

（楷书，天王殿石柱）

就金积作给孤园，认取罗山看布地；挹河流为功德水，悟从法海出通津。

光绪戊寅嘉平谷旦，通津铺五社公立

（楷书，天王殿石柱）

罗天供养修持，山境都成金粟界；法地庄严清净，海邦重现宝莲台。

光绪己卯季冬修建告成，郡人李彤恩、高福康、林景章同敬献

（隶书，天王殿石柱）

法宇普慈航，三界法轮遍转；海邦登寿域，十方海镜长明。

光绪己卯仲春谷旦，信士侯乔年敬献

（行书，天王殿石柱）

寺本孟宧舍宅而成，当日现宰官说法；地接何氏炼丹之处，于今见仙佛同源。

光绪己卯季春谷旦，信士赵仲卿敬献

（行书，天王殿石柱）

法宇常悬，福地霑濡资佛力；海天共仰，慈云拥护冀神庥。

光绪四年嘉平月吉旦，新安婺邑洪鎏敬立

（行书，天王殿石柱）

释典可通儒，秋篆分闱，科举榜联千佛记；禅机堪悟道，晨钟唤梦，楼台地接九仙山。

光绪四年腊月谷旦，里人陈维乔敬献

（行书，天王殿石柱）

耆阇崛分脉罗山，清净同归罗汉道；宝庄严住光法海，修持共礼法王居。

光绪戊寅仲秋谷旦，闽浙督标中军副将刘春田敬献

（楷书，大雄宝殿石柱）

堂结万缘，深喜梵宇重修，慈云留荫；庭罗双塔，涌看法轮常转，慧日增辉。

光绪四年九月谷旦，留闽尽先副将邵武营参将郭祖耀邦献

（楷书，大雄宝殿石柱）

选胜拾香亭，遍降曼陀花法雨；涌光多宝塔，毕见华严藏宗风。

光绪戊寅仲秋谷旦，浙宁商人高梧冈敬书

（隶书，大雄宝殿石柱）

法界拥祥云，驻西竺慈航，福地庄严新气象；海邦敷惠雨，渡东瀛宝筏，佛天欢喜旧因缘。

光绪戊寅孟秋，在台阳办理局务，闻榕郡法海禅寺重建告成有日，谨撰楹联，藉申瓣香之敬云尔。花翎浙江补用知府本乡信官李彤恩敬献

（楷书，大雄宝殿石柱）

法宇喜重开，丹荔碧榕垂荫久；海航占利涉，金绳宝筏指迷多。

光绪四年戊寅岁五月谷旦，四明蛟川弟子乐瀛昌敬献

（行书，大雄宝殿石柱）

六桥坠落尘罗，觉梦罗山，见五百阿罗汉，听说第一波罗蜜，孙陀罗、耶输陀罗、与罗睺罗俱，以吉由罗供养；三摩宣扬善法，清净法海，具九十七法相，开通不二宏法门，大乘法、最上乘法，是法非法者，得微妙法受持。

光绪戊寅造并志缘起，里人高福康盥手敬书

（楷书，大雄宝殿石柱）

宝相著庄严，双钵高擎施法雨；琛航蒙呵护，一帆顺遇庆安澜。

光绪四年孟冬吉旦，浙宁镇海商人林谔敬献

（楷书，大雄宝殿石柱）

金积园布恒河沙，为我佛供养；神霄宫造多宝塔，见诸天律仪。

（楷书，大雄宝殿石柱）

千佛地接九仙，清净同归，平远台开无碍相；双塔光增多宝，色尘不染，婆罗门见大悲心。

光绪戊寅重建纪成，信士林景章敬献

（楷书，大雄宝殿石柱）

舍宅何年，一片长留无垢土；布金满地，众生同是有缘人。

光绪戊寅重建寺成，因为数语落之，郡人裴荣撰句并书

（隶书，大雄宝殿石柱）

即色即空，阅历沧桑，犹是当年施宅地；大喜大舍，庄严殿宇，本来此处积金园。

光绪戊寅孟冬敬募重建，住持僧妙镜敬立

（行书，大雄宝殿石柱）

罗刹颠迦，堕弥戾车，听讲灵山皈佛果；法华微妙，阐秘密藏，破迷苦海度慈航。

光绪戊寅仲冬，监院慈定敬献

（楷书，大雄宝殿石柱）

不二守宗风，三教原无门径别；大千开法界，十方总托地天宽。

光绪四年岁次戊寅，涂月上浣吉旦，两浙木商敬助，四明李云衔书

（楷书，法堂石柱）

葺诸佛旧道场，象教覃敷，远讫东瀛金布地；赖我师大愿力，鸡园重振，永怀西崦仗成林。

光绪六季庚辰岁十二月中澣，浙东芥心居士李云衔书并识。岁在同治己巳，上人心法卓锡于兹，慨殿宇之将颓，发葺治之宏愿，囊资告罄，募及台城，甫克鸠工，遽焉蝉委。亦越十稔，工作始竣，其□□□不忘经始之功，请书其事于楹间，是亦让善之遗意也夫。嗣法门人余仁 薙发徒子德愿 同和南敬立

（楷书，法堂石柱）

罗天界敞大千，现出金刚山，七俱胝拥护；法地门开不二，引入般若海，八功德充盈。

光绪庚辰仲冬，里人李彤恩、高福康、林景章同敬献

（楷书，法堂石柱）

法雨普榕垣，宝珞庄严垂象教；海天崇梵宇，金精叠现沐鸿恩。

光绪五年孟冬上浣，延平府沙县知县广川万毓倬敬题

（楷书，法堂石柱）

法雨降诸天，蛮徼覃敷，俾崇朝四境洗兵，善愿无边消众劫；海潮通彼岸，慈航默佑，喜两度三军奏凯，长歌自在渡重洋。

光绪五年岁在己卯季夏之月谷旦，记名简放提督、署理福建陆路提督、漳州镇总兵、擢勇巴图鲁、澧阳孙开华薰沐敬立

（楷书，法堂石柱）

法宇慈云转不退，法轮舟航利涉；海天化雨现长明，海镜仁寿同登。

光绪己卯仲春，浙宁鄞县李广兴敬献

（楷书，法堂石柱）

法界蒙薰诸众生，悟六神通智慧海；罗天锡福大功德，胜七宝聚须弥山。

光绪己卯孟夏，信士林瑞年敬献

（行书，法堂石柱）

罗汉证真诠，听山寺钟鸣，齐敛禅心登觉岸；法华参妙谛，想海门潮涌，全凭佛手指迷津。

光绪六年岁次庚辰嘉平谷旦，
道员用江苏补用知府、里人柯玉栋敬立

（楷书，法堂石柱）

罗罗以疏，纳须弥山，藏于芥子；法法何状，普诸刹海，现出莲花。

光绪辛巳仲春，监院慈悟敬献

（行书，法堂石柱）

罗罗诸杂华香，入闻思修，见灵鹫山真谛；法法相承世界，摄戒定慧，悟涅槃海大乘。

光绪己卯仲夏，比丘天青敬献

（行书，法堂石柱）

法海衍真诠，方寸有法身，法海无殊南海；罗山参妙谛，护持皆罗汉，罗山即是灵山。

光绪十年岁次甲申孟夏吉旦，渔阳古都弟子思過過齐谨叩

（楷书，大悲楼）

五蕴悟真空，紫竹白莲参妙谛；六根消夙障，罗山法海证前因。

光绪甲申四月谷旦，顺天府涿鹿弟子章志杰谨叩

（行书，大悲楼）

派衍罗山，勿以色身求我；性皈南海，须知道岸在兹。

光绪甲申维夏既望，燕山弟子徐恒山谨叩

（行书，大悲楼）

念佛念法念僧，有念都皈南海；忘世忘形忘体，休忘此即普陀。

光绪岁次甲申仲夏吉旦，新安婺邑洪鎏敬献

（楷书，大悲楼）

罗山新卜名区，宝珞增辉长庇荫；法海重修梵宇，圆光普照大慈悲。

光绪甲申年孟夏谷旦，里人陈翊杰敬献

（楷书，大悲楼）

莲座风清，七宝庄严空色相；杨枝露洒，三山灵感大慈悲。

光绪岁次甲申仲夏吉旦，花翎侭先补用副将、闽浙督标水师营参将、长沙佘致廷敬献

（楷书，大悲楼）

音不听能观，观我观人观自在；士惟尊故大，大悲大愿大圣慈。

光绪岁次甲申仲夏吉旦，里人萨兰芬敬献

（楷书，大悲楼）

七宝见庄严，借法海潮音经卷，三乘参蛤像；一声观自在，集罗城人影炉香，卍字绕鱼篮。

光绪十年岁次甲申首夏，里人张荣敬题

（楷书，大悲楼）

放开大地光明，桂殿秋清澄月镜；幻出诸天色相，花台春暖动风幡。

（楷书，大悲楼）

罗山本于山分支，说仙山便是灵山，二氏渊源同一脉；法海为人海归宿，证佛海脱离苦海，众生启觉悟三乘。

光绪甲申孟秋吉旦，赐进士出身、刑部直隶司主事、信官陈赞图敬书

（楷书，大悲楼）

法门开不二，发慈悲愿，结欢喜缘，显璎珞之庄严，亦教亦宗，力拯众生超苦海；罗刹构大千，翻贝叶经，涌莲花座，享烟云之供养，即空即色，须知有福占名山。

光绪甲申年闰五月谷旦，里人李彤恩敬献

（行书，大悲楼）

禅林拓金粟奇观，南海普陀初地，楼台分法席；净果证木樨妙谛，西湖灵隐故乡，山水忆前游。

光绪甲申年中秋上浣吉旦立，浙乍信士杨钺敬献

（楷书，大悲楼）

法海本无边，仗宝筏慈航，普渡众生登彼岸；观音真自在，睹白莲紫竹，别有天地非人间。

光绪十年甲申仲秋谷旦，闽浙补用总镇、楚沩贺润兰敬献

（楷书，大悲楼）

因声有色，因色有香，未解三摩，谁是闻根修人；妙相非音，妙音非法，不消一瞬，我都观世界来。

光绪甲申孟秋吉旦，云水生林寿图和尚书

（篆书，大悲楼）

灵山真谛衍罗山，祷山门仰戴慈悲，山雨沛施优霡霂；南海威神宣法海，庇海国共登仁寿，海氛永靖乐帡幪。

光绪十年岁次甲申五月谷旦，福州将军穆图善敬献

（楷书，大悲楼）

普荫慈云具大神通，度一切苦厄；宏敷法雨是真佛力，现五蕴光明。

光绪十年岁次甲申荷月谷旦，同知衔、特调

台北知府新竹县知县、仁和徐锡祉敬献

（行书，大悲楼）

勿多心，从梦幻影，泡现一花一世界；观自在，无色声香，昧得三藐三菩提。

光绪甲申孟秋吉旦

（楷书，大悲楼）

清净为心皆补坦；慈悲济物即观音。

太虚大师

于山九仙观

馨香千古，神明久镇仙山，换劫任红尘，方寸莲花终不火；丹雘重新，贱子自惭勺水，题名悬碧落，大家榆荚遍成钱。

（三清殿）

紫焰当心，万偈胥原一指；金鞭在手，千秋瞻仰三清。

民国十七年立

（三清殿）

按：楹联镌今三清殿，联句为天君殿。

金碧帝居新，一朵红云长拱护；馨香仙麓旧，万家黔首共趋跄。

民国二十一年立

（楷书，玉皇阁）

此地无诸，看殿宇翻新，万姓馨香尊帝位；惟天至极，荷冕旒垂荫，九重雨露渥人间。

民国三十五年立，九仙观各堂社董事暨徐财诸善信同敬叩

（楷书，玉皇阁）

吸 翠 亭

丘壑留人，山雨尊仍在；春秋佳日，亭香草不凡。

民国二十五年冬月，绍兴陈仪题

（篆书）

今我来思，感怀小憩，棠阴邻戚墓；中心向往，窃愿平亭，庶狱学于公。

上联款识："予观夫斯亭，翼然山间，不数武即戚公祠，予所小憩棠阴，不数武为戚公墓，因感怀也。"

下联款识："昔于公治狱，民无冤。今予折狱其何九年，非曰能，能愿学焉。中华民国二十六年暮春，枕谿童杭时。"

多年荆棘，丛中本穴，闻人题石在；今日桑麻，望里三山，游客驻筇来。

上联款识："案野意亭，见宋刻者不一，而是宣和乙巳初春，郑尚明（昂）、黄处中（琚）、郑纯彦、谢成彦会野意亭，尚明书石。绍兴壬子季秋，程晋道、徐特志、刘仲高（峤）访小华峰，憩野意亭。仲高书石。元明刻多不及，似已废圮。今工务处长杨夫子玉重建斯亭，落成有日，爰缀数语，以示来兹而资考证。民国二十五年仲冬，里人陈培锟书并识。"

（行书）

闾阎鳞次排青野；钟磬声清下白云。

民国二十五年季冬月，绍兴陈景烈题

（篆书）

于山戚公祠

忍教此地为戎，片石护存完我责；正值中原多故，长城宛在缅公灵。

（篆书）

遗饼话征东，闽海风云宣号令；分符推镇北，蓟门草木震威名。

饮至策勋，平远台高留胜迹；练兵纪效，蓬莱阁迥诵遗篇。

光饼制军门，远震声威三岛上；戚林传乐府，长留姓字八音中。

醉石浴东风，一代平倭留战绩；高台凌北斗，千秋斩子破疑团。

是真岳少保者流，气壮山河，东海鲸鲵同就戮；宜与俞大猷合传，功昭日月，北门锁钥各标名。

高茶禅撰

赌棋山庄

谢章铤

此地有名山，人往风微，问何处宛羽楼台，迟清亭馆；举宗登信史，功成名立，试回想驿梅事业，小草文章。

此谢枚如先生移居鳌峰坊时所作书斋联也。明郑继之居少谷山，筑迟清亭。古仙迹坊，有片庵枕坡侧，则明二徐绿玉斋东宛羽楼尚存。古仙迹坊，即今观巷也。“驿梅”，乃谢满潢公别字。“小草”，谢在杭斋名也。

——黄曾樾《慈竹居丛谈》

鳌峰书院

林枝春

坐里门内夕而朝，教不忘就尔事；司君子言尊以偏，学莫便近年人。

——梁章钜《楹联丛话·廨宇》

大　事　记

汉

汉初，无诸因佐汉击楚有功，立为闽越王，建都“东冶”（今福州市鼓楼区），筑“冶城”（今福州市鼓楼区屏山东南麓）。相传无诸九月九日来于山宴集，故于山又名“九日山”。

相传汉武帝时，江西临川何氏兄弟九人来于山炼丹，丹成升天，故于山又名“九仙山”。

唐

唐天祐元年（904），闽王王审知为报父母之恩，建报恩定光多宝塔。梁开平中，表请祝万岁寿，故名“万岁塔”。同时建万岁寺。

五　代

后梁贞明三年（917），春夏不雨，万岁寺僧义收积薪自焚祷雨，后人建法雨堂以纪念。

后唐清泰元年（934），在于山创建地藏通文寺（宋改为南法云寺；清朝重建，改名白云寺）。

宋

嘉祐七年（1062），福州太守元绛以金粟如来像建“金粟台”，并篆书。

熙宁八年（1075），建千秋堂。

崇宁三年（1104），初创天宁万寿观。绍兴间，改报恩广孝，寻更光孝。政和间，郡守黄裳增创楼阁，并受诏命监雕《政和万寿道藏》。

绍兴间，状元陈诚之读书于鳌顶峰，故该峰俗名“状元峰”。

乾道九年（1173），丞相史浩增建华封堂、三山阁诸胜于万岁寺。

明

成化二十一（1485），翰林院编修黄仲昭在于山九仙观东轩编修福建第一部省志《八闽通志》。弘治二年（1489）成书，三年刊行。

正德十四年（1519），市舶司督舶太监尚春建吸翠亭。

正德间，卫卒进贵倡乱，都御史林廷玉、副使高文达定乱有功，朝廷下诏，在于山建崇报祠祀之。

嘉靖十三年（1534）二月十九日，雷震万岁塔，浮屠火起如巨烛，照城内外数里。

嘉靖二十七年（1548），修万岁塔。

嘉靖二十九年（1550），倭变，屯兵万岁塔，毁坏殆尽，僧皆散去。

嘉靖三十七年（1558），大批倭寇从闽江涌入，包围福州城。于山石屋炮台向倭寇发射炮弹一百多发，击毁敌寇船只和营房，取得胜利。

嘉靖四十一年（1562），山东登州参将戚继光奉命由浙江督师来闽，歼倭寇于福清牛田、兴化、晋江诸地。翌年，擢升总兵。倭寇又陷兴化、福清、福安等地，戚继光再次大破之，直追海上，斩敌首无数，全闽得安。班师回浙江经福州时，官绅设宴饯别。饮至日，勒石平远台。中丞汪道昆为之撰《平远台勒功铭》。

同年，倭夷入寇，卫卒郭天养等乘衅作乱。尚书马森、参政陈元珂出面抚谕，乃定。万历九年（1581），福州父老感其功德，请求在于山建报功祠，春秋奉祀。

万历间，于山万岁寺住持碧云募缘重修万岁塔寺。

崇祯间，释静庵募缘重修万岁塔。

清

顺治十六年（1659），榕城飓风大作，于山万岁塔层级剥落。释静庵孙一微克承先志，捐金倡建。

康熙二年（1663），重修万岁塔竣工，释道霈为《记》。

康熙四十六年（1707），巡抚张伯行在于山北麓鳌峰坊创鳌峰书院，选州府优秀士子肄业其中。

康熙五十二年（1713），建真龙庵、大士殿、护国寺连体建筑群。

雍正六年（1728），闽浙总督奉旨续修《福建通志》，聘请谢道承主持，设局于法海寺。乾隆二年（1737）成书，世称“乾隆志”。

嘉庆二十五年（1820）十月初五日，鳌峰书院放鳌山，因人群拥挤，鉴亭崩塌，坠水二百多人，互相践踏，受伤不等，死亡六人。

咸丰二年（1852），乌山天君院失火，后迁徙于山建造第二行院。

同治六年（1867）初，第一届船政学生严复、刘步蟾、林泰曾等曾借定光寺（白塔寺）上课。

辛亥革命时福州于山总攻阵地

宣统三年（1911）十一月九日，为响应辛亥革命武昌起义，以许崇智为前敌总指挥，在大士殿召集革命军官举行紧急会议，部署与清军作战计划，发布口令为“女子”，士兵佩戴写有“公权”黑字的袖章。翌日拂晓，于山九日台主攻阵地开始发炮，分别击中将军署（今省立医院）和清兵集结地旗下街与蒙古营。再经短兵相接的血战，下午，清兵投降，将军朴寿被生擒。他不听劝降，在逃跑中被乱枪击毙于炼丹井旁。当晚，总指挥许崇智带领部队离开于山，经太平街时民众热烈欢送，不断高呼“革命万岁”“中华万岁”等口号。

现 代

1916年，美国传教士所办美部会，以小利引诱地痞“猪猪”伪造“戚林氏”地契，企图霸占戚公祠产权。周边民众觉察，贴出白字诗反对，激起公愤。福建省第三小学校长和教师率领市民上街游行，控诉教会。后在各方努力下，终于收回戚公祠并修葺一新。同时改建双层小亭，名为“复亭”，以纪念光复斗争。

1919年5月7日晨，城内外二千多名学生齐集南校场（今五一广场），举行大游行，声援北京学生“五四”运动，要求惩办卖国贼，释放北京被捕学生，废除“二十一条”，拒绝在和约上签字，抵制日货。

1929年，改建南校场为福建省公共体育场。

1933年6月，十九路军将领陈铭枢、蒋光鼐、蔡廷锴、邓世增等在于山补山精舍秘密商议联共反蒋。

6月，重建平远台竣工。

1933年11月20日上午，十九路军在福州公共体育场（南校场）召开“中国全国人民临时代表大会”，号召全国人民实行抗日反蒋，并发表《人民权利宣言》，通过十二项决议，宣布成立“中华共和国人民革命政府”。史称“福建事变”。12月1日，在福州公共体育场举行庆祝人民革命政府成立大会。

1933年，陈肇英在平远台正殿侧改建蓬莱阁，以纪念戚继光。

1936年，爱国诗人郁达夫来于山瞻仰戚公祠，留下诗词多首，其中《调寄满江红》一首于1978年冬补镌戚公祠醉石亭侧。

1936年，福建高等法院院长童杭时在“醉石亭”下镌“誓雪国耻”四字，以激励人民反对日本侵略者的侵华暴行。

1933年11月20日在福州南校杨召开“中国全国人民临时代表大会”

1938年10月19日，中共福州工委以文化界各抗敌组织名义，联合百余人在于山戚公祠举行纪念鲁迅逝世两周年大会，提出“坚持团结、反对分裂；坚持抗战、反对妥协；坚持进步、反对倒退”的口号。到会文化界名人有郁达夫、黎烈文、卢茅居、许钦文、杨骚等。

当 代

1958年，福建省人民委员会拨专款人民币2.5万元，重修万岁塔（于山白塔）。

1963年重修戚公祠、万岁寺、定光塔。

1964年，国庆十五周年，全民义务植树。

1978年12月22日，于山游览区对外开放。

1979年，政府拨款23万元修建于山登山路。

1979年国庆节举办福州名画家画展、十大名花展。

1982年国庆节举办福州名画家画展、大观园展。

1983年10月，国家主席李先念参观五一广场。

1984年国庆节举办福州名画家画展、城市规划展。

1985年1月3日，于山南麓发现明代驸马都尉王恭主持修筑的石城墙残段以及宋代所建通往孔庙的“三元沟”遗址。

1987年5月5日，福建佛教中草药医院门诊部在法海寺设立。

1990年4月6日，日中友协人士到法海寺朝拜。

1994年10月26日，全国政协副主席钱伟长视察参观于山白塔寺。

1998年，为了落实党的宗教政策，九仙观归还福州市道教协会。经募缘，第一期工程投资100万元，用于修缮九仙观、天君殿等，建筑面积共1500平方米。

1999年春，全国人大常委会委员长吴邦国参观于山景区。

1999年，春、秋兰花展，盆景插花展。

2004年，为纪念戚继光诞辰476周年，举办光饼节，以加强海内外联谊。

2005年重修状元亭，恢复古迹。全面翻修影雕长廊，维修补山精舍和蓬莱阁。

2005年，为纪念抗战胜利六十周年，举办“闽变事件”永久性展览。

2005—2006年进行于山北坡一、二期绿化台地和花圃及管理房建设。

2006年在状元峰周边举办“5·18海交会”风味小吃节。

2005—2007 年对兰花圃实施三期景观改造工程。

2006 年举办“郁达夫史迹展”，纪念郁达夫诞辰 110 周年。

2006 年修复“武威塔”，纪念戚继光诞辰 480 周年。

2007 年春节举办历代九仙山诗词展（长久性展出）。

2007 年 5 月新建于山亭，8 月新建倚鳌轩。

2009 年，《于山志》出版。于山风景管理处被福州市委、市政府授予福州市第十二届“文明单位”荣誉称号。

2010 年，于山风景区被评为“国家 4A 级旅游景区”。

2011 年完善 4A 级景区停车场，新建景区大巴回旋场。

2012 年进行兰花圃提升改造，春节期间举办“兰舞龙跃”大型兰花展。

2013 年，于山摩崖题刻被国家文物总局列为第七批“全国文物保护单位”。

2014 年 5 月，于山管理处被福建省诚信促进会授予“诚实守信示范单位”荣誉称号。

2015 年完成于山兰花圃、十二生肖园和文化景墙《九仙山赋》题刻的建设和改造。

2015 年，“福建人民革命大学旧址”纪念碑落成。

2017 年建设戚公祠五个展厅的电子化展览设施，修建加固舒啸台景观，编纂《于山志》（增订版）。

2017 年 10 月，于山北坡改造完成，恢复太平古街，修建勉斋精舍、郭氏支祠、平远诗社、天开图画楼、徐氏芸窗。同时建于山北麓牌坊、游客服务中心、旅游大巴停车场等。

附录一　方志笔记

一、定光塔

唐天复三年甲子[①]，闽王于九仙山造报恩定光多宝塔，追荐先君司空、先秦国太夫人。开基掘地，深一丈五尺，得珠宝一粒，坐以金钱，大不及拳，光能夺目。塔七层八面，方七十七尺，高二百尺。悬轮之铎一百九十，悬层之铎五十有六，角瓦之神五十有六。其内，门门面面绘以金像，不可胜数。其西建塔殿，其北建报恩变相堂九间、僧堂五间、茶堂五间，又有华钟楼、长明灯台。东南建地藏殿一间、功德堂五间、公厅四间。范金缋幅，千形百质，悉诸天之仪像。又库厨五间、浴室三间、行廊三十三间，总费财六万余贯。（唐黄滔《黄御史集》卷三）

定光塔，琅琊王审知所创。宋景祐中，雷震其西北隅，主僧行秀得施钱九百万，葺治五年而工毕。元大德间，渐以颓圮，势将压焉。至元庚辰（1280），僧宝峰、文鼎，悉撤其故坏，易以坚良。其下为木楹，更以石者，凡三十有二。其级七，其面八，又其上为相轮铃铎。及至正乙酉（1345），凡六载始竣事。昭武黄镇成记之。（王铁藩、郑丽生《福州定光塔寺志略》卷二）

二、王天君传说

北人传说，王灵官系东晋时浔阳江人，幼好勇斗狠，其凶顽如鳄，故人称为“阿鳄”。弱冠，因争妓杀人，亡命入海为盗，凡二十余年，党羽为官军翦除殆尽，乃复逃入五台山，以屠猪为业。既因步月于郊，恍若有悟，投九华山，忏悔剃度。一日，雪山和尚命下山取火造饭，途遇一虎，与虎约，待送火上山，再下山给身与食。及下山应约，虎竟向王摇尾作态。王微按其背，虎乃立伏，王戏跨之，即云生四足，腾霄汉矣。

---

① 按：唐天复三年非“甲子”，乃“癸亥”（903）。

今北地各大观院，一进头门便见一金脸赤须、傍虎持鞭之神像，即为放下屠刀、立地成佛之王灵官也。

闽人传说又与此异，谓王乃晋末之皖南人。幼谙水性，尝泅于金山、焦山间之燕子矶，赤手在水中捕获十斤以上之鲟鳇十数，穿腮系于颈际，仍游泳自如，故有“江上鳄王”之号。及石敬瑭反，王年及冠，投身行间，每战皆捷。随身仅一刀，军中因号“王一刀”，与王铁枪齐名。后因愤石卖国，乃弃官浮海，与海盗金翅大鹏啸聚于钱塘、宁波一带几二十年。大鹏受敌贿，拟杀王以降。事泄，王杀大鹏，并其众，威名振于遐迩，小儿闻之不敢夜啼。后因缺粮，率舟师自温、台迤逦南下。至闽之白犬洋，陡遭风袭，舟师十丧八九，生还者只王及其心腹侍从郑畿、黄福斌两卫弁。至今郑、黄亦塑像屹立天君殿侧。王自遭风袭，雄心顿减，官军拘捕急，乃剪须易服，遁入天目山为屠。有赊肉者，到期不还，必饱以老拳，人畏之如虎。一日，忽自顿悟，拟走五台学道，方渡黄河，舟中与一西域喇嘛遇，听谈经典，稍能体会，求道之心愈决。莅五台后，思往天竺。适有两僧来自普陀朝山，亦将往天竺拜活佛。王欲与同往。两僧戏之曰：“君能剔腹剜肠，由老僧带往便可。”王立将戒刀剖出肠胃付僧。僧带之，往渡流沙，经青海至火焰山舍身岩，岩前置有油锅，油热如沸，司鼎务者系一罗汉，告僧曰：“凡拜活佛，须先入锅。”两僧惶悚不敢入，乃先将王之肠胃抛掷鼎内。不意訇然一声，青焰腾腾，烟云四绕，空中乃现一像，金甲幞头，赤髯拂面，左执鞭，右捻诀，翘其中指，睇视之，即王某也。草鞋一双留五台，而武当以王灵官为道家护法，亦欲得鞋，涉讼久之，始由调停。此鞋年一易地，即六月十六，王升天之日为迎鞋之日。（陈文涛《闽话》卷三）

三、王天君殿神像

于山王天君殿，香火之盛，冠于会城各神庙。每岁六月十六日神诞，香火彻夜不绝。庙中成市，神像赤髯怒目，威武赫濯。相传像为耿王时所塑，匠凡数十易，无一称意者。忽有道人来，自言为能手，约期四十九日。闭户抟土，茶饭皆穿牖入。及期开门，道人不见，独塑像昂然。民国癸亥（1923）秋，殿被火，商人数千营救，抢神首而去。后重建一新，而神之威严故仍如昔也。（郭白阳《竹间续话》卷二）

四、万寿寺门子

福州万寿寺，绍兴初有一獠子，自鬻，充守门之役。凡累年，启闭洒扫，昼夜不少怠，在寺仆中最为勤饬。主僧议修堂殿，度须五百千，正拟精择廉干者出外求化。獠知之，入白曰：“在山门已久，无所陈力，愿为常住办此缘。”一寺皆指以为狂，少顷钱至，方大惊异，或扣所从来，笑而不答。后主僧诣山庄，莅收禾稻，獠卒于门房。寺为敛瘗，瘗毕始报主僧：“二日前，吾见其人策杖过此，不作揖而去，谓其有所不合，不知其亡也。”命发瘗视之，但衣服存耳。（宋洪迈《夷坚志》卷二十二）

五、唐伯虎九仙山祈梦

唐寅，字子畏。少有逸才，发解应天第一，横遭口语，坐废。自吴来，诣九仙山大士殿祈梦。梦有人示以“中吕”两字，归以问余曰：“何谓也?”余以莫知所指。一日，过余于山中，壁间偶揭东坡《满庭芳》，下有“中吕”两字。子畏惊曰：“此梦中所见也。”试诵之，有“百年强过半，来日苦无多”之句，默然。病卒，年五十三。果应“百年强过半”之语。（明王鏊《震泽长语》卷下）

六、九仙祈梦

何氏九仙者，以祈梦著灵异。相传汉时，有兄弟九人学道，先居福州九仙山，后迁石竹山，再迁九鲤湖，故山水多以九仙山名。上有道观，其中塑九仙像及传梦判官。人祈梦者，先于判官前致祷，祀以白鸡，因留宿祠中，夜必有梦。起，用珓卜之，如得胜兆则已，否则及夜再祈。如有童仆相随者，其梦亦同，多为隐语，过后始验。常熟双凤乡人顾某，母老，问寿数。梦神掷与一布袋，即谚所谓撩膝者，后其母病膝疽而卒。不悟撩膝者，犹云“了膝”耳。长洲学生徐昊，托朱教谕家人祈终身事，返报云：“梦到一高山下，但闻大风刮地而已。”后十余年，昊以蛊病死。易卦，山下有风，为蛊也。文太守林，知温州时，遣二隶往问寿数，答云：“问孔老人自知之。”先是，文命孔老人锯一木，隶还报知。明日，文升堂，老人适跪白板，数云：“五十五片。”与文年数正合，为之悚然。问曰：“尚可解乎?”曰：“朽烂不堪解。”文大不乐，未几，疽发背卒。王御史献臣，故苏州人而占籍京师，既贵，有桑梓之思，自谓他日得嫁于苏，且有一居宅，即留家于此。及知浙之永嘉，使从者乞灵，一决二事。先问嫁女，云："白石阶前先唱第，也是龙华会里人。"又问居宅，乃梦到一所，门贴一道家符，上有二印。后王女归嫁于朱状元希周之子，及买第城东，并得一道院。入门，见楣上一符，上有天师印二，与梦合，于是定居焉。闽守妻有妊，守到官久，未得家信，使祈所生男女，报云："是福宁，不是福清。"守大喜曰："吾得男矣。"问之，曰："吾行时，语妻云：'生男当名福宁，生女当名福清。'义取闽二县也。"数日报至，果然。莆田黄如金，弘治甲子（1504）举乡试第一。前此，有邻县儒学一斋仆祈梦于九仙，欲知是科解首，得报云："乌一，黄二，水桶门里借问，黄如金便是。"思本学诸生无此姓名者，乃之莆田访焉。侵晨，顺路而至一所，有两人立于门，漫揖之曰："此有黄如金秀才家乎？"曰："此即是也。"问两人姓名，曰："乌一，黄二。"皆黄氏仆也。窥门中，则有水桶在焉。黄果首选。（明徐𤊹《榕阴新检》卷十二）

七、飞臂祷雨

僧义收，后唐时居于万岁寺。贞明元年（915），闽中春夏不雨，义收以膏燃指而咒之，积薪通衢，期七日自焚。方烈日，观者山涌。须臾有黑云从钵盂中起，大雨如注。十刻，黑云复归钵盂，烈日如初。其后，洪州大旱，州人闻收名，诣寺请焉。收截左臂与之，曰："出此以祷，必有应者。"及臂入境，雷雨大作，臂随飞去。是日，义收在万岁寺闭关入定，及出关，而臂宛然。（明徐𤊹《榕阴新检》卷七）

八、诗僧百练

嘉靖中，平远台僧百练（本吴人）有诗云："名利缸中无曲蘖，醉人至死不回头。老僧涓滴不入口，静坐岩前看水流。"

（明徐𤊹《榕阴新检》卷七）

九、功名值四金

闽县于山、仙游九仙山皆有九仙祠，祀何氏兄弟九仙，祈梦皆验。洪迈《夷坚志》载陈俊卿问功名事。俊卿，兴化人，或是仙游之祠。嘉庆时，闽县陈望坡尚书若霖，艰于小试，年三十八犹未入学，将弃儒就贾，祈梦于于山九仙祠，梦仙语曰："君功名值四金。"误以为斤两之斤，意甚不解。询之友人，或曰："功名值四斤，亦轻微矣。然云功名，则一衿尚有分也。"始复就试。是年七月，遂入学。八月，恩科乡试中式。次年联捷进士，入翰林，仅十阅月，乃庚申、辛酉两年，始悟四斤当作四金，两年干支皆金也，然则于山祠梦，亦灵矣哉！（清施鸿保《闽杂记》卷四）

十、九仙观道士催生符

藩幕友同乡陈古梅官懋，常传一催生符云："于山九仙观道士所授。凡妇人临蓐，以黄纸调朱砂，用净笔写一车字在中，四周环写马字须遍，且须端楷，大小则不拘，烧灰和水，令饮之，虽难产亦立娩。凡马字成单者所娩必男，成双者必女。写时亦不能自主，或有意在单写，竟不周，不能减去；有意在双写，竟已周，不能增入。"此亦理不可解者。（清施鸿保《闽杂记》卷八）

十一、罗山亘信和尚

第四代行弥亘信禅师入院法语三则，上堂三则，小参一则，书一则。

入寺至山门，云："欲透祖师关，须从这里入。"喝一喝，便进。

佛殿云："佛身克满于法界，大众切忌踏着。"遂大展坐具，三拜。

方丈云："居祖室，行祖令，任是铜头铁额到来，直教不存性命。"卓拄杖震威，一喝便起。

当日，耆旧同大众请升座，师云："古路同行，祖庭同入，步步相随，心心相印。了无异缘，亦无二念，如空合空，如水投水。直下荐去，多少省力。其或未然，山僧不惜眉毛，为诸人通个消息。"良久云："回家尽是儿孙事，祖父从来不出门。"卓拄杖下座。

开堂，拈户部乾庵陈公请启示众，云："正法眼藏，涅槃妙心，尽在个里。若向文彩未彰时会去，不待形言，苟或未能，不妨重新宣过。"维那宣疏毕，指法庭云："要提无相毗卢印，须向千峰顶上行。"遂升座拈香，云："这一瓣香弥纶万有，统御人寰，热向炉中，端为祝延今上皇帝万岁、万万岁，伏愿天下太平，万民乐业。这一瓣香，天地同根，万物一体，奉为满朝文武、天下官僚、本山请主护法檀越，伏愿福同沧海，寿等乔松。这一瓣香，数载向外追寻，一朝这里翻身，今日人天众前，次第二回拈出，专为现住浙江嘉兴府海盐县金粟广慧禅寺传曹溪正脉三十五世费隐容和尚，用酬法乳之恩。"遂敛衣就座上首，白椎竟。僧问："大开炉鞴，逼得无位真人没处藏身。请问和尚，如何着脚？"师云："待案山点头，即向汝道。"进云："只如龙得水时添意气，虎逢山势长威狞。

又作么生?”师云:“一任踍跳。”乃云:“当阳揭露,正体全彰,祖令既行,千差坐断。所谓法随法行,法幢随处建立。以虚空为炉鞴,将须弥作钳锤,情与无情,一火煆出。直得上无攀仰,下绝已躬。如天普盖,似地普擎,拈花要旨,从斯揭露,面壁宗风,因尔昭明。所以道神光不昧,万古徽猷。入此门来,莫存知解,知解若绝,不假修持。然虽如是,只如今日开堂祝圣一句,作么生道?万邦有道归王化,四海无虞乐太平。”卓拄杖下座。

户部陈檀越入山,请上堂。师云:“相逢便拈出,未举应知有,拨转大法轮,同伸一只手。法轮一转,一切皆转。转烦恼为菩提,转八识成四智,转秽土为净邦,转万物为自己。所谓灵丹一粒,点铁成金;至理一言,转凡成圣。如斯举唱,尚落今时,须知当人分上,离名离相,绝圣绝凡,净裸裸无依,赤洒洒独露。这里见得彻去,不妨随处作主,遇缘即宗。其或未然,万古碧潭空界月,再三捞摝始应知。”下座。

安执事小参。师云:“法席由来古,今朝令转新。主宾虽互换,元是昔时人。所以建立门庭,弘通祖道,须是其中人,方能彻底荷任。岂不闻懒安佐灵祐,黄檗辅南泉?是以古人于法为重,于身为轻。在我衲子分上,应须磊磊落落,事事无碍,始得作么生,说个事事无碍底意。有水皆含月,无山不带云。”

《请隐元禅师回山书》:“弥生平疏懒,不堪为人师范,素作支遁计,以养病躯。黄檗祖席,非法兄道德光大,莫能振其弘规。此月初间,有书辞檀那会,请法驾回山,以安常住,慰四众之望。自可期到山,方知出游连江。适罗山执事接某回泉,不及亲迓法驾,候到山恭趋庭下,以聆清诲。余容嗣布不备。”(《黄檗山寺志》卷四)

甲申孟春,师(隐元)有天童扫塔之行,寺事请罗山亘禅师主之。是冬,构左右两廊于殿之前,奉祀伽蓝祖师。丙戌春,亘公同诸檀信仍接师回山。(《黄檗山寺志》卷一)

隐元《请亘信法弟住黄檗启》:“建立师宗,贵乎莫逆心腹;掀翻祖道,妙在彻骨弟兄。爪牙早已完全,肝胆由来共赤。家里人成家里事,个中信向个中传。恭惟法弟德涵海岳,道契尘寰。一脉长悬,隐隐清弹霜夜月;双峦并峙,重重流露洞中春。忝法爱以来迎,仰慈仁而许可。因缘出现,正值斯时;宾主圆融,莫非此际。僧众瞻风已久,士绅渴化良多。更冀速展凤巢，允矣眉端增彩；即登狮座，俨然锦上铺华。某等停候白椎，亲聆哮吼，庆快平生之愿，满足旷劫之心，庶浪子知归，山灵有幸。易而行之，诚难也。贵乎剪华取实，急救象季流弊，摧邪辅正。”（《黄檗山寺志》卷四）

陈从教参议《请隐元禅师回黄檗》云：“别久渴欲一晤，瞻拜拟在秋冬。不谓亘和尚之意，只在芙蓉罗山，其来黄檗也，亦勉强应一时之请而已。今见法乘回闽，遂坚意推让，似亦不能强留之者。”（《黄檗山寺志》卷六）

十二、于山出土石刻

《三山志》“九仙光孝观于山碑记”云：“我有一庄园，寄在于山边。于山九道士，名呼为九仙。辄然来相贺，磊老自相传。李公来战日，此无无一物。只有一积金，寄在于山庄。不是中山中，只有陇西郡。我住东西城，庄在于山下。右人信不信，但呼碑中话。只看于山松，于山金出现。不在路旁只在中，陇西拾得无分张。时人莫笑金泥师，拾得金泥也有富。太和二年，于山二断。吾年乙丑，金园一片。寄在山前，在前左臂。不归庚申，须归乙未。留传子孙，衣锦次第，时人见碑，吾今在世。

按：《来斋金石考》云：彭木厓世居于山麓。其先人明季淘井，出石一片，广可逾尺，纵尺五六寸，刻文九行，“我有一庄”云云。按：太和，晋废帝年号也。碑文乃为谶语，多不可解，其字宛然晋人风度，但气骨不劲，少谢羲献耳。又，闽督李率泰割福城之东以驻靖南王番兵。木厓移居衣锦里，偶置熨斗石上，轰然有声，石断为二。木厓称二断居士，谓李公与锦衣，石断皆应谶文也。今彭氏归故宅，石藏其家。据此，则此碑宋以后湮没，至明季复出井中。今石为侯官赵编修在田所得。他日当访之，疑亦如郭谶伪托耳。（《闽中金石志》卷十四）

十三、乌石、九仙二山产珠

嘉靖三十一年（1552）二月，福州乌石、九仙二山产珠，人取之，着手辄碎。（乾隆《福州府志·祥异》）

十四、定光塔砖

1958年修定光塔时，拆除塔身旧有外传之灰泥，重加涂饰，露出塔砖，发现中刻有“九仙塔”三字者甚多。正书，阳文，字大径寸，长约九寸，阔约六寸，厚约三寸。惜当时未以公尺量之耳。盖五代王氏初造塔之物。后虽屡经改建，至今仍有一部分遗留。（王铁藩、郑丽生《福州定光塔寺志略》卷二）

十五、定光塔与福州文运

清郭柏苍《记福州九仙山万岁寺定光塔有关文运》云：定光塔，创于唐天复辛酉，闽王审知所造也。元时废坏，住僧宝峰率徒募建，邵武黄镇成铭之。铭云：“宋楹杌陧，棼笮披猖。”则其塔旧本架木屏壁可知。据道光初年住持自庆述，祖师相传，天顺间、顺治初曾经修理。怀安龚云冈集载：嘉靖十三年（1534）闰二月二十一日，毁于雷火。二十七年，张司马经、龚殿撰用卿倡修。二十八年（1549）塔成，龚殿撰记云：“此塔有关全闽文运，不可不新。”此说却非无据。福州以越王山为靠山，以五虎之方山为外案，宋柯述《乌石山社稷坛铭》云：“镇坤维，乌石为坤维，则石鼓为秀方。定光塔居东，藉为文笔可矣。”堪舆家营室宅坟墓者多拱向之，五行须玩其见而不见之形。谚云“五行怕懵懂”是已。凡建南屋营南坟，以塔为文笔，见其形也。然不若暗拱，叶封翁云滋葬大夫岭土龙顶，隐隐见白塔，六子成进士者三人，登贤书三人，且多由拔贡出身，诸孙又科甲蝉联，是见而不见之形也。案：旁笼头峰，恍恍惚惚，子孙多窃贼，亦见而不见之形也。《徐𤇍集》载，凡科举年，先将定光塔顶杂木（乃胡椒树）删削，使文笔出现，福州多发解。道光壬辰、甲午、乙未，苍在乌石读书，石匠蒋学心亦以此说来告。壬辰以后三科，皆于六月架木塔顶，斧削繁枝。壬辰（1832）解元吴景禧，甲午（1834）解元林廷祺，乙未解元曾庆嵩，皆居省垣。己亥、庚子、癸卯、甲辰，塔顶杂木又复芜秽，解元叶修昌、池剑波、曾照、叶耕心，皆居省城。甲辰以后，苍多外出，未知有好事者踵此故实否？

《赠友石李子重兴文峰歌并序》云：郡城东南隅，旧有万岁寺，寺有定光塔，创自唐王审知，其来久矣。嘉靖甲午春闰二月望后六日，予时守制家居，适林旗峰来自乡中，予款留于草堂。方即席，闻狂雷数十震，相视色变，及罢席出门，而塔已火矣。予走笔为《雷火浮屠行》以识之，盖伤而惜之也。人徒知此塔为佛教而设，而不知此寺据闽中最胜。塔以寺创，寺以地显。审知之女，盖为祝亲寿为此也。而文峰卓立，耸然巨观，遂为闽城增一胜概矣。经燹之后，有地方之责者，每有兴复之心，辄阻格不行，事遂寝。嘉靖戊申（1548），适予在告家食，暇时，过半洲张公，言及此塔实关全闽文运，不可不新之。半洲曰：然。谋既合，又博议于同郡诸缙绅士夫，达于都运姜公、郡主吴公，于是，慨然有兴复之举矣。经营之始，或曰以木，或曰以石，或曰空其中，或曰实其中，或曰当谋诸江右之匠氏之能者，而不可谋之闽之匠人。群言蝟兴，迄无定见。然又以督工者，不可不慎择其人以主之。半洲曰："非友石李君不可。其人纯实而忠厚，好善而有礼，其家世仕宦，且诗书之故族也。其为人可托任以大事。"于是达于吴公，以李子为首，而以梅湖卢子相之。兴工于是年九月初三日，迄工于次年己酉十月十八日。中为云梯，盘屈而上，外八面，以石附砌之，与砖相衬，复为栏于四旁，以护登者。其费盖取诸士民及盐商之赀，不扰于官，不役于民，而皆有子来之愿者也。工既成，一登眺间，而山川城郭之胜尽复旧物，一览俱在目中矣。然呈其艺巧，皆吾闽之匠为之，群议纷纷者，于是始帖然矣。李子又能自斥所积之余，为广廊以护塔，又作华封堂以护寺。落成之日，邀半洲与予登之。半洲既为文以赠之矣，予不文，何以为赠哉？予惟物之成败有数，惟此塔创于唐天复辛酉，毁于我明嘉靖甲午，其间废而修，修而废者，不知凡几。独念其毁与成，皆适予家居之日，其真有数与？然非得李子与诸君协力而成之，吾知终为焦土矣。予尝闻，须达多长者欲得祇陀太子之园林，广营精舍，以为佛居，布金遍地，为僧舍千三百区，人称之曰"给孤长者"。以今观之，李子其给孤之徒与？予嘉而美之，乐其成之可歌也，乃歌以赠之。其词曰：谁为此塔镇东越，高标突兀摩苍穹。金光七级盘厚地，白日四面来天风。狂雷一火遂焦土，磴道不复窥玲珑。善哉李子广营构，峥嵘不日成奇功。澄空结缘铸佛像，须达布地披僧丛。十千法界发心地，夙因玄理世所宗。自唐至今六百载，金碧照耀光禅宫。诸天欢喜百神卫，天花散乱坠瑶空。慈悲之教本劝善，芳名籍籍垂无穷。

徐𤊹《与董应举书》云："闽庠从来文运大兴，旧以万岁塔为文笔。嘉靖甲午雷火焚毁，先正龚大司成、张大司马，二公极力重建，至己酉年冬，塔工始竣。越三年为壬子，吾郡中乡榜者二十九人，内闽庠九人，而陈宫谕联登鼎甲（按：陈宫谕指陈谨）。又越己卯，中乡榜者二十六人，而闽庠七人。不知何年塔顶生树，枝梢撇撒。自是，闽庠科目渐稀，直至万历辛卯，只台翁一人高捷。尔时咸讶塔顶生树不利文笔。高三池（按：高子奇，字三池）州守方为诸生，遂倡议伐树，文笔显然。越甲午，中乡榜者五人，高公亦是年得隽，此明验也。近荷台翁捐资，徙藏经阁于学后，移文昌阁于西湖，斡回气运，全在斯日。但塔树几于一抱，若不预为剪伐，恐风水未必全归也。董司空得书，遂于七月望日捐资伐树。次年庚辰，登进士者十人。（清郭柏苍《葭柎草堂集》卷续）

十六、鳌峰书院石刻

交翠亭西石上，有草书“谦山”二字，似董香光书者。其东复有一石，隶书“盆池”二字，笔势颇健，俱不知何人之笔也。（《鳌峰书院志》卷五）

十七、梁定光塔鼎识语

“诸天及人，无繇见鼎。地摇三日，天雨四花。土田三变，今古同时。屠人握闽，雨衣三拜。梁天监四年书。”

《闽书》云：皇朝《闽中考》，相传宦闽中、宦闽者，上官之日，必从城西门入，入南门必火。嘉靖十三年，四明屠侨来为左伯，入南门。居一月，雷震万岁寺，塔火。诣寺拜，火，天雨。侨急以雨衣藉地，拜至三，塔鼎坠地，鼎有款识云云。

按：塔建于唐末，而鼎乃萧梁之物，何时置塔中，其详不可得闻矣。忽福州寺院，若大中寺置于普通二年（521），开元寺置于太清三年（549），法林寺置于大通元年（527），灵山院置于大同元年（535），象峰院置于太清元年（547）。遽数不能终，皆在梁代，见《三山志》，则鼎为梁物无足异也。（民国《福建通志·金石志》卷一）

十八、荔枝会

《红云社约》，徐𤊹著。略云：“《清异录》：刘鋹每年于荔枝熟时，设红云宴，余恒想其风致。吾闽荔子，甲于岭南、巴蜀。今约诸君，作餐荔枝会，以告同志。平远台、法云寺白蜜二树，异品也。必先半月向主僧买其树，熟时往食。本宗上人主之西禅中观，甲于城内外……谢在杭主之胜画，出长乐六都。更有一种鸡引子，亦出六都，同时而出。在杭，长乐产也，再主之。绿玉斋前新植一株，枫亭种也，余主之。枫亭荔子甲

天下，核小香浓，一日一夜可达会城，色香未变。”（陈文清《闽话》卷一）

十九、平远台诗社

康熙癸未、甲申间，福州郡守顾焯与侯官诸生林衡倡立骚坛，招都督李涵、太原王奕驹、太仓穆坤、长洲顾鸿典、襄平苏世禧、延安白长庚、山阴钟芝豫、云间张恒、邵武杨应翰、福州陈祖虞、林暾、郑燏新、林豫吉、林绍勋、林伟、林仪、郭人麟、朱任弘、郑维忠、郑郏、蓝涟、陈祈广、方京、李馥等四十余人，结社于于山平远台，时称平远诗社。

郑燏新，字伯焕，闽县人，顺治间，贝子王考校，辟为员外郎，有《汝南集》。《新丰怀古》云：“秋风驱马过新丰，豁达当年忆沛公。王气已随桐絮白，故宫惟见蓼花红。山衔落照蝉声急，木抱孤村雁影空。徐泗萧条余涕泪，中原何处问英雄。”

林伟，字草臣，康熙间侯官诸生，与孙学稼、许珌、许友、高兆等，称“平远社七子”。平远社，自康熙四十二年前后聚散，雍正九年巡抚泰州赵国麟重兴，郭雍、郭人麟、何瀚均入社中。至乾隆初年复修社事，亦有平远之目。有《湖上焚草》。《秋梦客》云：“万里音书隔岁暌，天涯枫落尚栖栖。迢遥乡国归惟夜，缭绕山川去欲迷。一柝寒侵昼槛月，孤灯愁断短垣鸡。明朝又向邯郸道，回首秋原独骑嘶。”

林绍勋，字卞玉，康熙间福清书生。《游黄蘗寺》云：“欲觅桃洲胜，攀跻意不停。瀑悬孤嶂白，雨过数峰青。古洞烟光合，闲房草色扃。夜深松籁发，尘梦自能醒。”

李馥，字汝嘉，福清人，郁之弟也。郁五子科甲。康熙甲子举人，历官浙江巡抚，为人和厚谦谨，所至有贤声。家居藏书甚富。乾隆甲子，重宴鹿鸣，年八十四。有《李鹿山集》。《过司空表圣墓》云：“古道瞻遗墓，丰碑记有唐。荣华辞黻冕，泉石殉君王。诗品卑元相，清风慕首阳。如何长乐老，黄发耐兴亡。”

林仪，字羽倩，侯官人，康熙甲子副榜。《大雪日平远台再集》云：“朔风吹不断，冬意觉萧条。酒侣思燕市，诗怀忆灞桥。六花寒欲落，五马兴偏饶。复唱阳春曲，深怜再听韶。”

林暾，字竹筠，蕙子，文英父，绪光祖，著有《余斋集》。康熙间侯官诸生，有《榕庵集》行世。林竹筠所著《榕庵集》未见刻本。诗见《榕庵唱和集》。

陈祖虞，字燕臣，选子。康熙间闽县岁贡生。潜心程朱之学，工古乐府。家贫，御史萧震慕其名，延为子师。时耿藩叛，欲诱置之。乃逃之江中，宿象鼻庵。燕臣素喜苏诗“蒙边惠边”之句，属纩时，门人取以为号，称“蒙边先生”，有《随录》及《畬云堂诗》。《病头郎》云：“病头郎，官平章，布衣谈兵守一方，擒杀大将翳日光。病头郎，为元生，为元死，生元神，死元鬼。饮血慨以慷，得死心不悔。丈夫有力建奇功，事败撒手挤鬼雄。何为更作褚司空，呜乎海门生悲风!”

郭人麟，字嘉瑞，福清人，美父。康熙庚午副榜，工词曲，善画，有《药村诗草》《药村词谱》行世。《平远台雨中小集》云：“万斛颓云湿更飞，一帘新雨冷催衣。关心南雁秋怀远，被面西风酒力微。蟛蜞橘房丹欲坠，经霜蔬甲玉初肥。年年节物看如此，赢得萧萧两鬓丝。”

朱任弘，字起莘，闽县人，康熙癸酉举人，官将乐教谕。有《屏冶草堂诗》《响山诗集》。《竹垞太史过山斋》云：“汉庭供奉旧词臣，啸傲烟霞未老身。为爱名山探玉女，因尝荔子到瓯闽。江湖缟带诗中结，风月襟怀酒畔亲。枉沐旌旗临北郭，岩斋草径扫芳尘。”

林豫吉，字不飞，长乐人，寄籍福安，康熙甲戌进士。不飞工诗善书，挟智任术，明律令。登第后未谒选，家居闾里，与不协者舞文中伤之。反为所持被褫。有《林松址诗》。松址诗美不胜收，独卷首“北行”三十六首乃伪作，须删。时人爱郭约园者，极诋林松址；好林松址者，又极诋郭约园。究之，各具体格。又著《三才叙断》《南华约旨》《诗经谛解》《管子删定》《续离骚》等书行世。《汉上逢白于西》云：“结发便为客，飘零到白头。那堪扬子路，况近仲宣楼。杯酒嗟同调，天涯得旧游。神襟动衮衮，差豁片时愁。”

蓝涟，字公漪，镏子。康熙间侯官布衣。工篆隶、古体诗，间染竟陵余习，正体则取法唐人。有《采饮集》。《仲秋镇海楼眺望》云：“画栋飞甍嵌碧巅，南浮海气浸平川。暮潮城郭千村雨，落日楼台万井烟。红蓼作花秋渐老，银河清露月将圆。白头谁假登临兴，目断归鸿手抚弦。”

林衡，初名玑，字羲孺，荣芳孙，日毅子，从直父。康熙间侯官廪生，能诗、工书法。生平崖岸正直，以气节自持。康熙三十八年，愤闽县令、永年进士和氏玺擅挞诸生，羲孺领庠士恸哭孔子庙廷，触大吏怒，题革。四十三年，改名衡，复受知于提督学政、归安沈心斋学使。学使常称：“林子胸中有一段不可磨灭之概。发于文，才气皆豪横无敌，诗亦超中晚而上。”著有《四书讲义》《全宋诗话》《鸣书小品》《竹窗笔记》

《博古录》《草庐诗文集》。《过淮阴》云："谁家漂母活王孙，转眼旋遭吕雉冤。生死俱由儿女子，筑台羞说丈夫尊。"《挽诗社李都督涵》云："天上文昌武曲星，陆机风雅亚夫兵。玉楼遽召将军赋，烟阁犹留学士名。闽海夜寒刁斗静，浙江春冷怒涛生。据此，则涵为浙江人。相思剩有鸡坛辈，笔砚凄清忆旧盟。"

方京，字在燕，开铎子，康熙间侯官布衣。《鸟梦》云："唤得晴光烂熳天，枝头春到懒翩跹。关情未醒梨花雨，惹恨还迷杨柳烟。仿佛游丝空避网，分明澹月暗惊弦。东风莫漫轻摇落，栩蝶相逢共惘然。"

杨应翰，字叔张，康熙间建宁县布衣。《仲秋镇海楼眺望》云："城北高楼接海天，云山青削画栏前。六鳌遥兀参差石，五凤齐分次第烟。秋老蒹葭浮落雁，风翻杨柳咽残蝉。无诸故垒看何处，今古兴衰总逝川。"

陈祈广，字汉如，康熙间福州郡诸生。博学能文，有《望云楼诗集》。《小雪前一日平远雅集即事》云："节候催冰雪，寒光动隔宵。虹藏山郭日，风急海门潮。老病长披褐，残诗每弃瓢。何当五马客，分韵到渔樵。"

郑郯，字官五，侯官人，寄籍闽清，康熙间拔贡。《赋得莫徭射雁鸣桑弓》云："楚江雪满冻渔舠，万里寒风空怒号。遂有徭蛮鸣镝至，顿令征雁避矰劳。宝弓珠弩轻相逐，立马鞲鹰枉自豪。独忆念群清影在，孤飞仍入五云高。"此诗必有所谓而发。

郑维忠，字命孙，康熙间侯官太学生。《蒹葭次杜甫》云："乱叶沧江上，离披奈尔何。擎霜风入管，拂月雪飞波。孤雁催声急，伊人得梦多。可怜秋水外，吾意独蹉跎。"《赋得九月寒砧催木叶》云："白首秋原草木灰，征衣谁寄紫城隈。捣霜夜杵侵床动，泣露疏枝逐梦回。一样寒衣双入耳，千山哀调独登台。远天画角愁相和，凄切青闺向月开。"

高兆，字云客，号固斋，侯官人，崇祯间庠生。为人恬澹有大度，与人议论而平和之气饫人肌髓。六经子史，无所不猎，著《启祯宫词》百首。与彭善长、陈日浴、许珵、卞鳌、曾灿垣、林伟俱有诗名，称国初七子。兆曾题周栎园侍郎《读画楼和读画似看山》云："坐啸即暇豫，心迹仍散帙。所欣患难撄，未令烟云失。结构栖毫素，讴吟送良日。崖巘窗中展，林丘座上出。开颜极游思，寓目释劳佚。既俪宗生游，且收谢公逸。贵兹绘事欢，长同攀跻暱。楼中一以眺，愿言与鼓瑟。"《和周栎园先生看山如读画》云："宦迹长如水，安能营园林。偶遂楼居好，悠然谋披襟。风帷浮远岫，夕扉延层岑。岂作苍然瞩，还为后素寻。过眼云霞染，怡情丘壑深。大哉造化作，独行游艺心。心写时伫立，徙倚随风吟。夫子勤吐握，谢牵聊息阴。"高固斋诗，酸涩而多排偶，林白云《闽诗选》云："云客诗名藉甚，吾闽称诗家者，无不推云客。予未得其全集。遍搜他选，俱不甚惬意，岂予所见者隘，抑亦眼力未到耶？苍按：云客有《荷兰使船歌》，《消夏录》称其见微知著，真可作一篇筹边策读，详《通志》。

彭善长，字尔仁，侯官庠生。为人端重好学，赅博子史，笔法钟王，而心通宗乘。凡触景物，无不题咏，胸中有万壑争流、千岩竞秀之想。《华朝前一日草堂病起》云："小径空堂风自和，佳辰强起尚微疴。黄鹂嫩啭随芳树，红药新抽出薜萝。坐惜年光共流转，生嗟筋力付蹉跎。明朝好趁看花约，白日青春一放歌。"

陈日浴，字子盘，侯官庠生。性跌宕，学优博，凡方技之书，无不详览。而诗文新拔，以雅健见奇。《初夏越山寺眺望》云："越王旧宫殿，传在此山巅。天地空尘迹，关河销暮烟。寺迷林鸟外，钟响涧花边。无那登临日，物华已屡迁。"

许瑨，字同玉，闽县庠生。性率真，耽山水，学贯经史，诗工典丽，殊有风人之致。《登剑州城楼》云："楼耸峰环郭，溪喧水夹壕。潭龙吹夜冷，石马立秋高。似指陈友定父墓。王霸悲今古，乾坤等羽毛。经过一凭眺，不禁涕青袍。"《同陈总戎游梅岩和韵》云："渔火汀边舟半横，山钟初动雁飞惊。渚光云暗夜千影，木落猿啼秋一声。百岁利名悲蚁穴，万家魂梦老江城。凭高独啸群峰合，何处嘶风月满营。"

卞鳌，字兴书，侯官庠生，性沈敏好学，研穷子史，善古文词。其揄扬叙述，机达理畅，当时名彦，少有过之者。《鸿门行》云："新丰城边班马嘶，新丰门下楚军齐。楚军乘胜钜鹿下，霸气谁何是敌者。本衔刘氏先入关，况以谗言曹司马。项王震怒不可言，沛公亲自谢鸿门。材官甲士森森立，铁钺银戈闪闪翻。须臾酒酣高奏鼓，军中为乐请剑舞。剑光注射意为谁，刘氏君臣色如土。此时杀公犹雀兔，不杀自是君人度。赋之天授非人力，尽见张良势惊怖。山排峡倒天地震，雷怒风号虎豹愁。覆盾彘肩拔剑锉，似恼而公太柔懦。侃侃昌言卮酒余，项王语塞呼之坐。遂令沛公脱虎口，徒教亚父撞玉斗。君不见，龙虎五彩气已成，急击勿失空尔争，嗟尔亚父空尔争。"

曾灿垣，字惟闇，号即庵。熙丙孙，庭龙子，崇祯癸酉举人。为人孝友，醇厚笃挚，勇于义，重然诺，不苟颦笑。顺治丙戌，唐王聿键开藩七闽，灿垣与弟祖训同膺上荐。会仙霞师入，海宇荡平，朝廷鼎定之初，大吏知灿垣才学可用，将征之。灿垣遂绝意仕进，遍游江湖，著有《史纂事汇》《即庵诗存》《游草》诸书。《即庵诗存》四卷，《游草》一卷，道光二十六年经族孙辛卯举人元澄重刻。七子诗以曾即庵为最，许同玉次之。《战城南》云："战城南，连城北，猛火烟飞藏白日。万家屋烬开战场，老弱妇女伏两旁。父求死子，妻求死夫，咫尺苍茫无故乡。夜半军中有女子，雨声泠泠鼓声死。超车十乘健年少，火落城头风激矢。魂魄飞扬欲上天，肉亦随风寄乌鸢。日暮鬼火生瓦砾，健儿驱马傍城边。"《幽州马客吟》云："北人重骅骝，南人习驽马。幽州马客雄北方，年年买马出西夏。朝闻羽骑驰江南，驱马千群自南下。千金不惜表霜蹄，百金不惜连障泥。南方土热违马性，南方技浅薄马医。朝夕掉尾扑蚊蠓，霜毛落尽露筋脊。今年壮士食马肉，明岁燕台悬骏骨。东市买马鞭，西市买马鞍。锦障秋风裂，荒槽晓月寒。南人款段日驰逐，归饱豆栈果下宿。马客朝来出无车，行向人家借黄犊。"《饮马长城窟》云："饮马长城窟，霜清马蹄滑。丈夫何去西筑城，筑城连连不可绝。但闻岁岁点丁男，不见边城归戍卒。将军筑城欲到天，将军蒸土欲拟铁。朝朝持锥刺城土，土中一半皆白骨。白骨受刺锥不深，犹道土中尚有声。丁男粗免一日死，健儿走马索黄金。闻说死人无尺五，魂魄犹能归故土。早将新骨葬城下，同伴为侬重举杵。"《猛虎行》云："南山阴风转山曲，夜夜猛虎逐群鹿。鹿毙子死无遗种，老父啼儿寡妇哭。狐狸肯食死人骨，猛虎但食生人肉。几家架竹傍巢居，虎亦移穴巢下宿。日出求食暮无巢，府吏当门声破屋。"此诗殆指巡按御史周世科、张秉孝箕敛科派为虐，户有逋亡则瓜蔓及亲党。《卜居》云："野老蜗牛舍，渔翁梭子船。各自不相易，同寄一山川。鯈鱼喜浮阳，往往为饵牵。当其胠泥沙，岂不愿深渊。人生各有营，阅途纷万千。苟欲宅其身，岂不在圣贤。世人尚眉睫，小喜快当前。朝菌与蟪蛄，分争大小年。因为旷士忧，玄苦恐难传。多谢繁华子，厚意似微怜。凫鹤不相续，贱性靡所迁。不疑又何卜，中情良谓然。"《闽诗传》云：即庵鼎革后闭门却扫。此诗殆其意欤?《吊江右胡友蠡先生诗并序》："丙戌之岁，先生殉节于剑溪。山水暴崩，漂其棺入芋江。榕城诸君子重先生之义，为易榇而卜兆焉。溪雨崩山海倒立，悲风夜半天吴泣。江村晓色惨模糊，忠魂抱柩乘潮入。枯桐碎石石为裂，绛袍纱帽照颜色。寒涛渍骨宫锦红，劲发凌霜如点漆。先生一发系千钧，绝命词悬汗青笔。正气横江呵百灵，众鸟环飞不敢集。伤心犹睹汉官仪，遗老江头空泪垂。眼光射日阳乌死，山鬼啾啾行客悲。红玉炼火烁金瓮，铁作心肝终不灰。羁魂夜夜绕行宫，九土凄迷何处归。自昔男儿重稿葬，壮士不返沙场尸。先生侠骨留天地，万古韩陵一片碑。"《凡僧无衣籍》云："我闻古人著书立言称不朽，凡子唯唯曰否否。亦顾其书为何如，文字沾沾焉足取。古之立言兼德功，两画文章天地寿。用之治世为尚书，都俞朝廷相拜手。用之乱世为春秋，排击乱贼心血呕。自有天地有君臣，自有君臣有朋友。吁嗟乎，山崩地裂日月幽，百川沧海皆倒流。地上生人无生气，但有尸行与魂游。吁嗟，凡子发愤欲与天为仇。上书曾经两刖足，野战归来血满头。只身秃发余十指，独立苍茫望九州。大声疾呼求其友，顾影幽囚谁与语？尔乃上下二千八百六十年，得友四十九人许。起夏六侯列众宾，徐中山王以为主。相与揖让慷慨问，中原戮力肝胆相倾吐。中各有幸有不幸，掀髯裂眦同所怒。横磨铁砚厉毛锥，譬如借交沧海壮士椎。屋冰伸纸手重茧，又如痛哭秦庭人乞师。夜深四壁英灵集，墨痕笔迹动须眉。书成知倾几斗泪，渡江涌浪惊蛟螭。入门血光寒两袖，曾子捧书再拜又。呜呼，春秋微言绝已久，不意此中藏宇宙。凡子抵掌曰未也，吾将邀灵数十君子后。磔裂枭魂褫奸魄，醢腊魑魅残猛兽。日月光华旦复旦，臣某死骨且复肉。"《池上晓晴喜二谢至》云："幽梦不相期，开门适所思。楼当山缺处，客到酒香时。乱草十余步，闲花三两枝。忍看今夜月，已隔柳阴迟。"《宿南禅寺》云："所以爱禅栖，境幽不可倦。灯将火俱微，心与道相见。孤磬坐三时，断山月一片。火飞原上燐，僧入定中遍。"《丙申除夕》云："最是劳人处，残年待夕阳。忧危身易老，离乱日尤长。腊酒酬穷鬼，文章落战场。独怜天地大，醉眼混玄黄。向夕平安火，千门望寂然。役夫征隔岁，征吏急穷年。敝屐行荒市，余生付石田。谁知此日月，数里异风烟。"《剑津同孚五登先锋楼》云："溪流三面拥城壕，更指层楼天外高。剑气霜沈寒棨戟，石根云动转鼋鼍。同来极目山川尽，各有乡心远近劳。倚槛不须题往事，乾坤双鬓老吾曹。"《偕吴友圣登吴山》云："西山突兀俯城隈，客里同过坐石苔。绝顶风烟愁立马，百年邂逅几登台。海门浪屋潮头见，郡市鱼鳞水面开。吴越兴亡俱在眼，那能词赋不生哀。"《岳坟》云："黯黯栖霞岭，忠魂今有无。衣冠千载祀，弓剑六陵孤。呜咽断桥水，悲号绕树乌。南枝应折尽，遗恨更西湖。"（清郭

柏苍《竹间十日话》卷一）

二十、戚公祠十不如

平远社募建平远台，迩来声浪极趋沉寂。昨叩该社董事黄承潮，据云，发函约近日送，时间已逾两月，捐金仅达五百，前途定不可问，言下殊形沮丧。夜阑推被，成《戚公祠十不如》十首，敬呈吾华，想亦有心平远台者，所当同声一哭也。

一不如藏经阁，元首募捐自不恶。藏经新阁高巍巍，平远古台寂寞寞。

二不如法轮会，说甚忏劫原作伪。北张二万蒋五千，吁嗟阔兮太无谓。

三不如涌泉寺，可惜鼓山好名字。天天随喜乐何如，东北鼓鼙声动地。

四不如天君殿，等是于山毛伊硬。全省绅商肯帮忙，数十万金咄嗟办。

五不如义勇军，各省捐款闹纷纷。焦头烂额为上客，好把此意达戚公。

六不如戚奶庙，刘君勉已天下妙。不认戚公认戚奶，五十银元为奶寿。七夕，刘君捐戚奶戏台建筑费五十元。

七不如天后宫，泉山古迹在其中。拜服老施好手段，两两比较心忡忡。

八不如救火会，林君门哥最有声。年年西湖开大会，身份到底谁重轻。

九不如新菜堂，堂堂建筑很堂皇。建台主持一穷汉，魔力那及女性强。

十不如旧涧殿，野仔题钱还乐赠。寄语黄君莫灰心，此事本来是难办。

（摘自1932年11月15日《华报》，署名“锄皇”）

二十一、戚公祠十当如

余刚拟《戚公祠十不如》，经吾华刊登后，昨又晤及黄董事承潮，叩以建台近况。黄失声曰：“已矣，累月来闽政界只收到程教长伍元，及王局长懋一二十元而已。兹者改组令下，纷纷作结束计。前此印费邮资，恐适掷诸虚牝。”余亟应曰：“子勿馁，此次省府率为有志抗日者所组织，台工告成，具在斯乎?”归而不寐，独步中庭，细雨濛濛，寒蛩唧唧，复成《戚公祠十当如》十首，却寄黄君，并饷吾华。

一当如岳王坟，班师遗恨天下闻。何如声威震戚虎，于山山上纪鸿文。于山有“平远台勒功铭”石刻。

二当如黄花岗，系我先烈成国殇。排满抗日原一例，古台伟迹宁长荒?

三当如严钓台，客星犯座谁安排。高风还博千古仰，光我民族输蓬莱。蒋、蔡二君最近奉戚公匾额，文曰“光我民族”。

四当如五人墓，藉表忠奸休错过。短篇文字慨且慷，不是募捐直露布。黄董事承潮所撰《捐引》，短而有味。

五当如美髯公，省省建祠表厥功。公志兴汉戚抗日，濛濛零雨谁徂东。是夕微雨达旦。

六当如林孝女，蓑尔闽疆遍祠宇。漫求海上报平安，且决东航为国死。

七当如“体育场”，场前坊表堂哉皇。为问莅场好身手，勋业谁踵戚南塘。

八当如“国货会”，台江真是好地位。倘移地价事建台，才表雄心齐对外。黄君前拨保存国货公会，戚案请拨台江新城地□戚祠基金，省府不准，今宜继续行之。

九当如“台青年”，年年组队募金钱。拒外何如御外奸，热心谅不乏时贤。

十当如“大普渡”，此项题捐还挨户。漫云文字永无灵，至觉苦心天不负。

（摘自 1932 年 12 月 6 日《华报》，署名“锄皇”）

二十二、平远台十望曲

黄子承潮，初从事平远台也，以捐引示余。余曰：“佳则佳矣。子欲事抗日运动，倡建斯台，不问大人先生们，出头露脸，事决无济。”黄子怫然不悦，曰：“恶！何藐视我当局如是之甚耶?穷措大本不为各界齿，此番差幸银行巨子郭则寿君，允为捐款上担保，谅可征信。至于奴颜婢膝，仆纵愿为，怕玷武毅。”余颔而去。迩者发函累月，覆者寥寥，捐款连赊带欠，仅五百二十有五元。图案高悬，平远台图案已绘悬祠壁。建筑无日，黄子果何以自解？借箸莫筹，偶读军歌，得《军人十愿谱》，亟仿成《平远台十望曲》，却寄吾华，亦聊为平远台作最后祷告耳。噫！

一望“党员”发天良，闽若无戚闽先亡。于今人民犹感泣，而□站在“党”立场。省指委，意差强，百金谅已储银行。各县各区都一例，乃得能够，乃得能够，建筑辉煌。

二望堂堂操政权，台澎已缺难复圆。沪战才停又东省，脐虽未噬眉已燃。每读报，泪如泉，群公肉食喘苟延。快筑高台缅戚虎，乃得能够，乃得能够，国土完全。

三望（缺）

四望义士会参加，戚公勋□□□□。一致誓死步先烈，才表神圣非散沙。过干□，愿□赊，高台在望同拜嘉。南塘□□亿万万，乃得能够，乃得能够，恭喜大家。

五望商家都起来，鸿恩着记戚蓬莱。筑台纵破中人产，会雪国耻殊快哉。业商价，岂童骇，莫教为虏嗤守财。重筑高台重饮至，乃得能够，乃得能够，笑逐颜开。

六望学生表同情，少年头角殊峥嵘。奉像游行遍城市，当先匹马人争迎。民七国耻，学生团裱公像，乘马为前导。纪国耻，表热诚，建台亟应齐经营。好节衣食誓平远，乃得能够，乃得能够，杀倒东瀛。

七望侨胞奋热忱，人皆可及何古今。前有南塘后蒋蔡，抗日伟绩应同钦。论往事，涕沾襟，四百年来感不禁。捐资筑台光祖国，乃得能够，乃得能够，摧彼雄心。

八望当今妇女俦，莫让花界名独留。募金救国开大会，三十五十看纷投。撤簪珥，复国仇，怎能对泣犹楚囚。高台突兀矗天表，乃得能够，乃得能够，力争上流。

九望社团起帮忙，凡百义举都皇皇。不是沽名便徼祸，此说未免太荒唐。我民族，俱热肠，当仁不让莫傍徨。好建高台励后起，乃得能够，乃得能够，打倒东洋。

十望扶持有报章，一枝秃颖扬国光。建筑坊林空鼓吹，嗟予黄子余怆伤。建筑戚公祠凯旋纪念坊林，当蒙“省党部”“省政府”准许，事逾一年，建厅不予照办，至为惋惜。平远台，宁再僵，三千毛瑟还相将。伫看落成行盛典，乃得能够，乃得能够，濯足扶桑。

（摘自1932年12月15日《华报》，署名“反帝”）

二十三、郁达夫笔下的于山

省城东南角的于山，别名九仙山，因传说中有何氏兄弟九人修炼于此兄弟各养一鲤，后各成龙飞去，解化于九鲤湖中之故。之故据说，高有一百五十步，周回三百一十步。《闽都记》上又说，越王无诸九日宴集兹山，有大石樽尚存，所以又名九日山。山的最高峰，名鳌顶峰，在火神庙荧星祠南，是宋状元陈诚之读书处；后来在山的南麓开了一所书院，取名鳌峰，想来总就在影射着这件事情。山前山后，寺院道观，不计其数，而规模最大，香火也最旺盛的，当首推东面斜坡上的一座九仙观。旧志上所说的磊老岩、跃马岩、喜雨台、仙人床、金积园、杏坛、棋盘石、醉乡石、九日台、石门、龙舌泉，以及揽鳌亭、倚鳌轩等等故迹，都在九仙观之西南北的三面，因为山本不高不大，所以许多奇名怪石的名胜，大抵总在五十步百步之间。而正德间太监尚春，于宋丞相陈自强宅假山取来的三石，现在还直立在平远台的门外，旁边两石上所刻“景元春”三字，仍旧是鲜明得同前日刻出的一样。于山山上，最值得登临怀念的，是山西面的一座戚公祠，祠里头的一所平远台。明参将戚继光大败倭寇回来，曾宴士卒于此。至今戚公祠内供奉着的一张彬彬儒雅的戚将军像，还是为福州全郡人士所崇拜景仰的唯一岘山碑。祠中的醉石一方，因为戚公醉后，曾经在此坐卧休息过的，游人过境，个个都脱帽致敬，浩叹着现代良将的不多。关于戚参将的轶闻故事，以及民间遗爱的证明，如思儿亭、惨恻桥、光饼、征东饼之类，流传在福州界限的很多很多，将来想做一篇详细一点的《戚将军传》来纪念这位民族英雄，所以在这里只能简单的一提了事。于山的好处，是在它的接近城市，遥揖闽江，而鼓山的岚翠又近逼在目前。你若于饭后省下三十分钟工夫，从东面九曲亭边慢慢地走上山去，在大榕树下立它片时半刻，看看城市的繁华，看看山川的苍翠，一定会感到积食俱消，双眸清醒。而正因为俯拾即是市场之故，所以又不至于有厌离人世，想一个人去羽化而登仙。我故而常对人说，快活的时候，可以去上上于山，拜拜戚将军的遗像，因为在于山上所感到的气氛是积极的、入世的，并没有那一种遗世独立的佛徒门的悲观色彩。（《郁达夫文集》第四卷《闽游滴沥之五》）

二十四、白塔寺听经结奇缘

1925年1月，圆瑛大师在福州市白塔寺讲经，年仅十岁的明旸法师在母亲的带领下来到白塔寺听经。明师见到庄严而慈祥的圆瑛大师，崇敬之心油然而生。圆老见到聪慧而文雅的明师，喜悦之情，难而自抑。从此二人结下不解之缘。又云：同年冬，圆瑛大师于福州雪峰寺住持禅七时，收明旸为度徒。（《佛法概要》）

附录二 故事传说

一、挽住仙山揽鳌亭

揽鳌亭，在于山鳌顶峰东，九日台旁。相传远古时期，于山原是东海蓬莱仙境中的一座岛，后由六只巨鳌把它拖驮于此。明林恕诗云“原是蓬莱海上峰，六鳌移向越城东”，就是指此。故事说，蓬莱仙境中住有六只巨鳌，它们都觉得于山的位置不恰当，有碍它们畅游，非把它搬走不可。于是每鳌各衔一角开始搬动，搬到闽江口时，对安放在什么地方意见不一致。有的主张转北，有的主张移南，有的主张再移西一点就可以了。主张移西的有两只，他俩用力拖一下，就放掉说：“我没有气力再搬了。”说着向闽江口外游去，其余四只不满意，追了出来，于是发生一场大格斗，闹得闽江口波涛汹涌，海浪接天。由于它们体力相差不大，格斗时间持续很久。明代郑琰有“海门夜半六鳌斗”的诗句，可见它们还在格斗中。明朝御史王英，生怕此山又被六鳌抬走，故在鳌顶峰东建一座“揽鳌亭”，意在把山栓住，不让移走，同时撰《六鳌说》，刻在岩壁上。现在题刻已经不见，揽鳌亭亦早倒塌，1965 年曾重建一座，后被拆除。1983 年再建，地点不变，改用钢筋混凝土仿木结构的重檐圆亭。

二、义收断臂法雨堂

法雨堂在于山白塔寺大雄宝殿后。后梁贞明元年（915）福州干旱，寺僧义收“积薪自焚”，舍身祈雨。州人为纪念他的功德而建堂，中祀僧义收塑像，并作为演讲佛法之所，俗称法堂。道光十七年（1837）重建，光绪间又建。堂为翘角歇山顶，面阔三间，四周环有出檐廊。廊柱多用石材，南廊一对青石雕龙柱，出自惠安名匠之手，技艺精湛，气势雄伟，被誉为福州最佳龙柱。同治五年（1866），严复等人考入福建船政求是堂艺局，因马尾校舍尚未建成，暂借白塔寺开学，此堂为授课之所。严复对此怀有深厚感情。五十年后，他在《海军大事记》中回忆道：“晨夜伊呲（按：即英语 A、B）之声与梵呗相答……回首前尘，塔影山光，时犹呈现于吾梦寐间也。”

又传说，闽王王审知因发动百姓围海造田，侵犯龙宫利益，东海龙王执意报复，数月间不下一滴雨，弄得园田龟裂，禾稻干枯。众百姓到白塔寺，请求高僧义收祈雨。义收为民请命，把百姓疾苦上达龙宫。龙宫有九头龙，是九兄弟，只有四头龙受封为东、西、南、北海龙王，其他五龙未受封爵，虽然能参加大事研究，但没有实权。这天，九龙聚集一起，研究义收的呈状，意见仍然分歧。四海龙王均主张报复，未受爵的五龙中有的赞同，有的反对，反对最烈的是第五龙，他说：“天有好生之德。这样下去，要饿死许多人命，虽然能给闽王带来许多困难，还不能推翻他的王位，这样的报复，受害者是百姓。”这意见虽然争取了一些赞同者，但改变不了东海龙王的态度，他仍勒住令牌，不肯下雨。义收连日祈雨无功，只剩下最后一天了，他准备积薪自焚，以死感动天庭。第五龙被义收舍己为人的德行感动了，他瞒着大哥盗出令牌，传谕下雨。救出义收，并拜他为师，学习佛法，亦把龙宫争论实情相告，说明自己无权，这次是偷令行雨。

大雨之后，丰收有望，王审知特地到白塔寺答谢。义收建议封第五龙为福海龙王，专管福建海疆，这样可不受制于四海龙王。闽王接受意见，封福海龙王后，下令在福建境内建造龙王庙，祀五位龙王，中间一位是福海龙王，旁边四位是东、西、南、北四海龙王。规定在福建境内以福龙为主，其他四龙王必须协助，不得违抗。

福龙是义收的徒弟，自封龙王后，福建连年风调雨顺，如偶有干旱，只要义收出面祈雨，没有不如愿的。

王审知去世后，继位的几个儿子只知争权夺利，苛捐杂税，盘剥百姓。义收多次进谏都没有效力。他失去信心，打算离开福建往洪州云游。消息传开，众百姓遮道挽留。义收走不出寺门，毅然砍下左臂，说：“如果再遇到干旱，就用这只手臂祈雨，不必再留我了。”义收走后，百姓即用手臂祈雨，果然有效。于是众人塑一尊义收泥像，把肉身手臂附上，祀在法雨堂中。宋代，还有人见到这尊附有真人手臂的塑像，明代以后已不见记载。

三、观音菩萨从男变女

御题大士出山图（碑），树立在于山观音阁第四进的亭式殿堂正中。碑为水成岩质地，云龙碑边，海浪碑座，雕刻极为精美。内凿一幅阴雕双钩的工笔画：大士为满面胡须、怒目圆睁、形状狰狞的男子。他盘坐菩提树下参禅，身前有一只大葫芦，冒出浓烟，烟端现出一尊面目姣好的女相观音。

此图原为浙江杭州某佛寺清理仓库时发现的宋代拓本，进贡入朝时，大受乾隆帝赏识，为之题跋并制成石碑。当时，闽浙总督三宝特地上疏，乞赐此碑，带回福建，树立于此。好事者用坚物一叩，即发出钟声，所以又称“钟碑”。不知从何时开始，钟碑有一段传说，主要讲观音从男变女的过程。

传说观世音原是婆罗门教中的一匹马，释迦牟尼创立佛教，见此马善良，便把它接纳入教成为菩萨。因他人身马首，被称为“马头观世音”。后来，他奉命到中土协助宣扬佛教，变作一位勇猛的斗士，这是观世音初到中土时的形象。可是他到中土很久，经他劝导入教的人却不多。有一天，他看到一位妇女甚有佛根，便上前劝导，不料那妇女一见他拔脚便逃，并且关上大门。他感到迷惑和痛苦。这时，有一位信众对他说：“瞧你生得这模样，别说妇女，就是男人也被你吓跑了。何况中土风俗不允许男女混杂呢！”为此，他坐在菩提树下苦思三天三夜，悟出道理：把自己变为女相。从此，不但占人口半数的妇女都乐意和他接近，大量皈依佛门，就是男人们也像对慈母一般对他产生敬爱。佛教在中土发展迅速，不少妇女信仰佛教，据说和观音形象的转变关系很大。

据记载：早在三国时期，观世音就传入中土，最初确是男相，现存的传世实物，如甘肃敦煌莫高窟的壁画以及南北朝时雕像都可以证明。明代胡应麟认为，观音从男相变女相始自元代，此说不确。我国唐代著名画家吴道子已经画过女相观音，看来女相观音始自隋唐间，不过唐宋时期并未盛行，元代以后才全部为女相。观音为何从男相变女相，此方宋代绘刻的石碑，可能为我们作出解答。

四、朴寿被杀

观音阁一名大士殿，在于山顶连排建筑的中心，东邻护国寺，西连龙神庙，构成一组规模宏大的建筑群。此地原为宋代嘉福院遗址，明代为平远台所在地。清康熙五十二年（1713）改建为“万寿亭”，内供“万寿无疆”穹碑。护国寺为日常管理万寿亭而设，龙神庙为祈求风调雨顺之所，也是万寿亭的附属建筑。乾隆二年（1737），为节省年老官员登山之劳，在西湖之滨另建“万寿宫”，迁走穹碑后，此地改祀观音。可是由此出现“（万寿亭）观音居中为主，（护国寺）释迦牟尼在旁为附”的反常现象。辛亥革命光复福州战役，革命军前敌总指挥部设此。1911 年 11 月 9 日拂晓，于山主攻阵地首先开炮为号，炮打将军衙署和清兵聚居的旗下街。随后，擒获清将军朴寿，翌日杀死于阁西丹井附近。朴寿为什么被杀？民间有一段传闻。

朴寿是顽固的满族统治者，他对闽浙总督的怀柔政策极为不满。当他风闻革命党串通新军即将起事时，主张先下手，立即组织放火队，企图烧掉福州城，又组织杀汉队，叫嚣“见汉人就杀，我亡你也亡，一起见阎王”。这两个计划已经付诸实施，由于革命党早有预防，收效不大，汉人则因此对他恨之入骨。他在作战失利时化装出逃，躲入满人明玉家，被几个小学生抓获，送到于山革命前敌指挥部时，一直隐瞒身份。审问他的福建军警同盟会会长彭寿松一眼认出这个双手沾血的将军。彭好言劝导，希望他下令清兵缴械投降，可保生命财产无虞。朴寿认为身份既被拆穿，必死无疑，竟咆哮起来，态度极端恶劣。彭寿松本想开枪打死他，以消心头之恨，但革命军有优待俘虏政策，不能违法乱纪。他左思右想，计上心头，出来布置一番。那天晚上只留一人看守，这人不大说话，朴寿见他老实，从怀中取出一包珠宝说：“兄弟，请你放我吧！我保举你当官。这是小意思，请笑纳!”那人说：“你连命都不保，还会骗人?”朴寿急忙对天盟誓，那人似理不理。夜深了，那人说：“我上厕去，这里没有人，你不要乱跑。”说毕把枪放在桌上，捡起那包珠宝走了。朴寿大喜，抬头一看，门口没有卫兵，便抓过手枪，冲出大门。跑不多远，后面喊声大起，他急忙放了一枪，再放已没有子弹了。继之而来的是一排乱枪，朴寿倒下。彭寿松说他“夺枪潜逃，在围捕中被乱枪打死”。

五、王天君塑像的改变

九仙观俗称天君殿，在于山顶东部，是全山现存最大的庙宇。北宋崇宁二年（1103）创建，初名“天宁万寿观”，绍兴七年（1137）改名“报恩广孝观”，元至正元年（1341）改今名，原为宋徽宗赵佶下诏营建。政和五年（1115），郡守黄裳主持扩建，规模雄伟，楼阁相连，并在此刊印《政和万寿道藏》。明永乐、宣德、正统、成化间，镇守福建的历任太监崇奉道教，屡加修建。由于明成祖对王灵官的信仰，观内增加王天君作为护法神，塑神像于玉皇阁前、三清殿后。清康熙年间重建。相传，靖南王耿精忠蓄意反清，特将玉皇阁前俯首听命的王天君像改塑成怒目睥睨、倨傲不恭的形态，为其谋反造势。按明代遗留下的王天君画像，确实是抱拳作拱、鞭垂于腕的形状。民间传说，清康熙间重修九仙观时，靖南王耿精忠特来指点。他见到王天君像，连说塑得不好，下令重塑。王命不可违，观中长老立即聘请福州最著名的雕塑工匠前来重塑。谁知耿王看后勃然大怒，说：“谁叫你塑成这个样子？重塑！再这样，小心砍下狗头。”道长和工匠都怕了，备份厚礼给王爷的随从，探问耿王意图。那人说：“王爷平时笃信灵官法，自认灵官化身。王府亦祀有天君像，前些时候不知何故，王爷叫人改塑了。新的天君像，挺直腰杆，显得威风，但王爷还是不满意。你只要塑得愈威风愈好，管它犯上不犯上！”工匠得到启发，发挥艺术才能，创作的王灵官是红脸膛、虬须怒张、三目圆睁、全身披甲、举鞭伏魔的威武形像，特别是表现他与人争论，气激不能发音，伸出中指频频触人的神态最为生动。此尊神像，不但得到耿王重赏，而且得到广大信众赞同，认为符合其正直不阿的性格。从此，王天君遂成九仙观主神，九仙观亦被俗称为“天君殿”。民国十一年（1922）遭回禄，观内三清殿、玉皇阁等主要殿宇均成焦土。重建后，撤除三清殿，改作隆恩殿，专祀王天君。

六、《八闽通志》编纂地

东轩在于山九仙观大殿东侧，是一座简朴平房，面阔三间，与大殿隔有围墙，自成院落。轩踞山巅，南可眺望水部门外景色；北有庭院，陈列数盆兰花，以幽静清雅著称。舒啸台在九仙观西侧，系岩石小阜，岩壁上刻有“舒啸台”三个大字，字径30厘米。这两处均为明代学者黄仲昭编撰《八闽通志》遗址。

黄仲昭（1438—1508），名潜，号未轩，以字行。福建莆田人，成化二年（1466）进士，授翰林院编修。因直谏惹怒皇帝，受廷杖处分，并被驱逐出朝。后起用，出任南京大理事，但又得罪权贵，屡遭诽谤，只得借病辞职，回家隐居，以课耕和著述自娱。时太监陈道镇守福建，聘他主持编纂《八闽通志》，地点就在九仙观东轩。《八闽通志》是福建省第一部省志，全书计八十七卷，分十八门类、四十二目。每类合八府一州之事，以县为单位，条理分明，便于查检。《四库全书总目》评论说："其书于舆地之中，较为详整。"在当时全国各地所编的地方志中，可算是高水平的。当时参加编纂的尚有龚章、黄洙、张元绅等七人，自明成化二十一年（1485）开始，至弘治二年（1489）完成。在这七人中，黄洙和张元绅出力最多，两人都是莆田人，都住在九仙观，朝夕相处，经常为探讨问题而争论。张元绅是久困科场、博学多闻的学者，五十多岁仍是秀才，别人瞧不起他，黄仲昭对他却十分尊重。黄洙是景泰七年（1455）举人，曾任丽水司训，与黄仲昭是宗亲，论辈分为叔侄关系，论年龄却相差无几。他们经常争论志书体例问题，因为福建旧有州、县志，所列门类不多，新增类目如何归属是个难题。有一次，因"水利"的归属引起争论，张元绅认为水利主要是指河渠，和溪流归于山川没有两样，应入"地理"门；黄洙认为江河溪流是自然形成的，水利、河渠是人工开发的，关系到国计民生，应该归入"食货"门。以往两人争论，黄仲昭多数支持张元绅，这次却支持黄洙，推其原因有二：其一，自己亦倾向人工开发不同于自然形成；其二，怕黄洙责怪自己老是以长辈身份压服他。黄仲昭等日以继夜工作，身体疲乏时就步出东轩，到观西边的岩石上吟啸，以调剂精神。时太监陈道正在重修九仙观，仲昭建议开辟此景，并请陈道书写"舒啸岩"三字刻于石，黄仲昭自己赋诗一首，题跋于后。这是成化二十三年（1487）的事，他在观中修志已有两年多了。弘治元年（1488），新皇帝朱祐樘即位，有人向朝廷推荐黄仲昭是"宿学鸿儒"，应该起用。当起复文书到时，他正在编纂《八闽通志》，迟迟不肯起程，直至该书完稿、付刻，才应命赴京，被授为江西提学佥事。六年后致仕，正德三年（1508）病卒。

七、戚继光于山醉酒

醉石，在于山戚公祠祠厅之东。这里有数方岩石叠垒在一起，其一方形如榻，上刻“醉石”两字，据说是抗倭名将戚继光醉酒的地方。

明嘉靖四十一年（1562），驻守在浙江的戚继光奉命率兵六千人支援福建抗倭。当时，盘踞福建的倭寇有数万人，分布在沿海各县。戚继光采取集中兵力、各个击破的战略。第一次大战是在宁德县横屿。横屿是海边岛屿，潮涨时一片汪洋，潮退时则是烂泥滩。戚继光率领的不是水师，没有战船渡海，无法通行。倭寇高踞岛上，饮酒作乐，肆无忌惮。料想不到，戚继光令战士各背一捆稻草，乘退潮，以稻草铺路，爬行登陆，从而端掉倭寇盘踞宁德数年之久的大本营。第二次大战是在福清县牛田（今称龙田）。当时，各衙门有不少书吏被倭寇收买为坐探，因此倭寇讯息灵通。戚继光大军到福清，连日忙于拜客，没有半点出兵动静，倭寇也就放松警惕。那天晚上，戚继光大宴宾客，酒至中巡，他停杯说：“我要出去方便，请大家稍候片刻。”结果等了很久却不见回来。原来他奔赴校场，率领大兵出征了。宾客散席回家，有的已经入睡，有的还未入睡。窗外天色已经发白，街上喧传戚继光在牛田打了一个大胜战，并说大部分倭寇在睡梦中惊醒，来不及披甲持刀就当上俘虏。第三次大战是在莆田县林墩。这次因中了奸计，队伍被奸细带入歧途，前锋失利，败退下来。戚继光杀掉几名溃兵，稳住阵势，沉着应战，反败为胜。一万多名倭寇争相夺船出海。这次胜利得之不易，戚家军也付出沉重代价。从表面上看，通过三次血战，倭寇已被驱逐出海，可实质上倭寇主力并未被摧毁，但戚继光已经无力再战，林墩一役伤亡惨重，带来六千兵马所剩不及三分之二。他回师福州时，省城官绅感谢他解危之恩，特在于山平远台设宴庆功并饯别。当时平远台在于山今观音阁处，因容纳不下那么多人，将士们分散到全山各地饮宴。席间，戚继光提着酒壶亲自到各处为将士们敬酒。酒饮多了，他带醉步月到此，见这方岩石便仰卧休息，不觉沉沉入睡。后人将其命名为“醉石”。戚公祠也是选择在靠近他醉酒之处兴建的。

八、年年修丹井的故事

炼丹井，在于山观音阁西面，据传是汉代何氏九仙遗留下来的炼丹古迹。明沈德琛《九仙台怀古》有“烧丹人去迹具陈，废井千年水犹渌”的诗句。井水清甜，素为福州名井。井旁有石碑一方，上书“炼丹井”三大字。

相传，南宋高宗赵构的母亲章太后自金国放回后，得了一场大病，病后眼睛瞎了。有一天，太后梦见仙翁指点，用炼丹井水洗，可以重见光明。可是天下炼丹井多得很，用哪一口井水洗，仙翁没有指明。赵构只好下诏，取来所有炼丹井的水一一试验。说来奇怪，轮到用于山丹井的水洗眼时，只一次就复明了。赵构为此下诏拨库银修缮丹井，残破的古井修缮一新，钱没有花完，诏书却说要年年拨。所拨库银被层层克扣，只够买金银纸箔以及香线、蜡烛等，在井旁祭奠一番就算是“修井”了。年纪九十岁以上的老人还眼见过修井仪式。年年拨库银修缮丹井，是南宋初期的事，为何一直延续到清宣统末年呢？原来这是书吏编预算时按过去成例保留下来的，因为数字不大，改朝换代后还保留着。实际上，数十年一度的丹井修缮还得挨家挨户摊派呢。

九、独占鳌头状元峰

鳌顶峰，一名状元峰，在于山观音阁后，因其形如巨鳌，故名。峰为岩石组成，嶙峋挺拔。岩壁间有不少历代名人题刻，其中最醒目的是“状元峰”三个楷书大字，字径0.74米，旁署“天游山人书”。天游山人系明代学者杨应韶（建安人）的自号。“状元峰”是因南宋绍兴十二年(1142)陈诚之中状元而命名的。

陈诚之，字景明，闽县（今福州市）人。相传，他童年家居山下陋巷（今称鳌峰坊）中，时常和学友一起上山读书。他总欢喜登上此峰绝顶，朗诵自己喜爱的文章。绝顶只容一人，有一位同学劝他下来，调换自己上去。他说：“鳌头只能独占，今天已被我占领了，如若你喜欢，请明天早一些来!”第二天，这位同学一早就去，见他已先在顶上。第三天、第四天还都是他先来。原来，陈诚之每天日出之前就已登上峰顶。他的同学缺乏恒心，也就不争了。后来，陈诚之中了状元，人们都说他应了“独占鳌头”之言，所以称之为“状元峰”，后又在峰顶营建一座状元亭。从此，很多人都喜欢在峰上读书，可是谁都中不了状元。自陈诚之之后，福州出了不少状元，但都和此峰无关。（录自《王铁藩闽文化作品选编》）

参考文献

《黄御史集》，［五代］黄滔撰，《文渊阁四库全书》本，上海古籍出版社 1987 年影印

《演山集》，［宋］黄裳撰，《文渊阁四库全书》本，上海古籍出版社 1987 年影印

《夷坚志》，［宋］洪迈撰，中华书局 1981 年版

《双溪集》，［宋］苏籀撰，《文渊阁四库全书》本，上海古籍出版社 1987 年影印

《三山志》，［宋］梁克家纂，方志出版社 2003 年版

《稼轩长短句》，［宋］辛弃疾撰，上海人民出版社 1975 年版

《勉斋先生黄文肃公文集》，［宋］黄榦撰，《北京图书馆古籍珍本丛刊》本，书目文献出版社 1988 年影印

《草泽狂歌》，［明］王恭撰，《文渊阁四库全书》本，上海古籍出版社 1987 年影印

《宜秋集》，［明］周玄撰，清道光八年刻本

《八闽通志》，［明］黄仲昭纂，福建人民出版社 1990 年版

《未轩文集》，［明］黄仲昭撰，《文渊阁四库全书》本，上海古籍出版社 1987 年影印

《见素集》，［明］林俊撰，《文渊阁四库全书》本，上海古籍出版社 1987 年影印

《震泽长语》，［明］王鏊撰，《文渊阁四库全书》本，上海古籍出版社 1987 年影印

《人瑞翁诗集》，［明］林春泽撰，《四库全书存目丛书》本，齐鲁书社 1997 年影印

《郑少谷先生全集》，［明］郑善夫撰，清乾隆间刻本

《行己外篇》，［明］傅汝舟撰，明刻本

《石溪集》，［明］王希旦撰，明刻本

《林榕江先生集》，［明］林炫撰，《北京图书馆古籍珍本丛刊》本，

书目文献出版社 1988 年影印

《弘艺录》，［明］邵经邦撰，《四库全书存目丛书》本，齐鲁书社 1997 年影印

《午坡文集》，［明］江以达撰，《四库全书存目丛书》本，齐鲁书社 1997 年影印

《翏翏集》，［明］俞安期撰，《四库全书存目丛书》本，齐鲁书社 1997 年影印

《子相文选》，［明］宗臣撰，《四库全书存目丛书》本，齐鲁书社 1997 年影印

《太涵集》，［明］汪道昆撰，《续修四库全书》本，上海古籍出版社 2001 年影印

《林学士诗集》，［明］林燫撰，《四库全书存目丛书》本，齐鲁书社 1997 年影印

《欧虞部文集》，［明］欧大任撰，《北京图书馆古籍珍本丛刊》本，书目文献出版社 1988 年影印

《石泉山房文集》，［明］郭汝霖撰，《四库全书存目丛书》本，齐鲁书社 1997 年影印

《闽中十子诗》，［明］袁表、马荧编，福建人民出版社 2005 年版

《闽都记》，［明］王应山撰，方志出版社 2002 年版

《王奉常诗集》，［明］王世懋撰，《四库全书存目丛书》本，齐鲁书社 1997 年影印

《西楼集》，［明］邓原岳撰，《四库全书存目丛书》本，齐鲁书社 1997 年影印

《陈氏荷华山房诗稿》，［明］陈邦瞻撰，《四库禁毁书丛刊》本，北京出版社 2000 年影印

《苍霞草全集》，［明］叶向高撰，《福建丛书》本，江苏广陵古籍刻印社 1994 年影印

《水明楼集》，［明］陈荐夫撰，《四库全书存目丛书》本，齐鲁书社 1997 年影印

《芝园稿》，［明］赵世显撰，《四库未收书辑丛刊》本，北京出版社 2000 年影印

《幔亭集》，［明］徐熥撰，《福建丛书》本，广陵书社 2005 年影印

《鳌峰集》，［明］徐𤊹撰，《续修四库全书》本，上海古籍出版社

2001 年影印

《红雨楼文集》，[明] 徐𤊹撰，福建师范大学图书馆藏 1962 年抄本

《榕阴新检》，[明] 徐𤊹撰，福建省图书馆藏清抄本

《红雨楼序跋》，[明] 徐𤊹撰，福建人民出版社 1993 年

《小草斋集》，[明] 谢肇淛撰，《四库全书存目丛书》本，齐鲁书社 1997 年影印

《大江集》《大江草堂二集》，[明] 陈衎撰，《福建丛书》本，江苏广陵古籍刻印社 1996 年影印

《漱石山房集》，[明] 陈一元撰，《四库禁毁书丛刊补编》本，北京出版社 2005 年影印

《石仓历代诗选》，[明] 曹学佺撰，《文渊阁四库全书》本，上海古籍出版社 1987 年影印

《石仓集》，[明] 曹学佺撰，《四库禁毁书丛刊补编》本，北京出版社 2005 年影印

《剑津集》，[明] 邵捷春撰，《四库禁毁书丛刊补编》本，北京出版社 2005 年影印

《弃草集》，[明] 周之夔撰，《福建丛书》本，江苏广陵古籍刻印社 1997 年影印

《闽书》，[明] 何乔远纂，福建人民出版社 1994 年版

《清署小草》，[明] 张维机撰，日本尊经阁藏明崇祯刻本

《纺授堂集》，[明] 曾异撰撰，《四库禁毁书丛刊》本，北京出版社 2000 年影印

《尺木堂集》，[明] 徐延寿撰，福建师范大学图书馆藏抄本

《春蔼亭杂录》，[清] 高兆撰，福建省图书馆藏抄本

《黄檗山寺志》，[清] 释隐元等纂，福建省地图出版社 1989 年版

《福建续志》，[清] 杨廷璋等纂，乾隆二十九年刻本

《秋江集》，[清] 黄任撰，乾隆间刻本

《小兰陔诗集》，[清] 谢道承撰，乾隆三十八年刻本

《绿筠书屋诗抄》，[清] 叶观国撰，乾隆五十七年刻本

《瓶庵居士诗抄》，[清] 孟超然撰，清嘉庆二十年刻本

《樾亭诗稿》，[清] 林乔荫撰，福建师范大学图书馆藏抄本

《福州府志》，[清] 徐景熹纂，海风出版社 2001 年版

《须庵诗集》，[清] 郑际唐撰，福建省图书馆藏稿本

《蒹葭馆拾遗集》，[清] 林芳辑，嘉庆十六年刻本

《注韩居诗抄》，[清] 郑杰撰，嘉庆四年刻本

《国朝全闽诗录初集》，[清] 郑杰辑，嘉庆六年刻本

《观澜堂诗抄》，[清] 郑振图撰，嘉庆十八年刻本

《白华楼诗抄注》，[清] 萨玉衡撰，嘉庆十八年刻本

《盥白斋诗抄》，[清] 刘永标撰，道光八年刻本

《春草堂诗抄》，[清] 谢士骥撰，福建省图书馆藏抄本

《惕园初稿》，[清] 陈庚焕撰，咸丰元年刻本

《秋坪诗存》，[清] 陈登龙撰，道光间刻本

《鳌峰书院志》，[清] 游光绎撰，嘉庆十一年刻本

《左海文集》《绛跗草堂诗集》，[清] 陈寿祺撰，《续修四库全书》本，上海古籍出版社 2001 年影印

《拾穗山房诗稿》，[清] 林轩开撰，福建省图书馆藏稿本

《退庵诗存》，[清] 梁章钜撰，道光间刻本

《藤花吟馆诗抄》，[清] 梁章钜撰，道光三年刻本

《枣窗拾慧》，[清] 冯缙撰，福建省图书馆藏抄本

《耕村姑留稿》，[清] 余潜士撰，咸丰二年刻本

《自鸣集》，[清] 余潜士撰，咸丰二年刻本

《闲闲堂诗抄》，[清] 刘安善撰，民国十九年排印本

《琼台吟史诗初编》，[清] 刘萃奎撰，福建师范大学图书馆藏抄本

《樵隐山房诗抄》，[清] 王廷俊撰，福建省图书馆藏抄本

《略存稿》，[清] 王廷俊撰，福建省图书馆藏抄本

《卓峰草堂诗抄》，[清] 符兆纶撰，同治元年刻本

《逸园诗抄》，[清] 魏杰撰，同治五年刻本

《亨甫诗选》，[清] 张际亮撰，光绪八年刻本

《思伯子堂集》，[清] 张际亮撰，同治八年刻本

《榕城考古略》，[清] 林枫纂，海风出版社 2001 年版

《听秋山馆诗抄》，[清] 林枫撰，光绪间排印本

《衣谂山房诗集》，[清] 林昌彝撰，同治二年刻本

《伊园诗抄》，[清] 王景贤撰，同治十三年刻本

《闽杂记》，[清] 施鸿保撰，光绪四年申报馆排印本

《闽杂记补遗》，[清] 施鸿保撰，福建省图书馆藏抄本

《笃旧集》，[清] 刘存仁辑，咸丰十年刻本

《冶麓草堂诗抄》，［清］林光天撰，道光二年年本
《寄舫诗抄》，［清］黄铨撰，道光间刻本
《樗云诗抄》，［清］郑琮撰，道光四年刻本
《榕城景物录》，［清］陈学夔撰，福建省图书馆藏抄本
《榕郡名胜辑要》，［清］王紫华撰，道光七年刻本
《梦竹斋诗抄》，［清］王式金撰，福建省图书馆藏抄本
《闽峤赋约》，［清］王式金辑，道光二十二年刻本
《国朝凌云赋选》，［清］谢文若辑，清晋安谢氏刻本
《击钵吟》，［清］曾元澄辑，道光十一年刻本
《闽中古迹题咏》，［清］佚名辑，福建省图书馆藏抄本
《榕城九山纪要》，［清］佚名纂，福建省图书馆藏抄本
《兰修庵避暑抄》，［清］王道徵撰，道光间刻本
《兰修庵消寒录》，［清］王道徵撰，道光间刻本
《闽山游草》，［清］蔡大鼎撰，同治十二年刻本
《十闽名胜笺》，［清］鄢调元辑，咸丰二年刻本
《秋来堂诗》，［清］林瀍撰，光绪十八年刻本
《黄鹄山人诗抄》，［清］林寿图撰，光绪六年刻本
《井窗蛩吟集》，［清］林熙撰，光绪十八年刻本
《天开图画楼文稿》，［清］郭柏荫撰，
《补蕉山馆诗》，［清］郭柏苍撰，光绪七年刻本
《鄂跗草堂诗》，［清］郭柏苍撰，光绪八年刻本
《三峰草庐诗》，［清］郭柏苍撰，光绪九年刻本.
《沁泉山馆诗》，［清］郭柏苍撰，光绪十年刻本
《柳湄小榭诗》，［清］郭柏苍撰，光绪十一年刻本
《葭柎草堂集》，［清］郭柏苍撰，光绪十一年刻本
《乌石山志》，［清］郭柏苍、刘永松纂，光绪九年刻本
《全闽明诗传》，［清］郭柏苍辑，光绪十六年刻本
《竹间十日话》，［清］郭柏苍撰，光绪十二年刻本
《福州郭氏支谱》，［清］郭杰昌等修，光绪十八年刻本
《吟秋山馆诗抄》，［清］谢宗善撰，民国五年排印本
《壮怀堂诗初集》，［清］林直撰，咸丰六年刻本
《伏敔堂诗录》，［清］江湜撰，同治六年刻本
《金粟如来诗龛集》，［清］翁时稺撰，民国六年排印本

《正始堂诗抄》，［清］翁时农撰，光绪三十三年排印本
《停云阁诗话》，［清］李家瑞撰，咸丰五年刻本
《宛羽堂诗抄》，［清］徐一鹗撰，光绪二年刻本
《秋蛘吟草》，［清］程万里撰，福建省图书馆藏抄本
《乌石山房诗存》，［清］龚易图撰，光绪九年刻本
《冠悔堂诗抄》，［清］杨浚撰，光绪十八年刻本
《剑怀堂诗草》，［清］宋谦撰，宣统二年排印本
《赌棋山庄全集》，［清］谢章铤撰，光绪间刻本
《过存诗略》，［清］谢章铤辑，同治二年刻本
《东岚谢氏明诗略》，［清］谢章铤辑，光绪十九年刻本
《闽县乡土志》，［清］郑祖庚纂，海风出版社 2001 年版
《沧趣楼诗集》，陈宝琛撰，民国二十七年刻本
《平斋诗存》，何刚德撰，民国十八年刻本
《闽诗录》，陈衍补订，宣统二年刻本
《觉庐诗稿》，何振岱撰，民国二十七年刻本
《小谟觞诗存》，林韵芳撰，民国十九年排印本
《无辩斋诗》，郑容撰，民国五年排印本
《慎坔庐诗稿》，龚乾义撰，福建省图书馆藏抄本
《天遗诗集》，林苍撰，民国十四年石印本
《榕荫草堂集》，林步瀛撰，民国二十四年排印本
《酒狂吟草》，郑式金撰，民国十二年排印本
《适园诗稿》，王葆图撰，福建省图书馆藏稿本
《梫负轩吟集》，王蓉撰，民国二十五年排印本
《竹间续话》，郭白阳撰，海风出版社 2001 年版
《福州市上下古今谈》，陈文涛撰，福建省图书馆藏抄本
《闽话》，陈文涛撰，福建省图书馆藏稿本
《鹗里曾氏十一世诗》，曾克耑辑，民国三十四年排印本
《郁达夫文集》，郁达夫撰，花城出版社 1981 年版
《四有堂诗》，田毕公撰，1952 年油印本
《梦梅花馆诗抄》，李禧撰，1962 年排印本
《笠剑轩诗集》，郑贞文撰，1941 年排印本
《福州坊巷志》，林家溱纂，福建美术出版社 2013 年版
《繁霜榭诗词集》，沈桢撰，1985 年油印本

《慈园诗稿》，邵振绥撰，油印本

《蕙愔阁诗词》，刘蘅撰，福建美术出版社 1993 年版

《河西精舍诗存》，张子仲撰，1962 年油印本

《七闽现代古董录后篇》，徐天胎辑，福建师范图书馆藏 1964 年稿本

《明清进士题名碑录索引》，朱宝耿、谢沛栗编，上海古籍出版社 1980 年版

《定光塔寺志略》，王铁藩、郑丽生纂，1964 年油印本

《于山摩崖石刻录》，王铁藩、郑丽生辑，1964 年油印本

《许钟奇先生遗稿》，许钟奇撰，1995 年排印本

《野芳》，林鲁学撰，1983 年油印本

《秋光集》，徐昭撰，2004 年排印本

《凤鸣三山》，福州晚报社编，1989 年福州晚报社排印本

《福州乡土文化汇编》，黄启权主编，1990 年福州晚报社排印本

《福建名人词典》，刘德成、周美颖编，福建人民出版 1995 年版

《长乐诗征》，张善贵辑，1996 年油印本

《福建风光名胜》，林贻瑞等编，海风出版社 1998 年版

《炉边谈故》，任仲泉撰，福建人民出版社 1998 年版

《福州摩崖石刻》，黄荣春编，福建美术出版社 1999 年版

《福州旧影》，曾意丹编，人民美术出版社 2000 年版

《福州文化行旅》，唐希撰，海风出版社 2001 年版

《福州十邑名胜》，谢其铨编，华星出版社 2002 年版

《闽都文化源流》，林璧符编，中国社会出版社 2003 年版

《福州名人故居》，杨根平等编，中国社会出版社 2004 年版

《方寸观古今》，张永明编，2005 年排印本

《明清进士录》，潘荣胜主编，中华书局 2006 年版

《福州名园史影》，卢美松编著，福建美术出版社 2007 年版

《福建藏书家传略》，王长英、黄兆郸编著，福建教育出版社 2007 年版

后　记

于山，承载着福州这座古老城市悠久而丰富的历史文化，因向无专志，人们企盼能有一部志书为名山立传，为福州传史。何况于山为城中胜景，登临览胜，访古寻幽者络绎不绝，需要了解其历史和文化。有鉴于此，编者将多年搜集的于山文献史料和中华人民共和国成立后对于山风景区保护、建设和管理等资料进行整理，编辑成书，并在福州市于山风景区管理处的重视支持下，于 2009 年出版。时过 8 年，随着政府对名山保护改造和修复的重视，新的建设项目不断增加，不可不记。今在福州市园林局和有关部门的重视支持下，编者又对本书重新修订，增删校补，使之更臻完善。如今，增订本终得以付梓面世。

本志的编纂，承蒙原福建省文史研究馆卢美松馆长支持和指导，并撰序；连天雄先生对本志做了大量的订补；福州市地方志编纂委员会和黄启权、曾意丹先生分别审阅全稿。在搜集资料过程中，福建省图书馆刘大治、林永祥先生，福建师范大学图书馆王长英老师等给予了诸多方便和支持。

值得一提的是，台湾汉学研究中心及旅台乡亲郑义峰先生、台湾大学历史系韩复智教授为本书提供了有关于山的诗文史料，周书荣、卢为峰、林福发等先生也给予支持和帮助，格致中学、协和医院、福州教育学院二附小、高士其故居陈列馆等有关单位热情提供资料。

为了本书的顺利出版，福州市于山风景区管理处积极筹措经费，福州市园林局、财政局给予了大力支持，在此一并表示衷心的谢忱。

此次增订过程中，又蒙福建省图书馆的有关人员以及同仁林保尔等提供资料，摄影家黄捷、林有赐、何贻伦、陈金标、郑子端诸先生为景点拍摄照片并提供老照片，在此一并感谢！

由于水平所限，差错和疏漏在所难免，敬请读者、方家不吝指正。

编者

2016 年 6 月